프랑스의 경제와 사회연구

프랑스의 경제와 사회연구

지은이 | 김 승 민
발행처 | 높이깊이
발행인 | 김 덕 중
초 판 | 2015년 4월 27일

펴낸곳 | 높이깊이
　　서울시 성동구 성수1가 22-6
　　전화 : 02-463-2023
　　팩스 : 02-2285-6244, 0505-115-2023
　　이메일 : djysdj@naver.com
등 록 | 제 4-183호

ISBN 978-89-7588-305-7
값 20,000원

머리말

최근 유럽이 심각한 위기상황에 처해 있다. 2008년 미국발 세계경제 위기에 이어 2010년 초에 시작된 그리스발 재정위기는 유로존Eurozone 중심국까지 빠르게 확산되면서 유럽전체의 경제뿐만 아니라 정치, 사회분야까지 뒤흔들고 있다. 유럽연합European Union의 핵심국가인 프랑스도 위기 난국에서 벗어나지 못하고 있다. 경제위기에 따른 저성장과 고실업, 긴축정책은 프랑스 시민들의 복지와 삶을 위협하고 있으며, 긴축정책에 항의하는 분노시위가 연쇄적으로 벌어지고 있다. 한편 경제위기는 프랑스 내부의 분열과 공동체 가치의 붕괴로 이어지고 있다. 경제위기 이후 프랑스 사회에서는 反이민, 인종주의를 내세우는 극우세력이 맹위를 떨치고 있으며 이슬람포비아Islamophobia: 이슬람혐오증 현상이 날로 확산되고 있다. 이에 따라 프랑스 주류사회와 무슬림 이민자 간에 갈등과 대립이 격화되고 있다. 또한 유로존 위기 발생 이후 유로화와 유럽통합에 대한 반감이 커지면서 "유럽회의론"Euroscepticism이 프랑스 시민사이에 팽배해지고 있다. 과연 프랑스인을 비롯한 유럽인들이 현재의 경제위기를 극복하고 "하나의 유럽"을 계속적으로 추구할 수 있을지 그리고 주류사회와 무슬림이민자 간에 화해와 공존의 해법을 찾을 수 있을지의 여부는 학술적으로도 매우 의미있는 주제이다.

이 책은 오늘날 프랑스가 직면하고 있는 "유로존 위기 문제", "유럽회의론", "이슬람포비아의 확산 문제", "무슬림이민자 2세의 분노", "공기업 민영화 문제" 등과 같은 중요한 경제적, 사회적 이슈들을 다루고자 한다. 이 책은 크게 세 부분으로 나누어진다.

첫째 부분은 프랑스 경제와 산업정책과 관련된 주제들을 분석하고 있는데, 먼저 유럽 경제뿐만 아니라 글로벌 경제에도 큰 타격을 주고 있는 최근 유로존 위기의 원인과 전망에 대해 살펴본다. 이번 위기를 발생시킨 근본 원인은 재정통합과 같은 제도적 보완장치도 없이 경제력이 다른 여러 나라들을 무리하게 하나의 통화권에 묶은 유로화 단일통화체제의 본질적인 문제점에 기인하고 있기 때문에 현재와 같은 구제금융, 재정긴축 강화 정책 등을 통한 위기대응책은 근본적인 해법이 아니며 유로존 내 남북국가 간 불균형 문제를 치유할 수 없다. 따라서 유로존 문제를 근본적으로 해결하기 위해서는 두 가지 방식 즉 유로존 체제를 해체, 분할하거나 아니면 통화동맹에서 한층 더 나아가 연방제적 재정통합을 이루는 것 밖에 없다는 것을 지적한다. 그 다음으로 프랑스에서 추진되고 있는 공기업 민영화정책의 변화 추이와 특징을 살펴본다. 서구의 다른 나라에 비해 경제에 대한 정부개입이 크고 공기업이 차지하는 비중이 높은 프랑스가 왜, 어떤 방법으로 민영화를 추진하고 있는가를 파악하는 것은 프랑스의 경제체제와 산업정책을 이해하고 한국의 민영화 발전방향을 모색하는데 도움이 될 것이다. 또한 외국인직접투자 유치에 성공적이라고 평가받고 있는 프랑스, 영국, 아일랜드 3국의 외국인투자유치정책의 주요 특징에 대해 분석한다. 외국인투자 유치전담 기구, One-stop service 지원제도, 사후관리제도, 투자인센티브 등을 검토함으로써 우리나라에 주는 시사점을 살펴본다.

둘째 부분은 프랑스사회와 무슬림 이민자 간의 갈등과 대립 문제를 연구한다. 여기서는 먼저 2005년 프랑스 이민자소요사태의 발발 배경 분석을 통해 사회경제적으로 소외된 무슬림 이민 2-3세대들 사이에서 번지고 있는 절망과 주류사회에 대한 분노의 배경을 살펴본다. 그 다음으로 프랑스 공화주의 이민자 통합모델의 실패 책임론 및 프랑스 노동시장에서의 이민자 불평등 문제 등을 검토한다. 그리고 최근 유럽 사회를 휩쓸고 있는 이슬람포비아 현상의 본질, 양상, 원인 등을 규명하기 위해 서유럽에서 가장 많은 무슬림인구를 가진 프랑스 사회의 이슬람포비아 확산 원인을 심층적으로 분석한다. 프랑스의 이슬람포비아는 무슬림 인구의 급증과 유라비아Eurabia: 유럽의 아랍화 현상, 공화주의 이민자통합정책의 실패, 보수 우파 및 극우 정당의 선거 전략을 위한 "무슬림 때리기", 언론 미디어의 부정적이고 과장된 보도, 이슬람 극단주의 테러 및 치안불안 문제 등 복잡한 원인들이 얽혀 지속적으로 확산되어 왔다는 것을 밝힌다.

마지막 셋째 부분인 "프랑스와 유럽"에서는 프랑스에서 확산되고 있는 "유럽회의론"에 대해 살펴본다. "유럽헌법 부결과 프랑스 여론", "프랑스의 EU확대 회의론"에 관한 연구를 통해 유럽통합의 주도국이라고 할 수 있는 프랑스의 일반시민들은 왜, 어떤 이유로 유럽통합의 심화와 확대에 반감을 나타내고 있는가에 대해 살펴본다. 최근 유럽 재정위기이후 더욱 확산되고 있는 유럽회의론은 향후 유럽통합의 발전 방향과 속도에 부정적인 파장을 미치면서 "하나의 유럽"을 이루겠다는 EU의 신뢰성과 위상을 저하시킬 것으로 전망된다.

모쪼록 이 책이 프랑스와 유럽에 관심을 가진 많은 이들에게 유용한 자료가 되길 기원하며, 이 책의 출판을 위해 애써 주신 높이깊이 출판사의 김덕중 사장님과 편집부 여러분께 감사드린다.

2015년 3월
김승민

목 차

| 머리말 ·· 3

제1편 프랑스 경제와 산업정책

제1장 유로존 위기 원인과 전망

제1절 서론 ·· 14
제2절 위기의 근본 원인 ·································· 17
    1. 단일통화 도입에 따른 역내 국가 간 불균형 심화 ················ 17
    2. 재정통합 없는 통화통합 ·································· 22
    3. 전염에 취약한 유로존 역내 금융연계구조 ················ 24
    4. 유로존의 위기대응책 미비 ·································· 26
제3절 미래 전망 ·· 28
    1. 미비점을 보완하면서 현 체제 유지 ················ 29
    2. 유로존 붕괴 ·· 30
    3. 재정동맹 ·· 33
제4절 결론 ·· 35

제2장 1980년대 프랑스의 국유화 및 민영화

제1절 서론 ·· 40
제2절 1981년-82년 국유화정책 ·································· 41

1. 국유화 조치의 배경 ·· 41
            2. 국유화 정책의 내용과 결과 ······································ 44
      제3절 1986년-88년 민영화정책 ··· 47
            1. 민영화정책의 배경 ·· 47
            2. 민영화 조치의 성과와 특징 ······································ 51
      제4절 1988-92년 Ni-Ni 정책 ·· 58
      제5절 결론 ··· 60

제3장 프랑스 민영화정책의 특징과 시사점

      제1절 서론 ··· 65
      제2절 공기업 민영화의 배경 ·· 66
            1. 프랑스 혼합경제체제와 공기업의 역할 ······················ 66
            2. 민영화정책의 배경 ·· 70
      제3절 민영화정책의 변화추이 ··· 71
            1. 우파 쉬락 정부의 민영화정책: 제 1단계 민영화 ········ 72
            2. 좌파 사회당 정부의 Ni-Ni정책 ································ 75
            3. 우파 발라뒤르, 쥐뻬 정부의 민영화정책: 제 2단계 민영화 ·· 76
      제4절 민영화정책의 특징 ·· 81
            1. 다양한 민영화방식의 도입 ·· 81
            2. 경제력집중과 경영감시 문제 ···································· 89
            3. 민영화기업에 대한 정부개입 유지 ···························· 92
            4. 외국인투자자에 대한 투자제한 완화 ························ 94
      제5절 결론(시사점) ··· 96

제4장 프랑스, 영국, 아일랜드의 외국인 투자유치정책
            -주요 특징과 시사점-
      제1절 서론 ··· 102

제2절 외국인 투자유치정책의 개관 ··· 104
제3절 외국인투자유치정책의 특징 ··· 109
  1. 강력한 외국인 투자유치 총괄기구의 설립 ····················· 109
  2. 실질적인 One-stop 서비스 제공 체제의 구축 ················ 115
  3. 사후관리제도의 강화 ·· 119
  4. 투자유치를 위한 해외마케팅활동 강화 ·························· 121
  5. 투자인센티브 경쟁의 심화 ··· 123
제4절 결론(시사점) ·· 129

제2편 프랑스 사회와 이민자문제

제5장 프랑스 이민자 소요사태의 발발 원인 분석

제1절 서론 ··· 138
제2절 이민자 소요사태의 진행경과와 특징 ······························· 140
제3절 이민자 소요 사태의 발발 원인 ······································ 145
  1. 노동시장에서의 불평등 및 배제 ·································· 145
  2. 방리유와 이민자집단의 게토화 ··································· 149
  3. 인종주의, 반이민정서 및 반이슬람정서의 확산 ··············· 153
  4. 프랑스 공화주의적 동화모델의 한계 ···························· 156
제4절 결론 ··· 158

제6장 프랑스 이민자통합의 실패원인: 프랑스사회 책임 혹은 이민자책임

제1절 서론 ··· 163
제2절 프랑스 공화주의 통합모델의 위기 ·································· 165
  1. 공화주의 통합모델의 원칙 ··· 165

  2. 공화주의 통합모델의 위기 ·· 169
제3절 무슬림 이민자통합의 실패 원인에 대한 프랑스인 여론 ············ 173
제4절 프랑스 무슬림이민자 통합의 실패원인: 프랑스사회 책임 혹은
   이민자 책임 ·· 179
  1. 프랑스 무슬림이민자가 과연 프랑스 정체성을 훼손시키고
    공화주의를 위협하고 있는가? ····································· 180
  2. 프랑스 사회와 공화주의 통합모델은 이민자 통합 실패에
    책임이 없는가? ··· 183
제5절 결론 ·· 187

제7장 프랑스 노동시장에서의 이민자 불평등 문제

제1절 서론 ·· 195
제2절 프랑스 이민자 인구구성 및 이민자 통합정책의 최근 동향 ······· 197
  1. 프랑스의 이민자 인구구성 실태 ····································· 197
  2. 프랑스 이민자 통합정책의 최근 동향 ······························· 202
제3절 노동시장에서의 불평등 현황 ··· 207
  1. 실업률 및 고용률 ··· 207
  2. 취업 업종, 고용불안 및 임금수준 ···································· 210
제4절 노동시장에서의 불평등 원인 분석 ······································ 213
  1. 인종차별 문제 ·· 214
  2. 거주지 격리 문제 ··· 219
  3. 교육격차 문제 ·· 222
제5절 결론 ·· 225

제8장 프랑스의 이슬람포비아 확산원인

제1절 서론 ·· 232
제2절 이슬람포비아의 개념 ·· 234

제3절 프랑스의 이슬람포비아 실태 ……………………………… 239
제4절 프랑스의 이슬람포비아 확산 원인 …………………………… 245
    1. 무슬림 인구의 급증과 유라비아 현상 …………………… 245
    2. 프랑스 공화주의 이민자통합정책의 실패 ……………… 249
    3. 정치권의 반이슬람, 반이민정책의 강화 ………………… 251
    4. 미디어의 이슬람 혐오증 조장 …………………………… 256
    5. 9.11과 이슬람 극단주의 테러 …………………………… 259
제5절 결론 ……………………………………………………………… 261

제9장 영화 《증오》와 프랑스 사회의 이민자 문제

제1절 서론 ……………………………………………………………… 271
제2절 영화 《증오》의 시대적 배경과 줄거리 분석 ………………… 273
    1. 시대적 배경 ………………………………………………… 273
    2. 줄거리 ……………………………………………………… 277
제3절 영화 《증오》에 나타난 프랑스 사회의 이민자 문제 ………… 279
    1. "방리유", 프랑스 속의 작은 아프리카 …………………… 279
    2. '증오세대'의 분노 ………………………………………… 282
    3. 인종차별과 사회적 편견 …………………………………… 286
    4. 흔들리는 프랑스의 사회통합모델 ………………………… 289
제4절 결론 ……………………………………………………………… 290

제3편 프랑스와 유럽

제10장 유럽헌법 부결과 프랑스 여론

제1절 서론 ……………………………………………………………… 294
제2절 유럽헌법에 대한 프랑스 정치권의 인식 ……………………… 295

제3절 유럽헌법 부결 이유와 프랑스 시민 여론 ·········· 302
   1. 프랑스 경제부진과 EU통합의 경제적 효과에 대한 불만 ···· 305
   2. 신자유주의의 확산과 유럽 사회모델의 약화에 대한 불만 ···· 308
   3. EU확대에 대한 불안감 ················· 312
   4. EU 관료주의에 대한 거부감 ·············· 314
   5. 정부의 실정에 대한 반감 ················ 315
제4절 결론 ····························· 319

제11장 프랑스의 EU확대 회의론 연구

제1절 서론 ····························· 326
제2절 EU확대에 대한 프랑스의 찬반 여론 추이 ············ 328
제3절 2004-2007년 확대 결과에 관한 프랑스 여론 ········ 331
   1. 확대의 편익 ························ 332
   2. 확대의 비용 ························ 336
제4절 EU확대 회의론에 관한 영향요인 분석 ··········· 340
   1. 경제적 요인 ························ 340
   2. 반이민정서 요인 ····················· 344
   3. 사회계층적 요인 ····················· 346
제5절 결론 ····························· 350

찾아보기 ······························· 357

제1편

프랑스 경제와 산업정책

제1장

유로존 위기 원인과 전망

제1절 서론

1999년 1월 1일은 유럽인에게 아주 역사적인 날이었다. 1993년 11월 1일에 발효된 마스트리히트조약The Maastricht Treaty의 경제통화동맹EMU: Economic and Monetary Union 추진 계획에 따라 유로존Eurozone의 단일 화폐인 유로화가 출범했기 때문이다. 2012년 3월 현재 EU 27개국 중 17개국이 유로존에 가입하고 있다. 유로존의 출범은 유럽통합운동의 발전과정에서 한 획을 긋는 아주 중요한 분기점이라고 할 수 있다. EU 경제통합의 측면에서 볼 때, 유로화의 유통은 경제통합을 완성하는 것을 의미한다.[1] 또한 단일 통화권의 출범은 EU 정치적 통합의 측면에서도 아주 중요한 의미를 가지고 있다. 개별 회원국들이 그토록 애지중지 여기는 국가주권의 상징이라

---

[1] EU는 지난 약 50년 간 관세동맹(1968년), 단일공동시장(1993년) 등을 출범시킴으로써, 역내에서 상품과 생산요소의 자유로운 이동을 보장하는 수많은 자유화조치를 실시하였고, 1999년에 단일통화인 유로화를 출범시킴으로써 역내 교역 및 투자 자유화의 마지막 장벽이라고 할 수 있는 환율변동의 위험을 제거하였다. 그리고 유로화의 출범에 따라 유럽중앙은행(ECB: European Central Bank)이 가맹국으로부터 통화주권을 이양받아 단일통화정책을 실시하게 되었다. 따라서 유로화의 유통에 따라 EU는 완전한 단일경제권을 구축하게 되었다고 볼 수 있다. 임문영·김승민, "프랑스인의 유럽통합관에 대한 실태조사", 『유럽연구』 제17권(2003년 여름호), p.33.

고 할 수 있는 통화주권을 포기했다는 점에서 EU의 정치통합을 위한 중요한 디딤돌이 되기 때문이다.

그러나 최근 유로존은 포르투갈, 아일랜드, 이태리, 그리스, 스페인 등 소위 PIIGS 국가2)들이 재정위기에 빠지면서 체제의 미래에 심각한 도전을 받고 있다. 2010년 초에 시작된 그리스 재정위기는 최근 유로존 중심국까지 빠르게 확산되는 양상을 보이면서 유로존 전체의 금융시장은 물론 실물경제까지 뒤흔들고 있다. 그리스, 아일랜드, 포르투갈의 경우 구제금융을 받았음에도 불구하고 이들 나라의 재정적자는 계속적으로 확대되면서 국가신용등급이 하락하고, 이에 따라 자체적으로 채권발행을 통해 채무상환을 위한 재원조달도 어려운 위기상황에 빠져있다. 유로존 3, 4위의 경제대국인 이탈리아와 스페인도 경상수지 적자누적, 재정악화 등으로 국가 신용등급이 하락하고 국가부도설까지 나오고 있다. 최근 이태리의 경우 10년 만기 국채 금리가 디폴트default, 채무상환 불이행 위험 마지노선인 7%를 넘나들고 있기 때문에3) 상환자금조달이 어렵고 자력으로는 도저히 위기를 벗어날 수 없는 상황에 빠져있다. 한편 PIIGS 국가의 위기는 이들 국가의 국채를 대량으로 보유한 독일, 프랑스 등 유로존 핵심국가의 금융기관까지 동반 부실화시키면서 프랑스의 국가신용등급까지 강등시키고 있다.4) 이와 같이 최근 유로존의 재정위기 상황은 매우 심각

---

2) 일반적으로 "남유럽국가"라고도 부른다.
3) 2011년 11월 25일에 이탈리아의 10년물 국채 금리는 7.26%를 기록했다. '구제하기엔 너무 큰(too big to bail)' 이탈리아의 국채 금리가 일정 기간 현 수준을 유지하면 구제금융 신청이 불가피해지고 결국 유로존 붕괴로 이어질 수 있다는 전망이 나오고 있다. 한국경제신문 2011. 11. 27.
4) 국제신용평가사 스탠더드앤드푸어스(S&P)가 2012년 1월 13일 프랑스를 포함한 유로존 9개국의 국가 신용등급을 하향조정했다. 프랑스는 AAA에서 AA+로 1단계 강등되었고, 재정위기 우려가 높은 이탈리아와 스페인은 2계단씩 하락해 각각 BBB+와 A로 강등됐다. Alderman Liz & Donadio Rachel, "Debt Ratings Cut for 9 Countries Amid Euro Woes", *The New York Times*, January 14, 2012; *Le Figaro*, "S&P confirme la

하며 가맹국간에 위기가 연쇄적으로 빠르게 전염되고 있다. 만약 유로존의 3대 경제대국인 이탈리아가 끝내 무너진다면 유로존 전체의 붕괴라는 심각한 우려가 현실화될 수 있을 것이다.

이상과 같이 최근 유럽재정위기가 유로존 전체에 확산되면서 유로존의 붕괴가능성에 대한 의문까지 제기되고 있다. 특히 이번 유럽재정위기 발생의 근본 원인은 경제력이 다른 여러 나라들을 무리하게 하나의 통화권에 묶은 유로화 단일통화체제의 본질적인 문제점에 기인하고 있기 때문에 앞으로도 재발될 가능성이 높아 궁극적으로 현재와 같은 유로존 체제는 더 이상 존속할 수 없다는 의견이 널리 확산되고 있다.[5]

본 연구는 최근 유로존위기를 발생시킨 근본 원인에 대해 살펴보고 향후 유로존체제의 미래에 대해 전망하고자 한다. 제2절에서는 이번 유럽위기를 발생시킨 근본 원인이라고 할 수 있는 유로존체제의 본질적인 문제점에 대해 살펴볼 것이다. 여기서는 1) 단일통화도입에 따른 역내 국가간 불균형 심화 2) 재정통합 없는 통화통합 3) 전염에 취약한 유로존 역내 금융연계구조 4) 유로존의 위기 대응책 미비 등에 대해 집중적으로 분석할 것이다. 제3절에서는 향후 유로존체제의 전개 방향에 대해 전망할 것이다. 세 가지 시나리오 즉 1) 미비점을 보완하면서 현 체제 유지하는 방식 2) 유로존의 붕괴 3) 통화동맹에서 한 걸음 더 나아가 재정동맹을 이루는 방식을 설정하여 각 시나리오의 실현가능성 여부, 파급효과 등에 대해 검토할 것이다.

---

perte du AAA français", le 13 Janvier 2012 .
[5] Wright Oliver & Chu Ben, "The experts' view on the euro's future: it doesn't have one", *The Independent*, February 2, 2012; Rachman Gideon, "Saving the euro is the wrong goal", *The Financial Times*, November 7, 2011.

제2절 위기의 근본 원인

유럽 재정위기가 발생된 원인을 살펴보면 일차적으로는 PIIGS 국가들의 국가별 요인 즉 PIIGS 각국의 방만한 재정운용 및 취약한 산업경쟁력 등에 기인한다. 또한 2008년 가을에 본격화된 미국발 글로벌 금융위기도 위기 발생의 원인이 되었다. 글로벌 금융위기 대응과정에서 PIIGS 국가들은 자국 금융산업에 대한 구제금융 지원 등으로 정부지출이 확대되어 재정이 악화되었기 때문이다. 그러나 이번 유럽 위기는 근본적으로 유로존 단일통화체제 자체의 본질적인 문제점에서 비롯되었다. 아래에서는 위기를 발생시킨 유로존 체제의 문제점에 대해 살펴보고자 한다.

1. 단일통화 도입에 따른 역내 국가 간 불균형 심화

단일통화 사용에 따라 각 가맹국의 거시경제정책권한이 제약을 받으면서 유로존 내에서 산업경쟁력이 약한 그리스 등 남유럽 국가와 독일 등 북유럽 국가 간에 경제력 격차와 경상수지 불균형이 심화된 것이 유로존 위기의 가장 큰 원인이라고 할 수 있다.[6] 통화통합에 가입하지 않은 일반적인 나라에서는 경기가 침체되고 경상수지 불균형이 확대될 경우, 자국의 경기상황에 맞추어 독자적인 금리, 환율, 재정 정책을 수행하면서 경기 조정을 할 수 있고, 특히 자국 통화의 평가 절하를 통해 대외불균형을 시정할 수 있다. 그러나 그리스 등 남유럽국가들은 유로존 편입으로 통화주권을 ECB에 양도했기 때문에 금리정책 및 환율정책의 실시권한은 원천적으로 차단되고 단지 재정정책을 활용해서 불균형을 시정해야 하기

---

[6] Feldstein Martin, "The Euro's Fundamental Flaws," *The International Economy*, Spring 2010, p.11.

때문에 대외부채가 늘어날 수밖에 없다. 특히 단일환율적용에 따라 경상수지적자를 해소할 수 있는 환율조정 메커니즘의 부재는 유로존 역내 남유럽과 북유럽 국가 간에 구조적인 불균형을 심화시키는 요인으로 작용하였다. 그 결과 독일, 네덜란드 등 물가수준이 낮고 수출경쟁력을 갖춘 북유럽 국가들은 자국 경제력에 비해 유로화 환율이 저평가되는 이익을 누리면서 지속적인 경상수지 흑자를 기록한 반면에, 그렇지 못한 PIIGS 국가들은 환율이 고평가되면서 경상수지적자가 확대되어 왔다[7](〈그림 1 참고〉) 1999년 유로화 도입 이후 2009년까지 10년 동안 각 가맹국의 연평균 경상수지(GDP대비)를 비교해보면 PIIGS 국가가운데 특히 그리스 -9.2%, 포르투갈 -9.2%, 스페인 -5.9% 등은 지속적으로 GDP의 약 6-10%에 달하는 경상수지 적자를 기록했고 반면에 독일 3.3%, 네덜란드 5.6% 등은 지속적으로 큰 폭의 흑자를 나타내었다.[8]

그 결과 PIIGS 국가들은 경상수지 적자를 메우기 위해 경상수지 흑자국인 북유럽국가들로부터 해외차입을 확대할 수밖에 없었고, 이로 인해 국가부채가 걷잡을 수 없이 늘어났다.

특히 PIIGS 국가에서는 1999년 유로화 도입이후 노동시장 개혁 부진, 저금리혜택에 따른 외국자본 유입 급증 등에 따라 노동생산성을 상회하는 지속적인 임금상승으로 인해 가격경쟁력 약화가 초래되었다. 반면 독일은 유로화 도입 초창기부터 아젠더 2010과 같은 경제개혁정책을 통

---

[7] Issing Otmar, "The crisis of European Monetary Union- Lessons to be drawn", *Journal of Policy Modeling* Vol. 33, 2011, p.743; Ahearn Raymond J.(et all.), *The Future of the Eurozone and U.S. Interests*, Congressional Research Service, January 17, 2012, pp.11-12; 박진호, "그리스 사태로 드러난 EMU체제의 문제점", 『해외경제정보』 제2010-8호, 한국은행, 2010. 2. 17, p.4.; 유승경·배민경, "근본대책 마땅찮은 남유럽 위기: 세계경제 위기의 불씨", LGERI 리포트, LG경제연구원, 2011. 7. 6. pp.12-13. & p.15.

[8] Eurostat, ECB balance of payments statistics자료. Issing Otmar, *Ibid.*, p.743에서 재인용.

▶ 그림 1 유로존 주요국가의 경상수지 추이(국별 GDP 대비)

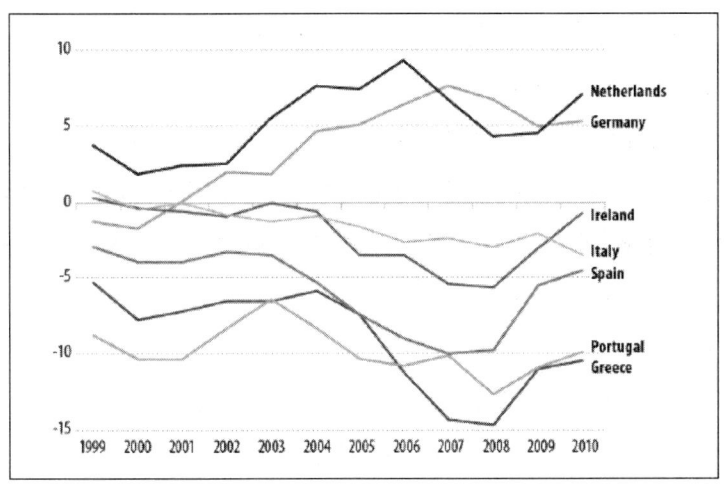

출처: International Monetary Fund 자료. Ahearn Raymond J.(et all.), The Future of the Eurozone and U.S. Interests, Congressional Research Service, January 17, 2012, p.11에서 재인용.

해 노동시장의 유연성 확보, 임금인상률 억제 등과 같은 노동시장 개혁을 착수하면서 노동생산성을 향상시켰다. 그 결과 통화통합이후 독일과 PIIGS 간의 단위노동비용9) 격차는 확대되었다. 2000-2008년간 PIIGS 국가와 독일 간의 단위노동비용 연 평균증가율을 비교해보면 PIIGS 국가는 유로지역 평균(1.9%)을 훨씬 상회하는 반면에(이탈리아 2.8%, 스페인 3.0%, 그리스 3.6%), 독일은 유로존 국가 내에서 가장 낮은 0.7%에 그쳤다.10) 결국 독일의 낮은 노동비용은 유로존의 다른 나라에 비해 수출

---

9) 단위노동비용(임금/생산성)은 임금을 생산성으로 나눈 값이다.
10) Issing Otmar, op. cit., pp.741-742; Artus Patrick, "Quels pays de la zone euro sont compétitifs, quels pays ne le sont pas?", Flash Economie-Recherche Economique, No. 124, Natixis, le 13 février 2012, p.2.

가격 경쟁력을 향상시키면서 경상수지의 흑자규모를 크게 늘이는데 기여했고, 반대로 PIIGS 국가의 생산성 증가를 상회하는 높은 노동비용은 물가상승과 가격경쟁력 약화를 초래하면서 경상수지적자를 누적시키는 중요한 요인이 되었다.

한편 ECB의 단일금리정책의 적용에 따라 유로존 편입이후 과거 물가불안으로 고금리를 유지했던 남유럽국가들이 저금리의 메리트를 향유하면서 해외차입이 빠르게 증가하고 소비가 확대되면서 수입증가를 초래했다는 점도 PIIGS 국가들의 경상수지 적자를 심화시킨 중요한 요인이 되었다. 〈그림 2〉에서 볼 수 있듯이 PIIGS 국가들은 1999년 유로화출범이후 2008년 미국발 글로벌위기가 본격적으로 발생하기 직전까지 독일 수준의 낮은 금리로 국채를 발행할 수 있는 혜택을 향유했다는 것을 알 수 있다.[11] 이 기간 동안 해외투자자들은 유로화를 사용하는 PIIGS 국가에 대해 거의 독일만큼 투자안전 지역으로 간주하고 있었기에 값싼 자금차입이 가능했던 것이다. 자금조달비용이 낮아지자 PIIGS 국가들은 독일, 프랑스 등 유로존 내 핵심국가들의 은행으로부터 과다하게 자금을 빌렸다. 그런데 조달된 재원은 산업경쟁력을 위한 투자에 사용되지 못하고, 주로 부동산, 서비스 등 비생산적인 투자나 소비, 수입증가에 주로 사용

---

[11] 예를 들면 2007년 6월 그리스, 이탈리아의 10년만기 국채금리는 4.65%로 당시 독일(4.5%)과 거의 비슷한 수준을 유지했다. 그런데 2010년 초에 그리스발 재정위기가 발생한 이후부터 〈그림 3〉에서 보는 바와 같이 PIIGS 국가의 국채금리는 급등하면서 PIIGS국가의 저금리 혜택은 사라진 반면에 독일은 계속적으로 낮은 수준을 유지했다. 실제로 2010년 6월 그리스의 10년 국채금리는 독일 에 비해 약 8%나 높았다. Sterdyniak Henri, "Crise de la zone euro : Les jeux des marchés financiers et l'aveuglement des institutions européennes conduisent à la catastrophe. Il est urgent de changer d'Europe", les Economist Atterrs, Décembre 2010, p.4. & p.7(http://www.ville-rail-transports.com/sites/default/files/Crise%20de%20la%20zone%20euro.pdf); Volz Ulrich, "Lessons of the European Crisis for Regional Monetary and Financial Integration in East Asia", *ADBI Working Paper Series*, No. 347 February 2012, Asian Development Bank Institute, pp.8-9.

되었다. 특히 스페인, 아일랜드의 경우 과잉유동성이 부동산 및 건설 부문에 많이 유입되면서 부동산 버블과 같은 심각한 부작용을 발생시켰다. 그 결과 이들 국가에서는 2008년 글로벌 위기에 따라 부동산 경기가 급속도록 침체되면서 실업자가 양산되었을 뿐만 아니라 부동산 대출에 적극 관여한 금융기관들도 심각한 부실상태에 빠지고, 부실금융기관에 대한 대규모 구제금융 지원은 국가 부채를 더욱 악화시키는 결과를 초래하였다.12)

▶ 그림 2 유로존 주요국의 10년 만기 국채금리 추이
(1990년 10월-2011년 6월)   (단위: 년 %)

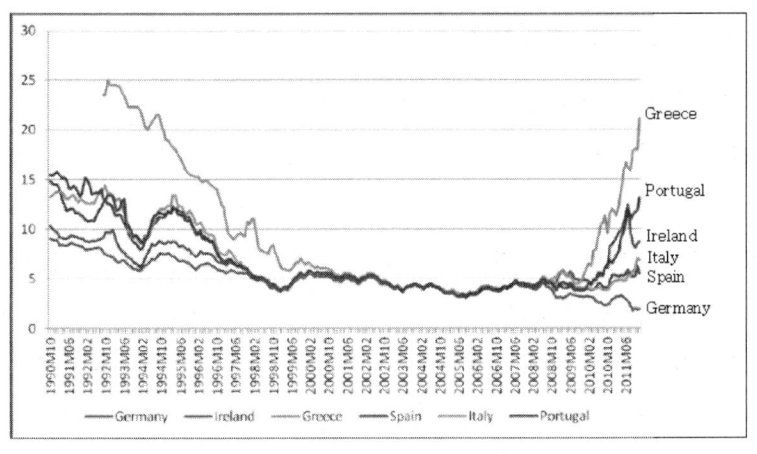

출처: Eurostat자료. Volz Ulrich, "Lessons of the European Crisis for Regional Monetary and Financial Integration in East Asia", ADBI Working Paper Series, No. 347, Asian Development Bank Institute, February 2012, p.9에서 재인용.

---

12) 유승경, "험난한 유럽의 미래: 필사적인 노력에도 흔들리는 유로화", LGERI 리포트, LG경제연구원, 2010. 12. 15, pp.8-10.; Issing Otmar, op. cit., p.742; Ahearn Raymond J.(et all.), op. cit., p.11.

이상에서 살펴본 바와 같이 유로존 단일통화체제는 경쟁력이 약한 PIIGS 국가들이 경상수지적자를 해소할 환율조정수단을 가질 수 없게 함으로써 역내 국가 간 경상수지 불균형을 확대시키는 근본적인 문제점을 발생시켰다. 이로 인한 PIIGS 국가의 만성적인 경상수지적자는 대외채무를 증가시키면서 PIIGS 국가들의 재정위기를 초래한 가장 중요한 원인이 되었다. 한편 유로존의 단일통화정책을 관리하는 유럽중앙은행ECB의 단일금리정책도 PIIGS 국가들에게 저금리로 해외자본을 조달하는 혜택을 주었지만, PIIGS 국가의 과다채무를 유발하고 부동산 버블과 같은 심각한 부작용을 낳으면서 PIIGS 국가의 위기를 발생시킨 한 원인이 되었다.

2. 재정통합 없는 통화통합

유로존의 또 다른 구조적 문제점은 재정통합fiscal union 없는 단일통화체제를 운영하고 있다는 것이다. 단일통화권의 안정적인 운영을 위해서는 단일화폐 가치에 영향을 주는 통화정책과 재정정책이 통합 운영되는 것이 매우 중요하다. 그런데 유로존에서는 유럽중앙은행을 통해 단일통화정책을 실시하면서 통화통합은 이루어졌지만, 재정정책은 각 가맹국이 독자적인 권한을 가지고 있기 때문에 재정통합은 이루지 못하고 있다. 1991년 마스트리히트 조약을 체결할 당시 EMU계획에 재정통합을 포함시키지 못한 이유는 재정통합은 각 가맹국의 조세주권(과세, 사회보장, 임금정책 등)과 직접적으로 관련된 민감한 사항이기 때문에 합의를 도출하기가 어려웠기 때문이다. 이러한 재정통합 없는 단일통화체제는 이번 유럽재정위기를 발생시킨 중요한 원인이 되었다. 같은 화폐를 쓰면서도 화폐가치의 안정을 뒷받침하는 재정건전성 문제는 각 국 가맹국에게 맡겨 놓는 구조이기 때문에 일부 국가가 부채 차입을 통해 방만한 재정지출을 하는 것을 통제하는데 근본적으로 한계가 있기 때문이다. 재정통합이 어렵기 때문에 EU는 차선책으로 유로화출범 직전인 1997년에 "안정성장협약"SGP: Stability and Growth Pact을 도입하여 각 가맹국은 재정적자한도 GDP의 3%이내, 정부부채 한도 GDP의 60% 이내를 지키도록 함으로써 재정건전성을 확보하고자 했다. 그러나 이 안정성장협약은 위반건수가 속출하였고 위반시 벌금부과 등의 실효적인 재제조치도 거의 취해지지 않으면서 사실상 유명무실한 제도로 전락하였다.[13] 독일, 프랑스 등 유로존 중심국가도 준수하지 못하는 사례가 발생되었다. 실제로 2010년 기준으로 유로존 국가들 중 재정적자를 국내총생산의 3% 밑으로 유지한 나라는 소국인 룩셈부르크(1.1%)와 핀란드(2.5%)뿐이었다. 유럽 제일의 경제대국으로 재정이 건실하다는 독일도 국내총생산 대비 재정적자가 4.3%에 달했다. 특히 그리스의 경우 재정적자 통계를 조작한 사실이 밝혀지면서 그리스의 디폴트 가능성에 대한 우려가 금융시장에서 높아졌고, 결국 이것이 남유럽국가들의 연쇄적인 위기를 불러오는 도화선이 되었다.[14] 이상에서 예산을 조달하고 지출하는 재정정책을 전적으로 17개 유로존 국가들의 수중에 남겨놓은 채 안정성장협약만으로 단일통화권을 운영하겠다는 EMU체제의 문제점이 이번 위기를 발생시킨 중요한 원인이 되었다는 것을 알 수 있다.

---

[13] 박진호, "그리스사태로 드러난 EMU체제의 문제점", 『해외경제정보』 제2010-8호, 한국은행, 2010. 2. 17, pp.7-9.
[14] 2009년 10월 파판드레우(Papandreou) 그리스 총리 신정부는 그리스의 재정적자가 당초 공표되었던 3.6%의 세 배가 넘는 약 12.7%(실제로는 거의 약 15%에 달했음)에 도달했다는 것을 발표해 유럽을 충격으로 몰아넣었다. Katsimi Margarita & Moutos Thomas, "EMU and the Greek crisis: The political- economy perspective", *European Journal of Political Economy*, Vol. 26, 2010, p.568; 이승주, "그리스 재정위기와 유로의 정치경제: 유로 12년, 성공신화에서 위기로?", 『국제정치논총』 제51집 3호, 2011, p.237.; Issing Otmar, *op. cit.*, p.740.

3. 전염에 취약한 유로존 역내 금융연계구조

유로존 국가 간 금융연계성 심화는 유로존 재정취약국의 위기가 유로존전체로 빠르게 전염되는 원인으로 작용하였다. 유로존 내 역내 교역 및 자본거래가 급증함에 따라 유럽 금융기관들의 다른 회원국 국채보유 및 은행 대출이 크게 증가하면서 금융부문의 상호 연계성이 크게 심화되었다. 2011년 6월말 현재 유럽 금융기관은 PIIGS 국가 5개국에게 총 2조 1782억 달러의 익스포저exposure를 보유하고 있는데, 이는 PIIGS 국가 5개국 대외채무총액의 무려 88%를 차지하고 있다. 특히 프랑스(6,807억 달러), 독일(5,070억 달러), 영국(3535억 달러) 은행 순서로 PIIGS 국가에 대해 가장 많은 익스포저를 보유하고 있다.15) 따라서 PIIGS 국가가 채무불이행에 빠질 경우 이들 나라의 채권을 보유하거나 대출을 가장 많이 해준 프랑스, 독일 은행까지 즉각적으로 동반 부실화되면서 유로존 전체뿐만 아니라 세계경제에도 심각한 타격을 미치게 된다. 실제로 유럽 금융기관의 유럽 역내 금융부채 연결망을 나타내는 〈그림 3〉를 보면 유럽 각국은 순환대출과 교차투자를 통해 거미줄처럼 얽히고설켜 있기 때문에 PIIGS 문제는 더 이상 이들 나라만의 문제가 아니라 유럽 전체의 문제라는 것을 알 수 있다.16)

〈그림 3〉에 의하면 유럽재정위기의 진앙지인 그리스의 경우, 포르투갈 은행에 97억 달러의 부채를 지고 있고, 포르투갈은 스페인으로부터 861억 달러를 차입하였다. 그리고 스페인은 독일은행, 프랑스 은행으로부터 각각 2380억 달러, 2196억 달러의 채무를 지고 있다. 그리고 이탈

---

15) 김득갑(외), "유럽재정위기 극복방안과 전망", SERI 이슈페이퍼, 삼성경제연구소, 2012. 1, p.26.
16) Schwartz Nelson, D., "In and out of each other's European Wallets", *The New york Times*, May 1, 2010; 조선일보 2010. 5. 8.

▶ **그림 3 유럽 역내 금융부채 연결망** (2009년 말, 단위: 1억 달러)

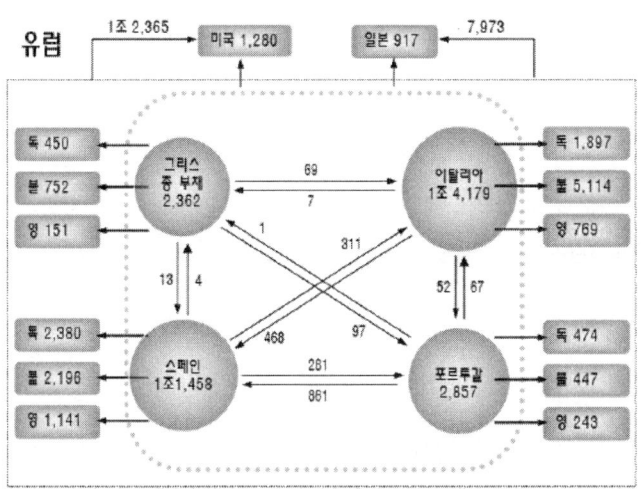

주: 화살표는 채무의 방향, 숫자는 채무규모(단위 1억 달러)를 나타냄.
출처: BIS(Bank for International Settlement) 2009년 말 자료. Schwartz Nelson. D., "Europe's Web of Debt", The New york Times, May 1. 2010; 강유덕(외), 남유럽 경제위기의 본질과 전망, KIEP 『오늘의 세계경제』, Vol. 10 No. 12, 2010. 5. 27, p.9에서 재인용.

리아는 스페인에게 311억 달러를 빌려주었지만 독일 은행으로부터 1,897억 달러 그리고 프랑스 은행으로부터 무려 5,114억 달러(프랑스 전체 GDP의 무려 20%에 달함)의 부채를 지고 있다. 따라서 그리스 등 PIIGS 국가들이 디폴트 위험을 막지 못할 경우 즉각적으로 유럽금융시장에 연쇄부도 효과를 발생시키게 된다. 이렇게 되면 유럽계 금융기관은 신용경색credit crunch 위기에 직면하여 미국과 일본 등에 투자한 자금을 회수하면서 글로벌 금융시장까지 타격을 주게 된다. 이상에서 PIIGS 국가의 위기는 촘촘히 엮여진 유럽금융망을 타고 유럽전체의 위기로 빠르게 전염되며 나아가 미국, 한국 등 글로벌 경제 위기로 확산될 수 있다는 것을 알 수 있다. 특히 PIIGS 국가의 채권을 많이 보유하고 있는 유로존 내 핵심 국가인 프랑스, 독일 은행은 심각한 위험 상황에 빠져있다. 만약 유로존 3위의 경제대국인 이탈리아가 부도 위험에 처해진다면 이탈리아의 채권을 가장 많이 보유하고 있는 프랑스 은행(2011년 6월말 기준 4164억 달러 보유, 이태리 채권총액의 약 44%)과 독일 은행(1618억 보유, 이태리 채권총액의 약 17%) 마저 동반 부실화되면서 유로존의 붕괴로 이어질 가능성이 높다[17]

4. 유로존의 위기대응책 미비

가맹국의 국가부도위기와 같은 비상사태가 발생할 경우 유로존체제에서는 위기를 풀기 위한 대응책이 취약하다는 점이 이번 위기가 수습되지 않고 있는 중요한 원인이 되고 있다. 최근 PIIGS 국가의 국가부도위기를 해소하기 위해 구제금융 지원확대, 채무재조정, 유럽중앙은행ECB의 국채매입 확대, 재정긴축 정책 강화, 유로 본드Euro bond 발행 및 재정동맹 이행[18] 등 다양한 방안[19]이 실시되거나 아니면 거론되고 있지만 현재로서는 뚜렷한 해법이 없는 상황이다.

최근 유럽재정위기를 해결하기 위해 EU 지도부가 가장 중점을 두고 있는 방안은 유럽재정안정기금EFSF: European Finacial Stability Mechanism 증대를

---

[17] 각국 은행들의 유로존 채권보유 규모에 대해서는 김득갑(외), "유럽재정위기 극복방안과 전망", SERI 이슈페이퍼, 삼성경제연구소, 2012. 1. p.27(통계표)와 Blundell-Wignall, Adrian, "Solving the Financial and Sovereign Debt Crisis in Europe", *OECD Journal: Financial Market Trends*, Vol. 2011, Issue 2, OECD, 2012. p.13(통계표)를 참고할 것.
[18] 유로 본드(Euro bond) 및 재정동맹에 대해서는 "III장 유로존의 미래"에서 논의하고자 한다.
[19] 최근 유로존에서 실시하거나 논의되고 있는 다양한 위기 대응방안에 대해서는 박진호, "EMU의 국가부도위기 대응과 전망", 『해외경제포커스』 제2011-85호, 한국은행, 2011. 8. 21-8. 27, pp.1-20을 참고할 것.

통해 재정취약국가에게 금융지원을 확대하는 것이다. 2010년 5월 EU는 IMF와 공동으로 7500억 유로의 구제금융기금을 조성하였다. 이 기금은 EU가 EFSF 4400억 유로, EU긴급자금지원계정 600억 유로로 5000억 유로를 조달하고, 나머지 2500억 유로는 IMF가 지원하는 식으로 결정되었다. 그간 그리스, 포르투갈, 아일랜드 세 나라에 구제금융을 제공하였지만[20] 이들 나라의 위기는 진화되지 않고 오히려 스페인과 이탈리아로 위기가 확산되었다. 이에 따라 최근 EU 지도부는 EFSF를 대폭적으로 증액하고[21] 이 기금으로 재정취약국가에 대해 긴급자금지원뿐만 아니라 은행자본 확충 지원, 회원국의 국채매입 지원 등의 용도로 사용하고 있다. 이와 같이 EU지도부는 위기를 타개하기 위하여 EFSF의 증액을 통해 구제금융, 국채매입 지원을 확대하고 있지만 이들 방안은 일시적인 미봉책이지 현 위기를 해결할 수 있는 근본적인 대책이 되지 못하고 있다. 그리스에 대해 두 번이나 구제금융 지원을 하였지만 그리스의 디폴트 위기가 재연되고 있다는 사실은 이를 단적으로 입증하고 있다. 한편 구제금융 지원과 ECB의 국채매입은 적법성 문제에서도 상당한 논란이 제기되고 있다. EU조약에서는 회원국이 재정을 방만하게 운영한 후 구제금융을 기대하는 도덕적 해이에 빠지지 않게 하기 위해 "한 회원국이 다른

---

[20] EU/IMF가 공동 조성한 7500억 유로의 구제금융기금으로 2010년 5월에 그리스에게 가장 먼저 1100억 유로의 구제금융을 지원하였다. 한편 2010년 12월에는 아일랜드에 대해 675억 유로의 긴급 자금을 지원하였고, 2011년 5월에는 포르투갈에게 780억 유로의 자금을 지원하였다. 그리고 구제 금융 지원에도 불구하고 그리스의 부도위기는 심화되었기 때문에 2011년 7월에 그리스에게 1090억 유로의 제2차 구제금융을 지원하였다. Ahearn Raymond J.(et all.), *The Future of the Eurozone and U.S. Interests*, Congressional Research Service, January 17, 2012, p.14.

[21] 2011년 10월 26일 브뤼셀 EU정상회의에서는 유럽재정안정기금(EFSF)의 실질 대출여력을 1조 유로로 증액하기로 결정하였다. 한편 EFSF는 한시적인 기구로 출범하였기 때문에 2013년 7월에는 영구적인 구제금융기구인 ESM(European Stability Mechanism, 총자본금 7000억 유로)이 출범하여 EFSF의 기능을 승계할 예정이다. 김득갑(외), "유럽재정위기 극복방안과 전망", SERI 이슈페 이퍼, 삼성경제연구소, 2012. 1, pp.34-37.

회원국의 채무를 인수하는 것을 금지한다"(EU조약 125조, "구제금융 금지조약"no-bailout clause이라고 함)고 명시하고 있고, 또한 "ECB는 회원국의 국채를 직접 인수하는 것을 금지한다"(EU조약 123조)라고 규정하고 있기 때문이다. 따라서 그리스, 포르투갈, 아일랜드에 대한 구제금융 지원과 ECB의 재정위기국 국채매입은 엄밀히 말하면 EU조약을 위배하는 것이지만 "EU회원국이 예외적 상황 또는 자연재해로 심각한 위협에 직면한 경우 관련 회원국에 금융지원을 허용한다(EU조약 122조)"는 예외조항이 있어 구제금융이 지원될 수 있었다.[22] 한편 재정안정기금의 증액을 둘러싼 가맹국간 이해충돌 문제를 어떻게 극복할 것인가도 문제가 된다. 최대 자금공여국인 독일에서 구제금융 지원에 대한 국내 반대 여론이 거세기 때문에 독일도 무한정 자금을 지원할 수 없는 상황이다.

제3절 미래 전망

최근 유럽재정위기는 유로화 단일통화체제에 대한 불신을 촉발시키면서 유로존 체제의 미래에 심각한 도전을 던져주고 있다. 최근 EU지도부가 추진하고 있는 구제금융지원, 채무재조정, 긴축 개혁 등의 위기 대응책이 성과를 나타내면서 유럽재정위기를 극복하고 유로존 체제를 존속시킬 수 있을까? 아니면 결국 그리스와 같은 나라가 국가부도사태에 도달하여 화폐동맹에서 탈퇴함으로서 유로존이 부분 해체되거나 완전 붕괴될

---

[22] Volz Ulrich, "*Lessons of the European Crisis for Regional Monetary and Financial Integration in East Asia*", ADBI Working Paper Series, No. 347, Asian Development Bank Institute, February 2012, pp.13-14; Issing Otmar, *op. cit.*, p.744; 박진호, "그리스사태로 드러난 EMU체제의 문제점", 『해외경제정보』 제2010-8호, 한국은행, 2010. 2. 17, p.11.

것인가? 최근 전문가들 사이에 이번 유럽재정위기는 재정통합과 같은 제도적 보완 장치도 없이 경제력이 다른 여러 나라들을 무리하게 하나의 통화권에 묶은 유로화 단일통화체제의 본질적인 결함에 기인하고 있기 때문에 현재와 같은 유로존 체제는 궁극적으로 더 이상 존속할 수 없다는 의견이 널리 확산되고 있다.[23]

향후 유로존 체제의 전개방향에는 1) "진흙탕" 속에서 미비점을 보완하면서 현 체제를 유지하는 방식 2) 유로존의 붕괴 3) 통화동맹에서 한 걸음 더 나아가 재정동맹을 이루는 방식 등 세 가지 시나리오를 생각할 수 있다.

1. 미비점을 보완하면서 현 체제 유지 Muddling through

유로존 체제의 문제점에도 불구하고 현재와 같은 "진흙탕" 속에서 위기대응책을 통해 미비점을 보완하면서 현 체제 유지하는 것이다. 이것은 그리스발 재정위기가 발생된 이후 지난 2년 동안 유로존 정상들이 추진해온 방안이다. 그리스의 국가부도가 발생하지 않고 이탈리아와 스페인도 부도위기에 빠지지 않아야 현 체제가 유지될 수 있을 것이다. 이를 위해서는 PIIGS 국가들에 대한 구제금융, 채무삭감, ECB의 국채매입 등 위기 대응책을 강화해야 하고 PIIGS 국가들도 고강도 긴축 정책을 수행하여야 한다. 유럽통합의 지난한 역사와 의미, 유로화 붕괴의 부작용을 고려해 볼 때, 유로존 국가 간 공조를 통해 유로화체제를 사수하겠다는 이 방안이 당분간 유력할 것으로 보인다.

그러나 이 방식은 근본적인 해결책이 될 수 없다. 이번 유럽재정위기를 발생시킨 가장 근본 원인이라고 할 수 있는 유로화도입에 따른 유로존

---

[23] Wright Oliver & Chu Ben, "The experts' view on the euro's future: it doesn't have one", *The Independent*, February 2, 2012; Rachman Gideon, "Saving the euro is the wrong goal", *The Financial Times*, November 7, 2011.

내 남북국가 간 경쟁력 격차, 경상수지 불균형 격차문제를 치유할 수 없기 때문이다. 또한 구제금융은 근본적인 해결책이 아니라 임기 처방에 불과하다. 게다가 엄청난 돈이 소요될 것인데 EFSF의 자금 공여국인 독일의 반대 여론을 어떻게 무마할 것인가도 문제가 된다. 한편 이번 유럽재정위기는 단순한 부채위기가 아니라 성장위기이고 경쟁력 위기라고도 할 수 있는데, EU차원의 엄격한 재정긴축강화정책은 PIIGS 국가의 회생을 돕기는 커녕 오히려 이들 나라의 경기침체를 가속화시키고 나아가 유럽경제를 더블딥double-dip recession에 빠뜨리는 역작용을 초래할 수 있다.24) 그리고 유로화체제의 현상태 유지여부는 금융시장이 현재의 위기관리조치에 대해 얼마나 신뢰를 가지느냐에 달려있다. 최근 EU지도부는 위기관리 대응책을 강화하고 있으나, 시장에서는 아직도 ECB의 국채매입 능력, 대응책의 지속가능성 등에 대해 아직도 의문을 가지고 있다. 신용평가기관인 S&PStandard & Poor's가 2012년 1월 프랑스, 이탈리아 등 9개 유로존 가맹국의 신용등급을 강등한 것에서 드러나듯이, EMU체제가 계속적으로 존속되려면 EU지도부의 보다 강력하고 포괄적인 대응책이 행해져야 할 것이다.25)

2. 유로존 붕괴Collapse

유로존체제의 사수노력에도 불구하고 위기가 심화되면서 PIIGS 국가 중 소국인 그리스가 디폴트를 선언하면서 유로존을 탈퇴하고, 이어서 유로존의 스페인, 이태리까지 국가부도상태에 빠지게 된다면 유로존 체제는 붕괴할 수 있다. 최근 현재의 유럽재정위기의 근본 원인은 유로존 국

---

24) Schmidt Vivien Ann, "Saving the Euro Will Mean Worse Trouble for Europe", *Foreign Affairs*, November 2011.
25) Ahearn Raymond J(et all.), *op. cit.*, pp.20-21.

가 간의 역내 불균형문제를 초래하는 유로화 단일통화체제의 태생적인 결함에 있기 때문에 PIIGS 국가에 대한 자금지원이나 긴축개혁만으로는 위기를 극복할 수 없고 이에 따라 유로존 체제는 붕괴될 수밖에 없을 것이라는 의견이 전문가사이에 확산되고 있다.26) 즉 구제금융 등을 통한 유로존의 재정위기 돌파노력은 근본적인 해법이 아니며 현실적으로도 영속적인 자금지원을 해 줄 수 없을 뿐만 아니라, 현행 단일통화권내에서는 경쟁력이 약한 나라가 불균형을 해소할 수 있는 제도적 장치(예를 들면 환율조정수단이나 재정통합 등)가 없기 때문에 결국 유로화는 깨질 수밖에 없다는 것이다. 실제로 2008년 글로벌 금융위기를 예측한 누리엘 루비니Nouriel Roubini 뉴욕대 교수는 2012년 1월 다보스Davos포럼에서 "유로존은 느릿느릿 움직이는 망가진 열차이며 그리스뿐만 아니라 같은 열차에 탄 다른 나라들도 연쇄 파산할 수 있다"고 말하면서 "그리스는 1년 이내에 탈퇴하고 향후 3-5년 내에 유로존이 붕괴될 가능성은 50%"라고 전망하였다27). 그리고 영국의 금융감독청도 최근 자국은행들에게 일부국가들의 무질서한 유로존 탈퇴에 대비하라는 경계령을 내린 바 있다.28)

그러나 유로존의 붕괴는 막대한 부작용을 초래할 수 있다. 먼저 2차세계대전 이후 지난 약 60년간 끈질긴 생명력을 유지하며 통합의 내적 심화deepening와 회원국 확대widening를 추구해온 유럽통합운동에 심각한 타격을 줄 수 있다. 유로존의 파국은 EU회원국간에 심각한 분열과 대립을 조장할 것이고 유럽인 사이에 유럽회의론Europe skepticism을 거세게 확산시킬 것이다. 메르켈 독일 수상이 "유로화가 무너지면 유럽통합의 꿈도 무너진다

---

26) Wright Oliver & Chu Ben, "The experts' view on the euro's future: it doesn't have one", *The Independent*, February 2, 2012.
27) Monaghan Angela & Fletcher Richard, "Eurozone will collapse this year, says Nouriel Roubini", *Telegraph*, January 28, 2012.
28) 한국경제신문, 2011. 11. 28.

if the euro fails, then Europe fails"29)라고 말했듯이 유럽통합운동은 지난 60년 역사상 최대의 위기국면을 맞이할 것이다. 한편 통화동맹에서 탈퇴한 재정취약국의 경우 심각한 경제적, 사회적 혼란에 빠질 것이다. 예를 들면 그리스가 유로화를 버리고 자국의 이전 화폐인 드라크마Drachma화를 부활시킬 경우, 유로화체제에서는 불가능했던 자국 통화 평가절하조치를 단행하여 자국기업의 가격경쟁력을 높일 수 있다. 그러나 유로화대비 드라크마화의 가치급락에 따라 그리스가 갚아야 할 유로화표시 채권의 원리금 부담은 눈덩이처럼 불어나면서 그리스는 또다시 채무상환불능상태에 빠질 것이다. 또한 금리 및 물가폭등이 발생하며, 예금자들은 안전자산인 유로화로 확보하려고 할 것이기 때문에 대규모 예금인출사태bank run와 자본도피capital flight사태가 발생할 것이다.30) 결국 그리스의 금융 및 실물경제는 파산상태에 빠질 수 있다. 그렇게 되면 즉각적으로 유로존의 다른 나라에 연쇄적인 패닉을 일으킬 것이다. 당장 그리스의 유로표시 채권을 보유한 프랑스, 독일 등 유럽금융기관들이 큰 타격을 받게 될 것이고, 이로 인해 유럽경제는 물론 세계경제에도 심각한 전염 위기를 발생시킬 수 있다. 한편 유로존이 붕괴될 경우 유로존의 최대 수혜자이었던 독일도 심각한 정치적, 경제적 타격을 받을 것이다. 독일의 마르크화가 초강세를 보이면서 독일 기업의 가격경쟁력이 저하되고, 최대 수출지역인 EU 역내시장 수출이 위축될 수 있으며, 독일의 정치적 위상도 크게 추락하게 될 것이다.

---

29) Hall Ben & Peel Quentin, "Adrift Amid a Rift," *The Financial Times*, June 24, 2010.
30) Ahearn Raymond J(et all.), *op. cit.*, p.19.

3. 재정동맹 Fiscal union

유로존을 해체, 분할하는 것은 현 유럽 재정위기의 주된 원인인 유로 단일통화체제의 모순점을 근본적으로 해결할 수 있는 방법은 되지만 앞에서 살펴본 바와 같이 심각한 비용을 발생시킨다. 따라서 유로존의 미래와 관련된 또 다른 대안으로 유로존을 통화동맹성격에서 한 걸음 더 나아가 연방주의에 입각한 재정동맹성격으로 발전시키자는 의견이 대두되고 있다.

재정동맹이란 개별국가의 재정주권을 초국가적 기구(예를 들면 유로존 공동재무부)로 양도하는 것을 의미한다. 이 경우, 유로존 공동재무부가 역내 회원국들의 과세 및 지출에 대해 권한을 행사하고, 재정지원 보조금을 지급하며 공동채권(예, Euro bond) 발행을 통해 자금을 조달할 수 있다.[31] 이렇게 되면 현행 EMU체제의 결함인 "유럽중앙은행(ECB)의 단일통화정책Monetary union 따로, 국가별 재정정책체제 따로"문제를 근본적으로 해결함으로써 각 가맹국이 방만한 재정운영을 하는 것을 원천적으로 차단할 수 있게 된다. 그리고 연방주의에 입각하여 경상수지 흑자국인 독일 등 북부국가들이 적자국인 남부국가들에게 장기적으로 재정지원을 하게 함으로써 유로존의 구조적인 문제점인 역내국가 간 불균형문제를 상당부분 해소시킬 수 있다. 그러나 현실적으로 유로존을 재정동맹으로 발전시키는 것은 EU가 보다 강력한 정치통합체로 발전하여 재정연방주의Fiscal federalism를 이루지 않는 한 매우 어려운 일이다. 재정통합을 위해서는 각 가맹국의 과세, 사회보장, 임금정책 등 경제주권을 포기해야 하기 때문이다.[32] 만약 유로존 정상들이 재정통합 합의를 이루더라도 EU조약

---

[31] Trumbull Mark, "European debt crisis: Seven basics you need to know", *The Christian Science Monitor*, September 29, 2011.
[32] Ahearn Raymond J.(et all.), *op. cit.*, p.21.

을 개정해야 하는 사안이기 때문에 EU 27개 모든 국가에서 국내 입법절차를 통과해야 하는 길고 힘든 과정을 거쳐야 한다. 그리고 재정통합은 결국 재정 흑자국가에서 적자국가로의 재정의 재분배를 가져오는 사항이기 때문에 가맹국간 합의를 이루기가 현실적으로 매우 어렵다. 무엇보다도 재정통합이 될 경우 최대의 자금지원국이 되어야 하는 독일이 강력하게 반대하고 있다. 유럽재정안정기금의 분담금 증액에 대해서도 독일 국민의 75%, 프랑스 국민의 68%가 반대하고 있는 것이 현실이다.[33]

이와 같이 재정동맹을 이루는 것은 아직까지 현실적으로 어렵기 때문에 완전한 재정통합 없이 "유로 본드"Euro bond란 공동채권을 발행하는 방안이 논의되고 있다. 유로존 17개국이 공동보증으로 단일 채권을 발행하여 신용등급이 좋은 독일이나 신용등급이 낮은 그리스가 같은 금리로 자금을 조달하게 하는 것이다. 이렇게 되면 그리스는 저리로 자금조달이 가능하여 혜택을 보는 반면에 독일은 금리 상승에 따라 이자부담이 증가하게 된다. 사실 유로존의 3위 대국인 이탈리아까지 국채금리가 7%대로 급등하면서 자체적인 자본조달이 어렵다는 것을 고려하면 낮은 금리로 유로본드를 발행하면 PIIGS 국가에게 도움을 줄 수 있다.[34] 그런데 이와 같은 유로본드의 발행은 그리스와 같은 재정위기국의 긴축개혁을 지연시키는 부작용을 발생시킬 수도 있다. 현재 이 유로본드 발행의 열쇠를 쥐고 있는 독일은 자국의 금리상승에 따른 재정부담 증가 우려, 재정위기국가의 긴축 지연 우려 등을 이유로 유로본드의 발행에 대해서 반대하는

---

[33] 홍석빈·유승경, "유럽위기를 보는 체크포인트", LGERI 리포트, LG경제연구원, 2011. 10. 19. p.10.
[34] 2010년에 이태리는 유로본드의 발행 한도액(각 가맹국 총 국가부채액가운데 GDP 60% 이내)을 정하고 그 범위 내에서 국가부채를 유로본드로 전환시킬 수 있도록 하자는 제안을 하였다. 그렇게 되면 이태리의 경우 현재 GDP의 약 120%에 달하는 국가부채규모가운데 약 절반을 유로본드로 전환할 수 있는 혜택을 얻게 된다. Walker Marcus, "How the Euro Bond Would Work", *The Wall Street Journal*, August 16, 2011.

입장을 보이고 있다. 그러나 유럽재정위기가 지속될 경우 독일의 금융기관 및 실물경제도 심각한 타격을 받기 때문에 독일도 유로본드 도입 방안에 대해 적극적으로 검토할 가능성도 높다.

제4절 결론

최근 유럽재정위기의 근본 원인은 단일통화권인 유로존체제가 안고 있는 본질적인 문제점에서 찾을 수 있다. 역내 국가 간 경상수지 불균형을 해소하는 환율조정수단의 부재, 재정통합 없는 통화통합의 한계, 위기에 빠르게 전염되는 유로존 금융 연계망 등 유로존 체제자체에서 비롯된 문제들이 유럽재정위기를 심화시켰다. 특히 경쟁력이 약한 남유럽국가들이 경상수지불균형을 해소할 수 있는 환율조정수단을 가지지 못한 것은 이번 위기를 초래한 가장 중요한 원인이 되었다. 남유럽국가들은 단일통화권에 묶여 대외경쟁력 향상을 도모할 수 있는 화폐가치 평가절하 수단을 상실했기 때문에 경상수지 적자가 쌓여가는 것을 감수해야만 했다. 만성적인 경상수지 적자 누적으로 인해 해외차입을 하면서 재정이 악화되었고 또한 경제성장이 침체되고 실업이 증가되었다.

따라서 아무리 유로존 정상들이 유럽재정안정기금 증대, 채무조정, 재정긴축정책 등을 통해 유로존 체제 사수노력을 벌여도, 현재의 유로존 체제로는 이번 유럽 위기를 발생시킨 근본적인 문제점이라고 할 수 있는 역내 국가 간 경제 불균형문제를 해소하기가 어렵다. 위기가 수습되더라도 유로존 체제의 본질적인 문제점 때문에 언제든지 재발할 수 있을 것이다. 그리고 구제금융 지원은 그리스 사례에서 보듯이 일시적인 미봉책에 불과할 뿐 근본적인 해결책이 되지 않는다. 구제금융의 최대 자금공여국인 독일도 국내 반대 여론 확산으로 인해 무한정 자금을 지원할 수 없다. 한편 재정긴축 정책도 PIIGS 국가의 경제침체를 가중시키고 엄청난 사회적 저항을 발생시키기 때문에 근본적인 해결책이 되지 못한다.

결국 향후 유로존 문제를 근본적으로 해결하기 위해서는 두 가지 방식 즉 유로존 체제를 해체, 분할시키거나 아니면 통화동맹에서 한층 더 나아가 연방제적 재정동맹을 이루는 것 밖에 없다.35) 재정동맹은 재정연방주의에 입각하여 경상수지 흑자국인 독일 등 북부국가들이 적자국인 남부국가들에게 장기적으로 재정지원을 하게 함으로써 유로존의 구조적인 문제점인 역내국가 간 불균형문제를 상당부분 해소시킬 수 있다. 또한 재정동맹을 할 경우 각 가맹국이 방만한 재정운영을 하는 것을 원천적으로 차단할 수 있을 것이다. 재정동맹을 이루기 위해서는 무엇보다도 EU는 보다 강력하고 긴밀한 연방제적 정치통합체로 발전해야만 한다. 그리고 유로존 내 최대의 자금줄인 독일이 PIIGS 국가에게 지속적으로 재정지원을 하겠다는 전향적인 자세를 가져야만 가능할 것이다. 그러나 최근 유럽의 정치현실과 경제상황을 고려해 보면 현재로서는 재정동맹의 실현은 거의 불가능하고, 앞으로 수십 년간에 걸쳐 그 해법을 모색해야 될지도 모른다.36) 그런데 유로존의 위기는 당장의 문제이기 때문에 기다릴 시간이 없다. 유로존이 붕괴되면 엄청난 부작용을 발생시키고 유럽통합의 꿈을 좌절시킬 것이다. 그러나 재정동맹이 실현되지 않는다면, 유로존은 지금과 같이 진흙탕 속에서 임기응변적인 위기 수습을 벌리다가 결국에는 붕괴될 수밖에 없을 것으로 보인다.

---

35) 유승경·배민경, "근본대책 마땅찮은 남유럽위기: 세계경제 위기의 불씨", LGERI 리포트, LG경제 연구원, 2011. 7. 6, p.13.
36) Rachman Gideon, "Saving the euro is the wrong goal", *The Financial Times*, November 7, 2011.

참고문헌

- 강유덕(외), "남유럽 경제위기의 본질과 전망", KIEP 『오늘의 세계경제』, Vol. 10 No. 12 2010. 5. 27.
- 김득갑(외), "유럽재정위기 극복방안과 전망", SERI 이슈페이퍼, 삼성경제연구소, 2012. 1.
- 박진호, "그리스 사태로 드러난 EMU체제의 문제점", 『해외경제정보』 제2010-8호, 한국은행, 2010. 2. 17.
- 박진호, "EMU의 국가부도위기 대응과 전망", 『해외경제포커스』 제2011-85호, 한국은행, 2011. 8. 21-8. 27.
- 유승경, "험난한 유럽의 미래: 필사적인 노력에도 흔들리는 유로화", LGERI 리포트, LG경제연구원, 2010. 12. 15.
- 유승경·배민경, "근본대책 마땅찮은 남유럽 위기: 세계경제 위기의 불씨", LGERI 리포트, LG경제연구원, 2011. 7. 6.
- 이승주, "그리스 재정위기와 유로의 정치경제: 유로 12년, 성공신화에서 위기로?", 『국제정치논총』 제51집 3호, 2011.
- 임문영·김승민, "프랑스인의 유럽통합관에 대한 실태조사", 『유럽연구』 제17권, 2003년 여름호.
- 홍석빈·유승경, "유럽위기를 보는 체크포인트", LGERI 리포트, LG경제연구원, 2011. 10. 19.
- 조선일보, 2010. 5. 8.
- 한국경제신문, 2011. 11. 27.
- Ahearn Raymond J.(et all.), *The Future of the Eurozone and U.S. Interests*, Congressional Research Service, January 17, 2012.
- Alderman Liz & Donadio Rachel, "Debt Ratings Cut for 9 Countries Amid Euro Woes," *The New York Times*, January 14, 2012.
- Artus Patrick, "Quels pays de la zone euro sont compétitifs, quels pays ne le sont pas?", *Flash Economie-Recherche Economique*, No. 124, Natixis, le 13 février 2012.
- Blundell-Wignall, Adrian, "Solving the Financial and Sovereign Debt Crisis in Europe", *OECD Journal: Financial Market Trends*, Vol. 2011

Issue 2, OECD, 2012.
- European Commission, "EMU @10: successes and challenges after 10 years of Economic and Monetary Union.", *European Economy*, No. 2, 2008.
- Feldstein Martin, "The Euro's Fundamental Flaws", The International Economy, Spring 2010.
- Grauwe De Paul, "The Fragility of the Eurozone's Institutions", Springer Science+Business Media, LLC, December 2009.
(www.econ.kuleuven.be/ew/academic/.../Fragility-eurozone-OER.pdf)(2012년 2월 28일 검색)
- Hall Ben & Peel Quentin, "Adrift Amid a Rift," *The Financial Times*, June 24, 2010.
- Issing Otmar, "The crisis of European Monetary Union-Lessons to be drawn", *Journal of Policy Modeling*, Vol. 33, 2011.
- Katsimi Margarita & Moutos Thomas, "EMU and the Greek crisis: The political-economy perspective", *European Journal of Political Economy* Vol. 26, 2010.
- Le Figaro, "S&P confirme la perte du AAA français", le 13 Janvier 2012.
- Monaghan Angela & Fletcher Richard, "Eurozone will collapse this year, says Nouriel Roubini", *Telegraph*, January 28, 2012.
- Rachman Gideon, "Saving the euro is the wrong goal", *The Financial Times*, November 7, 2011.
- Schmidt Vivien Ann, "Saving the Euro Will Mean Worse Trouble for Europe", *Foreign Affairs*, November 28, 2011.
- Schwartz Nelson. D., "In and out of each other's European Wallets", *The New york Times*, May 1, 2010.
- Schwartz Nelson. D., "Europe's Web of Debt", *The New york Times*, May 1, 2010.
- Sterdyniak Henri, "Crise de la zone euro : Les jeux des marchés financiers et l'aveuglement des institutions européennes conduisent à

la catastrophe. Il est urgent de changer d'Europe", les Economist Atterrs, Décembre 2010, p.4 & p.7.
(http://www.ville-rail-transports.com/sites/default/files/Crise%20de%20la%20zone%20euro.pdf)(2012년 2월 28일 검색)
- Trumbull Mark, "European debt crisis: Seven basics you need to know", *The Christian Science Monitor*, September 29, 2011.
- Volz Ulrich, "Lessons of the European Crisis for Regional Monetary and Financial Integration in East Asia", *ADBI Working Paper Series*, No. 347, Asian Development Bank Institute, February 2012.
- Walker Marcus, "How the Euro Bond Would Work", *The Wall Street Journal*, August 16, 2011.
- Wright Oliver & Chu Ben, "The experts' view on the euro's future: it doesn't have one", *The Independent*, February 2, 2012.

제2장

1980년대 프랑스의 국유화 및 민영화

제1절 서론

전통적으로 프랑스정부는 여타 선진국 정부보다 경제부문에 대해 더 직접적으로 개입해왔다. 프랑스정부가 경제개입을 선호한다는 사실은 최근까지 프랑스 경제에서 공기업이 차지하는 비중이 매우 높다는 것에서 잘 나타난다. 프랑스는 2차 세계대전 직후에 에너지, 수송, 은행부문 등의 산업에 대해 국유화 조치를 실시한 이후, 국영기업을 계속적으로 유지, 확대시키는 정책을 실시해왔다. 따라서 1980년 이전에 이미 공공부문은 프랑스 경제의 매우 중요한 부분이 되어 있었다. 한편 1980년대기간 동안 프랑스의 공공부문은 소유권의 급격한 변화를 겪었다. 먼저 좌파인 사회당 미테랑Mitterrand 대통령이 집권한 직후인 1981-82년에는 프랑스의 산업계와 금융계에 대한 광범위한 국유화 작업이 이루어졌다. 한편 국영기업에 대한 민영화 조치를 선거전략으로 표명하여 1986년 하원의원 선거에서 승리한 우파 쉬락Chirac 내각은 1981-82년에 국유화된 기업뿐만 아니라 2차세계대전 직후 국유화된 금융기관들을 재민영화하는 계획을 수립하고 민영화작업을 추진하였다. 그러나 이러한 민영화 작업은 미테랑 대통령이 1988년 대통령선거에서 승리를 거둠에 따라 중지되고 그후 수년동안 새로운 국유화를 하지 않고, 재민영화도 하지 않는 소위 Ni-Ni^{Ni renationalization, Ni nouvelle privatisation} 정책이 실시되었다. 그러나 1990년대 초반이후 극심한 경제침체를 겪은 프랑스는 국영기업의 방만한 경영과 비효율성 그리고 재정적자 심화로 국영기업을 더 이상 유지할 수 없다는 사실을 깨닫고 민영화의 필요성을 자각하기 시작했다. 이에따라 1993년 발라뒤르^{Balladur} 우파내각이 등장한 이래 현재까지 프랑스는 서구의 여타 나라 못지않은 대규모의 민영화계획을 추진하고 있다.

본 연구에서는 1980년대 동안 프랑스에서 실시된 국유화·민영화 정책의 배경, 추진 성과 그리고 특징을 분석해보고자 한다. 1993년 이후부터 프랑스에서 추진되고 있는 최근의 민영화정책에 대해서는 후속되는 연구에서 다루려고 한다.

제2절 1981년-82년 국유화정책

1. 국유화 조치의 배경

1981년 5월 미테랑^{Mittérand} 대통령의 당선으로 정권을 잡은 사회당 좌파정부는 1981년 11월과 1982년 2월 두 차례에 걸쳐 프랑스 대부분의 대규모 제조기업과 금융기관에 대한 국유화조치를 단행하였다. 1981-82년의 국유화조치에 따라 프랑스경제에서 국영기업은 중요한 위치를 차지하게 되었다.

프랑스 국립경제통계청인 INSEE^{Institut National de la Statistique et des Etudes Economiques}에 의하면 1983년을 기준으로 프랑스 전체제조업에서 국영기업이 차지하는 비중은 매출액의 31%, 고용의 23%, 부가가치의 28%, 수출의 30%, 투자의 49%, 고정자산의 53%에 이르게 되었다.[1] 이와 같이 프랑스 사회당정부가 집권초기에 대규모 국유화 조치를 실시하게 된 주요 배경을 살펴보면 다음과 같다[2]

 첫째, 당시 프랑스 경제의 침체를 극복하기 위한 방안으로 경제에 대한 정부의 직접적인 개입을 증대시켜 정부주도하의 경제활성화정책la politique de la relance을 추구하려는 사회당정부의 경제정책 기조가 국유화를 단행하게 된 직접적인 계기가 되었다. 1981년 5월 미테랑 대통령의 당선으로 좌파 사회당정부가 등장하게 되었을 때 프랑스는 70년대 말의 석유파동에 따른 원유가 인상 등으로 인해 국내산업의 국제경쟁력이 약화되었고 또한 고물가, 고실업, 저성장 등의 심각한 경제침체에 빠져있었다. 따라서 프랑스 사회당정부는 고용증진[3]과 국내산업의 국제경쟁력 강화에 경제정책의 최우선 순위를 두고 강력한 경제활성화 정책을 실시하였다. 이 경제활성화 정책의 주요내용은 정부의 재정지출을 증가시켜 투자와 민간소비를 증대시키고 경기부양을 도모하는 한편, 기간산업과 첨단산업에 대

---

[1] Bancel, F., "Le processus de privatisation: la spécificité franÇaise" in Dion, F.(ed.), Les privatisation en France, Notes et Etudes documentaires, n° 5024, La Documentation, FranÇaise, Paris, 1995, p.24.
[2] Eck, J. F., Histoire de l'économie franÇaise depuis 1945, Armand Colin, Paris, 1992, pp.49-53.
[3] 미테랑 사회당정부는 사회당정권을 지지하는 노동자계급과 중산층의 실업감축과 복지향상에 정책의 주안점을 두었다. 이에 따라 좌파정부는 고용창출정책, 소득의 적정배분, 노사관계의 개선 등 강력한 사회복지정책을 실시하여 사회주의 이념을 국가정책에 반영하려고 시도하였다. 특히 좌파정부는 공공부문에서의 신규고용창출, 조기퇴직의 장려, 노동시간의 단축 등의 조치를 통해 완전 고용(full employment)을 달성하는데 주력하였다. 전임 지스카르 데스탱(Giscard d'Estaing)우파 정권이 1981년 대통령선거에서 사회당에 패배하게 된 가장 중요한 요인이 재임기간중의 실업률 증가(74년-81년 기간 동안 2%에서 8%로 4배 증가)에 있다는 것을 감안할 때 미테랑정권이 실업문제해결에 최우선 경제목표를 둔 것은 당연하다고 할 수 있다. Halimi, S., Michie, J. & Milne, S., "The Mitterand Experience", in Michie, J. & Smith, J. G.(ed.), Unemployment in Europe, Academic press, San Diego, 1994, pp.98-99.

한 국유화를 통해 "정부주도의 강력한 산업정책"state-sponsored industrial policy 을 추진한다는 것이다. 즉 당시 프랑스 정부는 주요산업의 국유화를 통해 국영기업에 대해 투자를 집중시키고 이들 기업을 중심으로 국가주도하에 일관성 있는 산업정책을 실시함으로써 국제경쟁력 면에서 약화상태에 있는 프랑스 산업을 직접 보호하겠다는 의도를 가지고 있었다. 실제로 국유화직후 민간부문에 대한 투자는 부가가치대비 10% 미만으로 감소한 반면 공공부문에 대한 투자는 16.5%로 증대하였다. 정부는 국영기업에 대해 보조금 지급 및 은행융자를 통해 투자자금을 제공하였고 그에 대한 댓가로 국영기업들은 정부와 긴밀한 협조관계를 맺어 국가경제계획의 틀 내에서 기업의 중장기 경영계획을 수립하였다.[4]

둘째, 당시 프랑스기업의 과도한 다국적기업化multinationalisation를 방지시키겠다는 것도 국유화조치의 중요한 이유로 작용하였다. 당시 프랑스기업들은 국내의 임금상승과 제반생산비용의 상승에 따라 생산라인을 해외로 이전하기 시작하였고 이것은 국내 실업률 증가를 부추기는 큰 요인으로 작용하였다. 따라서 프랑스정부는 주요기업에 대한 국유화로 국내기업의 과다한 해외직접투자를 억제시키겠다는 의도를 가지고 있었다.

셋째, 정부주도형의 산업정책을 효율적으로 수행하기 위해서는 은행을 국유화시켜 정부가 금융기관의 경영권을 장악할 필요가 있었다. 특히 국유화된 은행을 통해 중소기업에 대한 금융지원을 원활히 수행하겠다는 의도가 있었다. 왜냐하면 당시 프랑스 국내 금융기관들은 중소기업이 고용창출의 중요한 원천임에도 불구하고 중소기업에 대한 대출을 회피하는 경향이 있었기 때문이다. 이러한 경향은 중소기업의 성장을 저해하게 되었고 실업

---

[4] Thomson, K., "France", in Somers, D. F., *European Community Economics: A companative study*, Second ed., pitman publishing, London, 1994, p.75와 Szij, E., "La nationalisation a-t-elle été un outil efficace de politique industrielle?", *Regards sur l'actualité*, La Documentation franÇaise, novembre 1994, pp.19-29.

증가와 국내산업의 경쟁력 저하를 야기시키는 요인으로 작용하였다.

　넷째, 사회당정부의 이념적 성격에서 연유한 정치적 목적, 즉 사회당의 이념을 구현시키겠다는 것도 국유화조치의 배경이 되었다고 평가할 수 있다. 즉 공공부문의 확대를 통해 경제에 대한 정부의 계획과 통제를 강화시키겠다는 의도를 가지고 있었다. 이와 같이 1981-82년 사회당정부의 국유화조치에는 경제적 목적이외에도 정치적, 이데올로기적 목적을 달성하려는 의도가 있다는 것은 이념이 작용하지 않고 순수하게 경제적 목적만을 위해 행해진 2차세계대전 직후의 국유화조치와는 그 배경에서 뚜렷한 차이가 있다고 할 수 있다.5)

2. 국유화 정책의 내용과 결과

　사회당정부는 집권초기인 1981-82년에 프랑스내의 대표적인 제조기업 대부분과 38개의 금융기관에 대한 국유화조치를 실시하였다. 먼저 1981년 11월 사회당정부는 2개의 철강그룹 Usinor, Sacilor(당시 프랑스정부는 1978년 이래로 이미 이 두 회사 주식의 85%를 소유하고 있었음)에 대해 완전국유화 조치를 실시하였다. 뒤이어 1982년 2월 22일 공표된 국유화법에 의하여 5대 제조기업그룹과 36개의 은행 그리고 2개의 금융회사를 완전히 국유화시켰다. 1981년-82년 국유화조치에 의해 국영기업이 된 주요 기업의 명단을 정리하면 다음과 같다.6)

　　- 2개 철강기업의 완전한 국유화
　　　Usinor/Sacilor

---

5) Eck, J. F., *op. cit.* p.52.
6) *ibid.*, p.50.

- 5대 제조그룹과 이들 그룹의 자회사에 대한 완전 국유화

  Companie Général d'Electricité(CGE) (전기·전자산업체); Thomson (전기·전자산업체); Saint-Gobain-Pont-Mousson(유리·세라믹 산업체); Péchiney-Ugine-Kahimann(금속·기초화학 산업체); Rhone-Poulenc(화학산업체)

- 2개의 금융회사(Paribas; Indosuez)와 36개의 은행에 대한 완전 국유화

- 2개의 항공우주회사에 대한 다수지분 취득(prise de principation majoritaire dans le capital)

  Avions Dassault-Bregret/ Engins Matra

- 3개의 외국기업 자회사 매수

  Cll-Honeywell-Bull(컴퓨터); Roussel-Uclaf(약품산업); Companie Générale de Construction Téléphonique(CGCT) (전화)

이상과 같이 1981-82년 국유화조치는 2차세계대전직후의 국유화조치와 비교해볼 때, 규모가 더 크고 대상기업의 사업영역이 훨씬 확대되었다. 2차세계대전직후의 국유화조치는 금융기관, 수송, 에너지 등의 3가지 산업에만 집중되었다. 그러나 80년대 초반의 국유화조치는 경쟁적인 산업(해외시장에서 타국의 기업과 경쟁을 벌이고 있는 수출지향적 산업을 포함함)과 자본집약도가 높은 산업까지 국유화 대상으로 삼고 있다는 데에 그 특징이 있다고 평가할 수 있다.

이러한 국유화 조치로 프랑스는 서방선진국 중 산업부문에 대한 정부의 소유비율이 가장 높고, 경제에 대한 정부의 개입이 가장 강한 나라가 되었다. 실제로 1981년-82년 국유화조치에 따라 프랑스 정부의 기업에 대한 소유권은 공기업의 전통적인 독점적 공익산업분야인 에너지분야(전

기, 가스, 산유 등), 공공수송부문(철도, 우편 및 통신분야) 등에 국한되지 않고 주요 기간산업분야(철강산업전체, 알루미늄산업전체, 정유 및 화학제품전체, 기계장치의 대부분, 전자제품전체, 컴퓨터산업의 절반, 의약제품의 상당부분)와 금융기관에까지 확대되었다.[7]

이와 같은 프랑스 공공부문의 비중증대추세는 당시 대부분의 서방국가들의 국영기업의 민영화정책방향과 역행되고 있었다는 사실에 주목할 필요가 있다. 당시 영국은 1979년 대처Thatcher 수상집권 이후 경제에 대한 정부의 개입을 줄이기 위해 민영화와 규제완화정책을 본격적으로 실시하였고 서독, 이태리, 일본등도 공기업의 민영화를 추진하고 있었다.

사회당집권 초기의 국유화조치는 실망스러운 경제적 결과를 초래하였다. 국영기업은 경영의 비효율로 인해 재무상태가 악화되었고 경영적자가 누적되었다. 1981년-85년 기간 동안 프랑스 국영기업의 경영적자는 무려 670억FF에 달하였다. 이에 따라 동기간 동안 정부는 심각한 경영난에 허덕이고 있는 공기업에 대해 490억FF의 보조금을 지급함으로서 정부예산의 적자가 가중되었다.[8] 따라서 국유화된 기업은 애초 사회당정부가 기대한 것처럼 프랑스 경제회복의 주역이 되기에는 역부족이었고 오히려 재정적자를 팽창시킴으로써 경제정책의 운용을 어렵게 하는 골치거리가 되었다. 결과적으로 사회당집권초기동안 정부주도하에 실시된 경기부양책과 국유화조치는 실패로 끝났다. 프랑스경제는 여전히 저성장, 고실업, 환율 불안의 늪에서 벗어나지 못했고 또한 국영기업에 대한 재정지출증대로 심각한 물가상승(1982년의 경우, 11.8%)을 나타내

---

[7] 새로이 국유화된 국영은행은 금융기관 총 수신의 90%, 총 여신의 75%를 점하고 있었다. Lepage, H., "프랑스의 민영화 정책", 김재홍·이승철편 『민영화와 규제완화』, 한국경제연구원, 1994, p.45.
[8] Bancel, F., *op. cit.*, p.17.

었다. 이에 따라 1983년에 접어들어 사회당정부는 물가상승억제에 최우선목표를 두고 긴축정책politique de rigueur; plan Delors 라고도 함을 실시하였다.[9] 긴축정책의 결과로 물가상승은 어느 정도 진정되었으나(1984년 7.3%), 고실업(1984년 10%)과 저성장(83년-84년, 1%내외)은 지속되었다. 이와 같이 경제침체가 지속되고 국유화된 기업의 경영적자가 누적됨에 따라 80년대 중반부터 사회당내부에서도 국유화의 당위성에 대해 회의를 가지기 시작했다.[10]

제3절 1986년-88년 민영화정책

1. 민영화정책의 배경

1986년 3월 하원의원 총선거에서 민영화와 경제자유화를 선거구호로 내세운 우파 보수연합진영이 사회당을 누르고 하원내의 다수당으로 등장하였다.

이에 따라 미테랑 대통령이 보수연합의 지도자인 쉬락Chirac을 수상에 임명함으로써 대통령은 좌파 사회당출신이 맡고 수상은 우파 보수정당이 맡는 전대미문의 동거체제cohabitation가 출범하게 되었다. 종전 사회당 좌파 정부가 집권직후인 1981-82년 기간 동안 정부주도하의 경제 활성화정책과 국유화조치를 통해 집권이전의 기존 경제시스템과 완전히 단절된 정

---

[9] Bremond, J. et G., *L'Economie FranÇaise : face aux défis mondiaux*, Hatier, Paris, 1990, p.76.
[10] 1980-1992년 동안 프랑스의 경제동향과 경제정책에 대해서는 Marnata, F. & Sarazin, C., "Bilan économique de la France 1980-1992", *Regards sur l'actualité*, La Documentation franÇaise, mai 1993, pp.23-38을 참조할 것.

책을 추구한 바와 같이, 시락 우파내각도 1986-88년 집권기간 동안 경제자유화정책과 대규모 민영화 작업의 추진을 통해 전임 사회당정부가 실시한 경제게임의 룰rule과는 전혀 성격이 다른 경제정책을 추구하였다.

　쉬락내각의 주도하에 1986년 7월 31일 확정된 민영화법안은 향후 5년에 걸쳐(1991년 3월 1일을 민영화작업 완성시점으로 삼음) 65개의 국영기업을 민영화시킨다는 내용을 담고 있다. 민영화대상 국영기업은 1981-82년 기간 동안 국유화되었던 기업뿐만 아니라 2차 대전 직후 국유화된 프랑스의 3대 상업은행과 대형보험회사를 포함하였다. 1986년 7월 31일 민영화법에 의해 민영화 대상기업으로 선정된 국영기업의 명단을 정리하면 다음과 같다.[11]

① 8개의 제조그룹
　　- 1982년에 완전국유화된 5대 제조그룹
　　- 1982년에 외국기업으로부터 매수한 2개 제조기업(Bull, CGCT)
　　- 1981년 이래 정부가 다수지분을 취득하고 있던 1개 제조기업
　　　(Matra)
② 1개 석유그룹: ELF-Aquitaine(프랑스 제1의 석유회사임)
③ 38개 은행
　　- 1982년에 국유화된 36개 은행
　　- 1945년 국유화된 3大 상업은행(BNP, Crédit Lyonnais, Société Générale)
④ 4개의 금융그룹
　　- 1982년에 국유화된 Paribas, Indosuez
　　- CIC, CCF산하의 각 금융그룹

---

[11] Eck, J. F., *op. cit.* p.50.

⑤ 1946년에 국유화된 13개의 보험회사
⑥ 1944년에 국유화된 1개 통신그룹(Agence Havas)

쉬락내각의 민영화계획은 당시까지 서구에서 행해진 공기업의 민영화 작업 중 내용이나 규모면에서 가장 큰 것이었다. 민영화대상 공기업에 종사하는 종업원 수는 9만 명에 달하였고, 또한 민영화 대상기업의 총가치는 3천억 프랑으로 추정되었는데 이는 당시 파리증권시장 총시가총액의 1/4에 달하는 엄청난 금액이었다.[12]

쉬락 신정부가 대규모 민영화 작업을 추진하게 된 배경을 살펴보면 다음과 같다.

첫째, 경제에 대한 정부의 개입을 축소시키고 시장의 자율적인 경쟁기능을 제고시키겠다는 경제자유화정책을 들 수 있다. 당시 쉬락 신정부는 80년대 초반기동안 프랑스의 경기침체와 고실업은 사회당정부의 경제에 대한 과도한 통제와 1981-82년의 국유화 조치된 국영기업의 비효율성에 기인한다고 판단하였다. 따라서 당시 미국과 영국에서의 규제완화정책과 민영화정책의 성과에 고무된 쉬락내각은 정부의 개입을 축소시키고, 시장의 자율적인 경쟁기능을 확대시키는 것을 골자로 하는 경제자유화정책을 실시하였다. 쉬락내각에 의해 추진된 경제자유화정책의 주요내용은 i)가격에 대한 자유화, 외환통제완화, 금융자유화, 정부보조금축소 등을 통해 시장에서의 자율적인 경쟁기능을 촉진시키며 ii)기업의 조세부담을 경감시키고 누적된 재정적자를 줄여 균형예산을 유지하도록 노력하며 iii)공기업의 민영화를 추진한다는 것이었다.[13] 이와 같이 1986년-88년

---

[12] Maclean, M., "Privatisation in France 1993-94 : New departures, or a Case of plus Ça change?", *West European Politics*, vol. 18. No. 2(April 1995), p.274.
[13] Bremond, J. et G., *op. cit.*, p.77.

프랑스의 민영화조치는 쉬락내각의 시장지향적인 경제정책의 중요한 부분으로서 추진되었다고 평가할 수 있다.

둘째, 공기업의 비효율성이 누적되어 심각한 수준에 이르게 되었다는 점이다. 따라서 공기업의 민영화를 통해 기업을 시장경쟁에 노출시키는 한편 기업에게 자율책임경영권을 부여함으로써 기업의 효율성을 제고시키겠다는 것이다. 특히 프랑스기업을 둘러싼 대외경제여건의 급속한 변화는 프랑스의 민영화작업을 촉진시키는 요인으로 작용하였다. 정부의 보호막에 안주하여 비효율적인 경영을 해온 프랑스의 공기업의 경영체질로서는 대외경제환경의 급격한 변화 —단일유럽법SEA : Single European Act체결에 따라 가시화된 유럽시장통합 움직임, U. R.에 따른 세계무역의 자유화추세 그리고 외국유수기업들의 국제화 추세— 에 적절하게 대응할 수 없었다. 이에 따라 프랑스내 재계와 정계에서는 공기업의 소유권을 정부에서 민간으로 이전하는 것이 필요하다는 여론이 자연스럽게 확산되었던 것이다. 왜냐하면 관료주의적 통제가 강하고 혁신의 유인誘因이 미약한 공기업에 비해, 자유로운 기업가 정신, 유연성 및 신속한 의사결정 등을 특성으로 하는 민간기업이 효율성과 위기대응능력 측면에서 훨씬 더 낫기 때문이다.

셋째, 심각한 경영적자를 나타내고 있는 국영기업에 대한 정부의 보조금을 삭감하고 동시에 민영화를 통한 국영기업체 매각이익금으로 정부의 누적된 재정적자를 축소시키려는 목적을 가지고 있었다. 80년대 전반기 동안 국영기업에 대한 과다한 재정지출로 심각한 재정적자를 겪고 있는 프랑스정부는 더 이상 국영기업에 대한 보조금을 지급할 수 있는 예산상의 여력이 남아 있지 않았다. 한편 당시 유럽공동체EC: European Community 집행위원회가 회원국정부의 보조금지급에 대해 통제를 하기 시작했다는 것도 국영기업에 대한 보조금지급삭감의 당위성을 부여하였다.14) EU집행위원회는 회원국정부의 국내기업에 대한 국별보조금지급은 시장의 공정한 경쟁조건을 저해시키고 역내산업전반에 걸쳐 여러 부작용을 야기시킨다고 판단하고 회원국정부의 보조금지급에 대해 제재를 가하겠다는 방침을 가지고 있었다.

넷째, 공기업의 민영화를 통해 기업의 자금조달능력을 향상시키려는 목적을 가지고 있었다. 왜냐하면 일반적으로 민간기업은 공기업에 비해 국내 및 국제 금융시장에서 자금을 보다 쉽게 융통적으로 조달할 수 있기 때문이다.

다섯째, 증권시장을 통하여 국민주 방식으로 민영화를 추진함으로써 증권인구의 저변을 확대하고 파리증권시장의 활성화를 도모할 목적을 가지고 있었다. 동시에 주식의 실제가치보다 비교적 낮은 가격으로 주식을 일반대중에게 매각함으로써 중하위소득계층의 재산형성에 기여한다는 목적도 가지고 있었다.

2. 민영화 조치의 성과와 특징

1986년 7월 민영화법에 의해 쉬락의 민영화 5개년계획(86-91)에 포함된 민영화대상기업 65개중 민영화작업이 추진된 1986년 9월부터 88년 4월까지 실제로 민영화된 기업은 다음 15개 기업이었다.[15] 이들 민영화 기업들은 모두 경쟁적인 산업secteur concurrentiel에 속하는 기업이었고, 공익적 독점산업에 속하는 국영기업은 어느 한 기업도 민영화가 되지 않았다. 이 민영화조치에 의해 프랑스 국영기업에 종사하고 있는 전체 종업원수 중 1/5이 새로이 민영화된 기업에서 일하게 되었다.

---

[14] Bancel, F., op. cit., p.17.
[15] Eck, J. F., op. cit., p.51.

① 4개 제조그룹(Saint-Gobain(민영화시점: 1986.11), CGE(Companie Générale l'Electricité; 1987.5), CGCT(스웨덴 Ericsson그룹에 매각됨), Matra(1988.1))
② 1개 석유그룹(Elf-Aquitaine; 부분적인 민영화만 행해짐)
③ 6개 은행(CCF(Crédit Commercial de France; 1987.4), Société Général(1987.6), Caisse National de Crédit Agricole(caisses mutuelles régionales에 매각됨), Sogénal(1987.3), BBTP(1987.4), BIMP(1987.4))
④ 2개 금융그룹(Paribas(1987.1), Indosuez)
⑤ 2개의 통신그룹(Agence Havas(1987.5), TF1(1987.6))

1986-88년 프랑스 민영화매각방식의 중요한 특징을 정리하면 다음과 같다.

첫째, 고정가격공모방식 Offre Publique de Vente à prix fixe을 채택하여 공기업의 주식을 정해진 가격에 매각하였고,

둘째, 투자가 그룹별(일반개인투자가, 종업원, 핵심대주주그룹 등)로 배분비율을 정하고,

셋째, 일반대중투자가에게는 국민주방식을 통해 매각함으로서 소유권의 확산(wider share ownership)을 도모하였고,

넷째, 민영화 기업의 소유권 안정과 국익보호를 위해 핵심대주주그룹 noyaux durs을 선정하고 외국인투자가의 지분취득한도를 설정하였다는 점이다.

구체적인 민영화방식은 각 민영화기업마다 조금씩 상이하게 행해졌는데, 기업별로 전체 주식 중 평균 55-60%가 국내의 일반 개인투자가와

해당기업의 종업원들에게 매각되었다.16) 그리고 각 민영화기업의 총지분 중 15-30%의 지분은 일반공모전에 정부가 사전에 선정한 "장기적이고 안정적인 핵심대주주그룹"(hard cores of stable investors in newly privatised firms; 일반적으로 "noyaux durs"라고 불림)에게 매각되었다.17) 한편 외국인투자가들에게는 주식취득상한선을 설정하여 각 기업의 총자본 중 20%한도 내에서 주식을 매입할 수 있게 하였다.

프랑스 민영화방식의 가장 중요한 특징은 noyaux durs를 구성하여 소유권의 안정성을 도모하는 것이라고 할 수 있다.18) 프랑스 정부는 기업의 경영권이 외국인투자나 적대적인 M.&A.에 의해 투기적인 투자가들에게 넘어가는 것을 방지하고 소유권의 장기적인 안정을 도모하기 위해 "noyaux durs기법"을 사용하였다. "noyaux durs기법"이란 주식을 일반인에게 공개하기 전에, 정부가 '안정적이고 장기적인 주주그룹'에게 소유권을 보장하는 최소한의 지분을 사전에 우선적으로 배정해 주고, 그 댓가로 noyaux durs구성 주주들로부터 다음 두 가지 사항들을 준수한다는 서명을 받는 것이다. 첫째, 최소 2년 이상 최초에 취득한 지분을 그대로 유지해야 한다. 둘째, 2년의 의무보유기간이 끝난 후부터 그다음 3년 동안은 지분을 매각할 경우 noyaux durs내의 다른 구성원이나 회사의 경영진이 허락하는 매수자에게만 지분의 양도가 가능하다.

1986년 민영화법에 의하면, 각 민영화대상기업의 총 지분 중 noyaux durs들이 취득할 수 있는 지분한도는 1주주당 0.5-5%, 1社당 15-30%로 설정하였다.19) 'noyaux durs'가 각 기업당 실질적으로 취득한 지분

---

16) Brémond, J. & G., *op. cit.*, p.135.
17) Cartelier, L., "L'expérience franÇaise de privatisation 1986-1988: bilan et enseignement", *problèmes Economiques*, n° 2362, le 9 février 1994, p.4.와 Maclean, M., *op. cit.*, p.275를 참조할 것.
18) Lepage, H., *op. cit.*, p.53.

을 살펴보면 최소 18.2%(Paribas社의 경우)에서 최대 30%(CCF社의 경우)의 분포를 나타내고 있다. 그리고 noyaux durs에 매각되는 주식가격은 일반공모가 시작되기 전에 결정되는데, 일반적으로 noyaux durs는 지배주주의 권리와 혜택에 대한 대가로 개인투자가들에 대한 매각가격보다 높은 프리미엄premium을 지불하도록 하였다. 예를 들어 CCF社의 경우 전체지분의 30%를 일반공모 전에 9개사로 구성된 noyaux durs에게 배정하였는데, 이들 핵심주주들은 일반투자자보다 4% 높은 가격으로 주식을 매입하였다. 프리미엄은 민영화대상 기업별로 상이하게 결정되었는데, 2.5%-45%의 분포를 나타내었다. 주요 기업별 noyaux durs에 대한 프리미엄은 다음과 같이 책정되었다.20): Paribas(2.5%), CCF(4%), Suez(5%), Havas(8%), TF1(33%), BIMP(45%)

이상에서 보는 바와 같이 프랑스정부는 민영화 대상기업의 소유권이 단기투자수익을 노리는 투기적인 투자가나 외국인 투자가에게 찬탈되는 것을 방지하기 위해 "noyaux durs기법"을 도입하여 소유권의 안정성을 도모하였다. 그러나 "noyaux durs기법"의 도입은 민영화기업에 대한 정부의 특권을 계속적으로 유지시키고 영향력을 강화시키는 결과를 초래했다는 사실에 주목할 필요가 있다.21) 왜냐하면 재무부장관Minister of Finance 즉 정부가 noyeaux durs를 선정하는 권한을 가지고 있었기 때문이다. 따라서 1986-88년 민영화기업의 noyeaux durs는 親정부성향을 가진 기업으로 구성되었다. 한편 민영화된 기업의 새로운 경영진도 거의 대부분 프랑스 엘리트관료양성학교인 파리이공계대학Ecole politechniques, 국립행

---

19) Cartelier, L., op. cit., p.4.
20) Lepage, H., op. cit. p.54. ; Cartelier, L., op. cit. p.5.
21) Maclean, M., op. cit., pp.275-276.

정학교ENA: Ecole Nationale d'Administration 출신인 전직 관료이거나 과거 공기업의 경영진으로 구성되었다. 따라서 정부는 계속적으로 민영화된 기업에 대해 강력한 영향력을 행사할 수 있었다. 이러한 의미에서 프랑스의 민영화계획은 민간기업에게 경영자율권을 확대시키고 자유로운 시장경쟁을 촉진시킨다는 당초의 목적에서 벗어나서 오히려 경제에 대한 프랑스의 정부개입주의적 전통the State's interventionist tradition을 강화시켰다는 비판을 받았다.22)

일반개인투자가들에 대한 정부지분은 증권시장에서 국민주방식을 통해 매각되었는데 소액대중투자자들의 엄청난 수요를 야기시키면서 증시인구의 저변확대에 기여하였다. 1986-88년 민영화기간 중 주식인구는 4배(86년 150만 명에서 88년 600만 명)나 증가하였다.23) 민영화기업의 주식을 매입한 투자자의 수는 각 기업별로 최고 380만 명에서 최저 30만 명에 이르게 되었다.(Paribas 380만 명, CGE 230만 명, Société Générale 230만 명, Saint-Gobain 150만 명, Matra 30만 명 등)〈표 1 참고〉

한편 개인투자자의 수와는 별도로 약 50만 명의 민영화대상기업 종업원들이 자사自社의 주식을 매입하였다. 그 결과 프랑스 국민 9명 중 1명은 주주가 되었다. 또한 민영화대상기업 전체 종업원 중 약 50-80%가 우리사주를 취득하였는데24), 주요 회사별 종업원주주비율을 살펴보면 다음과 같다: Saint-Gobain 50%, Paribas 50%, BTP 88%, CCF 80%, Havas 55%, Société générale 69%, Matra 80% 등.〈표 1 참고〉

---

22) Bauer, M., "The politics of State-Directed Privatisation: the Case of France", *West European Politics*, 11/4(Oct. 1988), p.57.와 Redore, D., "The state ownership sector: lessons from the French experience", in Targetti, F., *Privatisation in Europe*, Dartmouth publishing Co., England, 1992, pp.158-159를 참조할 것.
23) Bancel, F., *op. cit.*, p.31.
24) Maclean, M., *op. cit.*, p.275.

▶ 표 1 1986-88년 프랑스 민영화기업의 현황과 증권시세

민영화 기업명단	종업원수 (1986년)	매출액 10억 프랑 (1986년)	주식 공모일	발행가 (프랑)	주주수 (만명)	종업원 주주 비율 (%)	발행가 총액 (1억 프랑)	파리주가(프랑)		
								(첫째날)	(87년말)	(89.1.20.)
Saint-Gobain	140,000	77.70 19.90	86.11.24.	310	150	50	63	369	415	621
Paribas	28,400	1.50	87.01.19.	405	380	50	61	480	320	490
Sogenal	3,000	0.32	87.03.09.	125	85	78	6	225	94	119
BTP	420	0.24	87.04.06.	130	100	88	1	176	138	114
BIMP	400	6.50	87.04.21.	140	52	81	1	170	188	191
CCF	12,500	80.90	87.04.21.	107	150	80	17	125	107	216
CGE	240,000	11.00	87.05.11.	290	230	50	80	323	215	416
Havas	15,000	30.00	87.05.25.	500	50	55	11	540	409	718
Société générale	43,600	2.60	87.06.15.	407	230	69	91	432	299	517
TF1	1,500	10.20	87.06.29.	165	42	40	12	178	170	385
Suez	16,900	14.40	87.10.05.	317	160	70	65	261	279	311
Matra	28,000		88.01.20.	110	30	80	4	123	-	269

자료: Bizaguet, A., Le secteur public et les privatisations, PUF, 1988 & La croix (Jounal), le 27 janvier 1989. Cartelier, L., "L'expérience franÇaise de privatisation 1986-1988: bilan et enseignement", problèmes Economiques, n° 2362, le 9 février 1994, p.4에서 재인용.

이와 같이 프랑스의 민영화가 일반대중과 민영화기업 종업원들의 관심을 끌 수 있었던 것은 소액투자자와 종업원에 대한 인센티브제도(종업원 우선배정권, 10주미만 단주 소액투자자에 대한 우선배정권, 18개월 이상 장기보유에 대한 보너스주 제공 등)에도 기인하겠지만 무엇보다도 투자자들의 (주가상승에 따른) 고투자수익율에 대한 기대심리가 작용했기 때문이다. 실제로 상당수 전문들은 1986-88년 기간 동안 민영화된 공기업의 재정상태는 여타 공기업에 비해 비교적 양호하고 또한 주식의 발행가격은 실질가치보다 낮게 책정되었다고 평가하고 있다.[25]

실제로 발행가와 주식시장 상장 첫째날 주가를 비교하면 Suez社를 제외한 모든 민영화기업의 주식은 높은 투자수익율을 나타내었다.〈표

---

[25] Cartelier, L., op. cit., pp.1-4와 Bancel, F., op. cit., pp.31-32를 참고할 것.

1 참고〉:
- Saint Gobain(+19%; 발행가 310프랑(F), 상장첫째날 주가 369F)
- Parisbas(+18.5%; 발행가 405F, 상장첫째날 주가 480F)
- Sogenal(+80%; 발행가 125F, 상장첫째날 주가 225F)
- BTP(+35%; 발행가 130F, 상장첫째날 주가 176F) 등

그리고 발행주가와 주식시장 상장이후 최초 3개월간의 평균주가를 비교해 보았을 때도 각 기업의 주식보유자들이 얻을 수 있었던 수익율이 매우 높았다.[26](Sogenal社 +36%, Saint-Gobain社 30%등)

한편 1987년 봄까지 먼저 민영화된 기업의 주식이 늦게 민영화된 기업의 주식보다 더 높은 투자수익율을 보였다는 사실에 주목할 필요가 있다. 특히 늦게 민영화된 Suez社(공모일: 87.10.5)의 경우 발행가와 주식시장 첫째날 주가를 비교하면 -18%의 투자수익율을 보였는데, 이는 "1987년 10월 세계증권시장의 주가 대폭락"(Krach boursier d'Octobre 1987)에 의해 파리증권시장도 심각한 불황을 나타내었기 때문이다.

1986-88년 프랑스 공기업의 매각은 프랑스정부에게 막대한 재정수입을 안겨주었다. 민영화매각수입금은 710억 프랑에 달하였으며 이중 약 2/3는(460억 프랑) 정부부채를 상환하는데 사용하였으며 나머지 1/3 (250억 프랑)은 민영화되지 않은 국영기업에 투자하였다.[27] 1986-91년 5년 동안 실시될 예정이었던 쉬락의 민영화 5개년계획은 끝까지 진척되지 못하고 1988년 봄에 중지되고 말았다. 민영화작업이 중도에서 하차하

---
[26] Cartelier, L., op. cit., p.3.
[27] Juvin, H., "Les répercussions économiques et financières" in Dion, F. (ed.), Les privatisations en France, Notes et Etudes documentaires nº 5024, La documentation franÇaise, Paris, 1995, p.89.

게 된 것은 두 가지 요인으로 설명될 수 있는데 첫째, 1987년 10월 전 세계 주식가격의 폭락사태에 의해 프랑스 증시의 주가가 크게 하락하였다는 점과 둘째, 1988년 5월 프랑스 대통령선거에서 사회당의 미테랑 대통령이 당선됨에 따라 동거체제가 막을 내리게 되었기 때문이다.[28]

제4절 1988-92년 Ni-Ni 정책

1988년 5월 대통령선거에서 재선에 성공한 미테랑 대통령은 국유화도 하지 않고 그리고 민영화도 추진하지 않는다는 소위 Ni-Ni정책(la règle du "ni renationalization, ni nouvelles privatization")을 추진하였다. 이 정책은 1988년-1989년 동안은 엄격히 준수되었다. 그러나 1990년부터는 Ni-Ni 정책에 어긋나는 몇 개 공기업의 부분적인 민영화partial privatization 작업이 추진되었다.

사회당정부가 계속적으로 Ni-Ni 정책을 고수할 수 없었던 것은 공기업경영체제로서는 1993년 1월로 예정된 유럽단일시장의 출범과 세계경제의 글로벌리제이션globalization 등 경제환경의 변화에 적절하게 대응할 수 없었다고 판단했기 때문이었다. 특히 다른 민간기업들과 경쟁을 해야 하는 경쟁적인 산업에 속하는 공기업들은 R.&D.와 시설설비의 투자를 위한 막대한 자금이 필요했고 또한 외국기업과의 M.&A., 전략적 제휴 Strategic Alliance 등을 통한 경쟁력 강화가 요구되었다. 그러나 공기업은 민간기업에 비해 국내외 금융시장에서 자금조달이 어렵고 또한 관료주의적인

---

[28] 1988년 5월 프랑스 대통령선거에서 미테랑은 우파보수연합후보 쉬락을 누르고 대통령에 재당선되었다. 곧이어 열린 하원의원 선거에서 사회당이 승리를 거둠에 따라 쉬락내각이 퇴진하고 후임 로카르(Rocard) 사회당 내각이 들어서서 제1차 동거체제(86.3-88.5)는 끝나게 되었다.

경영체질을 가지고 있기 때문에 기술적, 자본적 제휴를 위한 외국기업파트너를 찾기가 매우 힘든 형편이다. 이러한 사실을 절실히 깨달은 프랑스 정부는 1990년부터 공기업의 주식 일부를 민간이나 외국 기업에게 매각하는 것을 허용하였다. 그러나 매각대상기업의 전체지분 중 정부지분은 반드시 50% 이상을 유지해야 한다는 조건이 부과되었다.[29] Ni-Ni 정책의 첫 예외사례는 1990년 7월 4일 기업경영실적이 매우 저조했던 르노 Renault 국영자동차회사와 스웨덴 볼보 Volvo社 간의 상호간 지분참여를 허용한 것이었다. 또한 국영전자산업체인 Bull社도 경쟁력을 강화시키기 위해 미국의 IBM社가 자본을 출자할 수 있도록 했다. 그리고 1991년 11월부터 1993년 3월까지 4개 국영회사 Crédit Local de France, Elf-Aqutaine, Total, Rhone-Poulenc의 부분적인 민영화가 실시되어 이들 회사의 지분 일부가 정부로부터 민간으로 이전되었다.[30]

1986년 이후의 민영화조치에도 불구하고 80년대말 기준으로 프랑스는 여타 선진국에 비해 공공부문의 비중이 높은 편이다. 〈표 2 참고〉

▶ 표 2 프랑스 전체 제조산업에서 국영기업이 차지하는 비중 (단위 : %)

	1980	1985	1989
고용	5	20	14
부가가치	8	24	19
투자	12	35	24
수출	10	36	31

자료 : Eck, J. F., *Histoire de l'économie franÇaise depuis 1945*, Armand Colin, Paris, 1992. p.51.

---

[29] Lepage, H., *op.. cit.* p.57. ; Bancel, F., *op. cit.*, p.32.
[30] Maclean, M., *op. cit.*, p.279.

그러나 1990년 이후 행해진 국영기업의 부분적인 민영화는 결국 공기업은 더 이상 국제경제환경의 변화에 적절히 대응하지 못한다는 사실을 프랑스 사회당정부 스스로가 인정한 것이라고 평가할 수 있다. 따라서 1993년 4월 하원의원선거에서 보수당의 승리에 따라 발라뒤르^{Balladur}우파내각(미테랑 대통령하의 제2차 동거체제임)이 등장하면서 프랑스의 민영화는 다시 본격적으로 추진되었다.

제5절 결론

1980년대 프랑스의 국유화·민영화정책의 성격 및 특징은 집권정당에 따라 좌우되어 왔다고 평가할 수 있다. 경제부문에 대한 정부의 개입성향이 강한 좌파 사회당정권은 민영화에 대해 부정적이거나 소극적인 성향을 보여왔다. 그 대표적인 예로는 1981-82년 국유화조치와 1988-92년 Ni-Ni정책이라고 할 수 있다. 한편 정부개입의 축소와 시장기능의 확대를 옹호하는 우파 보수당정권은 민영화에 대해 매우 긍정적이고 적극적인 태도를 견지해 왔다. 실제로 1986-88년 그리고 1993년 이후부터 현재까지 진행 중인 대규모 민영화는 우파 보수당정권에 의해 주도되고 있다.

1981-82년 사회당의 국유화조치는 당시 침체된 프랑스경제를 극복하기 위한 경제활성화정책의 중요한 부분이었다. 즉, 프랑스정부는 국영기업의 확대와 경쟁력제고를 통해 실업문제를 해결하고 경제를 회복시키려고 하였다. 이를 위해 프랑스 정부는 국영기업의 경영에 직접 개입하는 한편 국영기업의 투자재원을 위해 막대한 보조금을 지급하였다. 그러나 국영기업은 프랑스 경제성장의 견인차역할을 하지 못하고 오히려 재정적

자를 가중시키면서 프랑스경제에 부정적인 영향을 미쳤다.

1986-88년 우파 보수당의 민영화조치는 공기업의 소유권을 정부에서 민간으로 이전시킴으로써 시장의 자율적인 경쟁기능과 민영화된 기업의 효율성을 제고하고, 민영화매각이익금으로 정부의 누적된 재정적자를 축소시키려는 목적을 가지고 있었다. 이 민영화작업은 재정적자의 축소, 국민주보급을 통한 소유권의 확산, 파리증권시장의 활성화와 증시인구의 확대 등의 면에서 상당한 성과를 거두었다고 평가할 수 있다. 그러나 정부가 자의적으로 민영화기업의 핵심대주주 noyaux durs를 사전에 선정하는 권한을 가지고 있었고 또한 새로이 민영화된 기업의 경영진이 거의 親정부인사로 구성됨으로써 정부는 계속적으로 민영화된 기업에 대해 강력한 영향력을 행사할 수 있었다. 이러한 의미에서 프랑스의 1986-88년 민영화 계획은 민간기업의 경영자율권을 확대시키고 자유로운 시장경쟁을 추진시킨다는 민영화 본연의 목적을 충분히 달성하지 못했다는 평가를 받고 있다.

한편 1986-88년 프랑스의 민영화 방식을 살펴보면, 획일적이고 일괄적인 매각방식을 지양하고 투자자 그룹별로 배분비율을 결정하여 고정가격공모에 의한 국민주방식(소액 일반대중투자자用), 핵심 대주주에 대한 직접매각방식, 종업원에 대한 우선배정방식 등 다양한 방법을 병행하여 실시하였다. 또한 종업원과 소액 대중투자자에 대한 인센티브제도를 도입하였다.

최근 한국에서 행해지고 있는 민영화의 경우, 공기업매각을 통한 재정수입의 극대화를 주목적으로 국민주방식을 폐지하고 전량일괄 경쟁입찰방식을 도입하려는 경향이 있다. 이 방식은 경제력집중현상을 야기시킬 우려가 있고 또한 국가기업의 소유권확산을 통한 재산권 민주주의의 확립 property-right democracy이라는 민영화의 중요한 목표를 달성하는데 차질을 줄 수가 있다.[31] 이러한 의미에서 다양한 민영화매각방식을 선택한 프랑스의 경험은 최근 한국의 민영화정책에 중요한 시사점을 줄 수 있을 것으로 생각된다.

1993년 우파 발라뒤르Balladur 내각 이래 현재까지 프랑스는 서구의 어느 나라 못지 않는 대규모의 민영화작업을 추진하고 있다. 최근 프랑스의 민영화는 기업의 효율성제고 측면뿐만 아니라 재정적자의 축소면에서도 실행되어야할 과업으로 평가된다. 왜냐하면 심각한 재정적자를 겪고 있는 프랑스로서는 유럽통화통합의 가입조건인 재정의 건전화(재정적자는 국내 총생산(GDP)의 3% 이내이어야 함)를 충족하기 위해 그 어느 때보다도 민영화 매각수입금을 확보하는 것이 중요하기 때문이다. 따라서 프랑스의 민영화는 향후 지속적으로 추진될 것으로 예상된다.

---

[31] 최근 한국의 민영화정책의 현황, 문제점, 개선방향 등에 대해서는 김재홍, "한국의 민영화정책", 김재홍·이승철편 『민영화와 규제완화』, 한국경제연구원, 1994, pp.75-117을 참고할 것.

참고문헌

- 김재홍, "한국의 민영화정책", 김재홍·이승철편 『민영화와 규제완화』, 한국경제연구원, 1994.
- Bancel, F., "Le processus de privatisation: la spécificité française" in Dion, F.(ed.), *Les privatisation en France, Notes et Etudes documentaires* n° 5024, La Documentation, Française, Paris, 1995.
- Bauer, M., "The politics of State-Directed Privatisation: the Case of France", *West European Politics*, 11/4, Oct. 1988.
- Bizaguet, A., *Le srcteur public et les privatisations*, PUF, Paris, 1988.
- Bremond, J. et G., *L'Economie Française : face aux défis mondiaux*, Hatier, Paris, 1990.
- Cartelier, L., "L'expérience française de privatisation 1986-1988: bilan et ensegnement", *Probèmes économiques* n° 2362, le 9 février 1994.
- Eck, J. F., *Histoire de l'économie française depuis 1945*, Armand Colin, Paris, 1992.
- Juvin, H., "Les répercussions économiques et financières" in Dion, F. (ed.), *Les privatisations en France, Notes et Etudes documentaires* n° 5024, La documentation franÇaise, Paris, 1995.
- Halimi, S., Michie, J. & Milne, S., "The Mitterand Experience", in Michie J. & Smith, J. G.(ed.), *Unemployment in Europe*, Academic press, San Diego, 1994.
- Lepage, H., "프랑스의 민영화 정책", 김재홍·이승철편 『민영화와 규제완화』, 한국경제연구원, 1994.
- Maclean, M., "Privatisation in France 1993-94 : New Departures, or a Case of *plus Ça change?*", *West European Politics*, vol. 18. No. 2, April 1995.
- Marnata, F. & Sarazin, C., "Bilan économique de la France 1980-1992", *Regards sur l'actualité*, La Documentation franÇaise, mai 1993.
- Redore, D., "The state ownership sector: lessons from the French experience", in Targetti, F., *Privatisation in Europe*, Dartmouth publishing

Co., England, 1992.
- Szij, E., "La nationalisation a-t-elle été un outil efficace de politique industrielle?", *Regards sur l'actualité*, La Documentation française, novembre 1994.
- Thomson, K., "France", in Somers, D. F., *European Community Economics: A companative study*, Second ed., pitman publishing, London, 1994.

제3장

프랑스 민영화정책의 특징과 시사점

제1절 서론

 프랑스는 경제부문에 대한 정부의 개입이 강한 나라이고 또한 서구의 여타 나라에 비해 경제에서 공공부문이 차지하는 비중이 매우 높은 나라이다. 그러나 프랑스는 1980년대 중반부터 서구의 다른 나라 이상으로 대규모 민영화를 추진해 오고 있다.

 프랑스에서 공기업의 민영화는 시장기능의 확대를 옹호하는 우파 정부에 의해 주도되었다는 특징을 가지고 있다. 1986-88년과 1993-96년의 기간 동안 실시된 대규모 민영화조치는 모두 우파 정부하에서 이루어진 것이다. 한편 경제부문에 대해 정부의 개입성향이 강한 좌파 정부는 민영화에 대해 상대적으로 소극적인 경향을 보여 왔는데, 그 예로 1981-82년 국유화조치, 1988-92년 Ni-Ni정책(Ni renationalisations, Ni nouvelles privatisations ; 새로운 국유화도 하지 않고 재민영화도 하지 않는) 그리고 1997년 6월에 집권한 조스팽Jospin 신정부의 신중한 민영화정책을 들 수 있다.[1] 이와 같이 프랑스 민영화는 집권정당이 좌파인가, 우파인가에

---
[1] 1997년 5월 하원의원선거에서 조스팽은 우파 정부에 의해 행해져 왔던 민영화조치를 전면 보류하겠다는 선거구호를 내세웠다. 그러나 집권이후, 조스팽 정부는 민영화 보류방침을

따라 차별적인 속도로 진행되어 왔음을 알 수 있다.

그러나 1990년대 이후에는 치열한 국제경쟁환경에 직면하여 좌, 우파 정부에 관계없이 공기업의 민영화는 프랑스의 중요한 국가정책이 되었다. 민영화를 성공적으로 추진하여 경제의 효율성을 제고하고 재정의 건전화를 도모하는 것이 무엇보다도 중요한 일이라는 인식이 프랑스 국내에서 확산되었기 때문이다.

한국에서도 1993년 12월 정부가 대규모 민영화 계획을 발표한 이후 민영화정책이 현재까지 추진되고 있다. 그러나 최근 수년간 한국의 민영화정책을 살펴보면, 민영화의 매각방식과 대상, 민영화 기업의 소유·지배구조 등을 둘러싸고 많은 논란이 제기되었고, 정책의 일관성이 결여되었다는 비판을 받고 있다.

본 연구는 1986-96년 동안 프랑스에서 실시된 민영화정책의 발전추이, 특징 등을 살펴봄으로써, 한국의 공기업 민영화에 대한 시사점을 얻고자 하는데 목적이 있다.

제2절 공기업 민영화의 배경

1. 프랑스 혼합경제체제와 공기업의 역할

2차 세계대전 직후부터 현재까지 프랑스 정부는 여타 선진국보다 경제부문에 대해 직접적으로 개입해 왔다. 따라서 프랑스는 시장경제질서를 주축으로 하지만 정부의 강력한 계획·조정기능이 개입되는 혼합경제체

철회하고 민영화 대상기업의 업종, 재무구조에 따라 기업별로 선별적인 민영화(예를 들면, 1997년 9월초 France Télécom의 정부보유 지분 매각결정)를 추진하고 있다.

제l'économie mixte를 유지하고 있다고 볼 수 있다.

프랑스에서 경제에 대한 정부개입주의적 전통the state's interventionist tradition은 장구한 역사를 지니고 있다는 사실에 주목할 필요가 있다. 17세기 루이 14세 때의 재상이었던 콜베르Colbert: 1661-1683년 동안 재상역임시대 때까지 거슬러 올라간다. 당시 중상주의자merchantilist였던 콜베르는 국가의 힘은 원천적으로 '경제적 성공'economic success에서 발생된다고 믿었다. 그는 개인의 이윤추구를 중시하는 민간기업가들로서는 지속적인 경제성장을 이루기 어렵다는 판단아래 정부주도의 강력한 산업·무역정책을 실시하였다. 이에 따라 당시 프랑스 정부는 대외수출을 위한 공장제 수공업육성의 일환으로 견직·모직공장Gobelin, Bearvais과 자기磁器공장Sevrès 등을 직접 소유·경영하였고 또한 국내산업을 보호하기 위해서 강력한 보호무역정책(高관세부과 등)을 실시하였다.[2] 이와 같이 국가가 경제를 주도해야 한다는 콜베르주의Colbertism, 혹은 국가통제주의State dirigism라고도 불림는 현재까지 프랑스 경제운영의 기본적인 이념이 되고 있다. 2차 대전 이후부터 90년대 초반까지 콜베르주의는 다음과 같은 프랑스의 혼합경제적 특성에서 쉽게 발견될 수 있다.[3]

- 국가 경제계획Plans économiques의 도입·운영
- 정부주도하의 산업육성정책 실시(보조금지급, 국내기업의 집중·합병유도, 보호주의 무역정책, 외국인 투자제한 등)

---

[2] Bonifacio, M. & Maréchal, P., *Histoire de France*, Librairie Hachette, Paris, 1954, pp.72-73. ; Zahariadis, M., *Markets, States and Public Policy: Privatization in Britain and France*, University of Michigan Press, 1995, p.119.

[3] 프랑스 정부의 경제개입에 대해서는 Bremond, J. et G., *L'Economie Française : face aux défis mondiaux*, Hatier, Paris, 1990, pp.44-50; Eck, J. F., *Histoire de l'économie française depuis 1945*, Armand Colin, Paris, 1992, pp.11-17; Lane, C., *Industry and Society in Europe, : Stability and Change in Britain, Germany and France*, Edward Elgan, UK, 1995, pp.176-180 & pp.186-189를 참고할 것.

- 막대한 공공부문 비중
- 사회보장제도의 강화(최저임금제, 의료보험, 연금, 실업수당 등)
- 국립행정학교ENA: Ecole Nationale d'Administration 등 그랑제꼴Grandes Ecoles 출신 위주의 소수정예관료 선발4)

특히 프랑스 정부가 경제 개입을 선호한다는 사실은 최근까지 프랑스 경제에서 공기업의 비중이 매우 높다는 것에서 잘 나타난다. 프랑스는 2차 대전 직후부터 1980년대 중반까지 두 차례(1944-48년과 1981-82년)에 걸친 대규모 국유화조치를 단행했다.

전후 국유화조치는 에너지(전력, 가스, 석탄), 수송(철도, 항공운송, 파리시 교통공사, 르노Renault자동차 등), 금융(프랑스 중앙은행, 4개 예금은행, 보험회사) 세 부문에 집중되었다.5) 이 조치는 전쟁의 피해로부터 프랑스 경제를 복구시키는 중요한 국가정책의 수단으로 사용되었다. 즉 당시 마비상태에 빠진 철도망, 에너지 등 사회간접자본을 재건하고 또한 금융자원의 효율적인 배분을 통해 산업생산력을 높이기 위해서는 공공인프라 부문과 금융기관을 국유화시키는 것이 가장 효과적인 정책대안이었기 때문이다.

한편 좌파 사회당의 미테랑Mitterrand 대통령이 집권한 직후인 1981-82년에는 프랑스내의 대표적인 제조기업 대부분과 38개의 금융기관에 대

---

4) 프랑스는 흔히 소수정예엘리트가 주도하는 나라라고 말한다. 바로 ENA, Polytechnique(파리이공대학)등 그랑제꼴 출신이 정치지도자, 고급관료, 기업경영진(국영기업, 민간기업)의 주구성원이 됨으로써 프랑스의 정계, 관계, 재계를 지배하고 있기 문이다. 이들 학교출신들은 관계에 있든지 재계에 있든지 국가가 프랑스 사회를 이끌어 나가야 된다는 콜베르주의 이념을 공유하고 있다. 그러나 최근 프랑스에서는 프랑스 최고 엘리트 공직자 양성학교인 ENA의 역할에 대한 여론의 비판이 점증하고 있다. ENA출신들이 국민 위에 군림하고 있을 뿐만 아니라 ENA의 학연 및 집단이기주의가 프랑스 부정부패와 정경유착의 뿌리가 되고 있다는 것이다.

5) Brémond, J. et. G., op. cit., pp.47-48.

한 대규모 국유화 조치가 단행되었다. 1981-82년 국유화조치는 대상기업의 범위, 규모면에서 2차세계대전 직후의 국유화와는 비교가 되지 않을 정도로 큰 것이었다. 실제로 이 국유화조치에 따라 프랑스 정부의 기업에 대한 소유권은 공기업의 전통적인 독점적 공익산업분야인 에너지분야, 공공수송부문 등에 국한되지 않고 주요 기간산업분야(철강산업전체, 알루미늄산업전체, 석유 및 화학제품전체, 기계설비의 대부분, 전자제품 전체, 의약제품의 상당부분)와 금융기관(총수신의 90%, 총여신의 75%)에 까지 확대되었다.6)

이러한 국유화조치로 프랑스는 서방선진국 중 경제에서 공기업이 차지하는 비중이 가장 높은 나라가 되었다. 민영화 실시 전해인 1985년을 기준으로 프랑스 제조업에서 공기업이 차지하는 비중은 고용의 20%, 부가가치의 24%, 투자의 35% 수출의 36%에 이르고 있다.〈표 1 참고〉1985년도 비중은 1980년에 비해 매우 증가된 것인데 이는 1981-82년의 대규모 국유화 조치의 효과에 기인한 것이다. 한편 1986-88년 쉬락 정부의 민영화조치에 의해 1989년 공기업의 비중은 85년에 비해 많이 감소하였지만 여타 선진국에 비해 여전히 높다고 할 수 있다.

1981년-82년 사회당의 국유화조치는 당시 침체된 프랑스 경제를 회복시키기 위한 경제활성화정책la politique de relance의 중요한 부분이었다. 즉 좌파 정부는 국영기업의 경쟁력확대를 통해 실업문제를 해결하고 경제를 활성화시키려고 하였다. 이를 위해 프랑스 정부는 국영기업의 경영에 직접 개입하는 한편 국영기업의 투자재원을 위해 막대한 보조금을 지급하였다. 그러나 국영기업은 경영의 비효율로 인해 재무상태가 악화되었고

---

6) 1981-82년 프랑스 국유화조치의 배경, 성과, 결과에 대해서는 Eck, J.-F., *op. cit.*, pp.49-52와 김승민, "1980년대 프랑스의 국유화 및 민영화," 『국제학 논총』, 제1집, 계명대학교 국제학 연구소, 1996., pp.2-6를 참고할 것.

경영적자가 누적되었다. 따라서 국유화된 기업은 사회당 정부가 애초 기대한 것처럼 프랑스 경제성장의 견인차역할을 하지 못하고 오히려 재정적자를 가중시키면서 프랑스 경제에 부정적인 영향을 미쳤다.

▶ 표 1 프랑스 전체 제조산업에서 공기업이 차지하는 비중 (단위 : %)

	1980	1985	1989
고용	5	20	14
부가가치	8	24	19
투자	12	35	24
수출	10	36	31

자료 : Eck, J. F., *Histoire de l'économie franÇaise depuis 1945*, Armand Colin, Paris, 1992. p.51.

2. 민영화정책의 배경

프랑스에서 민영화 작업을 추진하게 된 배경을 살펴보면 다음과 같다.

첫째, 서구 여타 나라와 마찬가지로 프랑스에서도 공기업은 기업내부의 비효율을 초래시킨다는 인식이 확산되었다는 점이다. 따라서 공기업의 민영화를 통해 기업을 시장경쟁에 노출시키는 한편, 기업에게 자율책임경영권을 부여함으로써 기업의 효율성을 제고시키고자 하였다.

둘째, 민영화를 통해 적자 공기업에 대한 자원이전의 필요성을 제거하고 공기업 매각수익금을 창출함으로써 재정적자를 축소시키는 목적을 가지고 있었다. 특히 심각한 재정적자를 겪고 있는 프랑스는 유럽통화통합의 가입조건인 '재정건전화'(재정적자는 국내 총생산GDP의 3% 이내이어야 함)기준을 충족시키기 위해서도 공기업의 민영화가 절실히 필요하다. 왜냐하면 공기업의 민영화는 단기간 내에 막대한 재정수입을 확보해주는 재원조달 수단이 되기 때문이다. 따라서 정부는 이 매각수입금으로 재정적자를 줄일 수 있다.

셋째, 증권시장을 통하여 국민주방식으로 민영화를 추진함으로써 대중주주actionnariat populaire의 수를 확대하고 파리증권시장의 활성화를 도모할 목적을 가지고 있었다.

넷째, 프랑스 기업을 둘러싼 대외경제여건의 급속한 변화는 프랑스의 민영화작업을 촉진시키는 요인으로 작용하였다. 정부의 보호막에 안주하여 비효율적인 경영을 해온 프랑스 공기업의 경영체질로서는 대외경제환경의 급격한 변화 ― 유럽시장통합의 진전, 세계무역의 자유화추세 그리고 외국유수기업들의 국제화추세― 에 적절하게 대응할 수 없었다. 이에 따라 프랑스 내 재계와 정계에서는 공기업의 소유권을 정부에서 민간으로 이전하는 것이 필요하다는 여론이 자연스럽게 확산되었던 것이다. 왜냐하면 관료주의적 통제가 강하고 혁신의 유인誘因이 미약한 공기업에 비해, 자유로운 기업가 정신, 유연성 및 신속한 의사결정 등을 특성으로 하는 민간기업이 효율성, 자금조달 측면, 그리고 외국기업과의 매수 · 제휴측면에서 훨씬 더 낫기 때문이다.

제3절 민영화정책의 변화추이

1986년부터 1996년까지 프랑스의 민영화정책 추진현황을 시기별로 나누어 보면 다음과 같이 3단계로 구분할 수 있다.
1. 우파 쉬락Chirac 정부의 민영화정책: 제 1단계 민영화(1986-1988.4)
2. 좌파 사회당 정부의 Ni-Ni 정책(1988.5-1992)
3. 우파 발라뒤르Balladur, 쥐뻬Juppé 정부의 민영화정책: 제 2단계 민영화(1993-1996)

1. 우파 쉬락^{Chirac} 정부의 민영화정책: 제 1단계 민영화(1986-1988.4)

프랑스에서 공기업의 민영화가 추진되기 시작한 것은 1986년 3월 하원의원 총선거에서 우파 보수연합이 의회다수당이 됨에 따라 전대미문의 동거체제(좌파 미테랑^{Mitterand} 대통령, 우파 쉬락^{Chirac} 수상)가 탄생되면서부터이다. 집권에 성공한 쉬락수상은 재임직후부터 경제자유화정책을 추진하고 공기업의 민영화작업에 착수했다.

쉬락정부의 주도하에 1986년 7월에 확정된 민영화 법안은 향후 5년에 걸쳐(1991년 3월 1일을 민영화작업의 완성시점으로 삼음) 65개의 국영기업을 민영화시킨다는 내용을 담고 있다. 민영화대상 국영기업은 1981-82년 기간 동안 국유화되었던 기업뿐만 아니라, 2차 대전 직후 국유화된 프랑스의 3대 상업은행과 대형보험회사를 포함하였다. 1986년 7월 민영화법에 의해 민영화 대상기업으로 선정된 국영기업의 명단을 정리하면 다음과 같다.[7] 쉬락내각의 민영화 계획은 당시까지 서구에서 행해진 공기업의 민영화작업 중 그 내용이나 규모면에서 가장 큰 것이었다. 민영화 대상 공기업에 종사하는 종업원 수는 9만 명에 달하였고, 또한 민영화 대상기업의 총 가치는 3천억 프랑으로 추정되었는데 이는 당시 파리증권시장 시가총액의 1/4에 달하는 엄청난 금액이었다.[8]

① 8개의 제조그룹
　- 1982년에 완전 국유화된 5대 제조그룹: Compagnie Générale d'Electricité(CGE) (전기·전자산업); Thomson(전자); Saint-Gobain(유리·세라믹); Péchiney(금속·기초화학); Rhône-

---

[7] Eck, J. F., *op. cit.* p.50.
[8] Maclean, M., "Privatisation in France 1993-94 : New departures, or a Case of *plus Ça change*?", *West European Politics*, vol. 18. No. 2(April 1995), p.274.

  Poulenc(화학)
- 1982년에 외국기업으로부터 매수한 2개 제조기업: Bull(전자), CGCT(전화)
- 1981년 이래 정부가 다수지분을 취득하고 있던 1개 제조기업: Matra(방위전자)

② 1개 석유그룹: ELF-Aquitaine(프랑스 제1의 석유회사)
③ 38개 은행
- 1982년에 국유화된 36개 은행
- 1945년 국유화된 3大 상업은행(BNP, Crédit Lyonnais, Société Générale)

④ 4개의 금융그룹
- 1982년에 국유화된 Paribas, Indosuez
- CIC, CCF산하의 각 금융그룹

⑤ 1946년에 국유화된 13개의 보험회사
⑥ 1944년에 국유화된 1개 통신그룹(Agence Havas)

 쉬락정부 집권기간(1986.3-88.4)동안 프랑스의 민영화는 매우 빠른 속도로 진행되었다. 1986년 9월부터 1988년 1월까지 불과 1년 4개월여 만에 민영화대상기업 총 65개중 14개의 공기업이 일반투자자, 종업원, 기관투자자들의 높은 참여 속에 성공적으로 매각되었다. 〈표 2 참고〉 매각된 기업들은 석유, 유리·세라믹, 멀티미디어, 전기전자, 은행 등 이미 국내외적으로 경쟁적인 시장환경에서 활동하고 있는 기업이었고 또한 경영실적이 양호한 기업들이었기 때문에 별다른 어려움 없이 용이하게 민영화가 추진될 수 있었다. 이 기간 동안 프랑스의 공기업매각 수입금은 710억 프랑에 달하였으며, 이중 2/3(460억 프랑)는 정부부채를 상환하

는데 사용되었으며 나머지 1/3(250프랑)은 민영화되지 않은 국영기업에 재투자되었다.[9]

▶ 표 2 프랑스의 제 1단계 민영화실적(1986. 9-1988. 1)

기업(업종)	민영화 시점	기업(업종)	민영화 시점
Elf-Aquitaine(석유)	1986년9월 (부분 민영화)	CCF(은행)	1987년 4월
Saint Gobain(유리·세라믹)	1986년 11월	Havas(멀티미디어)	1987년 5월
Paribas(은행)	1987년 1월	CGE(전기,전자)	1987년 5월
Sogénal(은행)	1987년 3월	Socité générale(은행)	1987년 6월
CGCT(전화)	1987년 4월	TF1(방송)	1987년 6월
BBTP(은행)	1987년 4월	Suez(은행)	1987년 10월
BIMF(은행)	1987년 4월	Matra(방위전자산업)	1988년 1월

1. 장외시장에서 주식을 직접 매각한 Elf-Aquitaine(부분 민영화됨)와 CGCT(스웨덴 Ericsson 그룹에 매각됨) 두 회사를 제외한 나머지 12개 회사는 증권시장을 통한 공모방식으로 주식을 매각하였음.
2. 약어로 된 회사의 정식명칭은 다음과 같음.
CGCT(Compagnie générale de construction téléphonique); BBTP(Banque du bâtiment et des travaux publics); BIMP(Banque industrielle et immobilière privée); CCF(Crédit commercial de France); CGE(Compagnie générale d'électricité (향후 Alcatel-Alstom으로 회사명이 바뀌었음)

자료 : Cartelier, L., "L'expérience française de privatisation 1986-1988: bilan et ensegnement", Probèmes économiques, n° 2362, le 9 février 1994, p.1. & p.4.

1986-91년 동안 실시될 예정이었던 쉬락의 민영화 5개년 계획은 끝까지 진척되지 못하고 1988년 봄에 중지되고 말았다. 이것은 다음 두 가지 요인으로 설명될 수 있는데 첫째, 1987년 10월 전 세계 주식 가격의 폭락사태 Krach Boursier에 의해 프랑스 증시의 주가가 크게 하락하였다는 점과

---

[9] Juvin, H., "Les répercussions économiques et financières" in Dion, F. (ed.), *Les privatisations en France, Notes et Etudes documentaires*, n° 5024, La documentation française, Paris, 1995, p.89.

둘째, 1988년 5월 프랑스 대통령선거에서 사회당의 미테랑 대통령이 당선됨에 따라 동거체제가 막을 내리게 되었기 때문이다.[10]

2. 좌파 사회당 정부의 Ni-Ni정책(1988.5-1992)

1988년 5월 대통령선거에서 재선에 성공한 미테랑 대통령은 국유화도 하지 않고 그리고 민영화도 추진하지 않는다는 소위 Ni-Ni정책la règle du "ni renationalization, ni nouvelles privatization"을 추진하였다. 이 정책은 1988년-89년 동안은 엄격히 준수되었다. 그러나 1990년부터는 Ni-Ni 정책에 어긋나는 몇 개 공기업의 부분적인 민영화partial privatization 작업이 추진되었다.[11]

사회당 정부가 계속적으로 Ni-Ni 정책을 고수할 수 없었던 것은 공기업경영체제로서는 국제경제환경의 변화(예, EU통합 가속화, 세계 경제의 글로벌리제이션globalization현상 심화)에 적절하게 적응할 수 없었다고 판단했기 때문이었다. 특히 다른 민간기업들과 경쟁을 해야 하는 경쟁적인 산업에 속하는 공기업들은 R.&D.와 시설설비의 투자를 위한 막대한 자금이 필요했고 또한 외국기업과의 M.&A., 전략적 제휴Strategic Alliance 등을 통한 경쟁력 강화가 요구되었다. 그러나 공기업은 민간기업에 비해 국내외 금융시장에서 자금조달이 어렵고 또한 관료주의적인 경영체질을 가지고 있기 때문에 기술적, 자본적 제휴를 위한 외국기업 파트너를 찾기가 매우 힘든 형편이다. 이러한 사실을 절실히 깨달은 프랑스 정부는 1990

---

[10] 1988년 5월 프랑스 대통령선거에서 미테랑은 우파 보수연합 후보인 쉬락을 누르고 대통령에 재당선되었다. 곧이어 열린 하원의원 선거에서 사회당이 승리를 거둠에 따라 쉬락내각이 퇴진하고 후임 로카르(Rocard) 사회당 내각이 들어섬으로써 제1차 동거체제(86.3-88.5)는 끝나게 되었다.

[11] Bancel, F., "Le processus de privatisation: la spécificité française" in Dion, F.(ed.), Les privatisation en France, Notes et Etudes documentaires, No. 5024, La Documentation, FranÇaise, Paris, 1995, pp.32-33.; 김승민, op. cit., pp.15-16.

년부터 공기업의 주식 일부를 민간이나 외국 기업에게 매각하는 것을 허용하였다. 그러나 매각 대상기업의 전체지분 중 정부지분은 반드시 50% 이상을 유지해야 한다는 조건이 부과되었다.12) Ni-Ni 정책의 첫 예외 사례는 1990년 7월, 기업경영실적이 매우 저조했던 르노Renault 국영자동차회사와 스웨덴 볼보Volvo 社 간의 상호간 지분참여를 허용한 것이었다. 또한 국영전자산업체인 Bull社도 경쟁력을 강화시키기 위해 미국의 IBM 社가 자본을 출자할 수 있도록 하였다. 그리고 1991년 11월부터 1993년 3월까지 4개 국영회사(Crédit Local de France, Elf-Aquitaine, Total, Rhone-Poulenc)의 부분적인 민영화가 실시되어 이들 회사의 지분 일부가 정부로부터 민간으로 이전되었다.13)

1990년 이후 행해진 국영기업의 부분적인 민영화는 결국 공기업은 치열한 국제경쟁에 적응하지 못한다는 사실을 프랑스 사회당정부 스스로가 인정한 것이라고 평가할 수 있다. 따라서 1993년 4월 하원의원선거에서 우파의 승리에 따라 발라뒤르Balladur우파정부(미테랑 대통령하의 제2차 동거체제임)가 등장하면서 프랑스의 민영화는 다시 본격적으로 추진되었다.

3. 우파 발라뒤르Balladur, 쥐뻬Juppé 정부의 민영화정책: 제 2단계 민영화 (1993-1996)

1993년 4월 집권에 성공한 우파 발라뒤르 정부는 동년 7월 대규모 민영화법안(1993년 7.13일 법)을 제정하였다. 이 1993년 민영화법은 민영화 범위를 은행, 보험, 전자, 석유산업뿐만 아니라, 이전 86년 민영화법

---

12) Lepage, H., *op. cit.* p.57. ; Bancel, F., *op. cit.*, p.32.
13) Maclean, M., *op. cit.*, p.279.

에는 포함되지 않았던 철강, 자동차, 항공기, 항공·해운 운송, 방위분야 등 주요 전략분야까지 확대시켰다. 이에 따라 경쟁산업에 속하는 프랑스의 대규모 국영기업은 모두 민영화 대상이 되었으나, 전통적인 자연독점 분야(전기, 가스, 철도, 통신 등)에 속하는 기업들은 여전히 민영화 대상에서 제외되었다. 1993년 민영화법은 21개의 공기업을 민영화 대상으로 확정시켰는데, 이중 12개 기업은 1986년 민영화법에 포함되었으나 1988년 사회당 정부가 들어서면서 민영화되지 못한 기업이었고, 나머지 9개 기업은 새로이 민영화 대상으로 추가된 기업이었다. 민영화 대상 21개 국영기업명단을 정리하면 다음과 같다.

① 1986년 민영화법에 포함되었으나 민영화되지 못한 12개 국영기업
- 3개 보험회사: AGF, GAN, UAP
- 4개 은행: Hervet, Crédit Lyonnais, BNP, Société marseillaise de crédit.
- 4개 제조기업: Péchiney(금속, 기초화학), Rhône-Poulenc(화학, 의약), Bull(전자), Thomson(전자)
- 1개 석유회사: Elf-Aquitaine(석유)

② 1993년 민영화법에 의해 새로이 민영화 대상으로 추가된 국영기업 9개
- 2개 보험회사: Caisse centrale de réassurance, Caisse nationale de prévoyance
- 5개 제조기업: Usinor-Sacilor(철강), Snecma(방위산업), Seita(담배), Renault(자동차), Aérospatiale(항공우주산업)
- 2개 운송회사: Air France, Compagnie générale de maritime

1993법에 명시된 21개 국영기업의 민영화 계획은 프랑스의 산업·금융계의 기존 판도를 바꿀 만큼 엄청난 폭발력을 지니고 있었다. 민영화 대상기업 21개의 매각 총수입금액은 약 4000억 프랑으로 추정되고, 한편 이들 기업이 지배하고 있는 자회사수는 1760개로 전체 공기업 2750개의 64%에 달한다. 해당기업의 종업원 수는 65만 명으로 이들 기업들이 모두 민영화되면 제조업 총 종사자에 대한 국영기업 종사자의 비율은 11.5%에서 7.5%로 감소하게 된다.

우파 발라뒤르 정부, 쥐뻬 정부의 집권기간 4년(1993.4-1997.5) 동안 이들 21개 대상기업 중 총 10개 공기업이 민영화되었다.〈표 3 참고〉프랑스 정부는 이들 기업의 매각으로부터 약 1400억 프랑의 민영화 매각수입금을 거둘 수 있었다.

특히, 발라뒤르정부 시기(1993.4-95.4)에 프랑스의 공기업 민영화는 서구제국중에서 가장 빠른 속도로 성공적으로 진행되었다. 1993년에는 BNP(10월), Rhône-Poulenc(11월)의 정부지분매각이 이루어졌으며, 1994년에는 Elf-Acquitaine(1월), UAP(5월), Renault(11월; 부분 민영화임)가 매각되었고 1995년 초에는 Seita(2월)의 민영화가 이루어졌다. 이에 따라 프랑스 정부는 1993년-1994년 2년동안 약 1060억 프랑(달러환산 약 199억$)의 민영화 매각수입금을 거두었는데, 이는 동기간 중 세계 최고의 민영화 매각실적이다(2위 영국(179억$), 3위 일본(152억$), 4위 이태리(63억$) 등)[14] 한편 1993-1994년 동안의 민영화에 따라 28만 명의 국영기업체 근로자들이 새로이 민영화된 기업에서 일하게 되었다.[15]

---

[14] OECD, "Recent Trends in Privatization," *Financial Market Trends*, No. 64., 1996. 6, p.17.
[15] Bancel, F., *op.cit.*, p.34.

▶ 표 3 1993-96년 프랑스의 민영화 실적

민영화 기업명단 (업종)	종업원 수(명) (1992)	매출액 (10억 프랑) (1992)	정부 보유 주식(%) (1992)	국유화 년도	민영화 시기	공모가 (프랑)	청약자 수 (백만명)	매각총 수입금 (1억 프랑)
BNP(은행)	58,000	39.90	73	1945	93.10	240	2.3	280
Rhône-poulenc (화학)	83,300	81.70	43	1982	93.11	135	2.9	136
Elf-Acquitaine (석유)	87,000	200.60	51	1941	94.1	385	3.1	337
UAP(보험)	40,000	126	53	1946	94.5	152	1.9	187
Renault(자동차)	146,600	19.40	80	1945	94.11 (부분 민영화)	165	1.1	80
Seita(담배)	5,500	13.40	100	1959	95.2	129	1.0	55
Usinor-Sacilor (철강)	90,800	86.70	80	1981	95.7	n/a	n/a	100
Bull(전자)	35,200	30.10	72	1945	95.10	n/a	n/a	n/a
Péchiney (금속,화학)	61,000	65.30	55	1982	95.12	86	n/a	35
AGF(보험)	22,000	59.40	65	1946	96.5	n/a	n/a	84

출처: Bancel, F., "Le processus de privatisation: la spécificité française" in Dion, F.(ed.), Les privatisation en France, Notes et Etudes documentaires n° 5024, La Documentation FranÇaise, Paris, 1995, pp.34-35: Le Monde(특히 1993. 5.28일자 참고).

발라뒤르 정부의 민영화 정책은 1995년 5월 새로이 출범한 우파 쥐뻬 Juppé 정부에 의해 계속적으로 추진되었으나[16] 전임 발라뒤르 정부에 비해 활발하게 진행되지 못하였다. 쥐뻬 정부하에서 공기업 민영화는 재임 첫 1년여 동안 집중적으로 행해졌는데, Usinor-Sacilor(1995.7), Pechiney (1995.12), AGF(1996.5)등 3개의 기업이 매각되었고, 또한 발라뒤르정부당시부터 민영화 작업이 시작된 Renault, Bull의 매각이 완료되었다.

---

[16] 1995년 5월 대통령선거에서 우파 Chirac후보가 좌파 사회당 Jospin후보를 누르고 대통령에 당선되었다. 곧이어 실시된 하원의원선거에서도 우파가 승리를 거둠에 따라 2차 동거체제는 막을 내렸다.

한편, 쥐뻬정부 후반기동안 (1996.가을-1997.5) 프랑스의 공기업 민영화는 추진되지 못했다. 이는 한국에서 초미의 관심대상으로 떠올랐던 Thomson社의 민영화계획이 노조, 야당, 언론의 강력한 반발에 부딪쳐 좌초된 이후 공기업 민영화 계획이 전면 보류되었기 때문이다. 1995-1996년 2년 동안 프랑스의 민영화 총수입은 325억 프랑에 그쳤는데 (1995년 203억, 1996년 122억), 이는 1993-1994년의 총수입 1060억 프랑에 비해 매우 저조한 실적이다.[17] 1995-96년 동안 민영화 실적이 부진한 것은 96년 가을이후 진행된 Thomson社의 민영화 계획이 전면 중단된 점에도 있지만, 무엇보다도 동기간 동안 프랑스 증권시장의 침체에서 그 원인을 찾을 수 있다. 증권시장의 침체로 주식시장이 민영화에 따른 대규모 주식 공모물량을 흡수하기가 어려웠고, 또한 기존 민영화 주식의 주가상승이 부진하여 투자자들이 신규공모주식의 청약을 기피하는 경향이 있었기 때문이다. 한편 1993-94년 동안에는 경영성과가 양호한 국영기업들이 민영화 대상이었으나, 1995-96년 민영화 대상기업들의 경영실적은 상대적으로 부진하였다는 점도 민영화 추진에 부정적인 영향을 주었다고 평가할 수 있다.

---

[17] *Le Monde*, 1997.7.1.

제4절 민영화정책의 특징

1. 다양한 민영화방식의 도입

공기업을 민영화하는 방식에는 여러 가지가 있다. 증권시장을 통한 매각방식, 개별기업에 대한 직접매각방식, 국민주방식, 공개경쟁입찰방식, 제한경쟁입찰방식, 종업원 또는 경영진에게 매각하는 방식 등이 있다. 이들 방식은 각각 장,단점을 가지고 있기 때문에 어느 한 방식이 다른 방식보다 절대적으로 우월하다고 할 수 없다. 예를 들어, 경제력집중 문제를 완화하고 또한 국가 기업의 소유권 확산을 통해 개인주주의 육성을 도모하기 위해서는 국민주방식이 유리하며, 정부의 매각수입을 극대화시키기 위해서는 경쟁입찰방식이 가장 효과적일 것이다. 한편, 책임경영을 통한 효율성의 증대를 위해서는 개별기업에 대한 직접매각방식이 가장 바람직할 것이다.[18]

1986-88년, 1993-96년 프랑스의 민영화 방식의 중요한 특징은 대규모 공기업의 민영화시 대부분의 경우 한 가지 방법만을 사용하지 않고 다양한 방법들을 병행하여 사용했다는 것을 들 수 있다. 즉 특정 한 공기업을 매각할 때 투자자그룹별(일반 개인투자자, 종업원, 안정주주, 외국인 투자자 등)로 매각배분비율을 사전에 결정하여 고정가격공모에 의한 국민주방식(일반대중투자자用), 안정주주 그룹(groupes d'actionnaires stables; 일반적으로 'noyaux dur'라고 불림)에 대한 직접매각방식, 종업원에 대한 우선 배정방식 등 여러 가지 방식을 함께 사용하였다. 여기서 주목할 점은 프랑스에서는 1986년 민영화법, 1993년 민영화법에 의해

---

[18] 김재홍, "한국의 민영화정책", 김재홍·이승철편, 『민영화와 규제완화』, 한국경제연구원, 1994, p.88.

투자자그룹별로 다양한 매각방식을 사용할 수 있는 법적 근거를 마련해 놓고 있다는 것이다. 즉, 양법에서는 개인주주의 육성을 위해 대중투자자와 종업원에 대한 우대조치를 명시하고 있으며 또한 민영화기업의 경영권안정을 도모하기 위해 정부가 일반공모전에 견실한 핵심주주에게 일정 비율의 지분을 사전배정할 수 있게 하는 "안정주주제"의 도입을 허용하고 있다. 한편, 국익 보호를 위해 외국인 투자자의 주식취득한도를 정하거나 정부가 일정범위에서 민영화기업에 개입을 할 수 있는 조치도 채택하고 있다.[19]

구체적인 민영화방식은 민영화 대상기업의 규모, 재무상태, 시장구조, 노사관계 등을 고려하여 각 기업마다 조금씩 상이하게 결정되었다. 1986년-88년 민영화의 경우를 살펴보면 기업별로 전체주식 중 평균 55-60%가 국내의 일반개인 투자자와 해당기업의 종업원들에게 매각되었다.[20] 그리고 각 민영화 기업의 총지분 중 15-30%의 지분은 안정주주그룹에게 매각되었다. 한편 외국인 투자자들에게는 주식취득상한선을 설정하여 각 기업의 총지분 중 20% 한도 내에서 주식을 매입할 수 있게 하였다. 한편 1993-96년 민영화시기에도 투자자그룹별 배분원칙이 똑같이 적용되었으며, 배분비율도 각 기업마다 다소 차이가 나나 대체로 1986-88년 민영화 때와 비슷하게 설정되었다.

프랑스의 다양한 민영화방식 중에서 다음 2가지 방식 즉 1) 수많은 대중주주를 창출했다는 점에서 성공적이었다고 평가받는 "개인주주 육성책

---

[19] 1986년, 1993년 민영화법의 내용, 특징에 대해서는 다음 자료를 참고할 것.:De Vauplane, H., "Les aspects juridiques des privatisations en France", *Notes et Etudes documentaires*, No. 5024, La Documentation Française, Paris, 1995, pp.47-83, & Durupty, M., "La loi de privatization de 1993, *Problèmes économiques*, n° 2362, le 9 février 1994, pp.8-14.

[20] Brémond, J. et G. , Economie Française: *face aux défis mondiaux*, Hatier, paris, 1990, p.135.

(국민주방식과 종업원지주제)"과 2) 프랑스의 독특한 매각방식인 "안정주주제"에 대해 살펴보고자 한다.

1) 개인주주 육성책

프랑스 민영화정책의 중요한 목표 중 한 가지는 주식소유층의 확대 즉 대중주주의 육성이다. 이를 위해 프랑스 정부는 1986-88년, 1993-96년 두차례 민영화동안 민영화대상기업 지분 중 상당부분을 증권시장에서 국민주방식으로 매각하였다. 국민주방식을 통한 정부지분매각은 개인투자자의 엄청난 참여를 불러일으켰는데, 이는 당시 민영화정책을 본격적으로 추진하게 만든 중요한 원동력이 되었다.

1986-88년 1단계 민영화 기간 동안, 총 1700만 명이 민영화 대상기업의 주식에 청약을 하였다. 동기간 동안 주식인구는 1986년 150만 명에서 1988년 600만 명으로 4배나 증가했다.[21] 또한 일반개인투자자의 수와는 별도로 약 50만 명의 민영화 대상기업 종업원들이 자사의 주식을 매입하였다. 민영화 대상기업 전체 종업원중 약 50-80%가 우리사주를 취득하였는데 주요회사별 종업원 주주비율은 다음과 같다: Saint-Gobain 50%, Paribas 50%, BTB 88%, CCF 80%, Société Générale 69%, Matra 80% 등[22]

한편 1993-96년 2단계 민영화 때에도 일반대중과 종업원의 참여 열기는 매우 높았다. 민영화 기업에 대해 일반대중들의 관심이 높았다는 것은 주식청약물량이 그들에게 배정된 공모물량을 훨씬 초과한다는 사실에서 확인할 수 있다. 특히 BNP(청약자수: 230만 명), Rhône-Poulenc(290만 명), Seita(100만 명) 등의 주식공모에는 일반대중들의 신청물량이

---

[21] Bancel, F. op. cit. p.31.
[22] Cartelier, L., op. cit., p.4. ; 김승민, op. cit, p.13.

공모배정물량의 약 4배에 이를만큼 성황을 이루었다. 〈표 4 참고〉

▶ 표 4 대중투자자와 종업원들의 민영화기업 주식에 대한 수요현황(1993-94)

기업 명단	대중투자자의 수요 (청약물량/공모배정물량) (단위 : 배수)	종업원의 수요 (청약물량/매각배정물량) (단위 : 배수)
BNP	3.6	1.1
Rhône-Poulenc	4.1	2.0
Elf-Aquitaine	2.8	1.8
UAP	2.5	2.0
Renault	1.3	1.9
Seita	3.8	N.C

자료 : Bancel, F., "Le processus de privatisation: la spécificité française" in Dion, F.(ed.), Les privatisation en France, Notes et Etudes documentaires n° 5024, La Documentation FranÇaise, Paris, 1995, p.35.

이와 같이 국민주방식과 종업원지주제가 성공할 수 있었던 것은 다음과 같은 정부의 개인주주 유인誘因정책이 중요한 역할을 하였다.

첫째, 고정가격 공모방식l'offre publique de vente à prix fixe을 채택하여 주식의 공모가격을 기업의 실제가치보다 낮게 책정함으로써 일반대중의 주식청약을 적극 유도한 점이다. 이 점이 바로 1986-88년, 1993-94년 동안에 프랑스의 민영화가 빠른 시일 내에 성공적으로 추진될 수 있게 만든 가장 중요한 요인이라고 할 수 있다.[23]

프랑스정부는 경쟁입찰방식을 사용하지 않고 공기업 주식을 사전에 확정된 고정가격에 매각함으로써, 투자정보에 어두운 일반대중들이 쉽게 주식을 매입할 수 있도록 하였다. 또한 경영실적이 양호한 경쟁산업에

---

[23] 특히 1986-88년 프랑스 민영화의 성공요인 분석을 위해서는 Cartelier, L., op. cit., pp.1-4.를 참고할 것.

속하는 기업을 우선적으로 민영화대상으로 지정하여, 이들 우량기업의 주식을 실제가치보다 싼 가격에 매도함으로써 주가상승에 따른 단기투자 차익을 기대한 투자자들이 많이 참여하도록 유도하였다. 비록 저가의 가격책정은 귀중한 국유재산을 헐값에 매도하고 증권시장을 투기열풍에 휩쓸리게 함으로써 카지노 경제une économie de casino를 야기시켰다는 여론의 비판을 받았지만,24) 공기업의 매각을 성공리에 이루고 동시에 소유권을 확산시키는 데는 결정적인 역할을 하였다고 평가된다.

둘째, 1986년, 1993년 민영화법에 명시된 대중투자자와 종업원에 대한 각종 우대조치를 실시한 점이다. 양 민영화법은 대중투자자와 종업원에 대한 특혜부여를 명시하고 있는데, 1993년 민영화법의 관련내용을 정리하면 다음과 같다.25)

① 대중투자자에 대한 우대조치:
- 우선배정권 부여: 총매각지분 중 상당 부분를 개인투자자에게 우선 배정하였다.26)
- 투자자의 지불부담의 경감: 3년이내에 주식매입대금을 3-4회 분할지불할 수 있게 하였다.
- 주식 장기보유 촉진을 위한 우대조치: 매입대금 완불이후 18개월 이상 주식을 장기보유할 경우 10주당 1주씩의 보너스주를 무상으로 제공하였다.
- 개인투자자의 초과응모에 대한 대응: 1993년 민영화법에서는 대중주주의 배정분을 증가시키기 위해 "Clawback(la clause de

---

24) Wright, V., "Industrial Privatization in Western Europe: Pressures, Problems and Paradoxes, in Wright, V.(ed), *Privatization in Western Europe: Pressures, Problems and Paradoxes*, Pinter Publishers, London, 1994. pp.35-36.
25) De Vauplane, H., *op. cit.*, pp. 63-64.
26) 1986년 법에서는 10주미만 단주 청약자에 대해서는 청약분에 대한 우선배정을 완전보장한다는 내용을 명시하였으나, 1993년법에는 이 내용이 삭제되었다. *ibid.* p.64.

reprise)"이라는 새로운 매각기법을 도입하였다. 이 기법은 개인 투자자의 청약수요가 일정 수준을 초과할 경우 해외투자자에게 배정된 지분을 삭감하여 개인투자자에게 환원할 수 있게 한다.[27] 이 기법은 1993. 11월 Rhône-poulenc社의 민영화때 사용되었다.

② 종업원에 대한 우대조치: 프랑스 민영화법에서는 민영화 대상기업의 종업원이 자사주식을 취득할 경우 개인투자자들보다 유리한 특혜를 부여하고 있다. 종업원에 대한 특전으로는 i) 총매각 주식량의 10%를 종업원에게 우선 배정 ii) 주식매입가격의 특별할인 제공(일반투자자에 대한 공모가격보다 최고 20%할인이 가능함. 단, 2년이상 보유 그리고 매입대금 완전불입이라는 두 가지 조건을 충족시켜야 함) iii) 3년 이내 분할지불가능 iv) 장기보유시 보너스주를 제공(1년 이상 보유하고 매입대금 완납시) 등이 있다. 이와같이 프랑스 민영화에서 종업원의 주식취득을 장려하는 이유로는 개인주주의 확대뿐만 아니라, 종업원의 근로의욕을 제고하고 또한 민영화에 따른 국영기업 근로자들의 동요와 불만을 해소하는 데 있다고 볼 수 있다.

2) 안정주주제 방식

프랑스 민영화방식의 가장 큰 특징 중의 하나는 안정주주제(noyaux dur)를 구성하여 소유권의 안정성을 도모하는 것이라 할 수 있다.[28] 프랑스 정부는 기업의 경영권이 외국인 투자자나 적대적인 M.&A.를 시도하는 투자자들에게 넘어가는 것을 방지하기 위해 안정주주제 방식을 사용했다.

---

[27] *ibid.*, p.78.
[28] 프랑스의 '안정주주제'에 대해서는 Lepage, H., "프랑스의 민영화 정책", 김재홍·이승철 편 『민영화와 규제완화』, 한국경제연구원, 1994, p.53.; De Vauplane, H., *op. cit.*, pp.64-81; 김승민, *op. cit.*, pp.11-12를 참고할 것.

이 방식은 주식공모과정과는 별도로 기관투자자집단(안정주주그룹)에게 소유권을 보장할 수 있는 일정비율의 지분을 "장외시장을 통해 직접 매각"cession de gré à gré hors marché하고 그 댓가로 안정주주 구성원이 일정기간 동안 해당 지분을 유지하도록 하는 제도이다. 프랑스의 경우, 안정주주들은 원칙적으로 5년간 주식을 계속 보유할 의무가 있다.

1986-88년, 1993-96년 동안 민영화된 기업의 총지분 중 안정주주들이 각 기업당 취득한 지분을 살펴보면, 최소 5%(Renault 社의 경우)에서 최대 30%(CCF 社)의 분포를 나타내고 있다.〈표 5 참고〉그리고 각 민영화 기업별 안정주주의 구성원 수는 최저 4개 (Renault 社)에서 최대 23개(Suez 社)까지 선정되었으며, 이와 같은 안정주주수의 과다로 1개 안정주주가 취득할 수 있는 지분율은 0.5%-5% 정도로 미미한 실정이다.

▶ 표 5 프랑스 주요 민영화 기업의 안정주주 현황

1단계 민영화(1986-88년)		2단계 민영화(1993-96)	
기업 명단 (민영화시점)	안정주주 배정지분 (안정주주 구성원수)	기업 명단 (민영화시점)	안정주주 배정지분 (안정주주 구성원수)
Paribas(87.1)	18.2%(17개사)	BNP(93.10)	15%(15개사)
CCF(87.4)	30%(9개사)	Rhône-poulenc (93.11)	6%(5개사)
Havas(87.5)	29%(6개사)	Elf-Aquitaine(94.1)	8%(9개사)
Société générale(87.6)	25.6%(19개사)	UAP(94.4)	10%(8개사)
Suez(87.10)	28%(23개사)	Renault(94.11)	5%(4개사)

자료: Cartelier, L., op. cit., p.5. & Bancel, op. cit. p.40.에 근거하여 정리함.
1) BNP의 경우, 총주식의 15%는 민영화이전에 이미 UAP가 소유하고 있음. 따라서 BNP의 실제 안정주주 지분율은 30%에 달함.
2) Rhône-Poulenc의 경우, 총주식의 17.9%는 안정주주로 분류될 수 있는 여타 견실한 기관

투자자들이 보유하고 있음. 따라서 이 회사의 실제 안정주주 지분율은 23.9%에 달함.
3) Elf-Aquitaine의 경우 정부 보유지분(미매각분)(10.5%), 여타 기관투자자 지분(1.5%)를 고려하면 실제 안정 주주 지분율은 20%에 달함.
4) UAP의 경우, 안정적인 여타 기관투자자 지분(26.6%)를 고려하면 실제 안정주주 지분율은 36.6%에 달함.
5) Renault의 경우, 정부 보유지분 50%를 고려하면 실제 안정주주 지분율은 55%에 달함.

그리고 안정주주들은 지배주주의 권리와 혜택에 대한 대가로 개인투자자에 대한 매각가격보다 높은 프리미엄premium을 지불하도록 하였다. 예를 들어 1993년 10월 민영화된 BNP의 경우 총지분의 15%를 일반공모전에 15개사로 구성된 안정주주그룹에게 배정하였는데, 이들 안정주주들은 일반공모가보다 4% 높은 가격으로 주식을 매입하였다. 1986-88년, 1993-96년 민영화기간 동안 프리미엄은 민영화 대상 기업별로 상이하게 결정하였는데, 2.5%-45%의 분포를 나타내었다. 주요 기업별 안정주주에 대한 프리미엄은 다음과 같이 책정되었다.29): i) 86-88년 민영화기업; Paribas(2.5%), CCF(4%), Suez(5%), Havas(8%), TF1(33%), BIMP(45%) 등 ii) 93-96년 민영화기업: BNP(4%), Rhône-Poulenc(10%), UAP(15%), Elf-Aquitaine(7%) 등

안정주주제는 외국인 투자자나 적대적인 기업매수로 부터 민영화기업의 소유권을 보호해주는 역할을 발휘하였다. 그러나 안정주주제는 효율성, 정부의 안정주주 선정기준, 안정주주 간의 상호자본출자participations croisées와 관련하여 많은 문제점을 드러내었다. 특히 안정주주제는 곧이어 논의하게 될 경제력집중 문제와 민영화기업의 지배구조와 관련된 문제(정부개입 강화와 기업 경영감시 기능저하)를 야기시켰다는 비판을 받고 있다.

---

29) Lepage, H., *op. cit.*, p.54.& pp.67-68.; Carteler, L., *op. cit.*, p.5.; De vauplane, H., *op. cit.*, p.80.

2. 경제력집중과 경영감시 문제

프랑스 민영화의 또 다른 특징은 안정주주 간의 상호자본출자로 인해 i) 소수 기업집단에 의한 경제력집중 현상이 심화되었다는 점과 ii) 민영화기업의 경영진에 대한 통제, 감시上의 문제점이 발생되었다는 점이다.[30]

1) 경제력집중 문제

〈부록 그림 1〉은 1994년 3월 현재, 프랑스의 금융·산업계를 이끌고 있는 국내 핵심기업들 간의 상호자본출자관계를 나타내고 있는데, 1993년 이후 프랑스의 민영화는 안정주주간의 상호출자관계를 재구성시키면서 프랑스기업들을 통제하는 3개의 기업집단을 새로이 만들어 내었다는 것을 보여주고 있다.[31]

---

[30] 2차례에 걸친 민영화과정에서 프랑스 정부가 안정주주 구성원 간의 상호자본출자에 따른 많은 문제점에 도 불구하고 상호주식보유를 허용한 이유는 민영화의 규모, 속도에 비해 대규모 민영화기업의 주식을 인수할 수 있는 국내 기업의 수가 절대적으로 부족하기 때문이다. 안정주주 수가 부족한 근본적인 이유는 프랑스 자본주의 경제체제의 허약성에서 원인을 찾을 수 있다. 프랑스의 경우, 2차 대전 이후부터 1990년대 초반까지 정부가 계속적으로 경제운영에 개입하고 또한 국영기업 중심의 경제성장정책을 추구하였기 때문에, 민간경제중심의 자본주의 체제가 영국, 독일 등 서구의 다른 나라에 비해 상대적으로 취약하다고 평가할 수 있다. 실제로 프랑스에서는 영국식의 시장자본주의 체제도 발달하지 못했고 독일 식의 은행–산업 간의 밀접한 협력체제(상호출자에 의한)도 태동되지 않았으며, 이태리식의 대규모 가족기업도 등장하지 못했다. 그 결과, 프랑스에서는 민영화기업의 안정주주 구성원으로 참여할 만큼 자본력 동원이 가능한 민간기업의 수는 극히 미미하다. 이에 따라 안정주주 구성원이 될 수 있는 자금력을 갖춘 기업은 50여개에 불과한데, 이들 대부분은 이미 민영화되었거나, 민영화과정을 진행 중이거나 또는 민영화대상 명단에 포함된 국영기업이다. Lesec, E. & Monnot, C., "Pseudo-capitalisme à la française," Le Monde, 1994.3.8.

[31] Morin, F., "Les trois pôles du coeur financier: la recomposition du pouvoir économique", Le Monde, 1994.3.8.; Lepage, H., op. cit., p.72. 한편 1986-88년 민영화도 프랑스 기업들을 지배하는 3개의 기업집단(le pôle 「CGE-Société générale」, le pôle 「Paribas」, le pôle 「Saint-Gobain」)을 출현시켰다. 1986-88년 민영화에 따른 경제력 집중현상에 대해서는 다음 자료를 참고할 것: Brémond, J. et G., op. cit., p.136.; Cartelier, L., op. cit., pp.5-6.

가장 큰 기업집단은 「UAP(보험)-BNP(은행)-SUEZ(은행)」 간 금융집단으로 가용총자금은 3조 3천억 프랑(1992년 현재)으로 프랑스 정부예산의 2배반에 달한다. 이 기업집단은 균형된 상호주식보유, 기업경영진 간의 개인적 친분, 이사회 간 상호참여 등을 통해 긴밀한 연합체제를 구성하고 있다. 특히 UAP-BNP은 이 기업집단을 이끄는 2개의 핵심지주회사로서 프랑스 자본주의의 중요한 축을 구성하고 있다.[32] UAP, BNP 양사의 상호주식보유비율은 각각 15%, 19%에 이를 정도로 상당히 높다. 한편 UAP는 이 기업집단에서 3번째로 큰 지주회사인 Suez 은행과 상호출자관계를 가지고 있다. UAP는 Suez의 최대 주주이고(Suez총지분의 6.15%를 보유함) 또한 Suez는 UAP 총지분의 5%를 보유하고 있다. 이 기업집단의 통제하에 있는 주요 기업을 살펴보면, Elf-Aquitaine, CNP, Pechiney, Air France, Saint-Gobain등을 들 수 있다. 한편 Suez은행은 제조업체인 Elf-Aquitaine, Saint-Gobain과 상호출자관계를 가지고 있다. 이러한 「금융-산업」 결합관계에서는 금융기관이 자사의 중요주주인 동시에 출자회사인 제조업체에 대해 우선적인 자금지원배려를 할 것이라는 것을 쉽게 유추할 수 있다.

두 번째로 큰 기업집단은 「Credit Lyonnais(은행)-AGF(보험)-Paribas(금융)」 간 금융집단으로 가용자금규모는 첫 번째 그룹과 비슷하지만 결속력은 뒤떨어진다. 그리고 Credit Lyonnais의 경우 심각한 경영적자를 겪고 있고, 이에 따라 민영화의 시기가 연기되고 있다는 사실도 이 그룹의 약점이다. 이 그룹의 영향권 내에 있는 기업으로는 Total, Cogema, Aérospatial, Usinor-Sacilor, Rhône-Poulenc 등이다.

세 번째로 큰 기업집단은 「Société Générale(은행)-Alcatel Alstom(통신, 에너지, 운송산업)」으로 가용재원은 앞의 두 집단의 절반수준을

---

[32] Maclean, M., *op. cit.*, p.286.

보이고 있다. 앞의 두 집단이 금융그룹간 연합체인데 비해 이 집단은 「금융—산업」 결합체라는 특징을 가지고 있다. 이 연합체는 1987년 제 1단계 민영화과정 때 양기업이 상호자본출자를 함으로써 탄생된 이후 현재까지 긴밀한 연합체제를 유지하고 있고, Multi-Media산업(Canal+, Havas)과 공공 산업(Générale des Eaux 등)에서 지배력을 가지고 있다.

이상에서 살펴본 바와 같이 민영화에 따른 안정주주 간의 상호자본출자는 프랑스의 산업·금융계를 지배하는 소수의 기업집단을 출현시켰다.

2) 경영감시 문제

안정주주 간의 상호자본출자는 민영화기업의 경영진을 감시, 통제하는 "기업통제시스템"corporate governance mechanism 측면에서도 심각한 문제점을 발생시키고 있다는 점도 반드시 주목해야 한다.[33] 즉 안정주주 간에 복잡하게 연쇄적으로 얽힌 상호출자관계는 민영화기업 경영진의 경영성과에 대한 감시기능을 저하시키고, 그 결과 기업의 경영효율성을 약화시킬 수 있다. 실제로 공기업 민영화의 성공 조건 중의 하나는 경영진의 방만경영과 부패에 대해 책임을 물을 수 있는 경영통제장치를 마련하는 것이라고 할 수 있다. 경영진에 대한 적절한 형태의 통제장치가 없는 경우 경영진은 기업효율을 증대시키려는 인센티브를 갖지 못하기 때문에 기업 내부의 비효율이 증가할 가능성이 높기 때문이다. 기업통제시스템은 크게 다음 2가지 i) 내부적 시스템(이사회에 의해 경영진을 선임하고 감시, 통제함) ii) 외부적 시스템(주식시장 특히 기업인수시장에 의해 경영진의 실적이 평가됨)으로 구분이 되는데, 프랑스의 경우에는 안정주주 간의 상호출자관계로 인해 내·외부 시스템 모두 다음과 같은 이유로 감시기능

---

[33] 기업통제시스템의 중요성, 내용, 설계방향 등에 대해서는 정갑영외 3인, 『민영화와 기업구조』, 나남출판사, 1996.을 참고할 것.

을 정상적으로 발휘하지 못하고 있다.

첫째, A, B회사가 상호주식을 보유하고 있다고 가정해 보자. A기업의 경영진은 B기업의 주요주주인 A기업을 대표하여 B기업 이사회의 중요구성원이 된다.(역도 마찬가지임) 이 경우, A기업의 경영진이 B기업의 이사회이사로써 B기업 경영진(A회사의 이사회의 구성원이 됨)의 이익에 반하는 경영감독기능을 제대로 수행하기를 바라는 것은 무리라고 할 수 있다. 이와 같이 프랑스기업의 상호출자관계 하에서는 이사회가 경영진을 실질적으로 감시·통제하는 기능을 발휘하지 못하고 있다.[34]

둘째, 경제력집중 문제에서 언급된 바와 같이 프랑스의 민영화기업들은 상호출자형식으로 기업집단을 이루고 있기 때문에 외부의 적대적 세력에 의한 경영권 탈취 가능성은 거의 존재하지 않는다고 할 수 있다. 왜냐하면 각 집단은 구성원의 출자관계에 의해 엮어진 하나의 이익공동체une communauté d'intérêt로서, 외부의 제 3자가 한 구성원의 소유권 찬탈을 시도할 때에는 공동으로 대처하는 놀랄만한 자동방어auto-protection기능을 발휘하기 때문이다.[35] 따라서, 상호자본출자관계하에서는 자본시장가격기구(예, 기업공개매수)에 의한 경영진의 감시기능도 미미하다고 할 수 있다.

3. 민영화기업에 대한 정부개입 유지

민영화의 중요한 목표는 정부로부터 민간으로 소유권과 경영권을 이전함으로써 정부의 통제를 줄이고 시장의 자율적인 경쟁기능을 활성화시키는 것이라고 할 수 있다. 그러나 프랑스의 경우, 민영화 이후에도 정부는

---

[34] Bancel, F., *op. cit.*, p.40.
[35] Cartelier, L., *op. cit.*, pp.5-6.; Morin, F., *op. cit.*, ; Bancel, F., *op. cit.*, pp.40-41.

민영화기업에 대한 통제를 지속적으로 유지하고 있다. 이 점이 바로 여타 서구제국의 민영화에서 찾아보기 어려운 프랑스 민영화의 큰 특징이라고 할 수 있다. 프랑스 정부가 민영화기업에 대한 특권과 영향력을 계속적으로 유지할 수 있는 것은 정부가 보유하고 있는 다음 두 가지 권한에 의해 가능하다고 할 수 있다.[36]

① '안정주주'의 선정권: 프랑스에서는 민영화기업의 지배주주인 '안정주주'를 선정할 수 있는 권한을 정부가 보유하고 있다. 따라서 민영화기업의 소유권을 가지고 있는 안정주주들은 정부의 영향권 내에서 벗어날 수 없는 태생적인 한계를 가지고 있다고 볼 수 있다. 1986-88년 1차 민영화기간 동안 안정주주의 선정에 있어 정부가 소수의 기업들에게 특혜를 주었다는 비판이 제기되었기 때문에, 1993년 민영화법에서는 안정주주 구성의 투명성을 보장하기 위해 정부는 안정주주 선정시 반드시 중립적인 기구인 민영화위원회(la commission de la privatisation)의 동의를 받도록 하였다.[37] 그러나 안정주주 구성의 투명성을 높이기 위한 이러한 법적 장치에도 불구하고 1993년 이후 민영화에도 안정주주 선정에 대한 정부의 정치적 개입성향은 완전히 사라지지 않고 있다. 한편 민영화기업 1개사 當 안정주주 수가 너무 많아 '주인있는 경영'을 해나갈 수 있는 대주주가 없다는 점도 민영화기업에 대한 정부의 개입여지를 제공하고 있다.

---

[36] 프랑스정부와 민영화기업 간의 관계분석을 위해서는 Zahariadis, M., Markets, States and Public Policy: *Privatization in Britain and France*, University of Michigan Press, 1995, pp. 130-133.을 참고할 것.

[37] 1986년 민영화법에서는 안정주주 선정권은 전적으로 정부가 가지고 있었다. 1993년 민영화법의 특징중 하나는 민영화위원회에게 안정주주 구성에 대한 사전동의권을 부여함으로서 정부의 안정주주 구성에 대한 독점적인 권리를 제약했다는 점이다. De Vauplane, H., *op. cit.*, p.58.

② 민영화기업의 경영진 선발권: 프랑스에서는 정부가 민영화기업의 경영진 임명권을 가지고 있다. 이에 따라 프랑스 정부는 민영화기업의 경영에 간섭하고 경영진을 통제할 수 있다.

1986-88년 민영화뿐만 아니라 1993년 이후의 민영화에서도 경영진 선정 문제는 심각한 정치적 쟁점이 되었다. 왜냐하면 민영화기업의 경영진은 집권정부와 연고가 있는 친정부인사로 대부분 구성되었기 때문이다.38) 이에 따라 경영진은 기업경영에 정통한 전문경영인들이 아니라, 거의 대부분의 경우 프랑스 엘리트관료 양성학교인 국립행정학교ENA:Ecole Nationale d'Administration, 파리이공대학Ecole politechnique 출신인 전직 관료이거나 과거 공기업의 경영진으로 구성되었다.

4. 외국인 투자자에 대한 투자제한 완화

프랑스 정부는 공기업의 주식매각시 국익 보호를 대단히 중요시 여겼다. 따라서 1986년 민영화법이든 1993년 법이든, 외국인 투자자에 대한 제한조항을 명시하고 있다는 점에서는 차이가 없다. 양법에서는 안정주 주제 이외에도 외국인 투자를 직접적으로 제한할 수 있는 외국인 지분한도의 설정, 황금주식(일반적으로 Golden share라고 함)의 창출39) 등을

---

38) Zahariadis, N., *op. cit.*, p.134.
39) '황금주식'은 정부가 민영화시 보통주식을 매출하는 것과 교환하여 획득하는 특별주식(L'action spécifique)으로, 정부는 이를 근거로 일정기간 또는 무기한으로 민영화기업의 중요한 정책사항에 대한 발언권 또는 거부권(예, 투자자 1인의 주식보유에 대한 제한권, 민영화기업 및 자회사의 중요자산처분에 대한 제한권, 정부의 이사임명권 등)을 행사할 수 있다. 황금주식은 영국의 민영화과정에서 자주 사용되었는데, 프랑스에서도 1986년, 1993년 민영화법에 도입되었다. 1986-87년 민영화기간 동안 황금주식은 Matra, Agence Havas 두 회사에 실제로 사용되었다. 한편 1993-96년에는 프랑스정부는 단 한차례(Elf-Aquitaine社, 1994년 민영화) 황금주식을 설정하였다. 프랑스의 황금주식제도에 대해서는 Durupty, M., "La loi de privatization de 1993", *Problèmes économiques*, n° 2362, La documentation française, 1994, 2.9., pp.12-13과 De Vauplane, H., *op. cit.*, pp.

통해 민영화기업의 경영권이 외국인 투자자에게 넘어가는 것을 방지하고 있다.

그러나 1993년 민영화법은 1986년 법에 비해 외국인 투자자에 대한 제한이 많이 완화되었다. 1993년 법에서는 외국인 지분한도규제(20%)의 대상을 축소하고(비 EU회원국 거주자에게만 적용함), 외국인 투자자에게 안정주주 구성원 참여권을 부여하고 있다. 또한 외국기업과 생산, 판매, 재무면에서의 제휴협정 accords de coopération에 의해 주식의 양도가 행해질 경우에는 외국인 지분규제를 하지 않는다는 조항도 명시하고있다.[40] 〈표 6 참고〉 특히 외국인 투자자들이 안정주주의 구성원으로 될 수 있게 한 것은 매우 중요한 개방 조치라고 평가할 수 있다. 왜냐하면 안정주주로 참여하는 외국인 투자자는 민영화기업의 핵심주주가 될 수 있을 뿐만 아니라 지분한도(20%)에 대한 규제를 받지 않아도 되기 때문이다. 실제로 1993년 이후 민영화기간 동안, 외국인 기관투자자들은 BNP, Rhône-Poulenc, Elf 등의 민영화시 안정주주 구성원으로 이들 기업의 주식을 매입하였다. 예를 들면 BNP의 16개 안정주주 구성원 중에는 Dresdner Bank(독일계), BAT(영국계), Hoffman-La Roche(스위스계), General Electric(미국계) 그리고 2개의 쿠웨이트 은행 등이 포함되었다.[41]

이와 같이 프랑스 정부가 안정주주 구성에 있어 외국인에게 문호를 개방한 것은 프랑스 경제의 개방정책에도 일부 기인하겠지만 무엇보다도 프랑스 자본시장의 주식 소화능력에 한계가 있었기 때문이라고 할 수 있다. 즉 민영화에 따른 대량의 주식을 소화시키기 위해서는 외국인 투자자들의 참여가 절실히 필요했기 때문이었다.[42]

59-60을 참고할 것.
[40] De Vauplane, H., *op. cit.*, p.61.
[41] Wright, V., *op. cit.*, p.35.
[42] Zahariadis, N., *op. cit.*, p.135.

▶ 표 6 1986년법과 1993년법의 외국인 투자규제 비교

	1986년 법	1993년 법
외국인 지분한도 설정	총지분의 20% 이내로 제한	비EU회원국 투자자에게만 20%한도 적용(단 최초 공모시에만 적용되고 2차공모시에는 적용하지 않음)
외국인의 안정주주 참여	불 가	가능(전략적인 투자자에게 장외시장에서 주식을 직접 매각할 경우에는 지분취득규제없음)
외국기업과의 제휴협정시 외국인 지분규제	규 제	규제하지 않음
황금주 조항	명 시	명 시

자료: De Vauplane, H., "Les aspects juridiques des privatisation en France", Notes et Etudes documentaires, n° 5024, La Documentation Française, Paris, 1995, pp.59-62.와 Durupty, M., "La loi de privatisation de 1993", Problèmes économiques, n° 2362, le 9 février 1994, pp.8-14를 토대로 정리함.

제5절 결론(시사점)

프랑스의 민영화 경험이 한국의 민영화 정책수립에 줄 수 있는 교훈을 정리하면 다음과 같다.

첫째, 많은 국민들이 참여할 수 있도록, 다양한 매각방식을 사용할 필요가 있다. 프랑스의 경우 획일적이고 일괄적인 매각방식을 지양하고 국민주, 종업원지주제, 안정주주제 등 다양한 방식을 병행하여 사용하였고 또한 대중투자자와 종업원을 위한 각종 인센티브제도를 도입하였다.
그런데, 최근 한국에서의 공기업 민영화정책을 살펴보면 국민주방식을 폐지하고 경쟁입찰방식을 사용하려는 경향이 있다. 이는 경제력집중 현

상을 야기시킬 우려가 있고 또한 국가기업의 소유권확산을 통한 재산권민주주의 확립property-right democracy이라는 민영화의 중요한 목표를 달성하는데 차질을 줄 수 있다.[43] 따라서 한국의 경우도 프랑스의 경험에서 살펴보는 바와 같이 다양한 매각방식을 종합적으로 도입할 필요가 있고 특히 개인투자자들을 중시하는 국민주방식, 개인주주 우대책 등을 실시할 필요가 있다.

둘째, 매각대상 기업의 선정과 관련된 문제이다. 프랑스의 민영화기업 매각순서를 살펴보면 경쟁산업에 속하여 민영화에 대한 반대명분이 없고 또한 경영실적이 양호한 우량 공기업부터 우선적으로 매각하였다. 한편 공익적 성격이 강한 자연독점적 산업(전력, 수도, 가스, 철도, 통신 등)에 속하는 공기업에 대해서는 민영화에 따른 문제점들을 고려하여 매각을 유보하는 정책을 실시하였다. 이와같이 프랑스는 업종, 재무구조 등의 측면에서 민영화하기에 유리한 조건을 갖추고 있는 공기업을 먼저 민영화시킴으로써 1986-87년, 1993-94년 동안 민영화를 빠른 시일 내에 성공적으로 추진할 수 있었다. 이러한 프랑스의 민영화대상 선정방식은 한국의 민영화정책에 시사하는 바가 크다. 한국의 민영화에서도 시장경쟁환경에 노출되어 있고 또한 상품성이 좋은 공기업부터 우선적으로 매각하는 정책을 실시할 필요가 있다.

셋째, 민영화기업의 지배구조와 관련된 문제이다. 프랑스의 경우, 안정주주제의 도입과 정부의 안정주주·경영진 선발권 보유에 따라 민영화기업에 대한 정부의 개입을 계속적으로 유지시키고 또한 경영진에 대한 경영감시에서도 상당한 문제점을 노출하였다. 따라서 프랑스의 민영화는 기업에게 경영자율권을 확대시키고 경영의 투명성을 제고시킨다는 민영화 본연의 목적을 충분히 달성하지 못했다는 평가를 받고 있다. 한국은

---

[43] 김재홍, *op. cit.*, pp.102-106.

프랑스의 실패경험을 거울삼아 기업의 경영에 대한 정부의 통제를 축소하고 경영진을 객관적으로 감시할 수 있는 기업통제장치를 마련할 필요가 있다. 그리고 낙하산식 인사를 지양하고 전문경영인이 책임경영을 담당할 수 있도록 하여야 할 것이다.

넷째, 외국인 지분규제와 관련된 문제이다. 전통적으로 국익 보호를 중시해온 프랑스에서도 민영화 주식물량을 원활히 소화시키기 위해 외국인 지분규제를 완화하고 외국인투자자 유인정책을 실시하고 있다. 한편 1990년대에 들어서면서 전 세계적으로 민영화가 활발히 추진됨에 따라 세계각국에서도 국내 자본시장의 한정된 주식소화능력을 고려하여 외국인 투자자에게 문호를 개방하고 있다. 그 결과 최근 수년간 OECD지역에서는 국제투자자(International Investors)에 대한 공모비율이 전체 공모액의 30%~50%에 이르고 있다.(1994년 34%, 1995년 50%, 1996년 40%)[44]

따라서 한국도 외국인에 의한 적대적 M.&A.를 방어할 수 있는 대책만 마련한다면 외국인 지분규제를 완화시켜 국내 증권시장의 부담을 줄여주는 것이 바람직하다. 실제로 향후 몇 년 내에 한국의 자본시장이 완전 개방된다는 점과 또한 WTO체제하에서 외국인에 대한 투자개방과 내외국인 동등대우원칙이 강조되고 있다는 점을 고려할 때, 적극적인 개방조치를 실시할 필요가 있다.

---

[44] OECD, "Recent Trends in Privatization," *Financial Market Trends*, No.64, 1996.6., pp.30-31.

〈부록 그림 1〉

LA RECOMPOSITION DU POUVOIR ÉCONOMIQUE
Les trois pôles du cœur financier

*Les parts détenues par les 3 actionnaires de cette société (en création) reflètent les proportions d'actions qu'ils détiennent actuellement sur Canal + directement

자료: Le Monde (1994. 3. 8)

제3장_프랑스 민영화정책의 특징과 시사점 | 99

참고문헌

- 김승민, "1980년대 프랑스의 국유화 및 민영화," 『국제학논총』, 제1집, 계명대학교 국제학연구소, 1996.
- 김재홍, "한국의 민영화정책", 김재홍·이승철편, 『민영화와 규제완화』, 한국경제연구원, 1994.
- 정갑영외 3인, 『민영화와 기업구조』, 나남출판사, 1996.
- Bancel, F., "Le processus de privatisation: la spécificité française" in Dion, F.(ed.), Les privatisation en France, Notes et Etudes documentaires, n° 5024, La Documentation Française, Paris, 1995.
- Bonifacio, M. & Maréchal, P., Histoire de France, Librairie Hachette, Paris, 1954.
- Bremond, J. et G., L'Economie Française : face aux défis mondiaux, Hatier, Paris, 1990.
- Cartelier, L., "L'expérience française de privatisation 1986-1988: bilan et ensegnement", Probèmes économiques, n° 2362, le 9 février 1994.
- De Vauplane, H., "Les aspects juridiques des privatisations en France", Notes et Etudes documentaires, No.5024, La Documentation Française, Paris, 1995.
- Dumez, H. & Jeunemaître, A., "Privatization in France: 1983-1993", in Wright, V.(ed.), Privatization in Western Europe: Pressures, Problems and Paradoxes, Pinter Publishers, London, 1994.
- Durupty, M., "La loi de privatisation de 1993", Problèmes économiques, n° 2362, le 9 février 1994.
- Eck, J. F., Histoire de l'économie française depuis 1945, Armand Colin, Paris, 1992.
- Juvin, H., "Les répercussions économiques et financières" in Dion, F.(ed.), Les privatisations en France, Notes et Etudes documentaires n° 5024, La documentation française, Paris, 1995.
- Halimi, S., Michie, J. & Milne, S., "The Mitterand Experience", in

Michie J. & Smith, J. G.(ed.), Unemployment in Europe, Academic press, San Diego, 1994.
- Lane, C. , Industry and Society in Europe, : Stability and Change in Britain, Germany and France, Edward Elgan, UK, 1995.
- Lepage, H., "프랑스의 민영화 정책", 김재홍·이승철편 『민영화와 규제완화』, 한국경제연구원, 1994.
- Lesec, E. & Monnot, C., "Pseudo-capitalisme à la française," Le Monde, le 8 Mars, 1994.
- Maclean, M., "Privatisation in France 1993-94 : New Departures, or a Case of plus Ça change?", West European Politics, vol. 18. No. 2, April 1995.
- Marnata, F. & Sarazin, C., "Bilan économique de la France 1980-1992", Regards sur l'actualité, La Documentation française, mai 1993.
- Morin, F., "Les trois pôles du coeur financier: la recomposition du pouvoir économique", Le Monde, le 8 Mars, 1994.
- OECD, "Recent Trends in Privatization," Financial Market Trends, No.64, 1996. 6.
- OECD, "Privatization and Capital Markets in OECD countries", Financial Market Trends, 1995. 2.
- Redore, D., "The state ownership sector: lessons from the French experience", in Targetti, F., Privatisation in Europe, Dartmouth publishing Co., England, 1992.
- Szij, E., "Privatisations : logique industrielle ou logique budgétaire," Regards sur l'actualité, La docuumintation française, novembre 1994.
- Wright, V., "Industrial Privatization in Western Europe: Pressures, Problems and Paradoxes, in Wright, V,(ed), Privatization in Western Europe: Pressures, Problems and Paradoxes, Pinter Publishers, London, 1994.
- Zahariadis, M., Markets, States and Public Policy: Privatization in Britain and France, University of Michigan Press, 1995.

프랑스, 영국, 아일랜드의 외국인 투자유치정책
－주요 특징과 시사점－

제1절 서론

최근 우리나라 경제에 있어 외국인 직접투자FDI; Foreign Direct Investment 유치 문제는 경제전반의 안정화를 위해서 가장 시급한 현안이 되고 있을 뿐만 아니라 장기적으로 경제구조의 선진화를 도모하는데 있어 핵심적인 과제로 대두되고 있다. 이에 따라 우리나라에서도 1997년 IMF 외환위기 이후 외국인투자 유치를 위해 적극적인 노력을 하고 있지만, 최근 수년간 외국인투자는 감소하는 추세를 보이고 있고, 그 결과 우리나라의 외국인투자 유입수준은 주변 경쟁국에 비해 여전히 낮은 편이다. 우리나라에 대한 외국인 직접투자가 부진한 것은 노사문제, 高임금, 정치적 불안정, 시장의 규모 및 성장 잠재력 등 근원적인 문제점에 기인한 바가 크겠지만, 한편으로는 외국기업에 대한 차별관행, 복잡한 행정규제, 비효율적인 투자유치조직체계, 투자인센티브지원의 미비, 사후 서비스의 미흡 등 투자관련 정책 및 제도상의 문제점에도 그 원인을 찾을 수 있다. 이러한 부진 원인들 가운데, 생산비용, 시장수요 등 경제적 요인과 노사관계 등 정치적·사회적 요인 등은 외자유치에는 큰 영향을 미치나, 단기간에 쉽게 개선할 수 없다. 반면에 투자관련 정책 및 제도상의 문제점은 제도변화에 의해 단기적으로 개선이 가능하다.45) 따라서, 외국기업의 투자에 영향을 미치는 투자 관련 정책, 제도 등을 개선하여 중국, 싱가포르 등 주변 경쟁국보다 비교우위를 가지는 외국인 투자유치정책을 마련하고, 이를 효율적으로 실행시키는 것이 매우 중요하다고 할 수 있다.

한국의 외국인 투자유치정책을 개선하기 위해서는 유럽 주요국가의 투자유치사례를 연구할 필요가 있다. 왜냐하면 유럽지역은 전 세계에서 가장 치열한 국가 간 유치경쟁이 벌어지고 있으며, 이에 따라 유럽 각 국은 외국인투자유치를 위해 경쟁적으로 투자지원제도의 개선에 노력을 경주해 왔기 때문이다. 특히 본 연구는 유럽국가들 가운데 프랑스, 영국, 아일랜드 세 나라의 외국인 투자유치정책에 대해 집중적으로 연구하고자 한다. 프랑스, 영국, 아일랜드를 연구의 주 대상국가로 선정한 이유로는 먼저 영국, 아일랜드는 유럽국가들 가운데서도 외자유치의 역사가 가장 오래되었고 또한 외국인 투자환경이 가장 우수한 나라, 외자유치에 가장 성공한 나라로 호평을 받고 있기 때문이다. 그리고 프랑스는 전통적으로 정부의 경제개입이 강하고 투자유치에 소극적인 나라이었으나, 1990년대 이후 적극적인 외국인 투자유치정책을 추진하여, 현재 유럽에서 영국 다음으로 외국기업을 많이 유치하고 있기 때문이다.

이에, 본 연구는 외국인 투자유치에 성공적이라고 평가받고 있는 프랑스, 영국, 아일랜드의 외국인 투자유치정책을 분석함으로써 한국의 투자유치정책에 줄 수 있는 시사점을 제공하는데 그 목적이 있다. 특히 본 연구는 이들 세 나라의 외국인 투자유치정책에 대한 종합적인 분석을 통

---

45) 외국인직접투자의 유치에 영향을 미치는 요인에 대해서는 United Nations Conference on Trade and Development(UNCTAD)(2002), *World Investment Report 2002: Transnational Corporations and Export Competitiveness*, United Nations publications, New York, 2002, p.24를 참고할 것.

해 우리나라 투자유치정책의 개선에 도움을 줄 수 있는 정책, 제도상의 주요 특징을 파악하는데 중점을 두었다. 본 연구는 먼저 제2절에서는 유럽 3개국의 외국인 투자유치정책의 발전추이 및 최근 동향을 살펴보고, 제3절에서는 이들 나라에서 실시되고 있는 외국인 투자유치정책의 주요 특징에 대해 분석한다. 주요 분석 대상은 외국인투자 유치전담 기구, One-Stop Service 지원제도, 사후관리제도, 투자인센티브 등이다. 결론부분인 제4절에서는 이들 국가의 사례가 우리나라의 외국인 투자유치정책에 줄 수 있는 시사점을 도출하고자 한다.

제2절 외국인 투자유치정책의 개관

본 연구의 주 연구대상이 되는 프랑스, 영국, 아일랜드의 최근 외국인 투자정책의 동향을 살펴보면, 이들 세 나라 모두다 외국인 투자유치정책을 범국가적인 최우선 핵심정책사업으로 추진하고 있다는 것을 알 수 있다. 이들 나라들이 국가정책적으로 외국인투자유치를 가장 우선시하는 이유는 외국인 투자가 투자유치국에 안정적인 외환공급뿐만 아니라 고용창출, 기술이전, 낙후지역개발, 산업구조조정효과, 세수수입증대효과 등을 가져다줌으로써 경제성장의 견인차역할을 한다는 것을 인식하였기 때문이다. 특히 1990년대 이후 이들 나라들은 외국인투자유치 목표의 중점을 '실업문제해결'과 '낙후지역개발'에 두고 외국인투자를 고용정책과 지역정책과 연계하여 운영하고 있다는 사실에 주목할 필요가 있다. 대부분의 EU국가들과 같이 실업문제해소를 경제정책의 최우선해결과제로 삼고 있는 이들 나라들로서는 외국기업을 유치할 경우, 일자리를 유지, 창출하여 실업문제를 완화시킬 수 있는 효과를 거둘 수 있기 때문이다. 또한 국토의 균형발전을 중요한 경제목표로 삼고 있는 이들 나라들은 개발이 부진한 낙후지역이나 사양산업지역에 외국기업을 유치할 경우, 수도권과 지방 간의 균형발전을 도모하고 지역 간 발전 격차를 완화시킬 수 있기 때문이다.

이와 같은 외국인 투자유치의 중요성을 인식하고, 이들 세 나라들은 외국인투자 환경의 개선에 총력을 기울여 왔다. 이들 국가들은 외국인투자와 관련된 각종 규제를 대폭적으로 완화하는 투자자유화조치를 지속적으로 실시해 오고 있으며, 또한 외국인 투자유치담당기구의 역할을 강화하고 외국기업에 대한 투자인센티브지원을 확대하는 투자유치활동을 강화시켜 오고 있다. 그런데 1970년대 말 이후부터 지난 20여년간 이들 세 나라들의 외국인투자 유치정책을 살펴보면, 추진 의지와 추진 시기, 성과 측면에서 국가 간에 다소 차이가 있다는 것을 발견할 수 있다.[46]

먼저 전통적으로 시장경제원리를 강조하는 英美식 경제모델을 추구해 온 영국과 아일랜드는 1970년대 말부터 규제완화, 개방화, 민영화 등의 경제개혁정책을 지속적으로 추진해 왔다. 그 결과 이들 두 나라는 이미 1970년대 말부터 적극적인 투자 자유화조치를 실시하여, 유럽국가들 가운데서도 외국인 투자유치의 역사가 가장 오래 되고, 또한 외국인 기업환경이 가장 우수하다는 평가를 받고 있다. 특히 이 두 나라는 외자유치에

---

[46] Oman, C.(2000)는 지난 20년간 EU 각 국의 외국인투자 유치노력은 국가 간에 다소 차이가 있다는 것을 지적하고, 투자유치정책을 추진하겠다는 의지(eagerness)측면에서 EU국가들을 다음 세 가지 그룹으로 분류하였다. 첫 번째 그룹은 1970년대 말부터 지속적으로 투자유치노력을 해 오면서, 투자 유치의 경제적 효과를 최대화하려고 추구해온 나라들로서, 영국, 아일랜드, 베네룩스, 스페인이 해당되고, 두 번째 그룹은 종전에는 외국인투자유치에 소극적 내지는 적대적이었으나 최근에 적극적으로 추진하는 나라로서 프랑스, 스칸디나비아, 포르투갈, 그리스 등이며, 세 번째 그룹은 앞의 두 그룹에 비해 상대적으로 외국인 투자유치의 추진의지가 미흡한 나라로 독일, 이태리, 스위스 등이 해당된다. Oman, C., *Policy Competition for Foreign Direct Investment*, OECD Development Center, Paris, 2000, p.67.

가장 성공한 나라, 투자환경이 가장 양호한 나라로써 한국을 비롯한 타 국가들로부터 투자유치 모범국가로 벤치마킹의 대상이 되고 있다. 영국은 1970년대에 제조업의 경쟁력상실에 따른 실업증가와 경기침체에 직면하게 되자, 이에 대한 대응방안으로 1979년에 대처Thatcher정부가 출범한 이후부터 외국인투자유치정책을 범국가적인 정책사업으로 추진하였다. 대처수상은 "영국에서 영업활동을 하는 기업은 자본의 국적에 관계없이 모두 영국기업이다"라는 슬로건을 내걸고 외국인투자규제를 대폭적으로 철폐하는 한편 중앙정부, 지방정부차원에서 다양한 투자지원책을 도입하였다. 일반 국민, 노조들도 외자유치만이 영국경제를 살리는 길이라는 공감대를 형성하면서, 정부기관, 노조, 민간업체들이 모두다 투자 환경개선에 노력을 경주해왔다.47) 그 결과 영국은 지난 30여년 동안 줄곧 유럽 제 1위의 외국인투자 유치국이 되었으며, 2013년 말 현재 FDI 유입 잔고(stock기준)는 1조 6,055억 달러로 미국에 이어 세계에서 두 번째로 많다. 또한 국내총생산GDP 및 총고정자산 대비 FDI비중에서도 영국은 유럽국가들 가운데서 가장 높은 편에 속하는데, 영국의 FDI비중은 경제규모가 작은 아일랜드보다는 낮으나, 독일, 프랑스 등 유럽의 주변대국에 비해 높은 수준을 보이고 있고, 특히 한국에 비해서는 비교할 수 없을 정도로 높다.(〈표 1〉참고)

그리고 유럽의 외곽에 위치한 소국 아일랜드도 적극적인 외국기업유치를 통해 고도성장을 이룬 대표적인 나라로 평가되고 있다. 아일랜드는 강력한 외국인 투자유치전담기구IDA; Industrial Development Agency, 산업개발청의 설립, 유럽 최저수준의 법인세율(10%)48) 등 파격적인 인센티브 제공, 안정

---

47) 이철원, "영국의 FDI유치성과와 한국경제에 대한 시사점", 『세계경제』 2000년 4월호, 대외경제정책연구원(KIEP), 2000, pp.79-80과 p.85.
48) 아일랜드는 1981년부터 유럽최저 수준인 10%의 법인세율을 채택하고 있다. 현행 법인세율(10%)는 2010년 말까지 그대로 적용되다가, 2011년부터는 EU공통의 법인세율로 적용

적인 노사관계 조성 등을 통해 외국인투자유치활동에 총력을 기울였다. 그 결과 아일랜드는 1990년대에 아일랜드를 유럽통합시장의 전초기지로 활용하려는 주요 IT분야 다국적기업(Intel, Microsoft社 등)의 유럽 본사를 대거 유치하는데 성공하면서 고부가가치산업인 IT강국으로 부상하였다. 1980년대 말부터 2000년대 초반까지 아일랜드의 외국인투자 연간 유입액은 서유럽국가들 가운데 가장 빠르게 증가하였는데, 1985년 1억6천4백만 달러에서 2000년 240억 달러로 급격하게 증가하였다. 실로 지난 수백년 동안 유럽제일의 경제후진국이라는 오명을 가지고 있었던 아일랜드가 1990년대에 유럽제일의 경제성장을 구가하면서 선진국대열로 진입할 수 있었던 것은 바로 외국인투자유치를 통한 경제발전전략 덕분이었다.[49]

▶ 표 1 EU, 아시아 주요 국가의 GDP대비, 총고정자산대비 FDI비중 현황(2013년 말)

	영국	아일랜드	프랑스	중국	일본	한국
FDI 유입잔고(stock) (단위: 백만 달러)	1,605,522	377,696	1,081,487	956,793	170,929	167,350
총GDP 대비 FDI 유입잔고(stock) (단위:%)	63.3	173.3	39.5	10.4	3.5	13.7

자료: UNCTAD(2014), World Investment Report 2014, United Nations publications, New York, 2014의 부록 통계자료(Country Fact Sheets 2014)
http://unctad.org/en/Pages/DIAE/World%20Investment%20Report/Country-Fact-Sheets.aspx

---

될 12.5%로 변경될 예정이다. UNCTAD(2002), op. cit., p.204.
[49] 아일랜드의 1인당 국민소득은 1988년 1만 달러에서 1996년 2만 달러로 증가하였고, 2002년에는 3만 달러를 돌파하였다. 아일랜드의 외국인투자유치 사례와 관련해서는 UNCTAD (2002), op. cit. pp.172-173과 아일랜드 산업개발청의 인터넷자료(www.idaireland.com)를 참고할 것.

한편 프랑스는 전통적으로 경제에 대한 정부의 개입이 강한 나라이었으며, EU국가들 가운데서도 가장 보호주의적인 경향이 강했다. 그 결과, 1980년대까지 프랑스는 영국, 아일랜드, 네덜란드 등 EU의 타 회원국에 비해 상대적으로 보호주의적인 수입제한정책을 실시하였고, 또한 외국인 직접투자유치측면에서도 외국기업에 대한 경제적 종속을 우려하여 소극적인 자세를 견지해왔다.50) 그러나, 1980년대 말부터 고실업문제와 지역간 경제격차가 프랑스사회의 주요 이슈로 부상함에 따라, 프랑스정부는 외국인 투자유치를 실업해소와 지역균형발전을 위한 중요한 수단으로 인식하고, 외국인투자와 관련된 규제를 대폭적으로 철폐해오고 있다. 지난 1990년대 이후 프랑스정부가 취한 투자개방조치를 살펴보면, 외환통제의 철폐와 자본이동의 자유화 보장, 투자절차의 간소화, 업종별 투자제한의 완화, 민영화기업에 대한 외국인 투자참여 허용 등을 들 수 있다. 또한 외국기업의 유치를 위해 투자유치전담기구의 조직을 대폭적으로 재정비하는 한편, 외국기업에게 다양한 투자인센티브를 제공하고 있다. 이러한 투자환경개선노력에 힘입어 프랑스는 세계 4위의 외국인투자유치 대국이 되었으며, 유럽지역에서는 영국 다음으로 외국기업을 많이 유치하는 나라가 되었다.

이상에서 살펴본 바와 같이, 최근 영국, 아일랜드, 프랑스는 외자유치정책의 목표를 고용창출과 지역균형발전에 두고, 범국가적 차원에서 외국인 투자유치에 총력을 기울이고 있다는 것을 알 수 있다. 이들 세 나라 모두 다 "외국기업이 가장 비즈니스하기 좋은 나라로 만든다"는 모토를 내걸고, 외국기업들이 최상의 수익을 얻을 수 있는 비즈니스 환경을 만드

---

50) Hatem, F. & Tordjman, J. -D., *La France face à l'investissement international*, Ed. Economica, Paris, 1995, p.188.과 김승민, "프랑스의 외국인 직접투자환경분석", 「한국프랑스학논집」, 제27집, 1999, p.529.

는데 노력하고 있다는 것을 알 수 있다. 실로 이들 나라에서는 외국기업의 활동에 대한 규제 철폐나 외국기업과 내국기업간 동등대우의 원칙 적용은 이미 실현된 진부한 자유화 내용이 되었으며, 이제는 경쟁국이상으로 양호한 투자환경을 조성하기 위해 치열한 노력을 하고 있다. 그리고 이와 같은 적극적인 외국인 투자유치노력은 이들 나라들이 외자유치대국으로 부상하는데 큰 촉매역할을 한 것으로 평가되고 있다.

제3절 외국인투자유치정책의 특징

1. 강력한 외국인 투자유치 총괄기구의 설립

외국인 투자유치정책 중에서 가장 중요한 것 중의 하나는 투자유치활동을 효과적으로 추진할 수 있는 조직체계를 갖추는 것이라고 할 수 있다. 실제로 외국인 투자유치활동의 업무영역이 매우 광범위하고, 그 기능이 각 중앙 부처, 지방정부, 해외공관, 국내외 투자유치전담조직에까지 널리 분산되어 있기 때문에 유치조직 시스템을 효율적으로 정비하는 것은 매우 중요하다. 이를 위해서는 무엇보다도 범국가적 차원에서 외국인 투자유치 업무를 통합·조정하는 강력한 투자유치전담기구의 설립이 요청된다고 할 수 있다.

영국, 아일랜드, 프랑스의 외국인 투자유치정책의 중요한 특징은 중앙부처의 여러 유치조직을 통폐합하여 단일유치창구즉 **투자유치청; Investment Promotion Agency**라고 함를 설립하고, 이 기구를 통해 외국인 투자관련업무를 총괄적으로 통합운영하고 있다는 것을 들 수 있다. 이들 나라의 투자유치 총괄기구를 살펴보면, 영국은 Invest-UK**영국 투자유치청**, 프랑스는 AFII Agence Française pour les Investissments Internationaux, **프랑스 투자유치청**, 아일랜드는 IDA Industrial Development

Agency, 아일랜드 산업개발청이다. 이들 투자유치 총괄기구는 대개 통상부, 외무부, 경제부 등 중앙부처의 소속기관으로 소속되어 있지만 실질적인 조직의 기능측면에서 볼 때, 공히 소속부서 및 기관을 초월하여 독립적이고 전문적인 업무 추진권한을 행사하고 있다.51) 이들 기관들은 범국가적 차원에서 투자유치관련 정책을 수립, 집행, 홍보하는 권한을 가지고 있으며, 특히 투자유치관련 기관(중앙 부처, 지방정부, 해외공관 등)과 유기적인 연계체제를 구축하는데 있어 구심적 역할을 수행하고 있다. 한편 이들 기관들은 조직운영, 예산, 정책결정 등에서 포괄적인 재량권과 독립성을 보장받고 있다. 이하에서는 영국, 프랑스, 아일랜드의 외국인투자유치 총괄기구의 조직성격 및 기능에 대해 살펴보도록 한다.(〈표 2〉참고)

1) 영국

영국에서 외국인투자를 총괄하는 부서는 통상부/외무부 공동소속의 Invest-UK이다. Invest-UK는 영국 중앙정부내의 유일한 외국인 투자유치조직으로 국가차원의 투자정책 수립, 투자유치활동, 인센티브제공에 관한 주요사항을 심의, 결정하는 권한을 보유하고 있다. Invest-UK는 1977년에 외국인투자유치 전담기구로 설립된 통상산업부소속 IBB^{Invest in Britain Bureau}의 후신으로서 2002년 5월에 Invest-UK로 명칭을 개정하였다.52) Invest-UK는 IBB설립이후부터 지난 30여년간 무려 5000여건의 외국기업 투자유치프로젝트를 성사시킴으로써, 영국 외자유치의 일등공신이라고 할 수 있다. Invest-UK의 가장 중요한 업무는 영국의 외국인

---

51) 백상호(외), 『주요국가의 외국인투자유치제도』, KOTRA, 2003. 1., p.56.
52) IBB는 원래 통상산업부소속이었으나, 기관의 성격상 해외조직망이 차지하는 비중이 크고, 해외공관과의 긴밀한 업무협조가 필요하였기 때문에 1997년 외무부 및 통상산업부 양부서 소속기관으로 변경되었고, 그 결과 현재의 Invest-UK도 양부서의 공동 소속으로 운영되고 있다. KOTRA, 『주요국 외국인투자 지원체제 비교분석』, 1998. 12, p.5와 신동화, 『주요국의 투자자관계 관리사례』, 대외경제정책연구원(KIEP), 1998. p.49.

투자유치정책을 기획하고, 전체 영국차원에서 외국인투자유치활동을 총괄하는 것이라고 할 수 있다. 그리고 Invest-UK는 각종 투자촉진활동전개, 투자최적지 안내 및 각종 자문서비스제공, 각 지방자치단체간 과당유치경쟁방지 및 업무조정, 대형프로젝트의 경우 각 지역개발청과의 업무협조, 투자자와 유관기관(중앙정부의 각 부처, 지방정부, 국내 기업)과의 접촉주선, 중앙정부의 대표적 보조금인 지역선택보조금RSA; Regional Selective Assistance 지급결정 등의 업무를 수행하고 있다. Invest-UK의 조직 구성은 런던 본부조직과 해외조직으로 이루어져 있다. 런던 본부조직은 약 90여명으로 구성되어 있는데, 투자유치정책을 기획하고 투자유치인센티브를 지원하는 '정책개발 및 자금 지원부서', 미주팀, 구주팀, 아태 및 아프리카팀 등 '해외지역 관할부서', 해외공관, 각 정부 부처, 각 지역개발청 등 투자유치관련기관 간의 업무 연계를 담당하는 '외국기업 투자 및 글로벌 파트너쉽 부서', 기타 행정업무를 담당하는 '행정지원부서' 등으로 구성되어 있다. 한편 해외조직으로 35개 해외 거점 공관 내에 별도의 Invest-UK 사무소가 설치되어, 약 140명이 해외현지에서 유치담당관으로 업무를 수행하고 있다.53)

한편 영국의 투자유치조직과 관련하여 주목할 사항은 지방분권이 잘 발달되어 있는 영국의 경우, 각 지역별로 13개의 외국인투자유치전담기관(즉 지역개발청)이 설치되어, 지역상호간에 경쟁적으로 외국인투자유치활동을 전개하고 있다는 점이다. 스코틀랜드, 웨일즈, 북아일랜드 등 영국 각 지역에 있는 지역개발청들은 Invest-UK와의 업무협조하에 지방정부차원에서 투자정보제공, 인허가처리, 인센티브제공, 공장입지선정 등 외국인투자기업을 위해 구체적이고 실질적인 투자지원업무를 담당하고 있다.54) 최근 영국 내 각 지방정부간에 외국기업유치를 위한 경쟁

---

53) Invest-UK의 인터넷 홈페이지 자료(www.invest.uk.com).

이 치열해짐에 따라, Invest-UK의 지방정부간 과다경쟁방지 및 업무조정 역할이 매우 중요해지고 있다.

▶ 표 2 영국, 프랑스, 아일랜드의 외국인 투자유치총괄 기구의 성격 및 기능

국가	담당기관	성격	기능
영국	Invest-UK (영국 투자유치청)	통상부/외무부 공동 소속 국가기관	투자유치정책의 수립과 국가홍보, 지역간 과다 경쟁방지 및 업무조정
프랑스	AFII (프랑스 투자유치청)	경제·재무·산업부/국토개발·환경부 공동소속 국가기관	외국기업유치관련 업무 총괄, 지역간 유치활동 조정
아일랜드	IDA (아일랜드 산업개발청)	기업·고용·통상부소속 국가 기관	외국기업유치관련 업무 총괄

자료: Invest-UK(www.invest.uk.com), AFII(www.investinfrance.fr), IDA(www.idaireland.com)의 인터넷 홈페이지 자료와 전영재, 『외국기업 유치부진과 반전의 해법』, 삼성경제연구소, 2003. 10, p.13을 참고하여 본 연구자가 수정, 보완하였음.

2) 프랑스

프랑스의 경우, 외국인 투자유치를 총괄하고 있는 기관은 경제·재무·산업부와 국토개발환경부의 공동산하기관인 AFII^{Agence Française pour les Investissments Internationaux}이다. AFII는 외국인 투자유치에 관련된 모든 정책결정과 투자인센티브 등 지원업무를 실질적으로 총괄하고 있는 단일창구기관으로써, 지방정부단체와 긴밀한 협력을 통해 투자유치와 관련된 전 과정(투자상담, 공장설립, 설립후 사후관리)의 모든 업무를 도맡아 처리해주고 있다. AFII의 업무를 구체적으로 살펴보면, 투자유치정책의 수립과 집행 및 홍보 총괄, 각종 투자인센티브 주선, 투자 프로젝트를 위한

---

54) 박용규(외), 『외국인직접투자촉진을 위한 정책과제』, 삼성경제연구소, 연구보고서, 1999. 5, pp.106-107과 신황호, "유럽의 외국인투자 일괄처리제도와 우리나라의 외국인 투자유치인센티브 제도", 『유럽연구』, 1998년 겨울호(통권 8호), 한국유럽학회, 1998, pp.276-280.

One-stop 서비스 제공, 지방정부와 연계하여 기존 진출기업의 애로사항에 대한 사후 서비스제공 및 지방정부 간의 유치활동 조정 등을 들 수 있다. 한편 AFII의 조직은 파리본부와 전 세계주요지역에 위치한 17개의 해외사무소로 구성되어있다. 파리본부에 40명의 직원이 근무하고 있고, 해외에는 80명의 직원이 투자유치활동을 하고 있다.[55]

프랑스투자유치조직과 관련하여 특별히 주목할 점은 프랑스정부는 투자유치업무의 효율성을 높이기 위해 여러 중앙 부처 및 조직으로 분산되어 있던 투자유치관련 기관을 통합하여 AFII를 2001년 10월에 발족시켰다는 점이다. 프랑스의 경우, AFII가 창설되기 전에는 투자유치를 지원하는 조직이 다원화되어있었다. 먼저 중앙정부의 부서로서 투자유치관련 업무를 담당하고 있었던 정부기관으로는 다음 2개 조직 즉, 국토개발 및 환경부 산하의 국토개발청DATAR : Délégation à l'Aménagement du Territoire et l'Action Régionale)과 경제재무부 산하의 국제투자유치국DII : Délégation aux Investissement Internationaux이 있었다. 또한 프랑스정부의 공식적인 기구는 아니지만 외국인투자유치를 범국가적 차원에서 촉진시키기 위해 각 지방정부의 투자유치 담당기관, 주요 국영·민간기업, 금융기관, 관련 중앙부처 등으로 구성된 '프랑스 투자유치협회'The Invest in France Network가 있었다. 이와 같이 프랑스의 경우 중앙정부차원에서 투자유치업무가 다원화되어 있었기 때문에 각 기관간에 투자유치업무가 중복될 우려가 있었고 조직간에 유기적인 협력체제가 잘 이루어지지 않을 수 있었다.[56] 따라서 프랑스정부는

---

55) 프랑스 투자유치청(AFII) 인터넷자료(www.investinfrance.fr).
56) AFII출범이전에 프랑스에서 투자유치업무를 담당하였던 '국토개발청'(DATAR), '국제투자유치국'(DII))과 '프랑스 투자유치협회'(The Invest in France Network)의 조직과 기능에 대해서는 김승민, op. cit., pp.532-536와 Conseil Economique et Social(France), L'image de la France à l'étranger et ses conséquences économiques, Direction des Journaux officiels, 1993, pp.259-261 & 323-330과 프랑스 DATAR인터넷 자료(www.datar.gouv.fr)를 참고할 것.

중앙부처의 두 기관(즉 '국토개발청'DATAR, '국제투자유치국'DII)과 '프랑스 투자유치협회'에 분산되어 있었던 투자지원업무를 통폐합하여 새로이 AFII라는 단일유치창구를 발족시킴으로써 투자유치업무의 효율성과 신속성을 확보하고자 하였던 것이다.

3) 아일랜드

아일랜드의 외국인투자유치 총괄조직은 기업·통상·고용부 소속의 IDA Industrial Development Agency이다. IDA는 아일랜드 산업구조를 농업중심에서 제조업중심으로 탈바꿈시키기 위한 산업정책을 수행하기 위해서 1969년에 설립되었다. 그리고 1980년대 이후에는 외국인 투자유치를 통해 산업을 고도화하고 고용을 창출할 필요성이 증대되면서 외국인투자유치업무는 IDA의 가장 중요한 업무가 되고 있다. IDA는 아일랜드의 외국인투자 유치활동을 총괄하는 유일한 정부기관이며, 총 직원수는 280명이고 세계각지에 15개의 해외사무소(해외 요원 수는 70명)를 두고 있다. IDA의 유치활동과 관련해 가장 주목할 점은 IDA는 아일랜드의 투자유치와 관련된 전권을 보유하고 있다는 것이다. 실제로 IDA는 투자정책의 수립과 집행권, 투자 협상권, 인센티브 및 인허가 결정권뿐만 아니라 산업단지의 개발 및 운영권까지 보유하고 있다. 따라서 IDA는 강력한 권한을 가진 단일유치창구로서, 잠재투자자발굴부터 인센티브 및 인허가처리, 공장부지선정, 투자이후 사후서비스 등 기업투자와 관련된 모든 업무를 신속하게 일괄 처리해 주고 있다. IDA의 신속하고 효율적인 지원활동은 아일랜드의 외자유치 성공에 결정적인 기여를 하였으며, 다른 나라 투자유치 전담기관의 벤치마킹대상이 되고 있다.[57]

---

[57] 아일랜드 산업개발청(IDA)의 인터넷자료(www.idaireland.com)와 백상호, 전게서, pp.48-49.

2. 실질적인 One-stop 서비스 제공 체제의 구축

외국기업 유치에 성공한 나라라고 평가받는 영국, 아일랜드 등 유럽 주요 나라의 유치전담기구활동 가운데 가장 주목할 만한 점은 국내외 투자유치조직 간에 긴밀한 협력관계를 구축하여 외국기업들에게 실질적인 One-stop 서비스를 제공한다는 것이다. One-stop 서비스란 외국인 투자 기업의 편리를 위해 투자와 관련된 전 과정을 단일 창구에서 처리되는 것을 의미한다. 외국인 투자유치전담기구에서 One-stop 서비스를 제공하기 때문에, 잠재적 투자자는 투자와 관련된 업무를 처리하기 위해 여러 창구를 일일이 접촉할 필요가 없고, 단지 투자유치전담기구만 접촉하면 된다. 외국인 투자유치를 위한 과정을 구체적으로 살펴보면 크게 다섯 단계 즉 잠재적 투자자 발굴단계-투자유치 협상단계-인허가처리단계-투자실행(공장설립)단계-사후관리단계로 구분된다. 여기서 잠재적 투자자 발굴단계와 투자유치 협상단계는 투자유치가 결정되기 이전의 단계에 해당되며, 인허가처리단계, 투자실행단계, 사후관리단계는 투자유치가 결정된 이후의 단계에 속한다고 할 수 있다. 이러한 투자유치의 全과정을 단일창구를 통해 일괄 처리되는 One-stop 서비스 시스템을 만들기 위해서는 무엇보다도 투자유치국내 관련 중앙부처, 지방정부, 민간기업, 금융기관들간에 역할분담이 적절하게 이루어지고, 이들 간에 유기적인 협력네트워크가 항상 유지되고 잘 작동될 수 있어야 한다. 특히 위에 전술한 다섯 단계의 투자유치과정 가운데 투자협상단계는 잠재적 투자자의 투자결정을 이끌어 내는 가장 중요한 단계로써, 투자협상을 직접 담당하는 조직(투자협상조직)과 인센티브제공, 부지확보, 인허가 등을 심사, 처리하는 조직(투자지원조직)간에 긴밀한 협력관계를 작동시키는 것이 매우 중요하다고 할 수 있다. 왜냐하면 이 협상 단계에서 투자 유치국은 외국인 투자자에게 투자인센티브의 종류와 규모, 인센티브 지급조건, 공장부지 혜택, 인허가 처리 등에 대해 카드를 제시할 수 있어야 하며, 또한 외국인 투자자의 요구사항에 대해 신속하게 대응할 수 있어야 하기 때문이다. 실제로 협상과정에서 인센티브제공, 부지확보, 인허가 등에 관한 상호 이해조정을 얼마나 신속하게 처리하는 가가 협상타결의 관건이 되고 있다는 것을 고려해볼 때, 투자협상조직과 투자지원조직 간에 긴밀한 협력관계를 유지하여 신속한 대응체제를 구축하는 것이 매우 필요하다고 할 수 있다.[58] 이러한 관점에서 볼 때, 협상조직과 지원조직을 일원화시켜 단일 창구에서 협상업무와 지원업무를 일괄 처리하도록 하는 것이 One-stop서비스 시스템의 실질적 효과를 최대화시킬 수 있는 방법이라고 할 수 있다. 그리고 이와 같이 단일창구에서 투자 협상 및 의사결정기능이 통합적으로 운영되어질 때, One-stop 서비스 기능이 투자유치 최종결정 이후는 물론 이전의 협상대응단계에서도 실질적으로 잘 작동된다고 할 수 있다. 실제로 프랑스, 아일랜드 등 유럽의 주요 국가들은 협상조직과 지원조직을 일원화하여 외국인투자자의 요구에 신속하게 대응하면서 실질적인 One-stop기능을 제공하고 있다. 프랑스, 아일랜드에서는 외국인투자 유치총괄기구인 프랑스 투자유치청AFII과 아일랜드 산업개발청IDA이 인허가 및 인센티브에 대한 실질적인 의사결정권한을 보유하고 있기 때문에, 직접 투자협상을 행하고 동시에 관련 인허가 및 인센티브를 결정, 처리하고 있다. 따라서 프랑스, 아일랜드에서는 외국인투자 유치총괄기구가 투자유치결정 이전의 협상대응단계에서부터 투자유치결정이후단계(인허가, 투자실행, 사후관리 등)까지 실질적인 One-stop서비스를 제공하고 있다고 볼 수 있다. 한편 지방분권이 확립되어 있는 영국의 경우에는 각 지역 개발청과 영국 투자유치청간에 긴밀한 협력관계를 유지하면

---

[58] 박용규(외), 전게서, pp.117-118.

서, 각 지역개발청이 인허가, 인센티브 등 기업유치와 관련된 업무를 일괄 처리하고 있다.

▶ 표 3 프랑스, 아일랜드, 한국간 One-Stop Service 지원 체제 비교

	국가	프랑스	아일랜드	한국	시사점
기능·조직	협상담당부서	AFⅡ, 지자체	IDA	Invest-Korea, 지자체	조직일원화 및 유기적협력체계 구축필요
	지원담당부서 (인허가 및 인센티브결정)	AFⅡ	IDA	외국인 투자위원회	
	원 스톱	AFⅡ	IDA	Invest-Korea	
	조직간 협력체제	원활	원활	정비필요	
원스톱	범위	투자유치결정 이후는 물론 이전의 협상 단계에서도 작동	투자유치결정 이후는 물론 이전의 협상 단계에서도 작동	투자유치결정 이후의 인허가 체제에 중점	협상단계에서의 원스톱 서비스 체계 필요
	Project manager 제도	도입	도입	최근 도입(2004. 1)	
	작동	제대로 작동	제대로 작동	아직 미지수	실질적 작동에 주력

자료: 박용규(외), 『외국인직접투자촉진을 위한 정책과제』, 삼성경제연구소, 연구보고서, 1999, p.요약 xiii를 참고하여 본 연구자가 수정, 보완하였음.

이와 반면에, 우리나라는 협상조직과 지원조직이 이원화되어 있기 때문에 투자유치체계가 효율적으로 잘 작동되지 않을 수 있는 문제점을 가지고 있다. 즉 우리나라의 경우 직접 투자유치를 담당하는 협상조직은 산업자원부 산하 KOTRA대한무역투자진흥공사의 Invest-Korea[59]와 지방자

---

[59] Invest-Korea는 한국의 외국인 투자유치전담기구로서, KOTRA내에 설치되어있다. 원래 한국의 공식적인 외국인 투자유치전담기구는 1998년 외국인투자촉진법에 따라 설립된 KOTRA의 외국인 투자지원센터(KISC)이었다. 그런데, 최근 외국인 투자유치기능을 강화해야한다는 요구가 증대됨에 따라 KISC를 확대, 개편하여 2003년 12월에 Invest-Korea

치단체이나 인센티브 및 인허가 결정권을 가진 의사결정조직은 재정경제부의 외국인투자위원회이다. 따라서 우리나라의 경우, 협상조직과 지원조직의 분리로 인해 투자유치절차에서 가장 중요한 협상단계에서 지원체계가 불명확하여, 투자프로젝트 사안별로 유연한 대처가 곤란해지는 경우가 발생될 수 있다. 이러한 측면에서 볼 때, 우리나라에서도, 지원조직과 협상조직의 창구를 단일화하거나 양 조직 간에 유기적인 협력체제를 구축하여, One-stop서비스가 협상단계에서도 신속하게 작동될 수 있도록 개선할 필요가 있다.

한편 영국, 아일랜드, 프랑스 등에서는 One-stop서비스의 기능을 강화시키기 위해 프로젝트 매니저Project Manager제도를 도입하여 이를 적극 활용하고 있다는 사실에도 주목할 필요가 있다. 프로젝트 매니저제도는 투자 프로젝트별로 전담관을 지정하여, 지정된 전담관이 투자초기 상담단계부터 사후관리단계까지 투자의 전 과정을 일괄해서 책임지고 진행시키는 제도이다. 따라서 이 제도를 운영할 경우, 지정된 프로젝트 매니저가 인센티브, 입지선정 등과 관련된 각종 투자상담부터 인허가 대행처리, 사업개시후 고충처리까지 투자와 관련된 모든 사항에 대해 밀착 지원해 주기 때문에, 투자기업의 신뢰성을 확보하여 투자가 성사될 가능성이 높아질 수 있다. 특히 이 제도가 잘 정착될 경우, 외국 투자기업은 프로젝트 매니저 한 명만을 상대로 모든 업무를 처리할 수 있게 되므로, 진정한 의미의 One-stop서비스가 제공되어질 수 있다. 아일랜드의 경우, IDA에서 각 프로젝트별로 프로젝트 매니저를 지정하여 밀착지원 서비스를 제공하고 있고, 프랑스에서는 AFII가 투자프로젝트를 위한 One-stop서비스를 제공하고 있다. 그리고 영국에서는 각 지방정부차원에서 중앙

가 발족되었다. Invest-Korea의 조직 및 기능에 대해서는 Invest-Korea의 인터넷자료를 참고할 것.(www.investkorea.org.)

정부와는 별도로 프로젝트 매니저를 지정, 운영하고 있다. 한편 이들 나라에서는 프로젝트 매니저가 상당한 업무권한을 가지고 외국인 투자유치의 핵심적인 역할을 수행하고 있다는 점도 주목할 필요가 있다. 이들 나라의 경우, 프로젝트 매니저는 외국인 투자관련 업무를 일괄적으로 대행 처리해 주는 업무만을 수행하는 것이 아니라 현금보조금, 조세감면, 입지지원 등 인센티브 제공과 관련된 의견을 제시할 수 있는 권한을 가지고 있는데, 이들이 제출한 의견은 인센티브심사처리과정에서 적극적으로 반영되어지고 있다.

3. 사후관리제도의 강화

외국인투자유치가 지속적으로 성공리에 이루어지기 위해서는 외국기업의 신규투자를 유치하는 것도 중요하지만, 이미 진출한 기업이 경영활동 측면이나 생활환경 측면에서 애로사항을 느끼지 않도록 철저한 사후관리 서비스After Care Service를 제공하는 것이 더욱 더 중요하다고 할 수 있다. 사후관리 서비스를 철저히 함으로써 기존 진출기업의 재투자 및 증액투자를 유도할 수도 있고, 또한 유사시 다른 곳으로 공장을 이전하는 것을 최대한 막을 수 있기 때문이다. 또한 사후 서비스는 다른 외국기업이 해당 국가에 대한 투자진출여부를 결정하는데도 상당한 영향을 미치고 있다는 사실에도 주목해야 한다. 신규투자자들은 해당 국가에 진출한 기존 투자기업들이 사후 서비스 부재에 따라 경영상의 애로를 겪는다는 사실을 알게 된다면 투자를 주저할 것이기 때문이다.

영국, 프랑스, 아일랜드 등 유럽의 주요국가들은 이와 같은 사후관리의 중요성을 인식하고, 외국기업에 대한 One-stop 서비스체제의 필수적인 지원활동으로 사후관리 서비스를 포함시키고 있다. 특히 이들 나라에서는 진출기업의 투자유치를 담당한 프로젝트 매니저가 사후관리 서비스도 전담하여 지속적으로 지원하고 있다. 프로젝트 매니저는 공장설립 후에도 투자기업의 공장과 사무실을 수시로 방문하여 경영활동의 문제점을 처리해 줄뿐만 아니라 심지어 투자기업 파견직원의 생활상의 애로사항(주택구입, 자녀 교육 등)에 대해서도 해결해 주고 있다.

한편 최근 영국, 프랑스, 아일랜드의 사후관리제도 운영과 관련해서 반드시 주목할 점은, 이들 나라에서는 사후관리제도를 기존 투자기업의 재투자 및 증액투자를 유도하는 중요한 수단으로 활용하고 있다는 사실이다. 최근 이들 나라에서는 신규투자유치 못지 않게 기존투자기업의 재투자 유도에 상당한 노력을 기울이고 있는데, 실제로 최근 EU 주요국가에서는 재투자비율이 초기투자비율보다 빠르게 증가하고 있는 추세를 보이고 있다. 일례로 영국, 프랑스의 경우, 2000년도 외국기업이 창출한 총 고용인원(신규, 재투자 양자 모두 해당)중 기존 진출기업의 재투자에 의한 고용인원 비중이 무려 절반에 가까운 45%에 이르고 있는데, 이 비중은 1993년도에 비해 훨씬 높은 수치이다(〈표 4〉 참고). 물론 최근 영국, 프랑스 등지에서 재투자비율이 높아지는 것은 사후관리제도의 개선이라는 하나의 변수에 의해서만 이루어졌다고 보기에는 상당한 무리가 있겠지만, 이들 나라에서 실시되고 있는 철저한 사후관리서비스가 기존기업의 재투자를 유도하는데 중요한 변수로 작용했다는 것은 부인할 수 없을 것이다.

영국, 프랑스, 아일랜드의 외자유치와 관련해 주목할 만한 또 다른 특징으로는 해외현지에서의 투자유치활동이 매우 활발하다는 점을 들 수 있다. 이들 세 나라의 외국인투자 유치총괄기구는 전 세계각지에 독자적인 해외사무소를 설치하여 활발한 유치활동을 벌이고 있다. 전술한 바와 같이, 영국 Invest-UK는 전 세계 주요지역에 43개의 해외사무소를 운영하고 있으며, 프랑스 AFII는 17개, 아일랜드는 15개의 사무소를 두고 있다.

▶ 표 4 영국, 프랑스에서의 재투자(repeat investments) 비중

나라	기존진출기업의 재투자에 의한 신규고용인원 비중(%)	
	1993년	2000년
프랑스	20	45
영국	31	45

자료: Raines, P., "Flows and Territories : the New Geography of Competition for Mobile Investment in Europe", in (ed.) Phelps, N. & Raines, P., The New Competition for Inward Investment, Edward Elgar Publishing Limited, 2003, p.121.

▶ 표 5 영국(Invest-UK), 프랑스(AFII), 아일랜드(IDA)의 해외투자유치사무소

	Invest-UK	AFII	IDA
해외사무소 수	35개 (유럽 18개, 북미 9개, 아시아태평양 8개)	17개 (유럽 7개, 북미 4개, 아시아 태평양 6개)	15개 (유럽 4개, 북미 6개, 아시아 태평양 5개)
현지 투자유치 담당관 수	130명	80명	70명

자료: Invest-UK(www.invest.uk.com), AFII(www.investinfrance.fr), IDA(www.idaireland.com)의 인터넷 홈페이지 자료.

4. 투자유치를 위한 해외마케팅활동 강화

또한 영국, 프랑스의 경우, 주요 지방자치단체에서도 유치총괄기구의 해외조직망과 별도로 해외사무소를 개설하여, 독자적인 투자유치활동을 벌이고 있다. 특히 지방정부간에 유치경쟁이 치열한 영국의 경우, 각 지역개발청은 경쟁적으로 해외주요지역에 유치사무소를 개설운영하고 있

다. 예를 들면 2003년 현재 서울에 상주 투자유치사무소를 두고 있는 영국의 지역개발청만 6곳에 달하고 있다.60) 이들 해외투자유치사무소에 근무하는 투자유치관들은 한마디로 최전방에서 '투자유치국 국가'내지 '유치국내 지역'이라는 상품을 파는 세일즈맨salesman이라고 할 수 있다. 즉 이들은 해외현지에서 자기 나라/고장에 투자할 수 있는 잠재력을 가진 고객을 발굴하고, 미래의 투자자들에게 철저한 고객 지향적인 자세를 가지고 자국의 투자진출에 관련된 모든 서비스를 제공하고 있다. 이들 해외 사무소는 자국의 유치총괄기구본부와 각 지방의 투자유관기관과 긴밀한 협력을 통해 투자지원서비스를 제공하고 있는데, 주요 서비스를 살펴보면 투자입지선택에 관한 정보제공, 투자프로젝트 계획 수립에 관한 자문, 투자입지방문을 위한 여행 주선과 투자사절단 초청, 각종 투자인센티브 및 보조금 지급 알선, 지방정부 및 관련 유치국내 기업(예, 부품업체 등 사업파트너, 용수·전력 공급업체)들과의 접촉주선 등이 있다.

한편 프랑스의 해외투자유치활동과 관련하여 주목할 점은 프랑스 정부에서는 1992년부터 '해외투자 유치담당대사'라는 직책을 만들어, 담당대사의 해외유치활동을 적극적으로 지원하고 있다는 점이다. 2003년 현재, 프랑스 투자유치청AFII의 청장이 유치담당 대사직을 겸임하고 있는데, 유치담당대사는 프랑스정부를 대표하여 전 세계 각국을 순회하면서 프랑스의 투자환경을 홍보하고 주요 외국기업 투자책임자와 직접 만나 투자 프로젝트에 관한 교섭을 활발하게 행하고 있다.61) 프랑스 정부가 1990년대 초반부터 해외투자유치 담당대사제도를 운영하고 있다는 사실은 프랑스정부의 적극적인 외국인 투자유치자세를 잘 보여주고 있다고 할 수 있다.

---

60) 조선일보, "외국지자체들 한국기업에 잇단 러브 콜", 2003년 10월 8일.
61) 프랑스 투자유치청(AFII) 인터넷자료(www.investinfrance.fr)

5. 투자인센티브 경쟁의 심화

최근 유럽지역의 외국인 투자유치동향과 관련해 반드시 언급해야할 사항은 유럽 국가 간에 외국기업유치를 둘러싸고 치열한 '투자인센티브 경쟁'이 벌어지고 있다는 것이다.[62] 최근 투자유치경쟁은 국가 간 경쟁뿐만 아니라, 서로 다른 국가에 위치한 지역간(예를 들면, 프랑스 알자스 지방과 영국의 웨일즈 지방간) 경쟁으로 확산되고 있고, 심지어 같은 국가 내에 있는 지방정부간(예를 들면, 영국의 스코틀랜드와 북아일랜드간)에도 똑 같은 외국기업을 두고 서로 치열한 유치경쟁을 벌리는 양상으로까지 발전하고 있다. 그 결과, 유럽 각국의 중앙정부/지방정부들은 '인센티브 입찰전쟁'incentives bidding war[63]이라는 말이 무색할 정도로 서로 유리한 인센티브 조건을 제시하고 있다.

유럽국가의 인센티브제도와 관련하여 가장 주목할 점은 유럽국가들은 조세감면형 인센티브fiscal incentives보다는 현금보조금cash grant과 같은 재정지원 인센티브financial incentives를 가장 중요한 인센티브수단으로 활용하고 있다는 것이다.[64] 실제로 유럽국가들은 중앙정부, 지방정부의 재정에서 인센티브지원 예산을 별도로 조성하여, 외국인투자에 대해 투자금액의 일정비율을 현금으로 지원하는 현금보조금cash grant 제도를 가장 적극적으

---

[62] 외국인투자에 대해 제공되는 투자인센티브의 이론적 근거, 유형, 효과 등에 대해서는 이성봉(외), 『외국인투자유치정책: 국제적 성공사례와 시사점-투자인센티브-』, 대외경제정책연구원(KIEP), 1998, pp.18-28과 김승진, 『투자인센티브제도의 개선방안』, 한국개발연구원(KDI), 정책연구시리즈 99-2, 1999, pp.9-43을 참고할 것.
[63] Charlton, A., *Incentives Bidding for Mobile Investment: Economic Consequences and Potential Responses*, Technical papers No. 203, OECD Development Center, Paris, Jan. 2003, pp.1-47.
[64] 최근 세계 각국의 외국인 투자인센티브 유형을 조사한 UNCTAD의 조사결과에 의하면, 선진국의 경우 현금보조금 등을 직접 제공하는 재정지원 인센티브를 많이 활용하고 있으며, 반면에 재정이 취약한 개발도상국들은 재정에 즉각적으로 부담을 주는 재정지원 인센티브보다 조세인센티브를 훨씬 더 많이 사용하고 있는 것으로 밝혀졌다. UNCTAD(2002), *op. cit.*, p.204.

로 활용하고 있다. EU 각 국이 제공하는 현금보조금의 종류와 규모는 국가 간, 지방간에 다소 상이하지만, 일반적으로 입지지원비(공장부지, 임대료 등), 건물건축비, 설비투자비, 고용 및 직업훈련에 대한 보조금 및 R&D 보조금 등에 지원되고 있다. 현금지원비율은 개별 프로젝트별로 고용창출효과, 지역균형발전효과, 외국기업의 투자규모 등을 고려하여 투자유치국 정부와 외국투자기업간 협상에 의해 결정되어지고 있다. 유럽의 경우, 최근 외국인투자유치의 우선 목표를 고용창출과 낙후지역개발에 두고 있기 때문에 다음과 같이 고용창출효과와 진출지역의 낙후성이 투자인센티브 심사과정에서 가장 중요한 기준이 되고 있다.[65]

① 고용 창출효과: 외국인 투자기업이 얼마나 많은 새로운 고용을 창출하는가 혹은 기존의 고용을 유지하는가가 투자인센티브 규모 결정시 가장 중요한 판단기준이 되고 있다. 특히 투자보조금의 경우, 고용의 순증가가 없는 프로젝트에 대해서는 보조금을 지원하지 않고 있다. 실제로 유럽의 대부분 국가에서는 투자보조금의 산정기준을 1인당 고용창출인원과 연계employment link하여 산출, 지원하고 있다.

② 진출지역의 낙후성: 실업률이 높거나 산업개발이 낙후된 지역, 기존 산업의 퇴보로 어려움을 겪고 있는 낙후지역에 대한 투자에 대해서는 중앙정부나 해당지역 지방정부의 지원혜택이 높다. 그리고 유럽연합차원에서 실시하고 있는 지역정책에 의해 경제적 낙후지역으로 선정된 지역의 경우, EU로부터 구조기금의 지원을 받을 수 있다.

---

[65] 김승민, *op. cit.*, p.536.

EU 각국의 현금 보조금 지급비율을 살펴보면, 2001년의 경우, 투자프로젝트별로 외국인 총투자금액의 20%(룩셈부르크, 네덜란드의 경우)에서 50%(이태리, 포르투갈, 스페인의 경우)까지 현금으로 지원하고 있다. 영국에서는 투자금액의 35%(단 북아일랜드의 경우에는 45%)까지 보조금을 지원하고 있으며, 아일랜드, 프랑스에서는 각각 37%, 28%까지 지원하고 있다.66)(참고 〈표 6〉)

▶ 표 6 EU 국가별 현금보조금 지급 현황(2001년도)

나라	최대 지급비율(%)	나라	최대 지급비율(%)
오스트리아	40%	이태리	50%
벨기에	25%	룩셈부르크	20%
덴마크	SME only*	네덜란드	20%
핀란드	40%	포르투갈	50%
프랑스	28%	스페인	50%
독일	35%	스웨덴	SME only*
그리스	40%	영국	35%**
아일랜드	37%		

* 중소기업(SME: Small and Medium Enterprise)에게만 지급.
** 단 북아일랜드의 경우 45%까지 지급.
자료: Ernst & Young consulting co., "A European incentives update", in the magazine Site Selection, vol.46 No.6, November 2001, p.715.

한편, EU 각국의 보조금 경쟁 동향을 보다 더 잘 파악하기 위해서는 외국투자기업에게 실제로 보조금을 지급한 구체적인 사례를 살펴 볼 필요가 있다. 이를 위해 먼저 최근 유럽지역에서 국가 간, 지역간 보조금경쟁의 대표적인 사례로 손꼽히는 BMW社 공장유치와 관련한 보조금지급

---

66) Ernst & Young consulting co., "A European incentives update", in the magazine Site Selection, vol.46 No.6, November 2001, p.715.

사례를 언급할 필요가 있다. 2001년에 BMW는 860백만 달러를 투자하여 1500명의 고용을 창출하는 자동차공장을 유럽지역의 한 곳에 짓기로 하고, 공장후보지를 물색하였다. 이 BMW공장 유치를 위해 프랑스, 체코, 독일 등 유럽 각국의 250개 지역이 서로 유리한 인센티브조건을 내세우면서 12개월 동안 치열한 유치경쟁을 벌였다. 최종적으로 BMW는 독일의 라이프찌히Leipzig를 투자지역으로 선정하였는데, 그 대가로 BMW는 유치국인 독일로부터 2백23만 달러에 해당되는 공장부지비용을 지원 받았을 뿐만 아니라 투자지역이 EU의 지역개발대상이 되는 낙후된 舊동독 지역이었기 때문에 EU로부터 244백만 달러의 추가적인 보조금을 받을 수 있었다. 또한 이와 별도로 BMW는 해당 지방정부로부터 종업원 고용 및 교육 훈련 보조금 등 추가적인 보조금을 받은 것으로 알려지고 있다.67) 무려 250개나 되는 유럽 지자체들이 참여하여 1년간이나 유치경쟁을 벌린 이 사례는 유럽지역에서의 외국기업 유치경쟁이 얼마나 치열한가를 단적으로 입증해주고 있다. 또 다른 사례로는 1996년에 독일에 최종적으로 투자하기로 결정한 Dow chemical社(석유화학부문)가 투자유치국인 독일로부터 68억 달러의 투자보조금을 받은 예를 들 수 있다. 당시 Dow chemical은 2000명을 고용한다는 조건으로 동 보조금을 받았는데, 결과적으로 독일은 고용인원 1인당 무려 3백4십만 달러에 해당되는 막대한 보조금을 지급한 셈이었다.68)(〈표 7〉 참고)

한편 최근 세계 각국의 투자인센티브 지급 동향을 살펴보면, 유럽국가들 뿐만 아니라 미국, 캐나다, 브라질 등 유럽 이외의 국가들도 현금보조금제도를 적극적으로 활용하고 있다는 것을 알 수 있다. 미국이 외국기업 투자유치를 위해 보조금을 지급한 일례로 Honda(자동차부문)社 유치

---

67) Charlton, A., *op. cit.*, p.23과 UNCTAD(2003), *op. cit.* p.124.
68) UNCTAD(2002), *op. cit.*, pp.204-205.

건을 들 수 있다. Honda는 2000년에 4억 달러를 투자하여 미니밴 조립 공장을 앨라배마^Alabama^주에 설립하기로 결정하였는데, 당시 1,500명을 고용한다는 조건으로 앨라배마주 정부로부터 1억5천8백만 달러의 보조금을 받았다. 결과적으로 투자유치를 한 앨라배마주는 고용인원 1인당 약 105,000달러에 해당되는 보조금을 지원한 셈이었다.69)(〈표 7〉 참고)

▶ 표 7 세계 각국의 주요 투자프로젝트에 대한 투자인센티브 지급 사례(1995년-2000년)

인센티브 지급년도	투자유치국	투자기업	고용창출1인당 투자보조금(달러)
1995	Brazil	Volkswagen	54,000-94,000
1995	United Kingdom	Siemens	51,000-190,000
1996	Brazil	Renault	133,000
1996	Brazil	Mercedes-Benz	340,000
1996	Germany	Dow	3,400,000
1996	Israel	Intel	300,000
1996	United Kingdom	Hyundai	190,000
1996	United Kingdom	LG	48,000
1997	India	Ford	420,000
1997	United States	Shintech	500,000
1997	United States	Daimler Benz	100,000
1998	United Kingdom	Ford	138,000
1998	United Kingdom	MR	63,400
1998	United Kingdom	Dupont	201,000
1998	United States	Toyota	69,000
2000	Canada	Mosel Vitelic	450,000
2000	Israel	Intel	350,000
2000	United States	Honda	105,000

출처: Loewendahl, H., Bargaining with Multinationals: the Investment of Siemens and Nissan in North-east England, New York, Palgrave, 2001, pp.108-109 in UNCTAD(2002), World Investment Report 2002: Transnational Corporations

---

69) *ibid.* p.205.

and Export Competitiveness, United Nations publications, New York, 2002, p.205에서 재인용.

　이상에서 살펴본 바와 같이, 최근 국가 간 투자유치경쟁이 날로 치열해지면서 세계 각국은 경쟁적으로 보조금지급을 확대하고 있는 실정이다. 그런데, 최근 국가 간에 벌어지고 있는 과도한 투자인센티브경쟁은 공정경쟁 측면뿐만 아니라 경제 효율성측면에서 여러 문제점을 안고 있기 때문에, WTO, OECD차원에서 보조금 지급을 엄격하게 규제해야한다는 논의가 확산되고 있고, 또한 유럽연합EU도 자체적으로 EU차원에서 회원국정부 혹은 지방정부의 보조금지급에 대한 규제를 강화하고 있다. 특히 EU집행위원회는 역내에서의 공정경쟁을 왜곡하거나 왜곡시킬 수 있는 각 회원국들의 보조금을 엄격하게 규제하고 있는데, 다만 지역개발, 연구개발, 환경보호, 직업훈련 및 고용창출 프로그램 등에 대해서는 관련 보조금지침을 마련하여 예외적으로 허용하고 있다.70) 이에 따라 EU의 각 회원국은 투자보조금 지원시 낙후지역개발, 고용창출정책과 연계하여 주로 낙후지역의 경제발전, 고용창출의 명목으로 지원하고 있다. 그러나 이러한 보조금 지급규제 움직임에도 불구하고, 외국기업유치를 위한 EU의 국가 간, 지방간 보조금 경쟁은 쉽게 진정되지 않고 있는 것이 현실이다. 외자유치를 통해 국토균형발전과 실업문제해결을 도모하겠다는 EU 각 국의 의지가 너무 확고하여 유치후보국간에 서로 경쟁적으로 유리한 인센티브를 제시하고 있고, 또한 투자인센티브 규모는 유치국 협상담당자와 외국투자기업 간의 양자 간 협상에 의해 은밀하게 결정되어 통상 비밀에 붙여지기 때문에, 그만큼 보조금에 대한 철저한 규제는 현실적으로 어렵다고 할 수 있다.

---

70) 김세원, 『EU경제학』, 박영사, 2004, p.423.

제4절 결론(시사점)

이상에서 논의한 유럽 국가들의 투자유치사례가 한국의 외국인 투자유치정책에 줄 수 있는 시사점을 정리하면 다음과 같다.

첫째, 범국가적 차원에서 외국인투자 유치업무를 통합, 조정할 수 있는 강력한 투자유치 전담기구를 설립하여 외국인 투자지원체계의 일원화를 도모할 필요가 있다. 영국, 아일랜드, 프랑스에서는 중앙부처의 여러 유치조직을 통폐합하여 단일유치창구(즉 투자유치총괄기구)를 설립하고, 이 기구를 통해 투자유치 관련업무를 총괄적으로 통합운영하고 있다. 이들 나라의 투자유치총괄기구는 중앙부처의 직속기구로서 투자유치정책의 수립과 집행, 투자인센티브의 심의 및 결정, 투자유치활동 등 외국인투자와 관련된 중요한 사항을 일괄처리하고 있다는 점은 매우 시사적이다. 한국의 경우, 중앙정부차원에서 외국인투자업무를 담당하는 조직과 기능이 재정경제부, 산업자원부, KORTA의 Invest-Korea 등에 분산되어 있기 때문에 각 기관간에 투자유치업무가 중복될 수 있고, 조직 간에 유기적인 협조체제가 잘 이루어지지 않을 수 있다. 이럴 경우, 외국기업의 다양한 애로사항에 신속하게 대응하기 어렵고, 실질적인 One-stop 서비스를 지원하는데 한계가 있게 된다. 그리고 한국에서는 대외적으로 산업자원부의 산하기관인 KOTRA의 Invest-Korea가 중심이 되는 투자유치체계를 표방하고 있으나, Invest-Korea는 조직성격이나 보유권한측면에서 볼 때 외국인투자업무를 총괄, 조정하는 데는 한계가 있다. 먼저 조직성격상 Invest-Korea는 정부직속 관청이 아니라 중앙부처(산업자원부)의 정부투자기관인 KOTRA에 소속된 조직이기 때문에 조직운영 및 의사결정권한, 관련기관과의 업무조정 등에서 제한을 받을 소지가 많다. 이는 영국, 아일랜드, 프랑스의 경우, 투자유치총괄기구가 정부부처의 직속기관으로 조직운영, 예산, 정책결정 등에서 재량권과 독립성을 보장 받고 있다는 사실과 크게 대조된다고 할 수 있다. 그리고 보유권한측면에서 볼 때 Invest-Korea는 홍보 및 유치업무의 구심적 역할을 할 수 있을 뿐, 투자정책의 수립 및 인센티브 심의 등에서는 역할을 발휘하기가 어려운 실정이다. 왜냐하면 한국의 경우, 투자유치정책의 수립과 집행, 인센티브결정 등 실질적인 권한은 재정경제부 등 중앙 부처에서 보유하고 있기 때문이다. 이에 따라 한국에서는 투자정책업무와 투자유치업무가 상호 유기적으로 연계되지 못하고 정책업무 따로 유치업무 따로 이루어지는 문제점이 발생될 수도 있다.

이러한 점에서 볼 때, 한국에서도 유럽 주요국의 투자유치총괄기구에서와 같이 중앙부처의 여러 유치조직을 통폐합하여 정부직속 단일유치관청을 만들어 투자정책, 투자유치활동, 투자인센티브 등을 일괄 처리하는 유치체계를 만들 필요가 있다. 이러한 관점에서 볼 때, Invest-Korea를 '투자유치청'과 같은 별도의 독립관청으로 확대 개편하여 외국인투자와 관련된 전권을 부여하는 것도 적극적으로 고려해 볼 필요가 있다.

둘째, 실질적인 One-stop 서비스 지원체제의 구축과 관련된 문제이다. One-stop 서비스가 원활하게 이루어지기 위해서는 무엇보다도 투자관련 조직(중앙정부조직, 지방정부조직, 해외조직 등) 간의 긴밀한 협력체제가 절대적으로 필요하다. 프랑스, 아일랜드, 영국에서는 국내외 투자유치 관련기관 간에 유기적인 업무협력체제를 구축하여 투자기업발굴부터 공장설립 후 애프터서비스까지 완벽한 One-stop 서비스를 제공하고 있다. 특히 이들 나라에서는 투자유치총괄기구가 유관기관 간의 공조 및 업무조정을 이끌어내는데 구심적 역할을 수행하고 있다. 한국에서도 중앙부처, 지방정부와의 신속한 공조를 이끌어 낼 수 있는 강력한 투자유치총괄기구를 설치하여 One-stop 서비스를 제공할 필요가 있다고 생각된다. 그리고 유럽의 세 나라에서는 투자유치를 위한 협상조직이 인허가 및 인센티브에 대한 의사결정권한을 보유하면서 직접 투자협상을 행하고 동시에 신속하게 관련 인허가 및 인센티브를 결정, 처리하고 있다. 따라서 이들 나라에서는 투자유치결정 이전의 협상대응단계에서부터 투자유치결정이후단계(인허가, 공장건설, 사후 관리)까지 실질적인 One-stop서비스를 제공하고 있다고 볼 수 있다. 이를 고려해 볼 때, 우리나라에서도 투자협상조직과 투자지원조직의 일원화 내지는 유기적 협력체제구축을 통해 협상단계에서도 One-stop 기능이 제대로 작동될 수 있도록 해야 할 것이다. 한편 유럽 국가들은 One-stop 서비스의 기능을 강화하기 위해 투자 프로젝트별로 프로젝트 매니저를 지정하여, 잠재 투자자 발굴부터, 투자상담, 인허가 대행처리, 사업개시 후 고충처리까지 외국인투자의 전 과정을 전담직원이 일괄적으로 밀착 지원해 주고 있다. 우리나라도 2004년 1월 1일부터 시행되는 개정된 '외국인투자촉진법'[71]에서 프로젝트 매니저제도를 도입할 수 있는 법적 근거를 마련하였는데, 이 제도가 성공적으로 운영되면 투자유치에 크게 기여할 것으로 기대된다. 그리고 유럽 국가들은 신규투자유치 못지않게 기존투자기업의 사후관리와 재투자유도에 상당한 노력을 기울이고 있다는 것을 주목할 필요가 있다. 우리나라도 사후관리 서비스를 철저히 함으로써 기존 진출기업의 재투자 및 증액투자를 적극적으로 유도할 필요가 있다.

셋째, 해외투자유치활동과 관련된 문제이다. 영국, 아일랜드, 프랑스는 해외현지에서의 투자유치활동을 적극적으로 실시하고 있다는 사실에 주목할 필요가 있다. 이들 세 나라의 투자유치총괄기구는 전 세계 각지에

---

[71] 2003. 12. 31. 법률 제7039호. 외국인 투자촉진법 개정내용에 대해서는 산업자원부, 『외국인투자촉진법 시행령중 개정령』, 2004. 1.과 산업자원부, 『외국인투자유치 종합대책』, 2003. 9.을 참고할 것.

독자적인 해외조직망을 설치하여 활발한 유치활동을 벌이고 있다. 그리고 이들 나라의 일부 지방자치단체도 유치총괄기구의 해외조직망과 별도로 해외사무소를 개설하여, 독자적인 투자유치활동을 하고 있다. 한편 프랑스에서는 해외각지를 순회하며 프랑스를 홍보하는 '해외투자유치대사'를 두고 있다. 이들 해외유치요원들은 최전방에서 '해당 국가'와 '해당 지방'이라는 상품을 판매하기 위해 '국가마케팅', '지역마케팅' 활동을 담당하는 프로 세일즈맨salesman이라고 할 수 있다. 한국의 경우, 세계 각국에 있는 KOTRA 해외무역관에서 투자유치업무를 담당하고 있으나, 투자유치담당자의 업무과중으로 활동이 부진한 실정이다. 유럽국가에서는 투자유치전담기구에서 투자유치전문가를 직접 양성하여 해외로 파견한다는 것을 고려해 볼 때, 한국도 외국인 투자유치전문가를 파견하여 유치활동을 전개할 필요가 있다. 또한 현지마케팅 능력강화를 위해 현지인 전문가 채용을 대폭 확대할 필요가 있다.

넷째, 투자인센티브와 관련된 문제이다. 유럽국가들은 현금보조금cash grant을 가장 중요한 인센티브수단으로 활용하고 있다는 사실에 주목할 필요가 있다. 그리고 최근 국가 간, 지역 간 투자유치경쟁이 치열해짐에 따라 유럽국가들 뿐만 아니라 미국 등 타지역 국가에서도 파격적인 현금보조금을 지급하고 있다는 사실을 직시할 필요가 있다. 그러나 한국의 경우에는 2003년 말까지 현금보조금지급과 관련된 법적 근거가 없었기 때문에 원천적으로 보조금지급을 할 수 없었고, 그 결과 조세감면과 같은 소극적인 인센티브만을 제공해 왔다. 이에 따라 그간 우리나라가 제공하는 인센티브는 그 종류와 규모에 있어서 기본적인 수준에 그쳤으며, 주변 경쟁국에 비해서도 미흡하였다. 따라서 우리나라도 동아시아 주변국과의 유치경쟁에서 뒤지지 않기 위해서는 유럽국가들과 같이 현금보조금 제도를 도입하여 적어도 경쟁국 수준의 인센티브를 제공하여야 할 것이다.

이러한 필요성을 인식하여 우리나라도 2004년 1월에 개정된 '외국인투자촉진법'에서 현금보조금의 지급 근거를 마련하였기 때문에 향후 외국투자기업의 유치협상에서 현금보조금을 중요한 유인책으로 많이 활용할 것으로 전망된다. 이러한 측면에서 볼 때, 유럽국가들의 보조금제도는 한국에게 시의 적절한 시사점을 제공해 줄 수 있으므로 유럽국가들의 보조금제도 운영과 관련된 주요 사항(예를 들면, 보조금의 종류와 재원조달방법, 지급규모와 지급방식 및 외국기업과의 구체적인 협상사례)등을 면밀하게 연구할 필요가 있다. 특히 보조금 지급방식과 관련하여, 유럽국가들은 투자유치정책의 최우선 순위를 고용창출과 낙후된 지역개발에 두고 있기 때문에 고용창출인원과 진출지역의 낙후성이 보조금 심사에서 가장 중요한 변수로 작용하고 있다는 사실에 주목할 필요가 있다. 한국도 유럽국가들과 같이 현금보조금제도를 고용정책과 지역균형발전정책과 연계하여 운영할 필요가 있다고 생각된다.

참고문헌

- 김세원, 『EU경제학』, 박영사, 2004.
- 김승민, "프랑스의 외국인 직접투자환경분석", 『한국프랑스학논집』, 제27집, 1999.
- 김승진, 『투자인센티브제도의 개선방안』, 한국개발연구원(KDI), 정책연구시리즈 99-2, 1999.
- 대한무역투자진흥공사(KOTRA), 『주요국 외국인투자 지원체제 비교분석』, 1998. 12.
- 박용규(외), 『외국인직접투자촉진을 위한 정책과제』, 삼성경제연구소, 연구보고서, 1999. 5.
- 백상호(외), 『주요국가의 외국인투자유치제도』, KOTRA, 2003. 1.
- 산업자원부, 『외국인투자촉진법 시행령중 개정령(2004년 1월 1일 시행)』, 2004. 1.
- 산업자원부, 『외국인투자유치 종합대책』, 2003. 9.
- 신동화, 『주요국의 투자자관계 관리사례』, 대외경제정책연구원(KIEP), 1998. p.49.
- 신황호, "유럽의 외국인투자 일괄처리제도와 우리나라의 외국인 투자유치인센티브제도", 『유럽연구』, 1998년 겨울호(통권 8호), 한국유럽학회, 1998.
- 이성봉(외), 『외국인투자유치정책: 국제적 성공사례와 시사점-투자인센티브-』, 대외경제정책연구원(KIEP), 1998.
- 이철원, "영국의 FDI유치성과와 한국경제에 대한 시사점", 『세계경제』 2000년 4월호, KIEP, 2000.
- 전영재, 『외국기업 유치부진과 반전의 해법』, 삼성경제연구소, 2003. 10.
- 조선일보, "외국지자체들 한국기업에 잇단 러브 콜", 2003년 10월 8일.
- Charlton, A., Incentives Bidding for Mobile Investment: Economic Consequences and Potential Responses, Technical papers No. 203, OECD Development Center, Paris, Jan. 2003.
- Conseil Economique et Social(France), L'image de la France à l'étranger et ses conséquences économiques, Direction des Journaux officiels, 1993.
- Ernst & Young consulting co., "A European incentives update", in the

magazine Site Selection, vol.46 No.6, November 2001.
- Hatem, F. & Tordjman, J. -D., La France face à l'investissement international, Ed. Economica, Paris, 1995.
- Loewendahl, H., Bargaining with Multinationals: the Investment of Siemens and Nissan in North-east England, New York, Palgrave, 2001.
- Oman, C., Policy Competition for Foreign Direct Investment, OECD Development Center, Paris, 2000.
- Raines, P., "Flows and Territories : the New Geography of Competition for Mobile Investment in Europe", in (ed.) Phelps, N. & Raines, P., The New Competition for Inward Investment, Edward Elgar Publishing Limited, 2003.
- UNCTAD(United Nations Conference on Trade and Development)(2014), World Investment Report 2014(Country Fact Sheets 2014), United Nations publications, New York, 2014. http://unctad.org/en/Pages/ DIAE/World%20Investment%20Report/ Country-Fact-Sheets.aspx (검색일, 2015. 1. 30)
- UNCTAD(2003), World Investment Report 2003: FDI Policies for Development, United Nations publications, New York, 2003.

인터넷자료
- 영국 투자유치청(Invest-UK) (www.invest.uk.com),
- 아일랜드 산업개발청(IDA) (www.idaireland.com)
- 프랑스 투자유치청(AFII) (www.investinfrance.fr),
- 프랑스 국토개발청(DATAR)(www.datar.gouv.fr)
- 한국 외국인투자유치 전담기관(Invest-Korea) (www.investkorea.org.)

제2편

프랑스 사회와 이민자문제

제5장

프랑스 이민자 소요사태의 발발 원인 분석

제1절 서론

2005년 가을에 프랑스 파리 외곽지역에서 촉발된 이민자들의 소요사태는 프랑스 전국 약 3,000개 지역으로 빠르게 확산되어 당시 프랑스정부가 비상사태를 선포하고 통행금지를 실시해야할 만큼 그 규모와 양상이 컸고, 그 결과 1968년 프랑스 학생혁명 이후 최악의 사회혼란[72]을 초래하였다. 수십년간 프랑스 사회에서 차별, 실업, 소외로 고통받아온 이민자들의 분노는 프랑스사회 뿐만 아니라 유럽사회 더 나아가 지구촌 사회로부터 큰 반향을 불러일으켰다. 그동안 "자유, 평등, 박애의 나라', '똘레랑스tolerance와 솔리다리티solidarity의 나라'라는 명성을 누려왔던 프랑스에서 이민자에 대해 배제와 차별이 매우 심각했다는 사실에 전 세계인이 충격을 받았다. 하지만 이 사건은 프랑스에서 갑작스럽게 불거진 새로운 사건이 아니라 프랑스 사회 내부에서 오랫동안 잠복하고 있었던 이민, 실업, 인종차별, 빈곤, 계급 갈등, 종교 문화적 갈등 그리고 도시 외곽지역 문제 등이 쌓일 대로 쌓인 나머지 마침내 폭발한 것으로 해석될 수

---

[72] Mucchielli Laurent, "Autumn 2005: A Review of the Most Important Riot in the History of French Contemporary Society", *Journal of Ethnic and Migration Studies*, Vol. 35, Issue 5 May 2009. pp.733-734.

있다.

본 연구는 최근 프랑스 이민자 문제의 본질, 양상 및 원인을 파악하기 위해 프랑스 현대사에서 최악의 사회혼란사태라고 평가받고 있는 2005년 프랑스 이민자 소요사태의 발발원인을 심층적으로 분석하는데 목적을 두고 있다. 이 사태의 발발원인을 분석하고자 하는 이유는 다음과 같다. 먼저, 이 소요사태는 지난 수십 년 동안 프랑스 이민사회가 겪어온 구조적인 문제점(실업, 빈곤, 차별과 배제, 인종주의, 게토화, 소외 등)이 복합적으로 작용하여 발생한 것이기 때문에, 이 사태의 발발원인을 분석하면 프랑스 이민문제와 관련된 주요 이슈들을 총체적으로 밝힐 수 있기 때문이다. 그리고 이 소요사태는 수습된 사건이 아니라 언제든지 재연될 수 있는 현재진행형의 사건이기 때문이다. 즉 이 사태를 초래했던 원인들은 치유되지 못하고 현재에도 프랑스 사회에 그대로 남아있기 때문이다. 따라서 본 연구는 최신 자료 분석을 통해 2005년 사태 발생 이후 최근의 프랑스 이민문제 상황을 파악하는데도 중점을 두었다. 마지막으로 이 소요사태는 비단 프랑스만의 문제가 아니라, 이민 문제를 겪고 있는 지구촌의 대부분 나라들에서 공통적으로 안고 있는 문제이기 때문이다. 따라서 이 사태의 발발원인 분석은 다문화사회로 급진전하고 있는 한국사회에도 유용한 시사점을 제공할 수 있다.

이 연구의 목차를 살펴보면 제2절에서 2005년 프랑스 이민자 소요사태의 진행 경과를 간략하게 살펴보고 이 사태의 본질 및 특징에 대해 개략적으로 파악하고자 한다. 제3절에서는 이 소요사태를 촉발시킨 주요 원인들을 밝히고자 한다. 북아프리카 이슬람계 이민 2세, 3세 청년이 겪고 있는 노동시장에서의 배제 및 불평등, 프랑스 이민자 집단거주지인 방리유Banlieue와 게토화 문제, 프랑스사회의 인종주의, 반(反)이민정서 및 반(反)이슬람 정서의 확산 문제, 프랑스 이민자통합정책의 근간을 이루는 공화주의적 동화모델의 한계 등을 중점적으로 다룰 것이다. 마지막 결론에서는 이상의 논의를 종합정리하고, 프랑스 사례가 한국에 주는 시사점에 대해 언급하고자 한다.

제2절 이민자 소요사태의 진행경과와 특징

이번 소요사태의 직접적인 계기는 2005년 10월 27일에 저소득층 이민가정이 몰려 사는 파리 교외 클리시 수 부아^{Clichy-sous-bois}에서 경찰 검문을 피해 달아나던 아프리카계 10대 청소년 2명이 감전사 당한 사건이었다. 사건 발생 일주일 전에 당시 프랑스 내무장관이었던 사르코지^{Nicolas Sarkozy}는 파리 교외 빈민지역에서 끊임없이 발생되는 범죄, 폭력사건에 대항하기 위해 "똘레랑스 제로"^{Tolerance Zéro}라는 범죄와의 전쟁을 선언한 바 있었다. 이 두 청소년은 한층 강화된 경찰의 추격 단속을 피해 송전소 2.5미터 높이의 담을 넘다가 변압기에 떨어져 감전사 당했던 것이었다. 이 소식을 듣고 경찰의 살인적인 추격작전을 규탄하며 청년 수백 명이 차량 수십대를 불태우고 상점 등을 공격하면서 파리 소요 사태가 시작되었다. 파리 소요 사태가 걷잡을 수 없이 확산된 데는 사르코지 내무장관의 강경대응과 인종차별적인 발언이 중요한 역할을 하였다. 사르코지는 교외폭력행위에 "똘레랑스 제로"를 재확인하며 단호한 대처를 천명했고, 또한 소요에 참가한 아랍계, 아프리카계 이민 청년들을 향해 "쓰레기^{racaille}"라고 부르는 모욕적인 발언을 하였다. 그리고 경찰의 최류탄이 클리시 수 부아 지역의 한 이슬람사원모스크, ^{mosque}에 발사되면서 무슬림 이민자사회의 분노를 더욱 더 촉발시켰다. 당시 프랑스 대통령인 시라크^{Jacques Chirac}가 진정을 촉구했으나 이 소요 사태는 인근 파리 교외 22개 소도시로 확산되었고 급기야 디종, 툴루즈, 낭트, 릴, 스트라스부르 등 지방 대도시로까지 전국 약 3000개 지역으로 퍼졌다. 프랑스 정부는 급기야 소요가 13일째 계속된 11월 9일에 1955년 이래 처음으로 국가 비상사태l'Etat d'urgence를 선포하면서73) 야간 통행금지 등 삼엄한 치안강화 활동을 펼쳤다. 이 소요사태는 경찰이 사태종료를 선언한 2005년 11월 17일까지 약 3주간 계속되었으며, 전국적으로 약 1만대의 차량이 방화 피해를 입었고, 경찰 헌병 등 약 1만 명이 진압에 동원되었으며, 약 3,000명이 체포되었다. 한편 당시 정부 당국이 발표한 소요 용의자들의 신분은 대부분 14-20세의 북아프리카, 블랙 아프리카 출신 이민자 가정의 청소년들이었다.74)

이상과 같이 이 소요사태는 소요의 규모와 양상이 매우 격렬하고 비상사태를 선포해야 할 만큼 전국적으로 급속도로 확산되었다는 점에서 1968년 프랑스 학생혁명이후 최악의 사회혼란사태라고 평가 받고 있다.75) 이 소요사태의 발발 배경과 본질을 분석하면 이 소요는 다음과 같

---

73) Le Monde, "Banlieues en crise : baisse sensible des violences, premiers couvre-feux", le 9 Novembre 2005.
74) Centre d'analyse stratégique, Les "Violences Urbaines" de l'automne 2005-Événements, acteurs : dynamiques et interactions, Essai de synthèse, Premier Ministre, 2007, pp.1-36.; Centre d'analyse stratégique, "Enquêtes sur les violences urbaines, Comprendre les émeutes de novembre 2005: les exemples de Saint-Denis et d'Aulnay-sous-Bois", Rapports et documents n° 4, 2006, La Documentation française, 2006, pp.1-140; Mucchielli Laurent, op. cit., pp. 731-751. 한편 2005년 프랑스 소요사태에 관한 국내 학계, 언론 자료로는 다음을 참고할 것: 엄한진, "프랑스 이민통합 모델의 위기와 이민문제의 정치화- 2005년 '프랑스 도시외곽지역 소요사태'를 중심으로-", 『한국사회학』 제41집 3호, 2007. 6, pp.253-286; 박단, "2005년 프랑스 '소요 사태'와 무슬림 이민자 통합문제", 『프랑스사연구』 제14호, 2006. 2, pp.225-261; 이학수, "파리 톨레랑스-사르코지 신자유주의 개혁과 톨레랑스 제로 1995-2007", 『역사와 경계』 제68집, 2008. 9, pp.329-370; 노대명, "최근 프랑스 소요사태에 대한 단상", 『월간 복지동향』 제87호, 2006. 1, pp.30-33; 이강국, "파리는 불타고 있는가?", 『프레시안』, 2005.11.10; 박영신, "우리 당신들의 개가 아니다. 불타는 프랑스 이유 있었다", 『오마이뉴스』, 2005.11.08; 장진범, "프랑스 소요 사태가 우리에게 말하는 것", 월간 사회운동, 통권 60호, 2005년 12월호; 중앙일보 2005. 11. 26.
75) Mucchielli Laurent, op. cit., pp.733-734.

은 특징을 가지고 있다. 무엇보다도 이번 사태는 갑자기 발생된 일시적인 사건이 아니라 프랑스 이민사회의 "수십 년 묵은 분노"가 폭발한 것이라는 것이다. 즉 이번 소요사태는 지난 수십 년간 프랑스 사회에서 실업, 빈곤과 배제, 인종주의, 게토화, 소외 등으로 고통받아 온 이민자들의 "뿌리 깊은 분노"가 폭발한 것이라는 사실에 문제의 심각성이 있다. 특히 이번 소요는 알제리, 모로코, 튀니지 등 북아프리카 마그레브Maghreb 국가 출신의 무슬림Muslim 이민자들이 주도하였다는데 주목할 필요가 있다. 이들 북아프리카 무슬림 이민자들은 프랑스 전체인구의 약 10%(약 600만 명)에 달하는 프랑스 최대의 이민자집단을 형성하고 있으나, 오랫동안 프랑스 사회에서 사회적 차별과 소외, 빈곤, 실업 문제를 겪어왔다. 프랑스에 북아프리카계 이주민이 많아진 것은 2차 세계대전이후부터 1970년대 중반까지 프랑스 경제가 폭발적으로 성장하였던 소위 '영광의 30년'les Trente Glorieuses 동안 부족한 노동력을 보충하기 위해 프랑스 정부가 과거 식민지였던 북아프리카 마그레브계와 블랙아프리카계 출신 이민들을 많이 받아 드렸기 때문이다. 특히 이 기간 동안 마그레브 출신의 이민자들이 프랑스로 대거 몰려 들어왔으며, 이들 대부분은 3D 업종에서 값싼 노동력을 제공하면서 프랑스 경제성장에 도움을 주었다. 1973년에 불어닥친 석유위기로 인해 유럽의 경제침체와 고실업이 지속되면서 1974년에 프랑스는 공식적으로 노동이민 중단조치를 내렸으나, 그 이후에도 마그레브 이민자 수는 가족 합류, 1980대 초에 단행된 미테랑 사회당 정부의 장기 불법체류자에 대한 합법적 지위 부여, 불법이민자의 유입 등으로 계속적으로 증가하였다. 그 결과 2000년대에 접어들면서 북아프리카 마그레브 출신의 무슬림 이민자들이 유럽계 이민자를 제치고 프랑스 제일의 이민자 집단을 구성하게 되었다(〈표 1〉 참고). 2007년 기준으로 볼 때 프랑스 이민자수는 약 525만 명인데, 이중 북아프리카 마그레브 3국

(알제리(13.4%), 모로코(12.3%), 튀니지(4.4%) 출신은 30.1%에 이른다. 그러나 프랑스국적을 가진 마그레브 이민 2-3세대와 불법이민자수를 포함하면 마그레브 무슬림 수는 약 600만 명에 달하는 것으로 추정되고 있다.

▶ 표 1 프랑스내 출신국가별 이민자 분포 추이

출신국	1962 %	1975 %	1990 %	1999 %	2007 %	2007 이민자수(명)
유럽	78.7	67.1	50.4	45.0	38.4	2,018,102
스페인	18.0	15.2	9.5	7.4	5.0	262,883
이탈리아	31.7	17.2	11.6	8.8	6.2	323,809
포르투갈	2.0	16.8	14.4	13.3	11.0	576,084
폴란드	9.5	4.8	3.4	2.3	-	-
그 외 유럽국가	17.5	13.1	11.5	13.2	16.3	855,326
아프리카	14.9	28.0	35.9	39.3	42.3	2,223,617
알제리	11.6	14.3	13.3	13.4	13.4	702,811
모로코	1.1	6.6	11.0	12.1	12.3	645,695
튀니지	1.5	4.7	5.0	4.7	4.4	231,062
그 외 아프리카국가	0.7	2.4	6.6	9.1	12.3	644,049
아시아	2.4	3.6	11.4	12.7	14.0	735,863
터키	1.4	1.9	4.0	4.0	4.5	234,540
캄보디아, 라오스, 베트남	0.4	0.7	3.7	3.7	3.1	162,063
그 외 아시아	0.6	1.0	3.7	5.0	6.5	339,260
아메리카, 오세아니아	3.2	1.3	2.3	3.0	5.2	275,114
합계(%)	100	100	100	100	100	
이민자수(명)	2,861,280	3,887,460	4,165,952	4,306,094		5,252,696

출처 : INSEE, Recensements de la population, 1962-1999, 2007.

특히 이번 소요는 마그레브 무슬림계 이민 2, 3세대들이 주도하였는데, 이들은 프랑스 주류사회에 대해 강한 분노와 불만을 가지고 있기 때문에 "증오la haine 세대"라고 불리고 있다.76) 이들 이민 청년 대부분은 프랑스에서 태어나서 교육받고 프랑스 국적을 가지고 있으나, 인종차별과 사회적 편견, 학업실패 등으로 부모의 가난을 대물림 받고 있으며 또한 약 30%에 달하는 고실업(프랑스 청년 평균 실업률의 2배)에 허덕이고 있다. 결국 북아프리카계 무슬림 이민 청년들이 프랑스 사회에서 차별과 배제, 실업과 가난, 정체성 혼란을 겪으면서 사회에 대한 불신과 분노를 키운 것이 이번 소요사태의 근본적인 배경이라고 할 수 있다.

그리고 이 사태의 또 다른 중요한 특징은 인종, 피부색, 종교에 관계없이 모두 동등한 시민이라는 프랑스 이민자 통합모델의 한계 내지 위기를 극명하게 보여주었다는 것이다.77) 흔히 '자유, 평등, 박애의 나라', '똘레랑스tolerance와 솔리다리티solidarity의 나라'라고 불리어 온 프랑스는 다양한 인종과 문화를 가진 사람들이 비교적 조화롭게 어울려 살고 있는 나라라는 명성을 오랫동안 유지해 왔고 그 결과 프랑스 공화국의 이민자 통합모델은 매우 모범적인 것으로 평가되었다. 그러나 이번 이민자 소요사태를 통해 인종차별과 편견, 고용 불평등 등 프랑스 사회가 안고 있는 치부가 명백하게 드러났고, 그 결과 "프랑스 공화주의적 통합모델의 실패", "이민자통합정책에 무능력한 프랑스", "프랑스의 통합정책은 막다른 골목에 이르렀다"라는 국내외 언론기사에서 볼 수 있듯이 프랑스 공화국의 이민자 통합모델은 국내외로부터 심각한 비판을 받고 있다.78)

---

76) 김승민, "영화 《증오》와 프랑스 사회의 이민자 문제", 『한국프랑스학논집』 제66집, 2009. 5, pp.312-315.

77) Duprez Dominique, "Urban Rioting as an Indicator of Crisis in the Integration Model for Ethnic Minority Youth in France", Journal of Ethnic and Migration Studies, Vol. 35 Issue 5, May 2009, pp.753-770; 엄한진, "프랑스 이민통합 모델의 위기와 이민문제의 정치화- 2005년 '프랑스 도시외곽지역 소요사태'를 중심으로-", 『한국사회학』 제41집 3호, 2007. 6, pp.253-286.

제3절 이민자 소요 사태의 발발 원인

1. 노동시장에서의 불평등 및 배제

프랑스 소요사태의 가장 큰 발생원인은 이민자들이 겪고 있는 높은 실업률, 고용기회 차별 등 과 같은 노동시장에서의 불평등 및 배제 문제였다. 특히 이민자들의 높은 실업률은 이번 소요사태의 가장 중요한 원인이 되었다. 2002년 통계자료를 보면 이민자들의 평균 실업률(16%)은 프랑스 평균실업률(8%)보다 약 두 배 높고 또한 비이민자 실업률(7%)보다는 두 배 이상 높은 것으로 나타났다(〈표 2〉참고).

▶ 표 2 프랑스내 이민자의 출신 국적에 따른 실업률 현황(%) (2002년도)

출신국적	전체	남자	여자
스페인	6	-	-
이탈리아	6	-	-
포르투갈	6	6	6
알제리	26	25	30
모로코	26	23	31
튀니지	22	-	-
기타 아프리카국가	20	18	23
터키	25	-	-
이민자 전체	16	15	17
비 이민자	7	6	8
전체인구	8	7	9

출처 : INSEE, Les immigrés en France, édition 2005.

그런데 여기서 주목할 만한 점은 이민자의 출신지별 실업률을 보면 북

---
78) 박영신, 앞의 기사.

아프리카 마그레브 국가출신(알제리, 모로코 각 26%, 튀니지 22%)과 블랙 아프리카 출신(20%), 터키 출신(25%)이 이민자집단 가운데 가장 실업률이 높은 편에 속한다는 것이다. 반면에 이태리, 포르투갈, 스페인 등과 같은 서유럽국가출신들의 실업률은 6%대에 불과하며, 오히려 프랑스 비이민자 출신 실업률보다 낮다. 여기서 우리는 프랑스사회의 이민자 고실업 문제의 주 대상은 전체이민자집단이 아니라 종전 프랑스의 식민국가에서 유입된 북아프리카 마그레브 출신이나 블랙 아프리카 출신이라는 것을 알 수 있다.

마찬가지로 〈표 3〉의 2002년도 이민자의 출신국적에 따른 업종별 취업현황을 보면 북아프리카 마그레브 출신이나 블랙 아프리카 출신들은 프랑스 비이민자와 남유럽출신 이민자에 비해 훨씬 열악하다. 즉 비이민자 출신, 이태리 출신들은 간부 및 고위직, 중간직 등 화이트칼라 업종에 종사하는 비율이 상대적으로 높은 반면에 북아프리카 마그레브 출신이나 블랙 아프리카 출신들은 단순 노동, 임시직 등 저임금 블루칼라 업종에 종사하는 비율이 높은 편이다.[79] 특히 프랑스 출신은 25%만이 노동에 종사하고 있는 반면에 모로코, 튀니지출신의 약 50%, 알제리 41% 및 블랙아프리카 38%가 노동에 종사하고 있으며, 이들 아프리카출신 노동자의 상당수는 저임금 미숙련 노동자이다.

한편 이번 소요 사태를 주도한 알제리, 모로코, 튀니지 등 마그레브 3개 국가 출신의 이민 청년과 프랑스 출신 청년 간의 실업률 및 임금 격차를 살펴보면 문제가 더욱 더 심각하다. 프랑스 국립통계청INSEE의 1999년도 15-29세의 프랑스 청년실업조사에 의하면, 마그레브 3개 국

---

[79] IZA(Institute for the Study of Labor), "Study on the Social and Labour Market Integration of Ethnic Minorities", *IZA Research Reports* No.16, February 2008, Bonn(Germany), p.26 & p.78.

가 출신 청년의 실업률은 무려 약 40%에 달하는데, 이는 프랑스 평균 청년 실업률(약 16%)보다 훨씬 높다.[80] 그리고 이와 같은 고용불평등 격차는 오늘날까지 지속되고 있다. 최근 2010년도 INSEE의 조사결과에 의하면 프랑스국적을 가진 마그레브 이민 2세(부모 중 최소 1명이 마그레브 출신)의 경우, 고용률(60%)은 프랑스 청년(부모 중 2명이 프랑스출신)에 비해 18%나 낮으며, 또한 임금은 13%나 낮은 것으로 나타났다(〈표 4〉참고).[81]

▶ 표 3 프랑스 내 이민자의 출신국적에 따른 사회 직업군 분포도(%) (2002년도)

사회직업군	비이민자 전체	이민자 전체	이탈리아	포르투갈	알제리	모로코	튀니지	기타 아프리카
농업	3	1	2	1	0	0	0	0
수공업, 상인, 자영업	6	8	9	8	7	8	10	4
간부 및 고위직	15	10	12	2	7	9	9	9
중간직	22	12	16	9	15	10	8	11
사무직	30	28	27	30	30	22	24	38
노동자	25	41	34	50	41	51	49	38
숙련공	16	24	24	32	25	24	28	18
미숙련공	8	17	10	18	16	27	21	20
전체	100	100	100	100	100	100	100	100
노동자 중 미숙련공 비중	34	42	29	35	40	53	42	52

출처 : INSEE, Les immigrés en France, édition 2005.

---

[80] Jacques Barou, "Immigration: Grandes tendances", *l'état de la France 2002*, La Découverte, Paris, p.83.

[81] Aeberhardt Romain, Fougère Denis, Pouget Julien et Rathelot Roland, "L'emploi et les salaires des enfants d'immigrés", *Économic et Statistique* n° 433-434, INSEE, 2010, pp.31-46.

> ▶ 표 4 부모의 출신국적에 따른 고용률 및 임금현황(2010년)

	사하라 이남 아프리카 출신의 부모 1명	사하라 이남 아프리카 출신의 부모 2명	마그레브 출신의 부모 1명	마그레브 출신의 부모 2명	남유럽 출신의 부모 1명	남유럽 출신의 부모 2명	프랑스 출신의 부모 2명
고용률(%)	67	52	60	59	75	79	78
평균 월 임금 (유로)	1,696	1,370	1,431	1,384	1,618	1,565	1,648

출처 : Aeberhardt Romain, Fougère Denis, Pouget Julien et Rathelot Roland, "L'emploi et les salaires des enfants d'immigrés", Économic et Statistique n° 433-434, INSEE, 2010, p.36.

이와 같이 마그레브 2세 청년과 프랑스 청년 간에 과다한 노동시장의 불평등이 발생되는 이유는 1차적으로 상당수 마그레브 이민2세들이 겪고 있는 학업실패에 따른 낮은 교육 수준, 열악한 주거환경 및 가정환경 등에 기인한다. 그러나 이러한 요인 이외에도 고용주의 인종차별이 노동시장 불평등 격차를 초래하는 중요한 원인으로 작용하고 있다. 실제로 마그레브계 무슬림 자녀들은 아랍식 이름만으로도 취업에서 원천거부 당하는 사례가 빈번하게 발생하고 있다. 2006년에 실시된 한 실증조사[82]에 의하면 입사 이력서의 내용이 똑같더라도 모로코출신 이름을 기재된 구직자는 프랑스 이름을 기재한 구직자보다 면접기회를 가질 확률이 2.8배

---

[82] Duguet Emmanuel, Leandri Noam, L'Horty Yannick, Petit Pascale, *Discrimination à l'embauche, un testing sur les jeunes de banlieue d'Ile-de-France*, Rapports et documents, Centre d'analyse strategique, 2007, Paris, pp.1-30.(http://www.strategie.gouv.fr/IMG/pdf/2007-03-05discriminationsembauche-testing.pdf); Ministere de l'économie, de l'industrie et de l'emploi et le Ministere du travail, des relations sociales, de la famille, de la solidarite et de la ville, "Les facteurs de discriminations à l'embauche pour les serveurs en Ile-de-france: résultats d'un testing", DARES Premieres Syntheses Information, n° 40.1, Septembre 2009, pp.1-5.

−3.5배나 적은 것으로 나타났다(모로코 출신 프랑스국적자의 경우 2.8배, 모로코 국적자의 경우 3.5배). 한편 이와 같은 차별은 단순 비정규직보다는 고학력 정규직에서 더욱 더 심각한 것으로 나타났다. 또한 거주지가 이민자들이 집중적으로 사는 도시외곽 빈민지구로 기재된 구직자는 고급주택지구로 기재된 구직자보다 면접기회를 가질 확률이 1.6배나 적은 것으로 나타났다. 이와 같은 고용차별과 고실업 문제는 아프리카계 이민청년들의 사회에 대한 강한 분노를 불러일으키면서 이번 소요사태를 촉발한 중요한 원인이 되었다.

2. 방리유banlieues와 이민자집단의 게토화

이민자 거주지가 프랑스 대도시 주변의 외곽지역, 즉 방리유banlieues에 집단적으로 형성되어 게토ghetto화 현상을 보였다는 점도 이민자 소요사태를 촉발시키는 중요한 요인이 되었다. 실제로 이번 소요사태의 대부분은 방리유의 이민자 집단거주 지역에서 발생하였다. 1960년대부터 프랑스 정부는 방리유에 공공 서민임대 아파트HLM; Habitation à Loyer Modéré을 대량으로 건설하였고, 이것을 값싼 임대료로 서민층에게 공급하였다. 1980년대, 90년대를 거치면서 방리유는 저소득층 이민자들이 집단적으로 거주하는 빈민가가 되어 버렸다. 현재 방리유는 '프랑스의 작은 아프리카'로 불릴 만큼 주민의 대다수는 유색인종 이민자 출신이며, 특히 프랑스와 지리적으로 가깝고 프랑스의 식민 지배를 받았던 북아프리카출신 이슬람 이민자들이 많이 살고 있다. 방리유 주민의 상당수는 프랑스 주류 사회로부터 고립되어 그들끼리 '게토'를 형성하며 폐쇄적으로 살아가고 있다. 현재 프랑스사회에서 방리유는 다양한 인종의 낙오자들이 몰려 사는 아무런 희망이 없는 소외지역으로 분류되고 있으며, 실업, 빈곤, 인종차별,

범죄와 폭력, 슬럼화의 온상으로 낙인찍히고 있다.[83] 2010년 10월에 이루어진 방리유에 대한 프랑스 시민 여론 조사[84]에 의하면 "《방리유》라는 말을 들을 때 어떤 생각을 하십니까"라는 질문에 대해 응답자들은 치안불안(범죄, 폭행, 비행 등)(28%), 주거지 및 건물(씨테, 집단거주지, 고층건물 등)(23%), 지리적 위치(도시 외곽지역, 파리근교)(22%), 열악한 경제적, 사회적 상황"(18%), "청소년"(8%) 등을 연상한다는 부정적인 대답을 가장 많이 했다. 반면에 "녹색공간, 적은 공해"(3%), "조용함"(2%), "여가생활"(1%) 등 긍정적인 측면을 연상한다는 응답자는 거의 없었다. 따라서 프랑스 사회에서 방리유가 가지는 이미지는 매우 부정적이라는 것을 알 수 있다.

방리유지역이 프랑스 이민문제의 중요한 이슈로 부상되었다는 밝히기 위해 2005년 프랑스 이민자 사태의 가장 핵심적인 진원지가 되었던 파리교외 셍 센느 데니Seine-Saint-Denis 데파르트망Département, 총주민수 약 150만 명의 사회경제적 불평등 및 인구 구성 상황을 살펴보기로 하자.[85] 셍 센느 데니 지역은 일 드 프랑스Ile de France주에 속한 대표적인 파리근교 방리유의 소외지역으로서, 2005년 소요사태 당시 발발의 진원지인 클리시 수 부아 Clichy-sous-Bois 뿐만 아니라 격렬하게 소요가 확산되었던 올네Aulnay와 셍 데니Saint-Denis 꼬뮌commune 등을 행정구역으로 가지고 있다. 셍 센느 데니 지

---

[83] 박영신, 앞의 기사; 김승민, 앞의 논문, p.310.
[84] CAS(Centre d'analyse stratégique)/ LA COURNEUVE, "Les habitants des communes de plus de 30000 habitants et les discriminations territoriales", Novembre 2010 (Enquête réalisée par téléphone du 13 au 27 octobre 2010 avec un échantillon de 876 personnes)
[85] CSA(Centre d'analyse stratégique), "Enquêtes sur les violences urbaines, Comprendre les émeutes de Novembre 2005: les exemples de Saint-Denis et d'Aulnay-sous-Bois", Rapports et documents n° 4. 2006, La Documentation française, 2006, pp.1-140; 이영란, "프랑스 "시테"(Cité)지역 교육 불평등 사례 연구", 『한국교육사회학연구』 제20권 1호, 2010, pp.159-162.

역은 일 드 프랑스 주에 속하는 데파르트망 중에서도 가장 심각한 실업률, 빈곤률을 보이고 있다. 이 지역의 평균 실업률은 10.7%(2009년 6월 기준)로서 프랑스 전체 실업률 9.1%보다 높으며, 일 드 프랑스 주의 평균 실업률(7.5%)에 비해서는 무려 3%나 상회하고 있다. 특히 셍 센느 데니 지역의 청년실업문제는 매우 심각하다. 〈표 6〉은 셍 센느 데니 지역의 올네 수 브와Aulnay-sous-Bois 꼬뮌과 셍 데니 꼬뮌의 인구, 경제, 사회적 주요 통계 수치를 보여주고 있는데, 이곳의 15-24세 청년실업률은 프랑스 평균 16%보다 2배나 높은 약 30%에 달하고 있다. 그리고 셍 센느 데니 주민의 상당수는 빈곤계층으로서, 약 25만 명(총주민의 18%)이 프랑스정부에서 저소득 빈곤가정에 지원하는 가족수당을 받고 있으며, 또한 약 5만 명이 최저생계비RMI; Revenu Minimum d'Insertion 지원을 받고 있다. 한편 셍 센느 데니 지역의 인구 구성 상황을 살펴보면 20세미만의 청소년 비율과 외국인 비율이 프랑스 평균에 비해 훨씬 높다는 것을 주목할 필요가 있다. 셍 센느 데니의 20세미만 청소년 비율은 평균 29%에 달하며, 일부 취약지역에서는 40%를 상회하고 있다. 한편 외국인 인구비율은 21.2%(2006년 기준, 총거주민 149만 명 중 외국인 317만 명)에 달하며, 특히 〈표 6〉에서 보는 바와 같이 일부 취약지역에서는 외국인 가정 비율이 40% 이상을 초과하고 있다. 또한 셍 센느 데니 주민의 학력은 프랑스 평균보다 훨씬 낮으며(특히 15-24세의 무학력 수치는 약 30%에 달함), 주민중 상당수가 공공 서민임대 아파트HLM에 거주하고 있다는 것도 유의할 만하다.

이상에서 논의한 셍 센느 데니 사례분석을 통해 프랑스 이민자들이 집단적으로 거주하는 방리유는 프랑스의 다른 지역과 비교해 볼 때 실업과 빈곤, 거주환경이 훨씬 심각하며, 인구 구성측면에서도 거주민의 대부분이 북아프리카, 블랙 아프리카계라는 점을 고려할 때 사실상 "프랑스내의 작은 아프리카"가 되어 가고 있다는 사실을 알 수 있다. 이번 소요사태를 주도한 이민청년의 상당수는 부모의 가난이 대물림되는 방리유에서 태어나서 성장한 소외계층 청년들로서, 학업실패, 실업, 사회적 차별 등으로 주류사회에 편입되지 못하고 이등시민으로 살아야 된다는 좌절과 불만을 축적하게 되었고, 이것이 소요사태를 촉발시키는데 중요한 요인이 되었다고 평가할 수 있다.

▶ 표 6 프랑스 la Seine-Saint-Denis 지역의 Aulnay-sous-Bois코뮌, Saint-Denis코뮌 인구·사회경제적 상황 (1999년도)

	Aulnay-sous-Bois Commune의 취약지역	Aulnay-sous-Bois Commune전체	Saint-Denis Commune의 취약지역	Saint-Denis Commune 전체
인구(명)	-	22,617	8,603	85,994
20세 이하	41.3	30.8	32.2	28.1
경제활동 인구 중 노동자 비율	44.1	29.7	39.8	31.7
15~24세의 실업률	29.6	28.6	31	30.5
HLM 거주율	83.6	36.1	62.4	46.3
외국인 가정 비율	45.1	20.4	36.1	24.3
15~24세의 무학력 비율	32	24.7	37.3	30.8

참고 : 1) Aulnay-sous-Bois Commune의 취약지역: la Rose des vents, les Ormes, la Cite de l'Europe, les Etangs, le Merisier지역이 해당됨.
2) Saint-Denis Commune의 취약지역: Les Francs-Moisins- Bel-Air지역이 해당됨.
출처 : INSEE/Délégation interministérielle à la ville, Fiche-profil quartiers de la politique de la ville, 1999; CSA(Centre d'analyse stratégique), "Enquêtes sur les violences urbaines, Comprendre les émeutes de Novembre 2005: les exemples de Saint-Denis et d'Aulnay-sous-Bois", Rapports et documents n° 4, 2006, La Documentation française, 2006, p.18 & p.78.

3. 인종주의, 반이민정서 및 반이슬람정서의 확산

최근 프랑스 주류사회에서 광범위하게 확산되고 있는 인종주의, 반(反)이민정서 및 반(反)이슬람 정서도 이번 소요 사태를 확산시키는 원인이 되었다. 2000년대 이후 프랑스 사회에서 경제위기와 치안불안 문제가 중요한 사회문제로 등장하면서 이민자들이 일자리를 가로채고 치안을 악화시킨다는 극우파와 보수 강경 우파의 정치적 구호가 프랑스 주류계층에서 널리 호응을 얻고 있다.[86] 실제로 프랑스의 극우정당인 국민전선 Front National은 '프랑스를 프랑스인에게'La France aux Français, '300만의 실업자, 300만 잉여 이민노동자'3 Million de chômeurs, ce sont 3 Millions d'immigrés, '외국인 추방과 치안 확보'라는 정치구호를 내세우면서 이민자 문제를 프랑스 정치의 핵심 쟁점으로 부각시키는데 성공하였다. 2002년 대선에서 극우파 후보 장 마리 르펜Jean-Marie Le Pen이 사회당 리오넬 조스팽Lionel Jospin 후보를 누르고 대선결선까지 올라갔다는 사실은 프랑스사회에서 극우파의 노선에 동조하는 사람이 늘어가고 있다는 것을 말해준다.[87] 한편 2007년 대통령으로 선출된 니콜라 사르코지Nicolas Sarkozy도 내무장관시절(2002-2007) 부터 대통령 재임시절 현재까지 초지일관 이민문제에 대해 강경한 입장을 견지하면서 우파성향의 유권자 지지율을 높이는데 성공했다.[88] 특히

---

[86] 임한진, 앞의 논문, pp.262-272.
[87] 2002년 4월 21일에 행해진 프랑스 대통령 1차 선거 투표 결과를 보면 1위 우파 RPR 후보 Jacques Chirac(득표율 19.88%), 2위 극우파 Front national 후보 Jean-Marie Le Pen(17.79%), 3위 좌파 사회당 후보 Lionel Jospin(16.18%)로 나타났다. 1차 선거에서 과반수 득표자가 없었기 때문에 1, 2위 후보인 Chirac과 Le Pen이 결선에 올라갔다. 2002년 5월 5일 행해진 결선투표에서는 Chirac(득표율 82.21%)이 압도적인 표차로 Le Pen(17.79%)을 누르고 대통령에 당선되었다. Ministère de l'Intérieur(France), Les résultat de l'élection presidentielle 2002. (http://www.interieur.gouv.fr/sections/a_votre_service/elections/resultats/presidentielle/presidentielle-2002)
[88] 박선희, "프랑스 이민정책과 사르코지(2002-2008)", 『국제정치논총』 제50집 2호, 2010, pp.193-211.

2005년 10월 파리 소요사태 발생 당시 내무장관이었던 사르코지는 소요에 참여한 아랍계, 아프리카계 이민 청년들을 향해 "쓰레기racaille"라는 식의 인종차별적인 발언을 함으로써 이민자사회의 반감을 촉발시킨 바 있으나,89) 이와 같은 강경 대응은 오히려 사르코지에 대한 유권자 평균 지지율을 높이는데 일조하였다.

최근 극우파와 보수 우파가 프랑스 대선에서 높은 지지율을 얻고 있다는 사실은 프랑스 사회에서 반이민자 정서, 인종차별 분위기가 널리 확산되어있다는 사실을 잘 입증해주고 있다. 여기서 우리는 최근 프랑스사회의 인종주의와 반이민정서의 가장 심각한 피해자는 프랑스 이민자집단 중에서 가장 인구수가 많고, 종교와 문화가 다른 마그레브계 무슬림이민자라는 사실에 주목할 필요가 있다. 현재 프랑스에는 유럽에서 가장 많은 약 600만 명의 마그레브 출신 무슬림들이 있는데, 프랑스 일반시민 상당수가 이들에 대해 차갑고 곱지 않은 시선을 던지고 있다. 실제로 이슬람 여성의 공공장소에서 히잡과 부르카의 착용, 이슬람 첨탑의 신규 건립 등과 같은 문화충돌이 예민한 사회적 논쟁거리가 되었고, 또한 2001년 9.11 테러 사건 이후 북아프리카 출신들은 이슬람 근본주의자 내지는 잠재적인 범죄자라는 이미지가 프랑스 백인 주류사회에서 고착화되고 있는 실정이다. 특히 2005년 소요사태 이후에는 이를 주도한 무슬림 이민 2세들은 프랑스 사회의 치안불안을 야기하고 프랑스의 정체성에 도전하는 "범죄자", "사회 골칫거리", "쓰레기"라는 인식이 프랑스 사회에서 널리 퍼지고 있다.

실제로 2011년도 1월에 실시된 여론조사 결과에 의하면 프랑스인들은 무슬림 이민자에 의해 초래되는 치안불안, 프랑스의 정체성·전통적 가치의 훼손, 이슬람 영향력 확대 등에 대해 많이 우려하고 있었다.90) 특히

---

89) *L'Humanité*, "La boîte de Pandore de Sarkozy", le 3 Novembre 2005.

프랑스 응답자가 가장 많이 우려하는 항목은 전통적 가치의 훼손(동의 의견 69%)이었는데, 이 결과를 통해 상당수 프랑스인들이 '북아프리카 무슬림 이민자출신들은 프랑스사회에 통합하지 못하고 프랑스고유의 전통성 보전에 위협이 되고 있다'고 생각하는 것으로 추정할 수 있다. 그리고 많은 프랑스 응답자들이 치안불안에 대해 우려하였는데, 63%의 응답자들이 비행청소년에 대해 엄격한 법적 제재를 해야 하고, 49%의 응답자들이 경찰에게 현재보다 더 많은 단속권한을 부여해야 한다고 대답했다. 프랑스 청소년 범죄문제의 핵심이 방리유에 거주하는 마그레브 이민 2세대라는 것을 고려해 볼 때, 많은 프랑스인들은 소요사태를 유발하지 않도록 조치를 취해야 한다고 생각하는 것을 알 수 있다. 한편 응답자의 50%는 "프랑스에는 이민자가 너무 많다"라고 대답했다는 사실에 주목할 필요가 있다. 프랑스 시민의 절반이 다소 인종주의적 성향을 가지고 있고, 이민자들에 대해 부정적인 태도를 보이고 있다는 사실은 "자유, 평등, 박애의 나라, 프랑스"의 일반적인 이미지에 어긋나는 매우 충격적인 결과가 아닐 수 없다. 한편 응답자의 선호정당에 따라 이민자에 대한 인식차이가 확연하게 드러나고 있다는 사실도 강조할 필요가 있다. 전체적으로 볼 때, 좌파성향의 유권자들은 이민자 및 무슬림에 대해 관용적인 태도를 보이는 반면에 우파, 특히 극우파성향의 유권자들은 상대적으로 매우 부정적인 태도를 보였다.

---

90) 해당 설문조사의 다수 문항들은 "전체이민자"를 대상으로 조사하고 있으나, 설문조사의 전체적 맥락과 압도적인 마그레브 이민자비율(프랑스 전체 이민자 수 대비) 등을 고려할 때, 모든 문항은 "마그레브 무슬림 이민자"와 깊은 연관성이 있다는 것을 쉽게 추정할 수 있다. Sondage réalisé par TNS Sofres pour Le Monde/Canal+/France Inter, "Baromètre d'image du Front National-janvier 2011", Enquête réalisée en face-à-face du 3 au 4 janvier 2011.

▶ 표 7 이민자, 이슬람, 치안에 관한 프랑스인 여론 (단위 : %)

	전체응답자 동의의견	응답자의 선호 정당		
		좌파	우파	극우파
프랑스에는 이민자가 너무 많다	50	35	74	97
프랑스가 프랑스답지 않다고 느낀다	42	31	57	89
프랑스에서는 이슬람과 무슬림에게 너무 많은 권리를 부여한다	49	36	72	94
프랑스의 전통적 가치를 충분히 수호하지 않는다	69	60	80	88
비행청소년에 대해 엄격한 법적제재를 하지 않는다	63	53	83	86
경찰에게 더 많은 권한을 부여해야 한다	49	38	71	76

출처 : Sondage réalisé par TNS Sofres pour Le Monde/Canal+/France Inter, "Baromètre d'image du Front National – janvier 2011", Enquête réalisée en face-à-face du 3 au 4 janvier 2011.

이상의 논의를 통해 우리는 현재 프랑스 사회에는 인종주의 및 반이민 정서, 반이슬람정서가 널리 확산되어있다는 것을 확인할 수 있다. 최근 프랑스 사회의 '제노포비아'Xenophobia 현상과 '이슬람포비아'Islamophobia 현상은 거의 대부분 북아프리카계 무슬림이민자들에게 초점이 맞추어지고 있다는 사실을 고려할 때, 마그레브 이민자들이 겪는 인종차별과 사회적 편견 문제는 이번 사태의 중대한 발발 배경이 되었다고 할 수 있다.

4. 프랑스 공화주의적 동화모델의 한계

프랑스는 전통적으로 이민자 통합정책과 관련하여 공화주의적 동화모델le modèle républicain d'assimilation을 고수해 왔다. 공화주의적 동화모델은 프랑스 대혁명 이후부터 이어지고 있는 "출신이나 태생에 관계없이 프랑스 사람은 모두 동등한 시민"이라는 공화주의적 가치에 의해 기반을 두고 있다. 따라서 공화주의적 동화모델은 "인종, 문화, 종교, 계층"의 차이에 따른 차별을 금기시하고 있으며, 이에 따라 프랑스에 들어온 각 이민자들이 가지고 있는 민족, 문화, 종교 등의 특수성을 공적으로 인정하지 않는다. 한마디로 프랑스에 들어온 이민자들은 프랑스인으로 살기 위해서는 프랑스 국가에 통합되어야 하고, 통합되기 위해서는 이민자들이 적극적으로 프랑스 문화에 동화되어야 한다는 것이다.[91]

2005년 이민자 소요사태이후 최근 프랑스에서는 "공화주의적 동화모델", "이민자 사회통합", "프랑스인의 정체성" 등과 같은 이민관련 이슈가 정치적 쟁점으로 부상되고 있다. 특히 이민정책에 대해 강경한 입장을 취해왔던 프랑스 사르코지 대통령은 최근 언론 인터뷰에서 "우리는 공동체들이 서로 공존하는 사회를 원하지 않는다"면서 "프랑스에 있다면 (프랑스라는) 단일 국가공동체에 동화되어야 하고, 이를 수용할 수 없다면 프랑스에서 환영받을 수 없다"라고 단호하게 말했다. 또한 그는 특히 이민자통합과 관련하여 논란의 중심에 있는 500-600만 명에 이르는 무슬림들을 직접 거명하면서, 이슬람을 인정하지만 '프랑스식 이슬람'이 아닌 '프랑스 안에서의 (자기들만 누리는) 이슬람'은 반대한다는 입장도 밝혔다.[92] 이상에서 사르코지 대통령이 추진하는 이민정책은 엄격한 동화주의모델에 바탕을 두고 있으며, 특히 프랑스 이민자문제의 핵심대상인 북아프리카계 무슬림 이민자들은 프랑스 문화와 상이한 이슬람종교와 문화 정체성을 과다하게 공개적으로 드러내지 말고 프랑스 사회에 동화하는

---

[91] Schnapper Dominique, "L'échec du «modèle républicain»? Réflexion d'une sociologue", Annales HSS, n° 4, juillet-aout 2006, pp.759-776; Silberman Roxane, Alba, Richard & Fournier Irne, "Segmented assimilation in France? Discrimination in the labour market against the second generation", Ethnic and Racial Studies, Vol.30, n° 1, January 2007, pp.1-6; 로렌스 와일리(손주경 역), 『프렌치 프랑스』, 고려대학교출판부, 2007, pp.323-333; 김민정, "프랑스 이민자정책: 공화주의적 동화정책의 성공과 실패", 『세계지역연구논총』 25집 3호, 2007, pp.17-19.
[92] 연합뉴스, 2011. 2. 13.

노력을 해야 한다는 입장을 가지고 있다는 것을 알 수 있다.

그런데 이와 같은 프랑스의 동화주의는 사회공통가치로의 '통합'을 강조하고 있지만 한편으로는 '배제'와 '인종차별주의'를 만들어 낼 수 있다는 사실에 주목할 필요가 있다. 즉 프랑스의 동화주의 기저에는 위의 사르코지 발언에서 알 수 있듯이 "프랑스사회에서 살고 싶으면 우리의 가치를 따르고, 따르기 싫다면 나가라"식의 배제의 의미를 내포하고 있다. 또한 프랑스의 동화주의는 출신국의 독특한 풍습을 간직하고 프랑스의 풍습을 거부하는 이민자에 대해 적대적이며 반감을 가질 수 있다. 특히 종교와 문화적 측면에서 프랑스인들과 상이한 북아프리카출신 이슬람 이민자들에 대해 사회적 차별과 배제를 야기시킬 수 있다.[93] 실제로 2005년 프랑스 이민자 소요사태는 프랑스 동화주의 모델이 무슬림 이민자를 프랑스 사회에 통합하는데 실패하였음을 적나라하게 보여주고 있다. 무엇보다도 프랑스의 동화주의 모델에 입각한 이민자통합정책은 무슬림 이민자들이 인종, 종교 차이에 따라 실제적으로 사회적 차별을 받고 열악한 생활환경속에서 살고 있음에도 불구하고, 이를 외면하고 적극적인 사회경제적 대책(고용차별대책, 주거지 개선대책 등)을 마련하지 못했다는 한계를 보였다.

제4절 결론

이상에서 살펴본 바와 같이 2005년 프랑스에서 발생된 이민자 소요사태는 실업과 배제, 빈곤, 게토화, 인종주의, 종교·문화적 갈등 문제 등

---

[93] 로렌스 와일리(손주경 역), 앞의 책, pp.324-327.

복잡한 요인들이 얽혀 발생된 사건이었다. 특히 이 사태를 주도한 북아프리카 무슬림 이민청년들이 부모의 가난이 대물림되는 방리유에서 태어나 실업, 차별과 소외를 겪으면서 사회에 대한 불신과 분노를 키운 것이 이번 소요사태를 촉발시킨 직접적인 계기가 되었다. 한편 인종, 피부색, 종교의 차이를 금지하는 프랑스 공화주의적 동화모델도 이민자를 통합하는데 한계를 보였고, 오히려 무슬림 이민자집단과 프랑스 주류사회 간의 갈등을 심화시키는 요인으로 작용했다. 그리고 이 소요사건이 발생된 후 약 5년이 지난 지금까지도 방리유 이민청년들의 고실업문제, 열악한 교육·거주환경 문제가 나아지지 못하고, 또한 프랑스 주류사회의 차별 및 편견이 여전히 남아있기 때문에, 방리유 이민청년들의 좌절과 분노는 향후에도 언제든지 폭발할 수 있다.

한편 프랑스의 소요사태는 이민문제를 겪고 있는 세계 각지의 나라들에게 이민자 사회통합의 중요성을 일깨워 주고 있다. 특히 이 사태는 최근 빠른 속도로 다문화사회로 이행하고 있는 우리 사회에 많은 시사점을 주고 있다. 최근 우리나라에서도 국제결혼과 이주 노동자 숫자가 크게 늘어나고 있다. 우리 사회에 만연한 타민족에 대한 배타적 인식, 다문화 가정 및 혼혈 2세에 대한 사회적 편견과 차별, 외국인 노동자에 대한 사회적 보호 미비 등으로 우리나라에서도 이민 문제를 둘러싼 쟁점들은 심각한 사회 갈등의 도화선이 될 수 있다. 특히 우리나라 다문화가정의 2세대들이 학업실패, 고용차별 등으로 좋은 일자리를 구하지 못하고 꿈과 희망도 없이 추락하는 삶을 살게 된다면, 자신들을 배제시키고 있는 한국 사회에 분노의 화염병을 던지지 않는다고 장담할 수 있을까? 프랑스의 소요사태는 이민자가 일상생활에서 겪고 있는 인종차별과 고실업, 열악한 교육·거주환경 문제 등을 해결하지 않는다면 진정한 사회통합이 이루어질 수 없다는 교훈을 우리나라를 포함한 세계 각지 나라들에게 던져주고 있다.

참고문헌

- 김민정, "프랑스 이민자정책: 공화주의적 동화정책의 성공과 실패", 『세계지역연구논총』 25집 3호, 2007.
- 김승민, "영화 《증오》와 프랑스 사회의 이민자 문제", 『한국프랑스학논집』 제66집, 2009. 5.
- 노대명, "최근 프랑스 소요사태에 대한 단상", 『월간 복지동향』 제87호, 2006. 1.
- 로렌스 와일리(손주경 역), 『프렌치 프랑스』, 고려대학교출판부, 2007.
- 박 단, "2005년 프랑스 '소요 사태'와 무슬림 이민자 통합문제", 『프랑스사연구』 제14호, 2006. 2.
- 박선희, "프랑스 이민정책과 사르코지(2002-2008)", 『국제정치논총』 제50집 2호, 2010.
- 박영신, "우린 당신들의 개가 아니다. 불타는 프랑스 이유 있었다", 『오마이뉴스』, 2005.11.08.
- 엄한진, "프랑스 이민통합 모델의 위기와 이민문제의 정치화- 2005년 '프랑스 도시외곽지역 소요사태' 를 중심으로-", 『한국사회학』 제41집 3호, 2007. 6.
- 이강국, "파리는 불타고 있는가?", 『프레시안』, 2005.11.10.
- 이영란, "프랑스 "시테"(Cité)지역 교육 불평등 사례 연구", 『한국교육사회학연구』 제20권 1호, 2010.
- 이학수, "파리 톨레랑스-사르코지 신자유주의 개혁과 톨레랑스 제로 1995-2007-", 『역사와 경계』 제68집, 2008. 9.
- 장진범, "프랑스 소요 사태가 우리에게 말하는 것", 월간 사회운동, 통권 60호, 2005년 12월호.
- Aeberhardt Romain, Fougère Denis, Pouget Julien et Rathelot Roland, "L'emploi et les salaires des enfants d'immigrés", Économic et Statistique n° 433-434, INSEE, 2010.
- Barou Jacques, "Immigration: Grandes tendances", l'état de la France 2002, La Découverte, 2002.
- CAS(Centre d'analyse stratégique), "Enquêtes sur les violences urbaines, Comprendre les émeutes de Novembre 2005: les exemples de Saint-Denis et d'Aulnay-sous-Bois", Rapports et documents n° 4, 2006, La

Documentation française, 2006.
- CAS / LA COURNEUVE, "Les habitants des communes de plus de 30000 habitants et les discriminations territoriales", Novembre 2010 (Enquête réalisée par téléphone du 13 au 27 octobre 2010 avec un échantillon de 876 personnes)
- CAS(Centre d"analyse stratégique), Les "Violences Urbaines" de l'automne 2005-Événements, acteurs : dynamiques et interactions, Essai de synthèse, Premier Ministre, 2007.
- CEREQ(Centre d'etudes et de recherches sur les qualifications), Enquête Génération 2004, 2007.
- CEREQ, "Des jeunes pénalisés par la conjoncture", Céreq-Bref n° 248, Janvier 2008.
- Duprez Dominique, "Urban Rioting as an Indicator of Crisis in the Integration Model for Ethnic Minority Youth in France", Journal of Ethnic and Migration Studies, Vol. 35 Issue 5, May 2009.
- Duguet Emmanuel, Leandri Noam, L'Horty Yannick et Petit Pascale, Discrimination à l'embauche, un testing sur les jeunes de banlieue d'Ile-de-France, Rapports et documents, Centre d'analyse strategique, 2007.
- INSEE(Institut National de la Statistique et des Etudes Economiques), Recensements de la population, 1962-1999, 2007.
- INSEE, Les immigrés en France, édition 2005.
- INSEE/Délégation interministérielle à la ville, Fiche-profil quartiers de la politique de la ville, 1999.
- IZA(Institute for the Study of Labor), "Study on the Social and Labour Market Integration of Ethnic Minorities", IZA Research Reports No.16, February 2008, Bonn(Germany).
- Mucchielli Laurent, "Autumn 2005: A Review of the Most Important Riot in the History of French Contemporary Society", Journal of Ethnic and Migration Studies, Vol.35, Issue 5 May 2009.
- Ministere de l'économie, de l'industrie et de l'emploi et le Ministere

du travail, des relations sociales, de la famille, de la solidarite et de la ville, "Les facteurs de discriminations à l'embauche pour les serveurs en Ile-de-france: résultats d'un testing", DARES Premieres Syntheses Information n° 40.1. Septembre 2009.
- Ministère de l'Intérieur(France), Les résultat de l'élection presidentielle 2002.
- Schnapper Dominique, "L'échec du «modèle républicain»? Réflexion d'une sociologue", Annales HSS, n° 4, juillet-aout 2006.
- Silberman Roxane, Alba, Richard & Fournier Irne, "Segmented assimilation in France? Discrimination in the labour market against the second generation", Ethnic and Racial Studies, Vol.30, n° 1, January 2007.
- TNS Sofres pour Le Monde/Canal+/France Inter, "Baromètre d'image du Front National -janvier 2011", Enquête réalisée en face-à-face du 3 au 4 janvier 2011.
- 연합뉴스, 2011. 2. 13.
- 중앙일보, 2005. 11. 26.
- Le Monde, "Banlieues en crise : baisse sensible des violences, premiers couvre-feux", le 9 Novembre 2005.
- L'Humanité, "La boîte de Pandore de Sarkozy", le 3 Novembre 2005.

제6장

프랑스 이민자통합의 실패 원인: 프랑스사회 책임 혹은 이민자 책임

제1절 서론

2011년 2월 프랑스의 공중파 TV프로그램에 출연한 사르코지^{Nicolas Sarkozy} 전 대통령은 "프랑스에서 다문화주의^{multiculturalism} 정책은 실패했다"라고 선언했다. 그는 방송을 통해 "이민자들이 프랑스라는 단일 공동체에 동화되어야하고, 이를 수용할 수 없다면 프랑스에서 환영받을 수 없다"라고 단호하게 발언했다.[1] 사르코지는 다문화주의 실패의 원인으로 자국에 거주하는 약 600만 명에 달하는 무슬림^{muslim} 이민자를 지목하면서 종교와 문화가 이질적인 이들 이민자들이 프랑스사회로의 동화 노력을 하지 않기 때문에 프랑스 공화국의 기본 가치를 위협하고 있다는 속내를 밝혔다. 이것은 결국 프랑스 사회가 무슬림 이민자통합의 실패를 인정하고 있으며 또한 통합의 실패원인을 이들을 포용하지 못하는 프랑스사회 책

---

[1] 사르코지의 "다문화주의 정책 실패 발언"은 유럽 중심국가 정상인 독일 메르켈(Angela Merkel) 총리와 영국 캐머런(David Cameron) 총리에 이어 잇달아 행해졌기 때문에 유럽 사회뿐만 아니라 국제사회에 상당한 충격을 던져주었다. 『연합뉴스』, 2011년 2월 13일; Kern Soeren, "Debate Heats up over muslim in France", Gatestone institute, March 17, 2011, http://www.gatestoneinstitute.org/1969/muslims-in-france. (2013년 2월 8일 검색)

임보다는 무슬림이민자 책임으로 돌리고 있다는 것을 보여주고 있다. 유럽 최대의 무슬림인구를 가지고 있는 프랑스에서 이민자 통합문제는 수십 년간 사회갈등을 촉발시킨 "뜨거운 감자"가 되어왔다. 무슬림 이민자 2-3세대들이 주도한 "2005년 가을 소요사태"를 통해 프랑스 사회에서 오랫동안 잠복해 있던 인종차별과 편견, 고용불평등, 도시외곽 슬럼화 문제 등과 같은 치부가 명백하게 드러났고, 그 결과 프랑스의 이민자통합정책은 실패했다는 비판을 국내외로부터 받았다. 또한 최근 프랑스사회의 반이민 반이슬람정서의 확산과 사회에 동화하지 못하는 무슬림 게토ghetto의 확장 등으로 인해 프랑스 시민과 무슬림이민자 간의 분리와 대립은 심화되고 있다.

이 글은 프랑스에서 무슬림 이민자통합이 실패하게 된 주된 원인이 이민자를 포용하지 못하는 "프랑스 이민정책과 사회의 책임"인지 아니면 사회에 통합하지 못한 "무슬림 이민자 책임"인지를 밝혀보겠다는 문제의식을 가지고 작성되었다. 프랑스 정치권(특히 우파, 극우파)과 상당수 일반 시민들은 이민자 통합 실패의 주원인으로 사회에 동화노력을 하지 않고 공화국의 기본 가치를 위협하는 이민자의 책임으로 전가하는 입장을 취하고 있다. 이러한 프랑스인들의 이민자 책임론은 과연 정당한가? 과연 이민자를 받아들이는 프랑스의 이민정책과 사회는 진정 책임이 없는가? 무슬림 이민자들은 과연 프랑스 정체성을 훼손하고 공화주의를 위협하고 있는가? 본 연구는 이러한 일련의 본질적인 의문점들에 대해 논의해보고자 한다. 이러한 논의는 프랑스 이민자통합에 관련된 양대 주체인 프랑스 사회(정치권, 일반 시민, 이민정책)와 소수 이민자집단(무슬림) 간의 입장을 함께 아우르고 있기 때문에 프랑스 이민자통합 문제의 본질, 쟁점, 향후 과제 등을 파악하는데 도움을 줄 수 있을 것으로 생각한다.

이러한 연구배경 하에 이 글에서는 먼저 프랑스 이민자통합정책의 근간을 이루는 "공화주의 통합모델"은 어떠한 원칙하에 만들어졌으며, 공화주의 통합모델의 위기를 초래한 문제점에 대해 살펴보고자 한다. 다음으로는 여러 여론조사 결과를 활용하여 프랑스인들은 어떤 이유로 이민자통합 실패의 주원인으로 프랑스 사회책임보다는 무슬림 이민자책임으로 돌리고 있는가에 대해 분석할 것이다. 여기서는 프랑스인들은 어떤 이유로 무슬림이 공화주의를 위협하고 있다고 생각하며, 이에 따른 반이슬람정서 동향은 어떠한가에 대해서도 파악하고자 한다. 이어서 무슬림 이민자통합에 대한 프랑스 사회의 이민자책임론은 과연 정당한가에 대해 살펴볼 것이다. 여기서는 프랑스 무슬림들이 과연 프랑스 정체성과 공화주의 가치를 위협하고 있는지에 대해 분석해 보고 또한 이민자를 받아들이는 프랑스 사회와 공화주의 통합모델은 책임이 없는지에 대해 검토해볼 것이다.

제2절 프랑스 공화주의 통합모델의 위기

1. 공화주의 통합모델의 원칙

프랑스의 "공화주의 통합모델"2)le modèle Républicain d'intégration은 이민자가 출신국의 인종적, 문화적, 종교적 정체성을 포기하고 공화주의 원칙을

---

2) 프랑스의 공화주의 통합모델에 대한 국내 저술로는 다음을 참조할 수 있다. 김민정, "공화주의적 동화정책의 성공과 실패,"『세계지역연구논총』, 제5권 3호 (2007년); 박단 엮음,『현대서양사회와 이주민: 갈등과 통합사이에서』(서울: 한성대학교출판부, 2008); 박단, "프랑스의 이민자정책과 공화국 통합모델,"『이화사학연구』, 제35집 (2007년); 박선희, "프랑스 이민정책과 사르코지(2002-2008),"『국제정치논총』, 제50집 2호 (2010년); 엄한진,『다문화사회론』(서울: 도서출판 소화, 2011); 한승준, "프랑스 동화주의 다문화정책의 위기와 재편에 관한 연구,"『한국행정학보』제42권 제3호 (2008년); 홍지영·고상두, "공화국시각에서 본 반이슬람정서,"『한국정치학회보』, 제2집 1호 (2008년); 홍태영, "공화주의적 통합과 프랑스 민주주의,"『사회과학연구』, 제18집 2호 (2010년).

준수하면서 프랑스 사회에 완전히 통합되는 것을 이상으로 삼고 있다. 즉 프랑스 공화주의 통합모델은 이민자들의 정체성을 인정하지 않고 사회동화를 강조한다는 점에서 동화주의 모델의 전형이라고 할 수 있고, 이런 점에서 이민자들의 인종/종교 정체성을 인정하는 미국, 영국 등에서 채택하고 있는 다문화주의 모델과 대비된다고 할 수 있다. 공화주의 통합모델은 1789년 대혁명 이후부터 내려오는 공화주의 가치에 기반을 두고 있다. 제 5공화국 헌법 전문 1조에 나타나는 "프랑스는 단일하고 분리될 수 없는, 비종교적인, 민주적인, 그리고 사회적인 공화국이다. 프랑스는 출신, 인종, 종교의 구분 없이 모든 시민이 법 앞에서 평등함을 보장한다"3)는 문구가 바로 이민자들이 프랑스 사회에 통합되기 위해 지켜야할 대표적인 공화국 정신을 나타낸다.4) 이 정신을 바탕으로 하여 프랑스 공화주의 통합모델은 다음과 같은 세 가지 중요한 공화주의 원칙을 담고 있다.

첫째, 인종, 종교, 민족에 따른 특정 집단의 정체성 및 권리를 인정하지 않는 것이다. 즉 "단일하고 분리될 수 없는" 공화국이라는 표현에서 나타나는 바와 같이 프랑스공화국은 "국민적 단일성"과 "국가 결속"을 추구하기 때문에 인종적, 민족적 혹은 종교적 정체성을 드러내는 집단의 이익이나 다양성을 공적 영역에서 인정하지 않고 보편적인 개인의 평등을 우선시한다는 것이다. 즉 상이한 정체성을 가진 집단들을 인정하면 공화국이 추구하는 가치인 "각 시민 개인의 평등"이 훼손될 수 있고 "단일하고 분리될 수 없는" 공화국을 분열시킬 수 있다는 것이다. 이러한 공화주의 원칙에 따라 프랑스 공화주의자들은 무슬림집단을 비롯한 소수 집

---

3) "La France est une République indivisible, laïque, démocratique et sociale. Elle assure l'égalité devant la loi de tous les citoyens sans distinction d'origine, de race ou de religion"
4) 박단(2007), *op. cit.*, pp.38-39.

단들의 다문화적 요구를 비판하며 영국 등이 채택하고 있는 "서로 다른 민족의 정체성을 인정하고 정책목표를 소수 민족의 주류사회 동화가 아닌 공존에 목적"을 두고 있는 다문화주의를 공동체주의communitarianism라고 배격한다.5)

둘째, 이민자 각 개인이 프랑스 사회에 통합되겠다는 의지와 노력을 중요시한다. 즉 공화국에 들어와서 프랑스인으로 살아가기를 원하는 이민자들은 공화주의 원칙을 준수하고 프랑스 사회에 통합(동화)되려는 노력을 해야 하고, 그 대가로 프랑스 "시민"이 될 수 있게 한다는 것이다. 프랑스가 이민자의 동화노력을 매우 중요시한다는 것을 잘 입증하는 사례로서 시민권취득 및 장기체류권 부여 조건으로 도입된 "수용통합계약"contrat d'accueil et d'intégration(2003년 법 제정)을 들 수 있다. 이는 대표적인 동화정책으로서 시민권 취득을 신청한 이민자뿐만 아니라 장기체류권을 신청하는 외국인들에게까지도 취득 조건으로 프랑스의 언어와 제도, "공화국의 가치들"에 대한 공민교육을 의무적으로 받게 하고 있다.

셋째, 정교분리(la laïcité) 원칙이다. "비종교적인" 공화국이라는 표현에서 드러나듯이 1789년 혁명 이래 프랑스에서는 교회와 국가의 분리를 공화주의의 주요한 원칙으로 삼았다. 정교분리원칙은 1905년 "국가와 교회의 분리에 관한 법"(1905년 법)에 의해 제도화되었다. 이 법은 반교권적 공화주의자들이 1789년 대혁명이후 구체제 하에서 지배세력이었던

---

5) 이러한 원칙이 있기에 무슬림의 공동체주의를 인정하는 다문화주의 정책은 곧 프랑스 공화국을 분열시키는 정책으로 평가되고, 이들의 다를 권리를 인정하는 것조차도 다문화주의 정책을 연상시키는 것으로 간주된다. 박단, "프랑스 공화국과 이민-"새로운 공화국"을 향하여?-", 『프랑스사 연구』, 제21호 (2009년), p.152; 홍태영, "공화주의적 통합과 프랑스 민주주의", 『사회과학연구』 제18집 2호 (2010), pp.371-372; Valérie Sala Pala and Patrick Simon, *Public and political debates on multicultural crises in France*. EMILIE project reports on multiculturalism debates, May 2007, p.2. http://www.eliamep.gr/wp-content/uploads/en/2008/05/france_report_multicultural_discoures_final.pdf (2013년 2월 15일 검색)

교회에 대항하여 전개해온 오랜 투쟁의 산물이다.6) 이 법에 따라 프랑스에서는 개인의 종교자유를 보장하지만 공화국은 국교를 인정하지 않으며, 국가는 어떠한 종교에도 금전적 지원을 하지 않고 있다. 즉 이 원칙에 의해 국가는 공적 영역에서 종교를 철저히 분리시키고 인정하지 않는다. 특히 공교육에서 정교분리원칙은 매우 중요하며, 공화주의가치 교육의 산실인 공립학교 내에서는 학생이나 교사가 그들의 종교를 겉으로 나타내는 상징물을 착용하는 것은 금지된다. 이와 관련하여 현대 프랑스사회에서 "뜨거운 감자"로 부상된 논쟁이 바로 "1989년 히잡Hijab 사건"이다. 히잡 사건은 1989년 프랑스 파리근교 한 중학교에서 세 명의 이슬람 여학생이 교실에서 히잡 벗기를 거부하다가 퇴학당하면서 시작되어 전국적으로 찬반논쟁이 뜨겁게 행해졌다. 결국 이 사건은 2004년 3월 15일 "공립학교 교내에서 종교적 상징물의 착용 금지법" 제정으로 일단락되었다. 한편 2011년에는 많은 논란에도 불구하고 공공장소에서 이슬람여성이 얼굴을 모두 가리는 전통의복을 입는 것을 금지하는 부르카법7)이 통과되어 현재 시행되고 있다. 이러한 히잡 사건과 부르카 사건은 공적 영역에서 특정 종교와 문화를 표출할 수 없다는 프랑스공화국의 정교분리원칙의 입장을 명확히 드러낸 사건이었다.

---

6) 홍지영, 고상두, *op. cit.*, pp.165-166.
7) 전신을 가리는 부르카(la burqua)와 니카브(le niqab) 둘 다 해당된다. 2011년 4월 11일부터 법적 효력이 발생되었으며, 공공장소에서 부르카를 착용한 여성은 150유로의 벌금을 내거나 시민권 교육을 받아야한다. 이슬람여성에게 부르카나 니카브를 착용하도록 강요한 사람에게는 강한 제재가 가해지는데, 최대 징역 1년 혹은 15000유로의 벌금이 부과된다. 프랑스정부에서는 약 2000명의 이슬람여성이 부르카 혹은 니카브를 착용하는 것으로 추정하고 있다. 법 효력 발생 후 1년이 지난 시점에 이들 여성가운데 299명(약 15%)이 법적 제재를 받은 것으로 알려지고 있다. Cyrille Vanlerberghe, "Premier anniversaire de la loi sur le voile intégra", *Le Figaro*, le 11 Avril, 2012; Kern Soeren, *op. cit.*; The Guardian, April 4, 2011.

2. 공화주의 통합모델의 위기

　최근 공화주의 통합모델은 프랑스 이민자문제의 핵심대상인 약 600만 명에 달하는 북아프리카 마그레브Maghreb; 알제리, 모로코, 튀니지 출신 무슬림 이민자 및 그들의 후손인 2, 3세대의 사회통합문제로 거대한 위기에 직면하고 있다. 대표적인 위기사례로 1968년 프랑스 학생혁명이후 최악의 사회혼란사태8)라고 평가받고 있는 "2005년 이민자 소요사태"9)를 들 수 있다. 2005년 가을에 프랑스 파리의 교외지역방리유(la banlieue)라고 함에서 촉발된 이민자 2-3세들의 소요사태는 프랑스 전국 약 3,000개 지역으로 빠르게 확산되어 당시 프랑스정부가 비상사태를 선포하고 통행금지를 실시해야할 만큼 그 규모와 양상이 컸다. 이 소요사태는 약 3주간 계속되었으며, 전국적으로 약 1만대의 차량이 방화 피해를 입었고, 경찰 헌병 등 약 1만 명이 진압에 동원되었으며, 약 3,000명이 체포되었다. 프랑스 대도시 외곽지역에 거주하는 무슬림 이민 2세대 청년들이 주도한 소요사태를 통해 인종차별과 편견, 고용 불평등, 이민자집단의 게토ghetto화 등 프랑스 사회가 안고 있는 치부가 명백하게 드러났고, 그 결과 프랑스의 이민자 통합정책은 국내외로부터 "프랑스 공화주의 통합모델의 실패", "프랑스 통합정책은 막다른 골목에 이르렀다"라는 심각한 비판을 받았다.10)

---

8) Laurent Mucchielli, "Autumn 2005: A Review of the Most Important Riot in the History of French Contemporary Society", *Journal of Ethnic and Migration Studies*, Vol. 35, Issue 5 (May 2009), pp.733-734.
9) 2005년 프랑스 이민자 소요사태에 대한 국내 저술로는 다음을 참조할 수 있다. 김승민, "프랑스 이민자 소요사태의 발발 원인 분석", 『한국프랑스학논집』, 제74집 (2011년); 박단, "2005년 프랑스 '소요사태'와 무슬림 이민자 통합문제," 『프랑스사연구』, 제14호 (2006년); 엄한진, "프랑스 이민통합 모델의 위기와 이민문제의 정치화- 2005년 '프랑스 도시외곽지역 소요사태'를 중심으로-", 『한국사회학』, 제41집 3호 (2007년); 이기라, 양창렬 (외), 『공존의 기술- 방리유, 프랑스 공화주의의 이면』 (서울: 출판사 그린비, 2007)
10) Centre d'analyse stratégique, Les *Violences Urbaines* de l'automne 2005- vénements, acteurs : dynamiques et interactions, Essai de synthèse, Premier

프랑스 공화주의 통합모델의 위기를 초래한 몇 가지 문제점을 살펴보면 다음과 같다.

첫째, 공화주의 통합 모델은 이민자 집단의 정체성 차이를 인정하지 않고 프랑스사회로의 동화노력을 강조하고 있지만, 출신국의 고유한 풍습, 가치 및 종교를 포기하기 어려운 특정 인종/종교 집단에게는 배제와 차별을 야기할 수 있다. 특히 공화주의 통합 모델은 종교와 문화적 측면에서 프랑스인들과 상이한 북아프리카출신 무슬림 이민자들에 대해 사회적 차별과 배제를 야기할 수 있다. 무슬림 이민자에게 이슬람 종교는 "단순한 종교"가 아니라 "삶 그 자체"이기 때문에 프랑스 주류 사회에 완전히 동화된다는 것은 현실적으로 거의 불가능하다. 이에 따라 히잡논쟁에서 보는 바와 같이, 프랑스 공화국이 지향하는 정교분리원칙은 무슬림의 가치와 정면으로 충돌이 발생할 수 있다. 학교 교내에서 히잡 착용을 원하는 마그레브출신 2-3세 무슬림 여학생의 대부분은 프랑스에서 태어나 프랑스인으로의 시민적 정체성을 가지고 있지만 동시에 무슬림으로서의 종교적 정체성을 가지고 있다. 그러나 정교분리원칙에 의해 해당 여학생은 양 정체성사이에서 갈등을 일으키고 무슬림 정체성에 심각한 정신적 상처mental injury를 받으면서 개인의 신앙 양심을 훼손시키는 프랑스 주류사회에 대해 반감을 가질 수 있다. 그리고 이러한 문화충돌사건은 프랑스사회의 논쟁거리로 발전하면서 프랑스인의 반이슬람정서를 확산시키고, 무슬림을 주류사회에서 더욱 고립시키고 배제시키는 "인종주의의 제도화"를 발생시킬 수 있다.[11]

Ministre, 2007, pp.1-36.; Centre d'analyse stratégique, "Enquêtes sur les violences urbaines, Comprendre les émeutes de novembre 2005: les exemples de Saint-Denis et d'Aulnay-sous-Bois", Rapports et documents No. 4, 2006, La Documentation française, 2006, pp.1-140; Mucchielli Laurent, op. cit., pp. 731-751; 김승민, op. cit., pp.265-267.

둘째, 공화주의 통합모델은 지나치게 이상적인 보편주의나 평등주의를 앞세워 소수의 민족, 종교집단이 실제로 현실생활에서 겪는 차별과 같은 특수한 어려움을 인정하지 않고 축소하거나 은폐해왔다는 문제가 있다.[12] 프랑스 공화주의는 출신 집단에 따른 차이나 차별을 공적으로 인정하지 않기 때문에 공공 정책영역에서 특정 인종/종교집단을 위해 어떠한 특별한 혜택이나 보호 장치를 제공하지 않는다.[13] 이에 따라 프랑스의 경우 특정 인종에 따른 소수 이민자집단을 직접적으로 대상으로 하는 미국식 다문화모델의 소수자우대affirmative positive 조치는 존재하지 않는다. 단지 프랑스가 실시하고 있는 소수자우대조치는 "특정 인구집단"을 정책대상으로 지정하는 것이 아니라 사회적, 경제적으로 낙후된 "도시민감지역"ZUS: Zones Urbaines Sensibles을 정책대상으로 지정하고 이들 지역의 교육, 거주지, 고용 개선을 위해 지원하고 있다. 물론 프랑스 ZUS의 대부분이 파리를 비롯한 대도시 외곽지역이며 이 곳 거주민의 다수가 마그레브나 블랙아프리카 출신의 이민가정이기 때문에 이민자들이 정책의 주요 수혜자가 되고 있다. 그러나 프랑스에서는 이민자 대책이 미국식의 직접적인 다문화 정책이 아니라 소외지역을 위한 도시정책politique de la ville에 이민자를 포함시키는 간접적인 대책이기 때문에, 정책 영역에서 소수 이민 집단들이 교육, 주거지, 고용 등에서 겪는 현실적 차별을 경시하거나 왜곡하는 문제점이 발생하고 있다.[14]

---

[11] Sarah Bienkowski, "Has France Taken Assimilation Too Far?," *Rutgers Journal of Law and Religion*, Vol. 11 (Spring 2010), pp.454-455.
[12] 박단(2009), *op. cit.*, 164; 한승준, *op.* cit., p.476.
[13] Martin A. Schain, "Managing Difference: Immigrant Integration Policy in France, Britain, and the United States," *Social Research: An International Quarterly* Vol. 77, No. 4 (Spring 2010), p.207.
[14] 신지원(외), 『이민정책 해외사례연구: 다문화 정책의 최근 논의를 중심으로』, IOM 이민정책연구원 연구보고서 No. 2011-08 (경기도 고양시: IOM 이민정책연구원, 2012), pp. 88-101.

셋째, 2000년대 이후 공화주의 모델은 이민문제를 정치쟁점화하려는 프랑스 정치권의 정략차원으로 이용되면서 무슬림 이민자문제를 "통합"보다는 "배제"시키는 유용한 수단으로 사용되었다.15) 그 대표적인 예로 이민문제에 강경한 입장을 취해왔던 사르코지Nicolas Sarkozy16) 전 대통령이 2012년 대선을 앞두고 제기한 프랑스의 국가정체성 논쟁을 들 수 있다. 사르코지는 2011년 2월 10일 프랑스 최대 민영 방송 TFI의 "국민과의 대화"프로그램에서 "프랑스 다문화주의는 실패했다"고 선언하고 그 원인으로 약 600만 명에 이르는 무슬림이민자들을 직접 지목했다. 그는 "이민자들이 프랑스에 왔다면 프랑스라는 단일 공동체에 동화되어야하고, 이를 수용할 수 없다면 프랑스에서 환영받을 수 없다"라고 단호하게 발언했다. 또한 그는 "이슬람을 인정하지만 '프랑스식 이슬람'이 아닌 '프랑스 안에서의 (자기들만 누리는) 이슬람'은 반대한다"는 입장도 밝혔다. 이어 그는 "우리들은 이민자들이 가지고 있는 정체성에 대해 너무 많은 관심을 쓰는 바람에 정작 그들을 받아준 프랑스의 정체성에 대해서는 충분히 고려하지 않았다"고 말했다.17) 이상에서 사르코지가 제기하는 국가정체성 논쟁은 공화주의 가치 수호를 명분으로 이슬람 종교와 무슬림이민자를 선거 쟁점화시키면서 무슬림이민자를 배제하려는 의도가 있다는 것을 알 수 있다.

---

15) 이 논문의 IV장 끝부분에 있는 보충설명을 참고할 것: 박선희, *op. cit.*, pp.197-198 & p.207.
16) 사르코지의 이민정책에 대해서는 다음 자료를 참고 할 것. Sally Marthaler, "Nicolas Sarkozy and the politics of French immigration policy," *Journal of European Public Policy*, Vol. 15, Issue 3 (2008), pp. 382-397; 박선희, op. cit., pp. 193-211.
17) 연합뉴스, 2011. 2. 13; Kern Soeren, *op. cit.*

제3절 무슬림 이민자통합의 실패 원인에 대한 프랑스인 여론

　최근 실시된 여러 여론조사에 의하면 프랑스 일반 시민의 상당수는 무슬림 이민자통합에 대해 매우 부정적인 입장을 보이고 있다. 2011년 Pew 연구소가 실시한 유럽 각국 시민과 무슬림 간의 긴장관계에 대한 여론조사[18])에 의하면 유럽의 전 주요국 시민의 과반수이상이 무슬림과의 관계가 나쁘다고 인식하고 있었는데, 프랑스인 응답자(62%)가 조사대상국 가운데 가장 부정적인 태도를 보였다(독일 61%, 스페인 58%, 영국 52%). 한편 무슬림 이민자통합에 대한 조사 결과(2010년)[19])를 살펴보면 프랑스 응답자의 42%가 "무슬림 공동체는 프랑스 정체성에 위협을 주고 있다"는 입장을 가지고 있었고, 반면에 "무슬림공동체가 프랑스 문화를 풍요롭게 한다"고 생각하는 응답자는 22%에 불과했다. 또한 조사대상자의 68%가 "무슬림이민자는 프랑스 사회에 잘 통합되지 않았다"라는 부정적인 입장을 보였다. 응답자 10명중 약 7명이 부정적인 입장을 나타내었다는 것은 무슬림 이민자통합이 사실상 실패했다는 인식이 프랑스 사회에 널리 확산되어 있다는 것을 입증하고 있다.

　그렇다면 과연 프랑스인들은 무슬림이민자 통합의 실패 책임이 이민자를 포용하지 못한 "프랑스 사회"에 있다고 생각하는가 아니면 사회에 동화하겠다는 노력을 하지 않은 "무슬림 이민자"에 있다고 생각하는가? 무슬림 이민자 통합의 실패 원인에 대한 조사결과(2012년)[20])에 의하면 프랑스 응답자들은 무슬림이민자 통합의 실패 책임이 "프랑스 사회"쪽보다는

---

[18]) Pew Research Center 2011년 3월 21일-5월 15일 실시 여론조사 ("Muslim-Western Tensions Persist", Pew Global Attitudes Project, Washington DC, July 21, 2011)
[19]) Ifop/Le Monde 2010년 12월 7-9일 실시 여론조사 (Regard croisé France/Allemagne sur l'Islam)
[20]) Ifos/Le Figaro 2012년 10월 15-18일 실시 여론조사 (L'image de l'Islam en France)

"무슬림 이민자"쪽에 훨씬 많다고 인식하고 있었다. 즉 응답자들은 통합 실패의 주원인으로 "무슬림 이민자들의 프랑스 사회 통합거부"(68%) 및 "이슬람과 프랑스 문화 간의 차이(52%)"를 압도적으로 가장 많이 지목했다. 이 응답 결과는 사회에 통합하지 못하는 이민자들의 책임으로 돌린다는 프랑스인들의 인식을 잘 나타내 주고 있다. 반면에 실패의 원인으로 "프랑스인들의 인종주의와 배제"(21%), "경제위기와 일자리 부족"(25%), "이민자집단의 게토화"(47%), "정부의 정책미흡 및 예산부족"(3%) 등과 같은 이민자를 포용하지 못하는 프랑스사회의 책임에 속하는 사회경제적 요인들을 지목한 응답자들은 훨씬 적었다.

▶ 표 1 무슬림이민자 통합에 대한 프랑스인 여론

	2010. 12.
무슬림 이민자는 프랑스사회에 잘 통합되었다고 생각합니까?	
- 그렇다(%)	32
- 그렇지 않다(%)	68
합계	100
무슬림 이민자 공동체가 프랑스사회에 주는 영향은?	
- 프랑스 정체성에 위협을 준다(%)	42
- 프랑스 문화를 풍요롭게 한다(%)	22
- 그저 그렇다	36
합계	100

출처: Ifop/Le Monde 2010년 12월 7-9일 실시 여론조사 (Regard croisé France/Allemagne sur l'Islam)

여기서 또 한 가지 주목할 만한 사실은 "공화주의 통합모델의 실패"라는 비판을 받았던 "2005년 가을 이민자 소요사태" 당시에도 상당수 프랑스인들이 이민자통합 문제의 책임 소재를 무슬림 탓으로 돌리고 있다는 것이다. 즉 소요사태 발생 약 1년 후인 2006년 12월 여론조사 결과를 보면 이민자통합 문제의 책임을 "프랑스 사회"에 있다는 입장을 보이는 프랑스인 응답자는 36%에 불과하였다. 반면에 응답자 61%는 사회에 통합하겠다는 노력을 하지 않는 "무슬림 이민자 책임"으로 판단하고 있었다.(〈표 3〉 참고) 이 61%의 수치는 소요사태 직전인 2005년 4월에 비해 13% 더 상승한 수치로 소요사태를 겪은 이후에 프랑스인들은 한층 더 이민자들의 동화 노력을 중요시하고 있다는 것을 알 수 있다.

▶ 표 2 무슬림 이민자 통합의 실패원인에 대한 프랑스인 인식(두 가지 응답 가능)

	2010.12(%)	2012.10(%)
무슬림 이민자들의 프랑스 사회 통합거부	61	68
너무 상이한 문화차이	40	52
특정 지역·학교에서의 무슬림 이민자 집단화 현상	37	47
경제적 어려움과 일자리 부족	20	25
프랑스인들의 인종주의와 배제	18	21
정부의 정책미흡 및 예산문제	2	3

출처: Ifos/Le Figaro 2012년 10월 15-18일 실시 여론조사 (L'image de l'Islam en France)

한편 이 조사결과에서 프랑스인들은 공화주의 동화모델에 상당한 애착을 가지고 지지하고 있으며 소요사태 이후 종전보다 더욱 지지하는 입장을 보이고 있다는 것을 강조할 필요가 있다. 즉 공화주의 동화모델은 이민자 집단의 정체성 차이를 인정하지 않고 프랑스사회로의 동화노력을 중요시여기고 있다. 〈표 3〉에 의하면 2006년 12월 프랑스인 응답자의 절대 다수(73%)가 이러한 공화주의 동화모델에 찬성하고 있었다. 즉 응답자중 73%가 이민자들의 통합노력을 중요시하고 또한 공화주의에 입각하여 보편적인 개인 평등을 보장하는 것이 중요하다고 생각하고 있었다. 반면에 프랑스인 응답자들은 각 이민자집단의 정체성을 인정하고 서로

▶ 표 3 2005년 가을 이민자 소요사태 전후 이민자통합에 대한 인식 (단위:%)

	2005년 4월	2006년 12월	증감률
오늘날 이민자 출신 프랑스인들에게 가장 중요한 것은 무엇이라고 생각합니까?			
- 프랑스사회와 갈등을 피하면서 통합노력을 하는 것	65	73	+8
- 사회긴장을 유발시키더라도 그들의 권리를 주장하는 것	32	26	-6
다음 두 가지 중 어느 것이 더욱 중요하다고 생각합니까?			
- 모든 프랑스인들을 동등하게 취급하는 것	58	73	+15
- 소수집단에 대한 차별효과를 시정하는 것	41	26	-15
다음 두 가지 중 어느 것이 더욱 중요하다고 생각합니까?			
- 프랑스 사람 사이에 서로 다른 문화적 차이를 존중하는 것	31	37	+6
- 프랑스 사람들은 공통의 가치를 가지고 있다는 것을 주장하는 것	67	62	-5
이민자 통합과 관련하여 다음 두 가지 중 어느 쪽에 더 많이 동의합니까?			
- 통합노력을 하지 않은 것은 무엇보다도 외국 출신 이민자이다.	48	61	+13
- 통합노력을 하지 않은 것은 무엇보다도 프랑스 사회이다.	39	36	-3
- 양 쪽 모두 (잘 모르겠음)	10	-	-

출처: Sylvain Brouard & Vincent Tiberj, "Les tensions autour de l'immigration dans l'opinion : crispation et polarisation", Le Baromètre Politique Français(2006-2007), 3ème vague-Hiver 2006, Paris: CEVIPOF, p.15.

다른 집단 간의 공존을 모색하는 미국, 영국식 다문화주의 모델에 대해서는 부정적인 태도를 보였다. 응답자의 37%만이 서로 다른 집단 간의 차이를 인정하는 것에 동의하였는데, 이 결과는 프랑스의 공통가치를 주장하는 것이 중요하다는 의견(62%)보다 훨씬 적었다. 마찬가지로 다문화모델이 채택하고 있는 소수집단에 대한 차별을 시정하기위한 대응책을 마련하는 것이 중요하다는 의견(26%)도 상대적으로 적었고, 이민자집단의 공동체주의와 권리 주장에 동의하는 의견(26%)도 적었다.[21]

이상에서 프랑스인들은 2005년 사태발생 이후에도 공화주의 원칙에 여전히 높은 지지를 보이고 있으며, 이에 따라 이민자통합 실패의 책임을 공화주의 원칙을 준수하지 않는 무슬림 이민자의 책임으로 돌리고 있다는 것을 확인할 수 있었다. 사실상 최근 프랑스 사회에서는 무슬림 이민자로 인해 정교분리 원칙과 같은 공화국의 기본 가치들이 위협받고 있다는 여론이 형성되어 있으며, 그 결과 이슬람 및 무슬림 이민자들은 프랑스 공화국에 위협이 된다는 반이슬람정서의 고착화 현상이 일어나고 있다. 최근 실시된 여러 여론 조사에 의하면 상당수 프랑스인들은 무슬림 이민자에 의해 초래되는 프랑스 정체성 훼손, 이슬람 영향력 확대, 정교분리원칙 훼손, 테러 치안불안 등에 대해 우려하고 있다는 것을 확인할 수 있다. 실제로 〈표 4〉에 나타나는 바와 같이 프랑스 응답자의 대다수(74%)는 이슬람종교와 프랑스 사회가치는 양립되지 않는다고 인식하고 있었다.[22] 또한 응답자의 60%이상이 무슬림 인구 수 증가와 이슬람의 영향력 확대로 인해 프랑스 정체성이 훼손되고 정교분리원칙이 위협을 받고 있다는 우려를 나타내었다.[23] 특히 2012년 여론조사에 의하면 프랑스인 응답자의 절대

---

[21] Sylvain Brouard & Vincent Tiberj, "Les tensions autour de l'immigration dans l'opinion : crispation et polarisation", *Le Baromètre Politique Françcais* (2006-2007), 3ème vague-Hiver 2006, Paris: CEVIPOF, pp.14-24.
[22] Ipsos/Le Monde/la Fondation Jean Jaurès/le Cevipof 2013년 1월 9-15일 실시 여론 조사 (France 2013 : les nouvelles fractures)
[23] Ifos/Le Figaro 2012년 10월 15-18일 실시 여론조사 (L'image de l'Islam en France)와 Ipsos/Le Monde/la Fondation Jean Jaurès/le Cevipof 2013년 1월 9-15일 실시 여론조사 (France 2013 : les nouvelles fractures)

다수인 89%가 정교분리원칙 수호를 위해 공화주의 가치 교육의 산실이라 할 수 있는 공립학교에서의 히잡Hijab 착용에 대해 반대하는 입장을 보였다. 이 수치는 1989년 히잡사건이 발생한 이래 거의 최고수준으로 1989년 (75%)에 비해 14% 상승한 수치다.24) 이를 통해 프랑스인들의 정교분리원칙 수호에 대한 강한 지지를 확인할 수 있으며25), 이것은 역설적으로 최근 이슬람 영향력확대에 따라 정교분리원칙에 대한 프랑스인의 위기의식이 점점 강화되고 있다는 것을 반증해주고 있다.26)

▶ 표 4 공화국 위기론과 반이슬람정서

	전체응답자 동의의견(%)
〈프랑스 정체성 위협과 이슬람 영향력 확대〉	
이슬람과 프랑스 사회가치는 양립되지 않는다	74
프랑스내 이슬람 영향력 확대는 매우 심각하다(*)	60
프랑스가 더 이상 프랑스답지 않다고 느낀다	62
프랑스에는 이민자가 너무 많다	70
〈정리분리원칙 위협〉	
공립학교에서의 히잡 착용에 반대한다(*)	89
〈테러, 치안 불안〉	
비행 청소년에 대해 엄격한 법적 제재를 하지 않는다(**)	63
이슬람 극단주의에 대해 우려한다(***)	68

---

24) Ifos/Le Figaro 2012년 10월 15-18일 실시 여론조사 (L'image de l'Islam en France)
25) 2011년 여론조사에 의하면 프랑스인 응답자의 68%가 정교분리원칙에 찬성하였고 반대의견은 불과 7%에 불과했다(중립 22%, 무응답 3%). CSA / CNCDH / Service d'information du Gouvernement 2011년 11월 28-12월 5일 실시여론조사 (La Commission nationale consultative des droits de l'homme, *La lutte contre le racisme, l'antisémitisme et xénophobie Année* 2011, Le rapport annuel de la Commission nationale consultative des droits de l'homme, p.340)
26) 홍지영 · 고상두, *op. cit.*, pp.174-177.

출처: (*) 표시 문항 Ifop/Le Figaro 2012년 10월 15-18일 실시 여론조사
(**)표시 문항 TNS Sofres/Le Monde/Canal+/France Inter 2011년 1월 3-4일 실시 여론조사
(***)표시 문항 Pew Research Center 2011년 3월 21일-5월 15일 실시 여론조사
그 외 나머지 문항: Ipsos/Le Monde/la Fondation Jean Jaurès/le Cevipof 2013년 1월 9-15일 실시 여론조사

한편 프랑스 응답자의 상당수는 무슬림 이민2세 청년이나 이슬람 극단주의자에 의한 테러나 치안불안이 프랑스 공화국에 위협을 주고 있는 것으로 인식하고 있었다. 비행청소년에 의한 범죄행위에 대해서는 63%의 응답자들이 엄격한 법적 제재를 해야 한다는 입장을 보였다.27) 프랑스 청소년 범죄문제의 핵심이 방리유에 거주하는 마그레브 이민 2세대라는 것을 고려해 볼 때, 프랑스인들은 소요사태와 같은 각종 불법행위가 유발되지 않도록 강력한 법적 조치를 취해야 한다고 생각하는 것을 알 수 있다. 또한 응답자의 68%가 이슬람 극단주의자에 의한 테러에 우려를 나타내었다.28)

제4절 프랑스 무슬림이민자 통합의 실패원인: 프랑스사회 책임 혹은 이민자 책임

이 장에서는 무슬림 이민자통합 실패에 대한 프랑스사회의 이민자책임론은 과연 정당한가에 대해 살펴보고자 한다. 아래와 같은 두 가지 쟁점에 대해 논의하면서 프랑스인들의 무슬림 이민자 책임론은 정당하지 못

---

27) TNS Sofres/Le Monde/Canal+/France Inter 2011년 1월 3-4일 실시여론조사 (Baromètre d'image du Front National)
28) Pew Research Center 2011년 3월 21일-5월 15일 실시 여론조사 ("Muslim-Western Tensions Persist", Pew Global Attitudes Project, Washington DC, July 21, 2011)

하며, 이민자통합 실패에 대한 책임의 상당부분은 이민자를 포용하지 못한 프랑스 공화주의 통합모델과 사회에 있다는 것을 주장하고자 한다.

1. 프랑스 무슬림이민자가 과연 프랑스 정체성을 훼손시키고 공화주의를 위협하고 있는가?

프랑스인의 이슬람 종교 및 무슬림에 대한 부정적인 논쟁은 상당부분 사실과 다른 근거에 두고 있으며, 편견이나 무지에 비롯되는 측면이 많다.[29] 먼저 무슬림 이민자가 프랑스 사회로의 동화를 거부하고 프랑스 국가정체성에 위협이 되고 있다는 프랑스인들의 주장 논거로 많이 거론되는 것 중의 하나가 프랑스 무슬림의 대부분은 첫째 종교 둘째 프랑스 국가 순으로 충성도를 보이고 있다는 것인데, 이는 사실과 상당부분 다른 왜곡된 인식이다. 유럽 주요국에 거주하는 무슬림 이민자의 정체성을 조사한 설문조사[30]에서 프랑스 무슬림의 경우 놀랍게도 이슬람 종교정체성보다 "프랑스 시민정체성이 우선"이라는 응답(42%)이 "이슬람 종교정체성이 우선"이라는 응답(46%)과 거의 비슷하게 높은 수준을 보였다. 이 조사결과는 유럽 다른 나라의 무슬림 입장(예, 영국 무슬림의 경우 81%가 영국시민보다는 먼저 이슬람신도라고 생각함)에 비해 현저하게 높은 수준일 뿐 아니라 미국일반시민을 대상으로 실시한 정체성 조사결과(미국시

---

[29] Bobineau, Olivier et al., "Il ne faut pas confondre problème social et question religieuse," *Le Monde*, le 4 Janvier, 2011; Marcela Schaefer, "To what extent may Islam be considered a threat to French society?," January 28, 2012. (인터넷 자료(2012년 2월 10일 검색) (http://www.e-ir.info/2012/01/28/to-what-extent-may-islam-be-considered-a-threat-to-french-society/)

[30] Pew Research Center, 2006년 봄 실시 여론조사(The Great Divide: How Westerners and Muslims View Each Other); Jodie T. Allen, "The French-Muslim Connection: Is France Doing a Better Job of Integration than Its Critics?", Pew Research Center, August 17, 2006.

민 정체성 우선 응답률 48% vs. 크리스천 정체성 우선 42%)와 거의 비슷하다는 점에서 매우 놀라운 결과가 아닐 수 없다. 한편 유럽 각국 무슬림의 주류사회로의 동화의지를 파악하는 설문조사에서도 프랑스 무슬림의 경우 10명 중 무려 약 8명(78%)이 프랑스 관습customs을 받아들이길 원한다고 응답하였는데, 이 비율도 영국(41%), 독일(52%)에 비해 훨씬 높다.

▶ 표 5 유럽 각 국 거주 무슬림의 정체성 및 사회통합에 대한 인식 비교

	독일 무슬림	스페인 무슬림	영국 무슬림	프랑스 무슬림
거주국 시민 정체성과 무슬림 정체성 중 어느 쪽이 우선권을 부여하는가?(%)				
- 시민 정체성이 우선이다	13	3	7	42
- 무슬림 정체성이 우선이다	66	69	81	46
거주국 무슬림은 어떤 인식을 가지고 있는가?(%)				
- 사회와 분리되기를 원한다	30	27	35	21
- 사회의 관습을 받아들이길 원한다	52	53	41	78

출처: Pew Research Center 2006년 봄 실시 여론조사(The Great Divide: How Westerners and Muslims View Each Other); Jodie T. Allen, "The French-Muslim Connection: Is France Doing a Better Job of Integration than Its Critics?", Pew Research Center, August 17, 2006에서 도표 정리.

한편 이슬람과 무슬림 이민자들이 프랑스 공화국에 위협이 되고 있다는 사람들의 주장 논거로 가장 많이 거론되는 것이 이슬람의 가치는 정교분리를 옹호하는 세속주의 국가인 프랑스 가치와 양립될 수 없다는 것이고, 그 대표적인 사례로 "히잡"을 언급하고 있다. 사실 2004년 종교적 착용물 금지법에 따라 공립학교에서 무슬림 여성의 히잡 착용 금지는 법적으로 일단락 났지만, 아직도 많은 프랑스인들은 히잡에 대해 공화국의 정교분리원칙을 위협하고 여성을 억압하는 이슬람의 상징물symbol로 여기

며 반감을 가지고 있다[31]. 그런데 대부분의 프랑스 무슬림에게는 히잡은 십자가 목걸이와 같이 단순한 종교적 휘장으로 여겨지고 있으며, 히잡을 착용한 여성이나 그녀들의 가족들이 반드시 프랑스인으로서의 시민정체성이 낮다고는 할 수 없다. 그리고 현실적으로 프랑스에서 히잡을 착용하는 무슬림 여성 수는 적으며 가족의 강요에 의해 히잡을 착용하는 여성 수는 극히 적다. 2005년 설문조사에 의하면 프랑스의 무슬림 여성 중 단지 13%가 일상생활에서 매일 히잡을 착용을 한다는 응답을 보였는데, 이 조사 결과는 유럽 다른 나라(영국 53%, 스페인 45%, 독일 44%)에 비해 현저하게 낮았다. 또한 프랑스 무슬림 여성의 대다수(73%)가 히잡 착용을 전혀 하지 않는다고 응답했다.[32] 이 응답결과는 앞에서 논의한 바와 같이 프랑스 무슬림의 상당수는 유럽 다른 나라에 비해 이슬람 정체성을 우선적으로 드러내는 것을 원하지 않는데 기인한 것으로 판단된다. 한편 2004년 조사에 의하면 프랑스에 거주하는 무슬림 여학생 약 25만명 중 불과 1256명만이 학교에서 히잡 착용을 주장하는 것으로 알려졌으며, 이 수치는 무슬림 여학생 200명중 1명에 불과할 정도로 매우 적다.[33] 그리고 최근 프랑스 사회의 논란이 된 이슬람 여성의 전신을 가리는 부르카의 경우, 프랑스 전체에서 단지 약 2000명의 무슬림 여성만 착용하는 것으로 알려지고 있다.[34]

---

[31] Fetzer, Joel S. and Soper, J. Christopher, *Muslims and the State in Britain, France, and Germany*. (Cambridge: Cambridge University Press, 2005), p.82; Marcela Schaefer, *op. cit.*

[32] Pew Research Center, 2005년 봄 실시 여론조사 (Islamic Extremism: Common Concern for Muslim and Western Publics) ; Richard Morin and Juliana Menasce Horowitz, "Europeans Debate the Scarf and the Veil," Pew Research Center, November 20, 2006.

[33] Marcela Schaefer, *op. cit.*

[34] Cyrille Vanlerberghe, "Premier anniversaire de la loi sur le voile intégra", *Le Figaro*, le 11 Avril, 2012.

프랑스에 거주하고 있는 무슬림이민자들은 유럽 다른 나라에 비해 사회로의 동화가 더 많이 이루어지고 거주국 시민으로서의 정체성을 더 많이 지니고 있다는 것을 여러 설문조사에서 확인할 수 있었다. 실제로 프랑스에 거주하는 소수 인종집단들은 공립학교 교육 시스템을 통해 프랑스의 언어, 문화, 가치 시스템에 동화가 많이 이루어졌다고 평가받고 있다.[35] 특히 북아프리카 무슬림 2-3세대의 경우 상당수가 프랑스에서 태어나고 프랑스 공립학교에서 불어와 공화주의 가치에 대한 교육을 받았기 때문에 사회적 동화가 상당히 되었다. 이상의 논의를 통해 프랑스 무슬림이민자들이 프랑스 사회로의 동화를 거부하고 프랑스 공화국의 기본가치를 위협하고 있다는 많은 프랑스인들의 인식은 상당부분 왜곡된 편견이라고 할 수 있다.

2. 프랑스 사회와 공화주의 통합모델은 이민자 통합 실패에 책임이 없는가?

프랑스 공화주의 통합모델은 프랑스 대혁명 이후부터 이어지고 있는 "출신, 인종, 종교에 관계없이 모든 시민이 법 앞에 평등한 공화국"이라는 공화주의적 가치에 의해 기반을 두고 있다. 프랑스 공화국은 과연 무슬림 이민자 앞에서도 "평등한 공화국"이었는가?[36] 최근 2012년 여론조사[37]에서 프랑스인 응답자의 무려 69%가 "프랑스 사회는 무슬림에 대해 충분하게 개방적이고 수용적이다"는 입장을 보였는데, 이는 현실과 동떨어진 의외의 응답결과가 아닐 수 없다. 과연 프랑스인 대다수가 생각하는 것만큼 프랑스 사회는 개방적이고 수용적인 사회이었는가? 2005년 소요

---

[35] Palash R., Ghosh, "France's Muslims: integration or alienation?", *International business times*, March 28 2012.
[36] 박단 (2009), *op. cit.*, pp.163-168.
[37] Ifos/Le Figaro 2012년 10월 15-18일 실시 여론조사 (L'image de l'Islam en France)

사태에서 프랑스 사회의 차별과 배제에 분노하면서 화염병을 던진 무슬림 2-3세대 청년들도 프랑스가 "평등한 공화국"이며 "개방적이고 수용적인 사회"라는데 동의할까?

2005년 소요사태의 가장 중요한 발생원인은 무슬림 이민자들에 대한 "사회적 차별과 불평등 대우"이었다. 이 사태를 주도한 북아프리카 마그레브 출신 무슬림 이민 2, 3세대들의 대부분은 부모의 가난이 대물림되는 방리유la banlieue에서 태어나 실업, 차별과 소외를 겪으면서 사회에 대한 불신과 분노를 쌓은 것이 소요사태를 일으키는 근본적인 원인이 되었다. 따라서 이 사태는 일상생활에서 차별받는 이민자 청년들이 "평등"이라는 공화주의 원칙이 실제로 작동되어질 것을 프랑스 사회에 강력하게 요구한 항위 시위라고 할 수 있다.[38] 사실상 마그레브 출신 무슬림 이민 청년들이 겪는 높은 실업률, 고용 기회 차별 등과 같은 "노동시장에서의 차별 및 배제 문제"는 매우 심각하다.[39] 15-64세 남자 마그레브 국가출신(알제리, 모로코, 튀니지)의 평균 실업률(2001-2005년 평균)은 약 18%로서 정통 프랑스인의 실업률 7.3%에 비해 2배 반 이상 높은 실정이다.[40] 마그레브 이민 2세대의 청년실업률은 약 30%에 달하는데 정통 프랑스인 청년 실업률(약 16%)보다 약 2배나 높다.[41] 특히 이민자들이 집중적으로 모여 사는 낙후된 도시민감지역ZUS에 거주하는 청년 실업률(2008년 기

---

[38] Valérie Sala Pala, "Novembre 2005 : sous les émeutes urbaines, la politique," *French Politics, Culture and Society*, Vol. 24, No. 3(2006), pp.111-129; Valérie Sala Pala and Patrick Simon, *op. cit.*, p.8.

[39] 관련된 국내 저술로는 김승민, "프랑스 노동시장에서의 이민자 불평등문제", 『국제정치연구』 제14권 제1호 (2011 년), pp.73-100을 참조할 것.

[40] OECD, Jobs for Immigrants (Vol. 2): *Labour Market Integration in Belgium, France, the Netherlands and Portugal* (Paris: OECD, 2008), p.131; *Ibid.*, pp.83-84.

[41] CEREQ, Enquête Génération 2004, INSEE, "Fiches Thématique-L'insertion des jeunes", Formations et emploi 2009 (Paris: INSEE, 2009), p.109.

준)은 무려 약 41.7%에 이르고 있다.42) 마그레브 이민자들이 프랑스인 출신들에 비해 높은 실업률을 나타내는 것은 교육 격차, 가정환경 차이, 경력 차이, 거주지 차이 등에도 기인하겠지만 무엇보다도 인종적, 종교적 정체성에 따른 고용주의 차별, 사회적 편견이 매우 중요한 요인으로 작용하고 있다. 실제로 프랑스의 고용차별과 관련된 실증조사 결과에 의하면 같은 이력서를 내밀더라도 아랍계 이름으로는 프랑스계 이름보다도 취업이 훨씬 힘든 것으로 나타났다. 예를 들면 입사 이력서의 내용이 똑같더라도 모로코출신 이름을 기재된 구직자는 프랑스 이름을 기재한 구직자보다 면접기회를 가질 확률이 2.8배-3.5배나 적은 것으로 나타났다(모로코 출신 프랑스국적자의 경우 2.8배, 모로코 국적자의 경우 3.5배).43) 압델Abdel, 사미라Samira 등의 아랍계 이름을 가진 이민 2-3세대들이 똑같은 나라 프랑스에서 태어나서 프랑스시민권자로서 프랑스에서 교육받고 또한 똑같은 자격을 갖추었음에도 불구하고, 쟝 피에르Jean Pierre, 마리안느Marianne 등의 프랑스계 이름을 가진 프랑스 청년에 비해 심각한 고용차별을 받고 있다는 것은 "평등한 공화국"의 허구성 내지 실패를 적나라하게 입증해주는 근거가 아닐 수 없다.

결국 공화주의 통합모델의 가장 큰 문제점은 이민자에 대한 사회경제적 평등을 보장해주지 못함으로써 부모세대와 달리 이슬람 정체성을 주장하지도 않는 상당수 무슬림 2-3세대를 진정한 프랑스시민으로 만들어주지 못했다는 것이라 할 수 있다. 또한 보편적인 개인 평등을 강조하는 공화주의 모델은 무슬림 이민자들이 실제적으로 심각한 사회적 차별을

---

42) ONZUS(Observatoire national des zones urbaines sensibles), ONZUS Rapport 2010, Les éditions du CIV, (Paris: ONZUS, 2010), pp.16-17.
43) Emmanuel Duguet, Noam Leandri, Yannick L'Horty et Pascale Petit, "Discriminations à l'embauche - Un testing sur les jeunes des banlieues d'Île-de-France" Rapports et documents (Paris; Centre d'analyse strategique, 2007), pp.1-30; 김승민(2011), *op. cit.*, p.89.

받고 열악한 생활환경속에서 살고 있음에도 불구하고, 이들의 어려운 현실을 외면하고 적극적인 사회경제적 대책(고용차별대책, 주거지 개선대책 등)을 마련하지 못했다는 한계를 보였다. 한편 2000년대에 접어들면서 이민자문제가 프랑스사회의 중요한 정치 쟁점으로 부상되면서 공화주의 모델은 이민자를 프랑스사회로 통합할 수 있는 기제로 사용되는 것이 아니라 배제시키는 유용한 수단으로 사용되었다는 점에 주목할 필요가 있다.44) 특히 사르코지Nicolas Sarkozy는 내무장관시절(2002년-2007년 4월)부터 대통령 재직기간(2007년 5월-2012년 4월) 동안 줄곧 프랑스의 공화주의를 수호한다는 명분을 앞세워 프랑스의 정체성, 이슬람종교, 무슬림이민자 문제를 정치 쟁점화하면서 강력한 이민통제정책을 실시하였다. 사르코지가 지난 약 10년간 끊임없이 제기한 히잡논쟁과 부르카논쟁, 소요사태 이민청년 쓰레기논쟁45), 선택적 이민정책 논쟁, 국가정체성 논쟁 등의 사례들은 "이슬람종교와 무슬림 이민자가 공화국을 위협하고 있다"는 구호하에 제기된 것이었다. 이것은 이민문제에 민감한 보수층 유권자의 선거 표를 모우고 나아가 극우파의 표심까지 빼앗겠다는 고도의 정치적 계산이 깔려있었다. 이러한 논쟁들은 한결같이 공화주의시각에서 무슬림과 이슬람종교를 직접적으로 겨냥한 것으로써 "프랑스 공화국을 사랑하라, 그렇지 않으면 떠나라"라는 배제의 의미를 가지고 있었다. 즉 학교에서의 히잡금지법(2004년)과 공공장소에서의 부르카금지법(2011년)은 "공화국의 정교분리원칙을 준수해라, 그렇지 않으면 떠나라"이며 선택적 이민immigration choisie 법46)(2006년)은 "프랑스의 국익에 꼭 필요한 사

---

44) 박선희, *op. cit.*, p.207.
45) 2005년 소요사태시 치안책임자인 내무장관직을 수행하면서 공화국의 질서를 위협하는 교외폭력행위에 "똘레랑스 제로"(tolérance zero, 무관용)원칙을 주장하며 단호한 강경대응을 선언했고 소요에 참여한 무슬림 이민자 가정출신 청년을 향해 "쓰레기"라는 모욕적인 발언을 하였다. *Le Monde*, le 11 Novembre 2005.

람이 되어라, 그렇지 않으면 받아들이지 않는다"이고 국가정체성 수호 선언(2011년)은 "프랑스라는 단일 용광로에 동화되어라, 그렇지 않으면 떠나라"이며 또한 쓰레기 발언(2005년)은 "(소요 폭력사태로) 공화국 질서를 위협하지마라, 그렇지 않으면 강력 법적 대응한다"라는 뉘앙스를 내포하고 있다. 따라서 이들 논쟁사례는 모두 무슬림이민자를 배제시키는 의도가 있는 것을 알 수 있다. 이러한 정치 쟁점화는 프랑스 주류시민에게 이슬람종교와 무슬림이민자에 대한 두려움과 반감을 가지도록 하면서 반이슬람 정서를 확산시키는 결과를 가져왔다. 또한 무슬림 이민자 특히 2-3세대 청년에게 프랑스사회에 대한 증오감을 가지게 하고 이슬람근본주의를 추종하는 재이슬람화 의식을 가지게 하는 현상도 발생시켰다.

제5절 결론

이 연구는 프랑스에서 무슬림이민자 통합이 실패하게 된 주된 원인이 이민자를 포용하지 못하는 "프랑스사회 책임"인지 아니면 사회에 통합하지 못한 "무슬림이민자 책임"인지에 대해 살펴보았다.

여론조사 분석을 통해 프랑스인들은 이민자통합 실패의 주원인으로 사회에 동화노력을 하지 않고 공화국의 기본 가치를 위협하는 이민자의 책임으로 전가하고 있다는 것을 확인할 수 있었다. 그러나 프랑스인의 무슬

---

46) 특히 2005년 소요사태를 겪은 직후 당시 내무부장관이었던 사르코지는 "선택적 이민자 수용 원칙을 근간으로 하는 강경한 새 이민법인 "이민 및 통합법"(loi relative à l'immigration et de l'intégration)을 주도적으로 제안하여 법률로 통과시켰다. 이 법안의 가장 핵심적인 내용은 프랑스에 기여한다고 판단되는 이민자만 선별적으로 받아들이겠다는 "선택적 이민"(immigration choisie) 정책이다. 또한 이 법에는 가족재결합 이민 규정을 강화하고, 프랑스어 능력 심사 강화, 10년 거주자 자동 영주권 부여 관행 폐지 등의 조항도 담겨있다.

림 책임론은 정당하지 못하며 오히려 이민자통합 실패에 대한 책임의 상당부분은 이민자를 포용하지 못한 프랑스 공화주의 통합모델과 사회에 있다고 할 수 있다. 먼저 무슬림 이민자가 프랑스 사회로의 동화를 거부하고 공화국 가치를 위협한다는 프랑스인들의 인식은 사실과 상당히 다른 근거에 두고 있으며 편견에서 비롯된 측면이 많았다. 유럽거주 무슬림 이민자의 정체성을 조사한 설문조사에서 프랑스 무슬림의 상당수가 자신을 첫째 프랑스시민 둘째 이슬람신도라고 생각하고 있었으며, 프랑스 무슬림이 유럽 다른 나라의 무슬림에 비해 "이슬람 종교정체성"보다는 "자국시민으로서의 정체성"이 우선이라는 입장을 월등히 많이 가지고 있었다. 한편 프랑스 무슬림 여성의 대다수는 히잡 착용을 전혀 하지 않고 공립학교에서 히잡 착용을 하는 무슬림 여학생은 극소수에 불과하다는 것을 고려해 볼 때 프랑스 무슬림들은 공화주의의 기본 가치인 정교분리 원칙도 잘 준수하고 있다고 여겨진다. 한편 프랑스인의 무슬림 책임론이 정당하지 못하다는 것을 명확히 보여주는 근거는 "출신, 인종, 종교에 관계없이 모든 시민이 법 앞에 평등한 공화국"이 무슬림 이민자 앞에서는 전혀 "평등한 공화국"이 아니라는 것이다. 공화주의 통합모델은 이민자 각 개인이 공화주의 원칙을 따르면, 차별받지 않는 "진정한 공화국 시민"이 될 수 있게 한다는 공화주의 원칙에 바탕을 두고 있다. 그러나 무슬림에 대한 차별과 편견이 만연된 현실에서는 이 원칙이 제대로 기능하지 못했다[47]. 이에 따라 공화주의 모델은 프랑스인 정체성을 많이 지니고 있으면서 부모세대와 달리 종교적 정체성을 주장하지도 않는 상당수 무슬림 2-3세대를 "진정한 시민"으로 만들어주지 못했고 "이등 시민" 내지 "이방인"으로 전락시켰다는 근본적인 문제점을 드러내었다. 한편 2000년대에 접어

---

[47] 박단(2009), *op. cit.*, pp.167-168.

들면서 이민자문제가 프랑스사회의 중요한 선거 쟁점으로 부상되면서 공화주의 모델은 이민자를 사회로 "통합"시키는 것보다는 "배제"시키는 유용한 수단으로 사용되었다는 점도 간과할 수 없다. 프랑스 정치권에서 선거 전략으로 무슬림 이민자들을 공화국에 위협되는 "위험한 집단"으로 몰고 가는 것은 문제를 더욱 악화시킬 뿐이다. 2005년 이민자 소요사태에 가담했던 무슬림 2-3세대들은 어떠한 종교적, 정치적 요구도 하지 않았다. 그들은 프랑스사회를 전복시켜 이슬람화하겠다는 이슬람 근본주의자도 아니었고 유대인 회당synagogues을 공격하는 반유대주의적인 행동도 전혀 하지 않았고 팔레스타인이나 이라크 전쟁에 대해 관심도 보이지도 않았다.48) 단지 그들은 프랑스사회에 공화국의 기본가치인 "평등"을 요구하였다. 따라서 프랑스의 무슬림 이민자통합 문제를 해결하기 위해서는 무엇보다도 인종주의, 차별과 사회경제적 불평등 문제를 타파해야 할 것이다.

한편 프랑스 공화주의 통합모델은 차별받는 소수 이민자집단을 위한 다문화정책 지원을 강화할 수 있는 방안을 모색할 필요가 있다. 그런데 동화주의에 입각한 공화주의 통합모델은 이민자 집단을 공식적으로 인정하지 않기 때문에 프랑스에서는 미국식 다문화주의 모델과 같은 특정 인종집단을 위한 직접적인 다문화 정책을 실시하지 않고 있다. 프랑스에서는 소외지역을 위한 도시정책에 이민자를 포함시키는 간접적인 대책을 실시하고 있다. 이에 따라 차별받는 이민자집단을 직접 겨냥한 효율적인 다문화정책 지원을 할 수 없는 문제점이 있다. 물론 프랑스 공화주의 통

---

48) Justin, Vaisse, "Unrest in France, November 2005: Immigration, Islam and the Challenge of. Integration", Congressional testimony, January 10 and 12 2006 (Washington DC: Brookings Institution), pp.3-4.
http://www.brookings.edu/research/testimony/2006/01/12france-vaisse (2013년 2월 1일 검색)

합모델이 동화주의를 버리고 다문화주의로 전환될 것으로는 보이지 않는다. 공화주의는 프랑스 혁명이래 프랑스 사회를 지탱해 온 국시이기 때문이다. 여론조사에서 드러난 바와 같이 프랑스 시민의 약 3/4가 여전히 공화주의 동화방식에 찬성을 하고 있고, 또한 무슬림 2-3세대의 동화과정에는 유효한 모델로 평가를 받고 있기 때문이다. 그러나 오늘날 프랑스의 공화주의 통합모델은 사르코지가 말한 바와 같이 실패를 인정해야하는 난국에 봉착해 있다. 프랑스 사회에 전체인구의 약 10%에 해당되는 약 600만 명의 무슬림 이민자가 거주하고 있는 것은 엄연한 현실이다. 소극적인 다문화정책만으로는 이민자통합 문제를 해결 할 수 없다. 프랑스 사회는 무슬림 이민자를 껴안고 공존하는 방법에 대해 진지하게 고민해야 할 것이다.

참고문헌

- 김민정. "공화주의적 동화정책의 성공과 실패." 『세계지역연구논총』. 제5권 3호. 2007년.
- 김승민. "프랑스 이민자 소요사태의 발발 원인 분석." 『한국프랑스학논집』. 제74집. 2011년.
- 김승민. "프랑스 노동시장에서의 이민자불평등문제." 『국제정치연구』. 제14권 제1호. 2011년.
- 박 단. "2005년 프랑스 '소요사태'와 무슬림 이민자 통합문제." 『프랑스사연구』. 제14호. 2006년.
- 박 단. "프랑스의 이민자정책과 공화국 통합모델." 『이화사학연구』. 제35집. 2007년.
- 박 단 엮음. 『현대서양사회와 이주민: 갈등과 통합사이에서』. 서울: 한성대학교출판부. 2008년.
- 박 단. "프랑스 공화국과 이민-"새로운 공화국"을 향하여?-." 『프랑스사 연구』. 제21호. 2009년.
- 박선희. "프랑스 이민정책과 사르코지(2002-2008)." 『국제정치논총』. 제50집 2호. 2010년.
- 신지원(외). 『이민정책 해외사례연구: 다문화 정책의 최근 논의를 중심으로』. IOM 이민정책연구원 연구보고서 No. 2011-08. 경기도 고양시: IOM 이민정책연구원. 2012년.
- 엄한진. 『다문화 사회론』. 서울: 도서출판 소화. 2011년.
- 이기라, 양창렬(외). 『공존의 기술- 방리유, 프랑스 공화주의의 이면』. 서울: 출판사 그린비. 2007년.
- 엄한진. "프랑스 이민통합 모델의 위기와 이민문제의 정치화- 2005년 '프랑스 도시외곽지역 소요사태'를 중심으로-." 『한국사회학』. 제41집 3호. 2007년.
- 한승준. "프랑스 동화주의 다문화정책의 위기와 재편에 관한 연구." 『한국행정학보』. 제42권 제3호. 2008년.
- 홍지영·고상두. "공화국시각에서 본 반이슬람정서." 『한국정치학회보』. 제2집 1호. 2008년.
- 홍태영. "공화주의적 통합과 프랑스 민주주의." 『사회과학연구』. 제18집 2호.

2010년.

- Allen, Jodie T. "The French-Muslim Connection: Is France Doing a Better Job of Integration than Its Critics?." Pew Research Center. August 17, 2006.
- Bienkowski, Sarah. "Has France Taken Assimilation Too Far?." Rutgers Journal of Law and Religion. Vol. 11. Spring 2010.
- Bobineau, Olivier. et al. "Il ne faut pas confondre problème social et question religieuse." Le Monde. le 4 Janvier, 2011.
- Brouard, Sylvain & Tiberj, Vincent. "Les tensions autour de l'immigration dans l'opinion: crispation et polarisation." Le Baromètre Politique Français (2006-2007). 3ème vague-Hiver 2006, Paris: CEVIPOF, 2006.
- Centre d'analyse stratégique. Les "Violences Urbaines" de l'automne 2005-Événements, acteurs : dynamiques et interactions, Essai de synthèse, Paris: Premier Ministre. 2007.
- Centre d'analyse stratégique. "Enquêtes sur les violences urbaines. Comprendre les émeutes de novembre 2005: les exemples de Saint-Denis et d'Aulnay-sous-Bois." Rapports et documents. No. 4. Paris: La Documentation française. 2006.
- CEREQ(Centre d'études et de recherches sur les qualifications), Enquête Génération 2004, Paris: CEREQ, 2007.
- Commission nationale consultative des droits de l'homme. La lutte contre le racisme, l'antisémitisme et xénophobie Année 2011. Paris: Le rapport annuel de la Commission nationale consultative des droits de l'homme. 2011.
- Duguet, Emmanuel et Leandri, Noam et L'Horty, Yannick et Petit, Pascale. "Discriminations à l'embauche – Un testing sur les jeunes des banlieues d'Île-de-France." Rapports et document. Paris: Centre d'analyse stratégique, 2007.
- Ghosh, Palash R. "France's Muslims: integration or alienation.?" International business times. March 28 2012.
- Fetzer, Joel S. and Soper, J. Christopher. Muslims and the State in

Britain, France, and Germany. Cambridge: Cambridge University Press, 2005.
- INSEE. "Fiches Thématique: l'insertion des jeunes." Formations et emploi 2009, Paris: INSEE, 2009.
- Marthaler, Sally. "Nicolas Sarkozy and the politics of French immigration policy." Journal of European Public Policy. Vol. 15. Issue 3 2008.
- Morin, Richard and Horowitz, Juliana Menasce. "Europeans Debate the Scarf and the Veil." Washington D.C.: Pew Research Center. November 20, 2006.
- Mucchielli, Laurent. "Autumn 2005: A Review of the Most Important Riot in the History of French Contemporary Society." Journal of Ethnic and Migration Studies. Vol. 35. Issue 5 May 2009.
- OECD. Jobs for Immigrants (Vol. 2): Labour Market Integration in Belgium, France, the Netherlands and Portugal. Paris: OECD, 2008.
- ONZUS(Observatoire national des zones urbaines sensibles). ONZUS Rapport 2010, Les éditions du CIV. Paris: ONZUS, 2010.
- Sala Pala, Valérie and Simon, Patrick. Public and political debates on multicultural crises in France, EMILIE project reports on multi-culturalism debates, May 2007. http://www.eliamep.gr/wp-content/uploads/en/2008/05/france_report_multicultural_discoures_final.pdf. (2013년 2월 15일 검색)
- Sala Pala, Valérie. "Novembre 2005 : sous les émeutes urbaines, la politique." French Politics, Culture and Society. Vol. 24. No. 3 2006.
- Vaisse, Justin. "Unrest in France, November 2005: Immigration, Islam and the Challenge of Integration." Congressional testimony. Washington DC: Brookings Institution. January 10 and 12 2006.
- Vanlerberghe, Cyrille. "Premier anniversaire de la loi sur le voile intégra." Le Figaro. le 11 Avril, 2012
- Schaefer, Marcela. "To what extent may Islam be considered a threat to French society?." January 28, 2012. Http://www.e-ir.info/2012/01/28/to-what-extent-may-islam-be-considered-a-threat-to-

french-society/ (2013년 2월 10일 검색)
- Schain, Martin A. "Managing Difference: Immigrant Integration Policy in France, Britain, and the United States." Social Research: An International Quarterly. Vol. 77. No. 4 Spring 2010.
- Soeren, Kern. "Debate Heats up over muslim in France." Gatestone institute. March 17, 2011. http://www.gatestoneinstitute.org/1969/muslims-in-france. (2013년 2월 8일 검색)

⟨여론조사⟩
- Pew Research Center. 2005년 봄 실시 여론조사. (Islamic Extremism: Common Concern for Muslim and Western Publics)
- Pew Research Center. 2006년 봄 실시 여론조사. (The Great Divide: How Westerners and Muslims View Each Other)
- Ifop/Le Monde. 2010년 12월 7-9일 실시여론조사. (Regard croisé France/Allemagne sur l'Islam)
- TNS Sofres/Le Monde/Canal+/France Inter. 2011년 1월 3-4일 실시 여론조사. (Baromètre d'image du Front National)
- Pew Research Center. 2011년 3월 21일-5월 15일 실시 여론조사. ("Muslim-Western Tensions Persist", Pew Global Attitudes Project, Washington DC, July 21, 2011)
- CSA / CNCDH / Service d'information du Gouvernement. 2011년 11월 28-12월 5일 실시 여론조사.
- Ifos/Le Figaro. 2012년 10월 15-18일 실시 여론조사. (L'image de l'Islam en France)
- Ipsos/Le Monde/la Fondation Jean Jaurès/le Cevipof. 2013년 1월 9-15일 실시 여론조사 (France 2013 : les nouvelles fractures)

프랑스 노동시장에서의 이민자 불평등 문제

제1절 서론

2005년 가을에 프랑스 파리 외곽지역에서 시작되어 전국적으로 빠르게 확산된 이민자들의 소요사태는 "인권선언의 나라", "똘레랑스tolerance의 나라"라는 명성을 누려왔던 프랑스 사회의 어두운 면을 드러내면서 프랑스 국내뿐만 아니라 국제사회에도 큰 충격을 던져 주었다.

프랑스 이민자 소요사태의 가장 큰 발생원인은 경제문제, 특히 고용문제이었다. 이 사태를 주도한 북아프리카 알제리, 모로코, 튀니지 등 마그레브Maghreb 국가출신 및 사하라이남 아프리카출신 이민자들이 겪고 있는 높은 실업률, 고용기회 차별 등과 같은 노동시장에서의 불평등 및 배제 문제가 이 소요 사태의 가장 중요한 원인이 되었다. 북아프리카 마그레브계 및 블랙 아프리카계 이민자들은 프랑스출신 및 유럽계 이민자출신에 비해 현저히 높은 실업률과 고용불안정을 보이고 있으며, 아랍식 이름과 같은 인종적 정체성만으로도 취업을 원천적으로 거부당하는 고용차별 사례도 빈번히 겪고 있다. 그리고 이들 마그레브계, 아프리카계 이민자집단이 겪는 노동시장에서의 불평등 문제는 1세대 뿐만 아니라 그들의 자녀인 2세대에게까지 그대로 세습되고 있다. 특히 마그레브계 무슬림 이민자출신은 프랑스 전체인구의 약 10%에 해당되는 약 600만 명의 인구를 가진 프랑스 최대의 이민자집단을 구성하고 있는데, 이들 마그레브계 2세대의 상당수는 프랑스에서 태어나 프랑스 국적을 가지고 있음에도 불구하고 학업실패, 고용차별, 사회적 편견 등으로 프랑스 노동시장에서 불평등 및 배제를 겪고 있다.

이 연구는 프랑스 노동시장에서 이민자출신과 프랑스출신 간의 취업률, 실업률, 고용불안, 임금수준 등의 측면에서 불평등 현황을 살펴보고, 아울러 불평등을 초래하는 원인들을 밝히는데 그 목적이 있다. 특히 "북아프리카 마그레브계, 블랙 아프리카계 이민자 1, 2세대 그룹"과 "프랑스 출신 그룹" 간의 비교를 통해 마그레브계, 블랙 아프리카계 이민 1세대 및 2세대들이 겪는 노동시장의 불평등 현황과 그 원인에 대해 면밀히 분석하고자 한다. 최근 프랑스뿐만 아니라 세계 도처의 주요 국가에서 중요한 이슈로 부상하고 있는 이민자 사회통합문제의 핵심은 소득과 삶의 질에 직접적으로 영향을 미치는 실업, 고용과 같은 "노동문제"이다. 따라서 본 연구는 프랑스 이민자문제의 본질을 파악하는데 도움을 줄 뿐만 아니라 최근 다문화 사회로 급진전하고 있는 우리나라의 이주자 사회통합문제에도 유용한 시사점을 제공할 수 있을 것으로 기대된다.

이 연구의 목차를 살펴보면 먼저 제2절에서 이 연구의 논의 전개를 위해 출신국에 따른 이민자 집단간 인구구성 실태를 살펴보고 아울러 프랑스 이민자통합정책의 최근 동향을 파악한다. 제3절에서는 아프리카계 출신과 프랑스출신 간의 취업률, 실업률, 고용불안 등의 지표 비교를 통해 마그레브계, 블랙 아프리카계 이민 1세대 및 2세대들이 겪는 노동시장의 불평등 현황을 살펴보고, 제4절에서는 이러한 불평등을 초래한 원인들에 대해 분석하고자 한다. 마지막 결론에서는 이상의 논의를 종합정리하고, 프랑스 사례가 한국에 주는 시사점에 대해 언급하고자 한다.

제2절 프랑스 이민자 인구구성 및 이민자 통합정책의 최근 동향

1. 프랑스의 이민자 인구구성 실태

본 연구의 논의 전개를 위해 우선적으로 이민자 및 이민 2세대에 대한 용어 정의를 명확히 할 필요가 있다. 프랑스 사회통합고등위원회Haut Conseil à l'intégration가 1990년에 정의한 이민자Immigrés 개념에 따르면, "이민자"는 "해외에서 외국국적을 가지고 태어나 프랑스에 거주하는 모든 사람"personnes nées étrangères à l'étranger을 지칭한다. 그리고 이 정의에 의하면 이민자 중에는 해외에서 태어난 사람으로서 "프랑스 국적을 취득한 사람"도 있고 "취득하지 않은 사람"(외국인)도 모두 다 포함된다. 한편 "외국인"Etranger은 "프랑스에 거주하고 있으나 프랑스 국적을 취득하지 않은 사람"을 말한다. 이민자 중에는 국적을 취득하지 않은 사람(외국인)도 포함하고 있고, 또한 외국인 중에는 프랑스 밖에서 태어나 프랑스에서 거주하는 사람(이민자)도 있다. 따라서 이민자와 외국인의 개념에는 일정부분의 겹쳐지는 공통분모(외국에서 태어나 외국인자 및 외국에서 태어나 프랑스 국적을 취득하지 않는 이민자)를 공유하고 있기 때문에 "이민자"와 "외국인" 용어는 엄격하게 분리되는 개념이 아니다.[1] 그리고 "이민 2세대"Seconde

---

[1] 프랑스 국립 통계청(INSEE: Institut National de la Statistique et des Etudes Economiques)의 2007년 조사에 의하면 프랑스에는 총 3,682,218명의 외국인(프랑스전체인구의 약 6%)이 거주하고 있는 것으로 나타났다. INSEE, "Répartition des étrangers par nationalité", Recensement de la population 2007(Paris: INSEE, 2007) (http://www.insee.fr/fr/themes/tableau.asp?reg_id=0&ref_id=etrangersnat, 검색일: 2011. 3. 21) 한편 이민자, 외국인 용어 정의에 대해서는 Viprey, Mouna, L'insertion des jeunes d'origine étrangère, rapports du Conseil économique et social(CES)(Paris: CES, 2002), pp.4-10와 INSEE, Les immigrés en France 2005(Fiches Thématique)(Paris: INSEE, 2005), pp.34-35를 참고할 것.

Génération d'immigrés는 공식적으로 정의가 규정되지 않았으나, 프랑스 국립 통계청INSEE과 프랑스 국립인구조사청INED에서 일반적으로 사용되는 정의는 "프랑스에서 태어났지만 적어도 부모 한쪽이 외국태생인 사람"personnes nées en France métropolitaine et dont au moins l'un des parents est immigré이다. 흔히들 이민 2세대는 이민자 후손Descendants d'immigrés이라고 부르며 경우에 따라 이민 3세대도 포함하는 광범위한 개념으로 사용된다. 그리고 이민 2세대는 나이가 적은 젊은 세대(이민 청소년, 어린이) 뿐만 아니라 65세 이상의 노년 세대도 포함하는 개념이지만, 흔히들 이민 2세대, 이민 청년이라고 할 경우 30세 미만의 젊은 층을 지칭하는 말로 사용되고 있다. 따라서 본 연구의 III장, IV장에서 서술하는 이민 2세대, 이민 청년 등의 용어는 특별히 정의하지 않는 한 10대, 20대의 젊은 층을 지칭하는 의미로 사용하고자 한다.

2차 세계대전이후부터 현재까지 프랑스 이민 역사의 흐름을 살펴보면 가장 중요한 변화는 1960년대 초를 기점으로 이민출신국가의 중심축이 유럽(특히 이태리, 포르투갈, 스페인 등 남유럽)에서 아프리카(북아프리카 마그레브국가, 사하라이남 블랙 아프리카)로 이동한 것이라고 할 수 있다. 2차 세계대전 이후부터 1973년까지 프랑스 경제가 폭발적으로 성장하였던 소위 '영광의 30년'les Trente Glorieuses 동안 프랑스 정부는 부족한 노동 인력을 보충하기 위해 많은 이민자들을 받아 들였다. 영광의 30년 초창기에는 이태리, 포르투갈, 스페인 등 남유럽 백인계 이민자들이 많이 유입되었으나, 1960년대 초반 이후에는 프랑스에서 갓 독립한 구불령 아프리카계출신들이 대거 유입되기 시작했다. 특히 알제리, 모로코, 튀니지 등의 북아프리카 마그레브Maghreb 국가 출신의 이민자들이 프랑스로 대거 몰려 들어왔는데, 이들 마그레브 출신들은 대부분 무슬림Muslim이었고, 3D 업종에서 값싼 노동력을 제공하면서 프랑스 경제성장에 도움을 주었다. 1973년 석유사태를 기점으로 프랑스를 비롯한 유럽 주요국들의 경제 침체와 고실업이 지속되면서 1974년에 프랑스는 공식적으로 노동이민 중단조치를 내렸으나, 그 이후에도 마그레브계 이민자 수는 가족 합류, 장기 불법체류자에 대한 합법적 지위 부여, 불법이민자의 유입 등으로 계속적으로 증가하였다. 그 결과 2000년대에 접어들면서 북아프리카 마그레브출신의 무슬림 이민자들이 이태리, 스페인, 포르투갈 등의 남유럽출신 이민자를 제치고 프랑스 제일의 이민자 집단을 구성하게 되었다. 2007년 기준으로 볼 때 프랑스 이민자수는 프랑스 전체인구(약 6,400만 명)의 약 8%에 해당하는 약 525만 명인데, 이중 북아프리카 마그레브 3국(알제리(13.4%), 모로코(12.3%), 튀니지(4.4%)) 출신은 30.1%에 이른다(〈표 1〉 참고). 그리고 마그레브 이민 1세대의 후손인 2-3세대와 불법이민자수를 포함하면 마그레브 무슬림 수는 프랑스 전체 인구 10명 중 1명(약 10%)에 해당하는 약 600만 명에 이르는 것으로 추정되고 있다. 2007년 출신국가별 이민자 수를 살펴보면 알제리(702,811명)가 제1위이고, 모로코(645,695명)가 제2위이며, 그 다음에 제3위 포르투갈(576,084명), 제4위 이탈리아(323,809명), 제5위 스페인(262,883명), 제6위 터키(234,540명) 순서이다. 한편 사하라이남 블랙 아프리카출신 이민자 규모도 지난 30여년 동안 급증하여 2007년에 이민자 전체의 12.3%(644,049명)를 차지하고 있다는 것도 주목할 만하다. 반면에 유럽계 이민자의 비중은 1962년에 78.7%에서 2007년 38.4%로 급감하였고, 특히 과거 지배적인 위치를 차지했던 남유럽출신의 이탈리아, 스페인, 포르투갈 이민자비중은 1962년 52%에서 2007년에는 22%로 크게 낮아졌다(2007년 기준, 포르투갈계(11%), 이탈리아계(6.2%), 스페인계(5.0%)).[2]

---

[2] INSEE, *Recensements de la population*, 1962-1999 & 2007; INSEE, *Les immigrés en France* 2005(Fiches Thématique)(Paris: INSEE, 2005), pp.48-49.

▶ 표 1 프랑스내 출신국가별 이민자 분포 추이

출신국	1962 %	1975 %	1990 %	1999 %	2007 %	이민자수(명)
유럽	78.7	67.1	50.4	45.0	38.4	2,018,102
스페인	18.0	15.2	9.5	7.4	5.0	262,883
이탈리아	31.7	17.2	11.6	8.8	6.2	323,809
포르투갈	2.0	16.8	14.4	13.3	11.0	576,084
폴란드	9.5	4.8	3.4	2.3	-	-
그 외 유럽국가	17.5	13.1	11.5	13.2	16.3	855,326
아프리카	14.9	28.0	35.9	39.3	42.3	2,223,617
알제리	11.6	14.3	13.3	13.4	13.4	702,811
모로코	1.1	6.6	11.0	12.1	12.3	645,695
튀니지	1.5	4.7	5.0	4.7	4.4	231,062
그 외 아프리카국가	0.7	2.4	6.6	9.1	12.3	644,049
아시아	2.4	3.6	11.4	12.7	14.0	735,863
터키	1.4	1.9	4.0	4.0	4.5	234,540
캄보디아,라오스,베트남	0.4	0.7	3.7	3.7	3.1	162,063
그 외 아시아	0.6	1.0	3.7	5.0	6.5	339,260
아메리카, 오세아니아	3.2	1.3	2.3	3.0	5.2	275,114
합계(%)	100	100	100	100	100	
이민자수(명)	2,861,280	3,887,460	4,165,952	4,306,094		5,252,696

출처: INSEE, Recensements de la population 1962-1999 & 2007의 해당 년도별 통계자료; INSEE, Les immigrés en France 2005(Fiches Thématique)(Paris: INSEE, 2005), pp.48-49.

한편 이민 2세대의 경우도 부모 출신국가에 따른 인구수 비중과 연령구성 분포를 살펴보면 이민 1세대와 비슷한 패턴(즉 마그레브계의 증가와 유럽계의 상대적 감소)의 변화를 보이고 있다. 2008년 전체 이민 2세대의 총인구수는 약 650만 명으로 프랑스 총인구의 약 11%를 차지하고 있다.[3] 이민 2세대의 출신별 인구 비중을 살펴보면, 유럽출신이 약 65%이

---

[3] 따라서 이민자 1, 2세대 총 인구규모는 총 1170만 명(이민 1세대 525만 명, 2세대 650만 명)으로서 프랑스 전체인구의 약 19%를 차지하고 있다.

며 특히 남유럽출신이 44%를 차지하고 있는 반면에, 마그레브출신은 23%를 차지하고 있다.[4] 그런데 이민 2세대의 인구구성비율 역시 조만간 역전이 일어날 수 있다. 왜냐하면 유럽계 이민 2세대의 다수는 고령 인구인 반면에 마그레브 이민 2세대의 다수는 젊은 층이기 때문이다. 실제로 이민 2세대중 18-50세까지의 중추적인 경제활동인구만 고려한다면 이미 알제리, 모로코, 튀니지 3국 출신의 "마그레브계" 2세대 인구비율(35%)은 남유럽 출신의 2세대 인구비율(39%)(스페인·이태리(25%), 포르투갈(14%))에 육박하고 있다(〈표 2〉참고). 특히 18-25세의 젊은 층을 비교해 보면 마그레브계는 무려 40%를 차지하고 있지만, 반면에 남유럽 3국출신은 27%에 그치고 있다.[5]

▶ 표 2 이민 2세대의 연령별 및 출신별 분포 (2008년)

	18~25세	26~35세	36~50세	합계
스페인, 이탈리아	12%	20%	42%	25%
포르투갈	15%	17%	9%	14%
다른 EU 27개국	5%	7%	14%	9%
알제리, 모로코, 튀니지	40%	40%	27%	35%
사하라 이남 아프리카	8%	4%	1%	4%
기타 국가	20%	12%	7%	13%
합계	100%	100%	100%	100%

출처: INED et INSEE, Enquête Trajectoires et Origines 2008. Catherine Borrel et Bertrand, Lhommeau, "Être né en France d'un parent immigré", INSEE

---

[4] Yves Breem, "Les descendants d'immigrés", Infos migrations, No. 15, Ministère de l'Immigration, de l'Intégration, de l'Identité nationale et du Développement solidaire(Juillet 2010), p.2.

[5] INED et INSEE, Enquête Trajectoires et Origines 2008; Catherine Borrel et Bertrand Lhommeau, "Être né en France d'un parent immigré", INSEE Première No. 1287(Mars 2010)의 보충자료(Données complémentaires)에 나와 있는 통계 표 참고. (http://www.insee.fr/fr/themes/document.asp?ref_id=ip1287, 검색일: 2011. 3. 15)

Première No. 1287(Mars 2010)의 보충자료(Données complémentaires)에 나와 있는 통계표를 인용함(http://www.insee.fr/fr/themes/document.asp?ref_id=ip1287, 검색일: 2011. 3. 15).

유럽계 이민자의 고령화 및 저출산 추세와 아프리카계 이민자의 두터운 젊은 층 및 높은 출산율 추세를 비교해 볼 때, 프랑스 이민 2세대의 출신별 인구구조는 이민 1세대 변화구조보다 훨씬 빠르게 "아프리카 특히 마그레브출신 심화 현상"을 보일 것으로 전망된다. 프랑스 "18-25세" 이민 2세대 가운데 아프리카 출신이 무려 절반에 가까운 48%(마그레브 3국 40%, 사하라이남 아프리카 8%)를 차지하고 있다는 것은 이 사실을 잘 입증해주고 있다. 여기서 주목할 점은 이들 아프리카 출신 2세대 청년의 상당수는 "영광의 30년" 동안 프랑스로 이주해서 프랑스 노동시장의 하층부를 형성했던 이민 1세대 프롤레타리아의 후손들이며, 본 연구에서 서술하게 될 프랑스 노동시장에서의 차별과 배제의 희생자라는 것이다.

2. 프랑스 이민자 통합정책의 최근 동향

전통적으로 프랑스의 이민자 통합정책은 공화주의적 동화모델le modèle républicain d'assimilation에 토대를 두고 추진되어왔다. 공화주의적 동화모델은 프랑스 대혁명 이후부터 이어지고 있는 "출신이나 태생에 관계없이 프랑스 사람은 모두 동등한 시민"이라는 공화주의적 가치에 의해 기반을 두고 있다. 따라서 공화주의적 동화모델은 "인종, 문화, 종교, 계층"의 차이에 따른 차별을 금기시하고 있으며, 이에 따라 프랑스에 들어온 각 이민자들이 가지고 있는 민족, 문화, 종교 등의 특수성을 공적으로 인정하지 않는다. 프랑스에 들어온 이민자들은 프랑스인으로 살기 위해서는 프랑스 국가에 통합되어야 하고, 통합되기 위해서는 이민자들이 적극적으로 프랑스 문화에 동화되어야 한다는 것이다.6) 이와 같은 프랑스의 이민자 동화정책은 프랑스와 비슷한 문화, 종교를 공유하고 있는 스페인, 포르투갈, 이태리 등 유럽계 출신 이민자들에게는 매우 유효한 정책이었으며, 실제로 유럽출신 이민자들이 프랑스 주류사회에 조기 동화, 편입되는데 순기능적인 역할을 하였다. 반면에 이 동화정책은 유럽의 문화, 전통, 규범, 가치관을 받아들이기 어려운 북아프리카출신 무슬림 이민자들에 대해서는 오히려 사회적 차별과 배제를 야기하는 문제점을 발생시켰다. 사실상 최근 동화주의 모델은 프랑스 이민자문제의 핵심대상인 약 600만 명에 달하는 마그레브계 무슬림 이민자 및 그들의 후손인 2, 3세대의 사회통합문제로 거대한 위기에 직면하고 있다.7) 그 대표적인 예로 1968년 프랑스 학생혁명 이후 최악의 사회혼란사태8)라고 평가받고 있는 "2005년 프랑스 이민자 소요사태"9)를 들 수 있다. 프랑스 대도시 외곽지역에 거주하

---

6) Roxane Silberman, Richard Alba & Irène Fournier, "Segmented assimilation in France? Discrimination in the labour market against the second generation", Ethnic and Racial Studies, Vol. 30. No. 1(January 2007), pp.1-6; 로렌스 와일리(손주경 역), 『프렌치 프랑스』 (서울: 고려대학교출판부, 2007), pp.323-333; 김민정, "프랑스 이민자정책: 공화주의적 동화정책의 성공과 실패", 『세계지역연구논총』 25집 3호 (한국세계지역학회, 2007), pp.17-19; 김승민, "프랑스 이민자소요사태의 발발 원인 분석", 『한국프랑스학논집』 제74집 (한국프랑스학회, 2011년), pp.277-278.

7) 장미혜(외), 『다민족 다문화사회로의 이행을 위한 정책 패러다임 구축 2 : 다문화 역량 증진을 위한 정책·사회적 실천 현황과 발전 방향(총괄보고서)』, 경제인문사회연구회 미래사회협동연구총서 08-17-01 (서울: 한국여성정책연구원, 2008), pp.59-60.

8) Laurent Mucchielli, "Autumn 2005: A Review of the Most Important Riot in the History of French Contemporary Society", Journal of Ethnic and Migration Studies, Vol. 35, Issue 5(May 2009), pp. 733-734.

9) 2005년 프랑스이민자 소요사태의 발발 원인에 대해서는 최근 필자가 집필하여 다른 학술지에 투고한 논문(김승민, "프랑스 이민자소요사태의 발발 원인 분석", 『한국프랑스학논집』 제74집 (한국프랑스학회, 2011년), pp.265-282)을 참고하기 바란다. 소요사태를 촉발시킨 가장 중요한 원인 중의 하나가 무슬림 이민2세들의 고실업과 노동시장 불평등문제였기 때문에 이 논문과 일정부분 내용이 중복되고 있다는 것을 밝힌다.

는 무슬림 이민 2세대 청년들이 주도한 소요사태를 통해 인종차별과 편견, 고용 불평등 등 프랑스 사회가 안고 있는 치부가 명백하게 드러났고, 그 결과 프랑스의 이민자 통합정책은 국내외로부터 "프랑스 공화주의적 통합모델의 실패", "프랑스 통합정책은 막다른 골목에 이르렀다"라는 심각한 비판을 받았다. 한편 2000년대 이후 반(反)이민 내지 강경한 이민정책을 표방하면서 유권자들의 표를 얻는데 성공한 "프랑스 극우파 국민전선의 2002년 대선 약진" 및 "보수 우파의 2007년 대선 승리" 사례도 프랑스 사회에서 이민자통합 문제가 심각한 사회적 갈등 이슈로 부상하였다는 것을 잘 입증해주고 있다. 즉 2002년 대선에서 국민전선 후보였던 장 마리 르펜Jean-Marie Le Pen은 이민자 문제를 프랑스 고실업과 치안불안, 국가정체성 위협, 복지지출 남용의 중요한 원인으로 부각시키면서 비유럽계 이민자 특히 북아프리카 무슬림 이민자를 희생양으로 삼고 정치 쟁점화하는데 성공하였다.10) 그 결과 당시 르펜이 사회당 리오넬 조스팽Lionel Jospin 후보를 누르고 대선 결선까지 올라갔다는 사실은 이민자문제를 "통합"의 대상이 아니라 "배제"의 대상으로 인식하는 여론이 프랑스 주류 사회 일각에서 광범위하게 확산되고 있다는 것을 보여주었다. 또한 2007년 대선에서 당선된 니콜라 사르코지Nicolas Sarkozy 현(現) 대통령도 내무장관(2005년 5월-2007년 3월) 역임 시절부터 현재까지 줄곧 국민전선과 매우 유사한 어법으로 무슬림 이민자를 국가정체성 위협과 치안불안을 야기하는 문제와 연관시키면서 강경한 이민정책을 실시하였고, 이것이 그의 선거 승리에 큰 기여를 하였다.11) 실제로 사르코지는 2005

---

10) Sally Marthaler, "Nicolas Sarkozy and the politics of French immigration policy", Journal of European Public Policy, Vol. 15, Issue 3(2008), pp.384-385; 엄한진, "프랑스 이민통합 모델의 위기와 이민문제의 정치화- 2005년 '프랑스 도시외곽지역 소요사태'를 중심으로-", 『한국사회학』 제41집 3호 (한국사회학회, 2007), pp.253-286.
11) 사르코지의 이민정책에 대해서는 다음 자료를 참고 할 것. 박선희, "프랑스 이민정책과

년 소요사태 시 치안책임자인 내무장관직을 수행하면서 소요에 참여한 무슬림, 아프리카계 이민청년을 향해 "쓰레기"12)라는 인종차별적인 발언을 한 바 있고, 최근에는 무슬림 이민자들의 동화문제와 관련하여 "프랑스에 있다면 프랑스라는 단일 공동체에 동화되어야하고, 이를 수용할 수 없다면 프랑스에서 환영받을 수 없다"13)라고 단호하게 발언한 바 있다. 한편 2005년 소요사태를 겪은 직후인 2006년도에 당시 내무장관이었던 사르코지는 이민규정을 더욱 강화하는 "이민 및 통합법"loi relative à l'immigration et de l'intégration을 주도적으로 제안하여 법률로 통과시켰다. 이 법안의 가장 핵심적인 내용은 프랑스에 도움이 되는 이민자만 선별적으로 받아들이겠다는 "선별적 이민"immigration choisie 정책이 도입된 것이었다. 이 법에는 가족재결합 규정을 강화하고, 국제결혼, 체류증, 외국인 유학생, 노동자의 선별 등과 관련된 요건도 강화한다는 조항이 담겨있다. 또한 사르코지는 2007년 대통령 당선 이후에 '이민·통합·국가정체성 및 공동개발부'Ministre de l'immigration, de l'intégration, de l'identité nationale et du du codéveloppement14)라는 새로운 부서를 설치하여 선별적 이민 및 이민통제를 강화하고 국가정체성을 확립하기위한 정책을 추진하였다. 한편 2007년 10월에는 가족재결합과 관련된 새로운 법안loi Hortefeux, 오르트페 법이 하원을 통과하였는데, 이 법안은 프랑스에 거주하는 가족과 함께 살기를 바라는 이민 신청자에 대해 혈연관계 입증을 위한 DNA 검사를 실시하겠다는 내용을 골자로 하고 있다.15) 이 법안은 특히 아프리카계 이민신청자의 서류위조를 막아

사르코지(2002-2008), 『국제 정치논총』, 제50집 2호 (한국국제정치학회, 2010), pp. 193-208; Sally Marthaler(2008), pp.382-397.
12) Le Monde, "Nicolas Sarkozy continue de vilipender "racailles et voyous", le 11 Novembre 2005.
13) 연합뉴스, 2011. 2. 13.
14) http://www.immigration.gouv.fr/.
15) Sally Marthaler(2008), p.392.

불법입국을 차단하고 범죄도 예방하겠다는 의도를 가지고 있었으나, 인권 침해 소지가 많았기 때문에 의회 통과과정에서 거센 논란을 불러 일으켰다. 좌파 정당(사회당 등), 인권단체 뿐만 아니라 사르코지 내각의 베르나르 쿠슈네르Bernard Kouchner, 사회당 출신임 외무장관 등 일부 각료들까지 이 법안에 대해 격렬하게 반대하였지만 이 법안은 하원에서 채택되었다. 이 법안의 시행은 심각한 사회적 논란에 부딪쳐 현재 보류되고 있는 상태이다. 하지만 이 법안이 하원에서 발의, 통과되었다는 사실 그 자체와 또한 당시 여론 조사에서 프랑스 시민 응답자의 과반수이상이 DNA 검사에 대해 찬성했다는 여론 조사결과16)를 고려해볼 때, 최근 프랑스내 반이민정책·반이민정서가 매우 심각한 수준이라는 것을 잘 알 수 있다.

이상에서 최근 프랑스 정부는 이민을 보다 엄격히 통제하는 정책을 실시하고 있으며, 특히 사르코지 대통령은 극우파의 노선과 비슷한 입장을 견지하면서 이민문제를 정치쟁점화시키며 "통합"보다는 "배제"의 대상으로 접근하고 있다는 것을 알 수 있다. 그리고 무엇보다도 최근 프랑스 이민자 통합정책의 가장 큰 당면과제는 프랑스 대도시 교외지역에 집중적으로 거주하고 있는 이민자들의 열악한 사회경제적 현실에 대한 근본적인 대책을 마련하는 것이라고 할 수 있다. 특히 곧 이어 서술할 마그레브Maghreb 출신 무슬림 이민자들이 겪고 있는 높은 실업률, 고용기회 차별 등과 같은 "노동시장에서의 불평등 및 배제 문제"의 극복이 가장 중요한 사회통합 과제라고 할 수 있다.

---

16) 2007년 10월 11일 여론조사에서 찬성의견 56%이었음. Sally Marthaler(2008), p.392 & p.396.

제3절 노동시장에서의 불평등 현황

프랑스 노동시장에서 이민자출신과 프랑스출신 간의 불평등 현황을 살펴보기 위해 먼저 양측 간의 "실업률 및 고용률"격차를 검토하고, 그 다음에 "취업 업종, 고용불안, 임금"등에 대해 비교하고자 한다.

1. 실업률 및 고용률

전체적으로 볼 때, 프랑스에서 이민자들은 비이민자들에 비해 남성, 여성 모두 고용률은 낮고 실업률은 높다. 2001-2005년 연 평균 통계자료[17]에 의하면 15세-64세 남자 이민자들의 평균 실업률(13.7%)은 비이민자 실업률(7.3%)보다 약 두 배 이상 높고, 또한 남자 이민자들의 취업비율(66.3%)도 비이민자(69.8%)에 비해 약간 낮은 것으로 나타났다(〈표 3〉 참고). 그런데 이민자의 출신 그룹 비교를 해보면, 북아프리카 마그레브계, 블랙 아프리카계 및 터키계 이민자들이 비이민자 및 유럽계 이민자 출신에 비해 현저히 높은 실업률을 보이고 있고 취업률 역시 가장 뒤지고 있다는 점에 주목할 필요가 있다. 특히 각 그룹간 남자 실업률을 비교해보면, 북아프리카 마그레브 국가출신(알제리, 모로코 각각 약 18%, 튀니지 약 17%)의 실업률은 비이민자(7.3%)에 비해 2배 반 이상 높고 남유럽 국가 출신(스페인, 포르투갈, 이태리 각각 약 5%)에 비해서는 무려 3배 이상이나 높은 것으로 나타났다. 또한 각 그룹간 여성들의 고용상황을 살펴보면 마그레브, 블랙 아프리카, 터키 계 여성들의 불균등 격차는 남자보다 더욱 더 심각하다. 특히 마그레브, 블랙 아프리카, 터키 출신 여성

---

[17] OECD, Jobs for Immigrants (Vol. 2): Labour Market Integration in Belgium, France, the Netherlands and Portugal(Paris: OECD, 2008), p.131.

들의 취업 비율(약 20-40%)은 타 그룹 여성(비이민자 58.2%)에 비해 현저히 낮으며, 특히 터키출신 여성의 경우 겨우 19.5%만이 일자리를 갖는 것으로 나타났다. 이상과 같이 북아프리카 마그레브계, 블랙 아프리카계 및 터키계 출신들이 남자, 여자 관계없이 노동시장에서 심각한 불균등을 겪고 있는 반면에, 서유럽의 백인계(스페인, 이태리, 포르투갈 출신 등) 이민자들은 프랑스출신에 비해 오히려 더 양호한 실업률과 취업률을 보이고 있다.

▶ 표 3 프랑스내 이민자의 출신별 실업률, 고용률 현황 (%) (2001-2005년 평균)

출신국가	남자		여자	
	고용률	실업률	고용률	실업률
비이민자 전체	69.8	7.3	58.2	9.5
이민자 전체	66.3	13.7	47.4	16.4
(유럽)				
스페인	71.6	5.5	54.1	8.0
이탈리아	63.9	4.5	47.1	11.1
포르투갈	81.3	4.9	69.3	7.5
기타 EU 15개국	71.2	6.8	52.3	8.5
기타 유럽	64.1	13.1	48.2	16.1
(아프리카)				
알제리	59.0	18.2	44.6	18.5
모로코	62.7	18.2	37.0	24.8
튀니지	63.4	16.8	42.6	14.4
기타 아프리카	65.4	18.6	47.8	20.9
(기타지역)				
터키	65.9	18.8	19.5	38.4
기타 아시아	69.3	10.8	45.9	18.9

출처: European Union Labour Force Survey. OECD, Jobs for Immigrants (Vol. 2): Labour Market Integration in Belgium, France, the Netherlands and Portugal (Paris: OECD, 2008), p.131에서 인용함.

여기서 우리는 프랑스 사회에서 이민자 고용문제의 주 대상은 전체 이민자집단이 아니라 특히 프랑스의 식민국가에서 유입된 마그레브계와 블랙 아프리카계 출신이라는 것을 알 수 있다.

한편 마그레브계 출신이나 블랙 아프리카계, 터키계 출신의 경우, 이민 1세대가 겪는 노동시장에서의 불평등 격차가 그들의 자녀인 2세대에게까지 그대로 내려오고 있다는 것에 주목할 필요가 있다.[18] 프랑스 고용연구센터(CEREQ)에서 2007년도에 실시한 "2004년 학업이수세대"의 고용 실태 조사[19]에 의하면, 마그레브태생 부모 2명을 둔 이민 2세대의 청년 실업률은 무려 30%에 달하는데, 이는 부모 2명 모두 프랑스태생인 청년의 실업률(약 16%)보다 약 2배 높고, 남유럽계 2세대(9%)에 비해서는 3배 이상 훨씬 높은 수준이다(〈표 4〉참고). 그리고 마그레브계 이민 2세대의 61%가 고용 상태인 반면에 프랑스 출신 청년의 경우 79%가 직업을 가지고 있는 것으로 나타났다. 마찬가지로 블랙 아프리카계, 터키계 이민 2세대들도 프랑스, 남유럽계 이민 2세대에 비해 심각한 고용 불평등 격차를 보이고 있다.

이와 같은 고용불평등 격차는 오늘날까지 지속되고 있다. 2010년에 INSEE가 16-65세의 프랑스 출신 및 이민 2세대 남녀를 대상으로 실시

---

[18] Eric Cediey et Fabrice Foroni, Les discriminations à raison de « l'origine » dans les embauches en France: Une enquête nationale par tests de discrimination selon la méthode du BIT(Bureau International du Travail)(Genève: BIT, 2007), pp. 1-113; Le COE(Conseil d'orientation pour l'emploi), Diagnostic sur l'emploi des jeunes(Paris: COE, février 2011), pp.1-62.

[19] 2004년도에 프랑스에서 학업을 마친 약 70만 명 청년(이상 '2004년 세대'(Génération 2004)라고 부름) 중 65,000명을 대상으로 경제활동을 시작한지 3년째 되는 2007년도에 이들 청년의 취업 실태를 조사한 것임. 프랑스 CEREQ는 학업을 마친 청년 세대들의 고용실태를 지속적으로 파악하기위해 지난 20년간 "1992년 세대", "1998년 세대", "2001년 세대", "2004년 세대" 등을 대상으로 주기적으로 실태조사를 하고 있다. CEREQ(Centre d'études et de recherches sur les qualifications), "Génération 2004, des jeunes pénalisés par la conjoncture", Céreq Bref, No. 248(Janvier 2008).

한 조사결과[20])에 따르면, 부모 2명 모두 마그레브 태생인 이민 2세 남성의 고용률은 65%로써, 프랑스 출신 청년 고용률 86%에 비해 21%나 낮은 것으로 나타났다. 또한 여성의 경우에도 마그레브출신 이민 2세 여성의 65%가 고용상태를 유지하고 있었는데, 이 역시 프랑스출신 여성 고용률 86%에 비해 18%나 낮았다.

▶ 표 4 이민 2세대의 출신별 실업률 및 고용률 현황 (%) (2007년도)

	전체	프랑스 출신의 부모 2명	마그레브 출신의 부모 2명	남유럽 출신의 부모 2명	터키 출신의 부모 2명	사하라 이남 아프리카 출신의 부모 2명	기타
실업률 (%)	14	13	30	9	19	29	23
고용률 (%)	77	79	61	85	69	59	67

출처: CEREQ, Enquête Génération 2004. INSEE, "Fiches Thématique-L"insertion des jeunes", Formations et emploi 2009(Paris: INSEE, 2009), p.109에서 인용함.

2. 취업 업종, 고용불안 및 임금수준

업종별 취업현황, 정규직·비정규직 비율 및 임금수준 등을 비교해보면 북아프리카 마그레브 출신이나 블랙 아프리카 출신들은 비이민자 및 남유럽출신 이민자에 비해 훨씬 열악하다. 마그레브계, 블랙 아프리카계들은 단순 노동, 임시직 등 저임금 블루칼라 업종에 종사하는 비율이 높은 반면에, 비이민자 출신, 이탈리아 출신들은 간부 및 고위직, 중간직 등 화이트칼

---

[20] Romain Aeberhardt, Denis Fougère, Julien Pouget et Roland Rathelot, "L'emploi et les salaires des enfants d'immigrés", Économic et Statistique No. 433-434, INSEE(2010), pp.31-46.

라 업종에 종사하는 비율이 상대적으로 높다.21) 특히 프랑스 출신은 25%만이 노동에 종사하고 있는 반면에 모로코, 튀니지출신의 약 50%, 알제리 41% 및 블랙아프리카 38%가 노동에 종사하고 있다. 더구나 이들 아프리카 출신 노동자 가운데 저임금 "미숙련 노동자"가 차지하는 비율이 40-50%에 달할 정도로 상당히 높으며, 그 결과 아프리카계 노동자의 상당수가 고용불안이나 실직위험에 노출되어 있다. 한편 마그레브계, 블랙아프리카계 출신이 고임금 간부직에 종사하는 비율(7%-9%)은 프랑스출신(15%)에 비해 두 배나 낮고, 특히 터키계의 경우에는 2%에 불과하다22)(〈표 5〉 참고).

▶ 표 5 프랑스내 이민자의 출신별 사회 직업군 분포도 (%) (2002년도)

사회직업군	비이민자 전체	이민자 전체	이탈리아	포르투갈	알제리	모로코	튀니지	기타 아프리카
농업	3	1	2	1	0	0	0	0
수공업, 상인, 자영업	6	8	9	8	7	8	10	4
간부 및 고위직	15	10	12	2	7	9	9	9
중간직	22	12	16	9	15	10	8	11
사무직	30	28	27	30	30	22	24	38
노동자	25	41	34	50	41	51	49	38
숙련공	16	24	24	32	25	24	28	18
미숙련공	8	17	10	18	16	27	21	20
전체	100	100	100	100	100	100	100	100
노동자 중 미숙련공 비중	34	42	29	35	40	53	42	52

출처: INSEE, Les immigrés en France 2005(Fiches Thématique)(Paris: INSEE, 2005), pp.114-115.

---

21) IZA((Institute for the Study of Labor), "Study on the Social and Labour Market Integration of Ethnic Minorities", IZA Research Reports No.16(February 2008), p.26 & p.78.
22) INSEE, Les immigrés en France 2005(Paris: INSEE, 2005), pp.114-115.; INSEE, Enquêtes annuelles de recensement de la population de 2004 à 2007; INSEE, "L'activité des immigrés en 2007," INSEE première, No. 1212(October 2008), pp.1-4.

한편 20대 각 청년그룹을 비교해보면, 북아프리카 마그레브계, 블랙 아프리카계 및 터키계 이민2세대들은 그들의 부모세대와 마찬가지로 비정규직, 저임금과 같은 불리한 고용조건에 놓여 있었다. CEREQ의 2007년도 청년고용실태조사23)에 의하면, 2004년도에 학업을 마친 전체 조사대상 청년의 63%가 경제활동을 시작한지 3년 후인 시점에 정규직에 고용되어 있는 반면에, 마그레브 이민 2세대의 경우 52%만이 정규직인 것으로 밝혀졌다(〈표 6〉참고).

▶ 표 6 이민 2세대의 출신별 정규직·비정규직 비율 및 임금수준(2007년)

	전체	프랑스 출신의 부모 2명	마그레브 출신의 부모 2명	남유럽 출신의 부모 2명	터키 출신의 부모 2명	사하라 이남 아프리카 출신의 부모 2명	기타
정규직 비율(%)	63	64	52	72	51	53	57
임시직 비율(%)	8	7	18	5	19	11	12
파트타임직 비율 (%)	14	13	16	12	13	23	15
평균 월 임금 (유로)	1300	1300	1250	1300	1250	1250	1280

출처: CEREQ, enquête Génération 2004. INSEE, "Fiches Thématique sur l'insertion des jeunes", Formations et emploi 2009(Paris: INSEE, 2009), p.109에서 인용함.

한편 마그레브 이민 2세의 18%가 고용불안에 노출된 임시직에 근무하고 있었는데, 이 비율은 프랑스 출신 2세(7%), 남유럽계 2세(5%)보다 훨씬 높은 수준이다. 한편 마그레브, 블랙 아프리카, 터키계 2세의 평균 임금은 프랑스 청년, 남유럽계 2세대에 비해 약간 낮은 것으로 나타나고

---

23) CEREQ, enquête Génération 2004.; INSEE, "Fiches Thématique sur l'insertion des jeunes", Formations et emploi 2009(Paris: INSEE, 2009), p.109.

있다. 이러한 임금격차는 최근 INSEE의 조사결과(2010년)[24]에 의해서도 밝혀지고 있는데, 마그레브 이민 2세의 임금은 프랑스 출신에 비해 13%나 낮은 것으로 나타났다.

제4절 노동시장에서의 불평등 원인 분석

일반적으로 이민자그룹이 겪는 노동시장에서의 불평등은 이민유입국 체류기간의 장단기여부, 시민권 획득여부[25], 학력 격차 및 경력 격차, 가정환경 차이, 거주지 격리문제(예, 이민자 집단의 게토Ghetto화) 등에 기인한다. 이들 요인 이외에 프랑스에서는 인종에 따른 고용자의 차별이 노동시장에서의 불평등 격차를 초래하는 중요한 원인이 되고 있다. 아래에서는 프랑스 노동시장에서 비이민자와 이민자출신(특히 마그레브계, 블랙 아프리카계 이민 1, 2세대) 간에 노동시장에서의 불평등을 초래하는 중요한 원인이라고 판단되는 세 가지 사항 즉 1)인종차별 문제, 2)거주지 격리 문제 3)교육격차 문제에 대해 살펴보도록 한다.

---

[24] Romain Aeberhardt, Denis Fougère, Julien Pouget et Roland Rathelot(2010), pp.31-46.
[25] 이민유입국의 체류기간 및 시민권 획득 여부는 어느 나라에서든지 이민자의 고용에 큰 영향을 주는 변수임에 틀림없다. 그런데 프랑스의 경우 마그레브 이민 2세의 상당수는 프랑스에서 태어나 프랑스에서 성장하고 프랑스 국적을 가지고 있음에도 불구하고, 심각한 고용 불평등을 겪고 있다는 것을 고려해볼 때 체류기간, 시민권 획득 변수는 프랑스의 노동시장 불평등에 큰 영향을 주는 요인이 아니라는 것을 알 수 있다. Dominique Meurs, Ariane Pailhéet Patrick Simon, "Mobilité intergénérationnelle et persistance des inégalités: l'accès à l'emploi des immigrés et de leurs descendants en France", Population, Vol. 61, No. 5-6(2006), pp.776-779.

1. 인종차별 문제

인종차별에 따른 고용 불평등을 측정하는 가장 유효한 분석방법 중 하나는 이민자그룹과 비이민자그룹 간에 인종차별 변수이외에 고용에 영향을 주는 다른 변수(학력, 경력, 가정 사정, 거주지 등)의 조건이 똑같다고 가정하고 각 그룹 간의 고용 실태를 비교하는 것이라고 할 수 있다. 특히 이민자그룹과 비이민자집단 간에 학력의 차이가 없는 경우를 고려하는 것은 프랑스 이민자들의 고용 불평등 상황을 측정하는 효과적인 분석 방법이 될 수 있다. 왜냐하면 특히 마그레브, 블랙 아프리카 및 터키계 이민자들이 출신가정 2세대의 낮은 교육수준은 이들 2세대 고실업문제의 중요한 원인이 되고 있기 때문이다. 그런데 2007년 CEREQ의 조사결과[26]에 의하면 학력수준의 차이가 없더라도 프랑스 가정 출신 청년과 EU역외국 가정출신 청년 간에는 심각한 실업률 격차를 보이고 있는 것으로 나타났다. 양측 모두 무학력자일 경우 프랑스출신 청년(부모 2명 모두 프랑스인)의 실업률은 30%인 반면에 EU역외국 가정출신 청년(부모 2명 모두 역외국 출신)의 실업률은 42%에 달하고 있다(〈표 7〉참고).

▶ 표 7 이민 2세대의 출신별, 학력별 실업률 현황(%) (2007년)

	전체	무학력	CAP-BEP	Bac	Bac +2	Bac +3 이상
프랑스 출신의 부모 2명	13	30	16	12	6	6
EU역외국 출신의 부모 2명	28	42	26	23	18	13

참고: CAP(Certificat d'Aptitudes Professionelles)와 BEP(Brevet d'Etudes Professionnelles)는 단순 직업교육증서임; Bac.(Baccalauréat)은 대학입학자격 취득증서임.

[26] CEREQ, Génération 2004; CEREQ, "Des jeunes pénalisés par la conjoncture", Céreq Bref, No. 248(Janvier 2008).

출처: CEREQ, Génération 2004; CEREQ, "Des jeunes pénalisés par la conjoncture", Céreq Bref, No. 248(Janvier 2008).

　무엇보다도 이러한 편차는 학력이 높을수록 더욱 더 두드러지게 나타나고 있다는 것에 주목할 필요가 있다. 즉 대학 2년 이수(바칼로레아(Bac) +2), 3년 이상이수(Bac +3 이상) 학력소지자의 경우, EU역외국 가정출신 청년의 실업률은 프랑스 출신 청년보다 무려 각각 세 배, 두 배나 높은 것으로 나타났다.

　이와 같이 학력이 동등한 경우에도 북아프리카 마그레브계 2세와 블랙아프리카계 2세가 주종을 이루고 있는 EU역외국 출신 청년의 실업률이 프랑스출신 청년에 비해 훨씬 높은 실업률을 나타낸다는 사실은 무엇을 의미하는가? 결국 프랑스의 경우 학력 변수 이외에도 인종에 따른 고용자의 차별, 사회적 편견이 노동시장에 매우 중요한 영향을 미치고 있다는 것을 입증하고 있다. 실제로 여러 기존 연구결과에 의하면 마그레브계, 아프리카계 이민 2세대들은 인종에 따른 고용자의 차별, 사회적 편견에 의해 노동시장에서 차별과 배제를 당하고 있다는 것을 알 수 있다. INSEE가 2010년에 실시한 연구결과[27]에 따르면, 2005-2010년(평균) 기간 동안 마그레브계 이민 2세대 남자(부모 2명중 적어도 1명이 마그레브 태생임)의 고용률(65%)과 프랑스 출신 남자(부모 2명 모두 프랑스 태생)의 고용률(86%)간에는 무려 21%의 격차가 있는 것으로 나타났으나, 고용에 영향을 줄 수 있는 학력, 경력, 가정 사정, 거주지 등의 차이에서 발생되는 "설명 가능한 격차"는 단 7%(전체 격차의 1/3)에 불과한 것으로 나타났다. 나머지 14%는 "설명 불가능한 격차"로 밝혀졌는데, 이중 상당

---

[27] Romain Aeberhardt, Élise Coudin et Roland Rathelot, "Les écarts de taux d'emploi selon l'origine des parents : comment varient-ils avec l'âge et le diplôme?" in INSEE(ed.), France portrait social 2010(Paris: INSEE, 2010), pp.149-165.

부분은 이민자의 출신(즉 마그레브계)에 따른 고용주의 인종차별에 기인한 것으로 추정하고 있다. 한편 Duguet Emmanuel et al.이 2006년도에 실시한 취업 지원자의 인종출신에 따른 "이력서 송부"l'envoi de curriculum vitae와 관련된 실증조사 결과28)에 의하면 프랑스에서는 같은 이력서를 내밀더라도 아랍계나 아프리카계 이름으로는 프랑스계 이름보다 취업이 훨씬 힘든 것으로 나타났다. 즉 이 실증조사에서는 이력서의 내용은 똑같이 기재하고, 단지 지원자의 국적(프랑스국적 혹은 모로코 국적), 성과 이름(프랑스식 이름 혹은 모로코식 이름), 거주지(고급주택지구 혹은 도시외곽 빈민지구)만을 변경하여 입사지원을 하였다. 그 결과, 입사 이력서의 내용이 똑같더라도 모로코출신 이름을 기재된 구직자는 프랑스 이름을 기재한 구직자보다 면접기회를 가질 확률이 2.8배-3.5배나 적은 것으로 나타났다(모로코 출신 프랑스국적자의 경우 2.8배, 모로코 국적자의 경우 3.5배). 이와 같은 차별은 단순 비정규직보다는 고학력 정규직에서 더욱 더 심각한 것으로 나타났다. 또한 거주지가 이민자들이 집중적으로 사는 도시외곽 빈민지구로 기재된 구직자는 고급주택지구로 기재된 구직자보다 면접기회를 가질 확률이 1.6배나 적은 것으로 나타났다. 이 결과를 통해 특히 아랍계, 아프리카계 이민 2세대들은 프랑스사회에서 인종주의로 인한 고용차별을 심각하게 겪고 있다는 것을 알 수 있다. 실제로 CEREQ의 2007년도 청년고용실태 설문조사29)에 의하면, 마그레

---

28) Emmanuel Duguet, Noam Leandri, Yannick L'Horty et Pascale Petit, "Discriminations à l'embauche – Un testing sur les jeunes des banlieues d'Île-de-France" Rapports et documents(Paris; Centre d'analyse stratégique, 2007), pp.1-30; Ministere de l'économie, de l'industrie et de l'emploi et Ministere du travail, des relations sociales, de la famille, de la solidarité et de la ville, "Les facteurs de discriminations à l'embauche pour les serveurs en Ile-de-france: résultats d'un testing", DARES Premieres Syntheses Information, No. 40.1, (Septembre 2009), pp.1-5.

29) CEREQ, Enquête Génération 2004.; Yaël Brinbaum, Christine Guégnard, "Parcours

브계 이민청년 응답자의 무려 41%가 2004년에 학업을 마치고 경제활동을 하면서 적어도 한 번 이상 "고용 차별의 희생자"가 된 경험이 있다고 응답하였다. 반면에 프랑스 출신 청년 응답자가운데 고용차별 경험을 겪었다고 응답한 비율은 10%에 불과하였는데, 이 응답률은 마그레브계 이민청년에 비해 무려 4배나 적다. 한편 사하라이남 아프리카계(36%), 터키계(21%) 출신 이민청년의 상당수도 고용차별을 겪은 것으로 나타났고, 반면에 서유럽의 포르투갈 출신 이민청년(10%)의 경우에는 상대적으로 차별을 훨씬 적게 받은 것으로 나타났다(〈표 8〉참고). 이 조사 결과에서 특히 심각한 것은 아랍계, 블랙 아프리카계 이민청년의 상당수가 수차례 이상 반복적으로 고용차별을 겪었다는 사실이다. 즉 마그레브계 응답자 가운데 단 1회 차별을 겪었다고 응답한 비율은 28%인 반면에, "수차례"(54%) 그리고 "매우 많이"(18%) 차별을 겪었다고 응답한 피조사자도 많은 것으로 나타났다.

▶ 표 8 이민 2세대의 출신별 고용차별 경험(%) (2007년)

부모출신 국가	남자	여자	전체
포르투갈	10	10	10
마그레브	45	37	41
사하라 이남 아프리카	35	38	36
터키	26	15	21
아시아	20	14	19
기타 지역	11	10	12
프랑스	9	11	10

출처: CEREQ. Enquête Génération 2004. Yaël Brinbaum et Christine Guégnard, Parcours de formation et insertion des jeunes issus de l'immigration: De de formation et insertion des jeunes issus de l'immigration : De l'orientation au sentiment de discrimination", CEREQ Net.Doc, No. 78(Février 2011), pp.28-29.

l'orientation au sentiment, groupes d'exploitation de Génération 2004(Paris: Céreq, 2011), pp.28-29에서 인용함.

이상과 같이 마그레브, 블랙아프리카계 이민자들이 그들의 인종적 정체성(인종, 이름, 피부색 등) 이유에 의해 노동시장에서 차별과 배제를 받고 있다는 것은 프랑스 대혁명이후 프랑스가 그토록 받들어 왔던 국시인 "자유, 평등, 박애"에 반하는 충격적인 사실이 아닐 수 없다. 또한 이것은 프랑스 이민자 통합정책의 근간을 이루는 "공화주의적 동화모델"le modèle républicain d'assimilation의 허구성 내지 위기를 적나라하게 입증해주는 근거가 아닐 수 없다. 즉 공화주의적 동화모델은 프랑스 대혁명 이후부터 이어지고 있는 "출신이나 태생에 관계없이 프랑스 사람은 모두 동등한 시민"이라는 공화주의적 가치에 의해 기반을 두고 "인종, 문화, 종교, 계층"의 차이에 따른 차별을 금지하고 있는데, 최근 프랑스는 "인종, 피부색을 구분하지 않는 사회"color-blind society가 아니라 "인종, 피부색에 따른 차별을 하는 사회"color-conscious society)로 변모하는 것 같아 보인다.[30]

프랑스 최대의 이민자집단인 무슬림 이민자들이 노동시장에서 고용차별을 겪고 있는 이유는 지난 70년대 중반 이후부터 현재까지 저성장과 고실업의 늪에서 허덕이고 있는 프랑스 경제침체 때문에 프랑스 내 일자리가 부족하다는데서 근본적인 원인을 찾을 수 있다. 한편 2000년대 이후 프랑스 사회에서 확산되고 있는 반(反)이민, 반(反) 이슬람 분위기도 고용차별의 중요한 원인이 되고 있다. 특히 본 논문 II장에서 살펴본 바와 같이, 최근 프랑스 정계의 극우파 및 보수 우파들은 이민자 문제를 프랑스 고실업과 치안불안, 국가정체성위협, 복지지출 남용 등과 연관시

---

[30] David B Oppenheimer, "Why France Needs to Collect Data on Racial Identity … in A French Way", University of California(Berkeley) SelectedWorks (December 2007), pp.11-12.

키면서 북아프리카 무슬림 이민자를 희생양으로 삼고 정치쟁점화하는데 성공하면서 유권자로부터 상당한 지지를 받고 있다.31) 프랑스 극우파 국민전선Front National의 전(前) 당수인 장 마리 르펜Jean-Marie Le Pen의 2002년 대선 결선 진출, 이민자에 대해 강경한 입장을 가지고 있는 니콜라 사르코지Nicolas Sarkozy 현(現) 대통령의 2007년 대선 승리, 최근 극우파 국민전선의 새 당수로 선출된 마린 르펜Marine Le Pen의 차기 대선 후보 지지율 1위(2011년 3월 초 여론 조사)32) 등의 사례는 프랑스 사회에서 반이민 정서, 반이슬람 정서가 상당한 수준으로 팽배해있다는 것을 잘 입증해 주고 있다. 프랑스사회에서 인종주의, 반이민정서, 반이슬람 정서의 핵심대상이 북아프리카출신 무슬림이민자라는 것을 고려해 볼 때, 마그레브계 이민자에 대한 고용 차별문제는 향후에도 쉽게 해소되지 않을 것으로 보인다.

2. 거주지 격리 문제

이민자들의 거주지가 파리를 비롯한 대도시 외곽지역Banlieue의 낙후지역인 "도시민감지역"ZUS: Zones Urbaines Sensibles에 집중되어 있다는 점도 이민자와 프랑스출신 간의 고용 불평등 격차를 야기하는 원인으로 작용하고 있다. 프랑스에서 ZUS는 상대적으로 개발이 낙후된 대도시 외곽의 "취약

---

31) 엄한진, "프랑스 이민통합 모델의 위기와 이민문제의 정치화— 2005년 '프랑스 도시외곽지역 소요사태'를 중심으로—",『한국사회학』제41집 3호(한국사회학회, 2007), pp.253-286; 박선희(2010), pp.193-211; Sally Marthaler(2008), pp.382-397.
32) 2011년 3월 5일 르 파리지앙(le Parisien)이 실시한 차기 대선(2012년 봄 예정) 후보 지지율 여론조사에서 극우 정당 대표인 마린 르펜(국민전선의 직전 당수였던 장 마리 르펜의 딸임)은 23%의 지지율 얻어 우파 사르코지 대통령(21% 지지율)과 좌파 사회당 유력 여성 정치인 마르틴 오브리(Martine Aubry; 21% 지지율) 제치고 지지율 1위를 차지했다. Le Parisien, "Sondage - Election présidentielle 2012 : Marine Le Pen en tête au premier tour"(le 5 Mars 2011).

지역"quartier en difficulté으로서 이민자들이 집단적으로 모여 살며 "게토"Ghetto 현상을 보이는 지역이며, 실업, 빈곤, 인종차별, 청소년 범죄, 슬럼화의 온상지로 알려져 있다. 프랑스정부는 ZUS를 도시정책의 우선적인 지원 대상지역으로 삼기위해 1996년 11월에 법률로 프랑스 전역에 751개의 ZUS를 지정하였으며33), 2006년 현재 프랑스 전체 인구의 약 7%에 해당되는 약 440만 명이 ZUS지역에 살고 있다.34) 프랑스 도시민감지역(ZUS)의 이민자 인구 구성 비율을 살펴보면 이민자출신 인구는 프랑스 전체 ZUS 총거주민의 22.2%에 달하고 있다. 프랑스 전체인구대비 총 이민자 비율이 약 8%라는 것을 고려해 볼 때 이민자들이 ZUS지역에 많이 거주하고 있다는 것을 알 수 있다. 특히 프랑스 내 최대의 이민자집단인 마그레브출신 이민자 가정의 ZUS거주 비율은 프랑스 가정이나 다른 이민자그룹가정에 비해 훨씬 높다는 사실에 주목해야 한다. 2010년 INSEE의 조사결과35)에 의하면 마그레브출신 이민자 전체 가정(마그레브 출신의 부모 2명)의 28%가 ZUS에 거주하는 것으로 나타났는데, 이는 프랑스 출신 전체가정의 ZUS거주 비율 6%보다 약 5배 높고, 다른 이민자가정 그룹(동유럽 출신, 남유럽출신)의 ZUS거주 비율에 비해서도 3-4배 높다(〈표 9〉 참고).

---

33) 프랑스에서 1996년 11월 14일에 제정된 도시정책 법률은 우선대상지역을 해당지역의 실업률, 저학력 비율, 납세부담률, 젊은층 인구비율 등을 고려하여 다음 3지역으로 분류하여 지정하였다. 1)도시민감지역(Zones urbaines sensibles; ZUS) 2)도시재활성화지역(Zones de redynamisation urbaine ; ZRU) 3)도시특별취약지역(zones franches urbaines; ZFU). Délégation Interministérielle à la Ville(DIV), Historique législatif des ZUS-ZRU-ZFU(Paris: DIV, 2003)(http://i.ville.gouv.fr/reference/2034. 검색일: 2011. 3. 18).

34) Corinne Chevalier, "La population des zones urbaines sensibles", INSEE Première, No. 1328(Décembre 2010), p.1.

35) Romain Aeberhardt, Élise Coudin et Roland Rathelot(2010), p.163.

▶ 표 9 이민 2세대의 출신별 도시민감지역(ZUS) 거주율(%)

	프랑스 출신의 부모 2명	동유럽 출신의 부모 2명	북유럽 출신의 부모 2명	남유럽 출신의 부모 2명	마그레브 출신의 부모 2명
ZUS	6	9	4	7	28
기타 일반지역(비ZUS)	94	91	96	93	72

출처: Romain Aeberhardt, Élise Coudin et Roland Rathelot, "Les écarts de taux d'emploi selon l'origine des parents : comment varient-ils avec l'âge et le diplôme?", in INSEE(ed.), France portrait social 2010(Paris: INSEE, 2010), p.163.

북아프리카 마그레브, 블랙아프리카 이민자 출신들은 특히 파리 외곽 ZUS에 위치한 값싼 "공공 서민 임대아파트"HLM; Habitation à Loyer Modéré 지역에 집단적으로 거주하고 있는데, 이들 중 상당수는 프랑스 주류사회와 고립되어 그들끼리 폐쇄적으로 살고 있다. 2005년 프랑스 이민자 소요사태가 가장 격렬하게 발생한 곳은 파리 외곽지역에 위치한 ZUS이었으며, 이 지역 거주민인 북아프리카 무슬림 2세대 이민청년들이 소요를 주도하였다.

프랑스 도시민감지역ZUS 연구기관인 ONZUS의 2010년도 보고서[36]에 의하면, ZUS 거주민은 프랑스의 다른 지역 주민에 비해 훨씬 심각한 실업률과 빈곤률을 보이고 있다. 2008년 프랑스 전역 ZUS의 전체 실업률(15-59세, 남녀 총계)은 16.9%나 되었는데, 다른 일반 지역(비ZUS)의 평균 실업률(7.7%)에 비해 두 배 이상 높았다. 특히 ZUS에 거주하는 15-24세 젊은이(남자)의 실업률은 무려 41.7%에 달하고 있으며, 이 수치는 비ZUS 거주 청년 실업률(19.1%)의 두 배를 웃돌고 있다.[37] 한편

---

[36] ONZUS(Observatoire national des zones urbaines sensibles), ONZUS Rapport 2010, Les éditions du CIV, (Paris: ONZUS, 2010), pp.1-269.
[37] ONZUS(2010), pp.16-17.

ZUS 거주자의 22.2%가 월 소득 908유로 이하의 빈곤층으로 나타났는데, 이 수치 역시 비ZUS 거주 빈곤층(12.0%)에 비해 훨씬 높다.[38] 결국 대도시 근교 도시민감지역ZUS이 프랑스 사회에서 가장 심각한 고용, 빈곤, 교육, 생활환경문제를 나타내고 있다는 것을 고려해볼 때, 마그레브, 아프리카 출신 이민자의 과도한 ZUS 거주 집중 현상은 이들 집단과 프랑스 내국인 간의 고용 불평등 격차를 초래하는 중요한 요인이 되고 있다는 것을 알 수 있다. 그리고 앞에서 살펴본 취업 지원자의 인종출신에 따른 "이력서 송부"l'envoi de curriculum vitae와 관련된 실증조사[39] 결과에서도 밝혀졌듯이, 거주지가 대도시외곽 ZUS로 기재된 구직자는 고급주택지구로 기재된 구직자보다 면접기회를 가질 확률이 1.6배나 적은 것으로 나타났다는 사실은 프랑스 고용주들이 이민자 집중거주지역으로 슬럼화되고 있는 ZUS에 대한 부정적인 고정관념을 가지고 있다는 것을 잘 입증해주고 있다. 특히 2005년 프랑스 대도시외곽 이민자 소요사태 이후에는 이를 주도한 ZUS출신 마그레브계 무슬림 이민청년들은 프랑스 사회의 치안불안을 야기하고 프랑스의 정체성에 도전하는 "범죄자", "사회골치거리" 라는 인식이 프랑스 주류사회에 광범위하게 확산되어있기 때문에 "ZUS 거주지"에 따른 고용차별은 앞으로도 쉽게 사라지지 않을 것으로 전망된다.

3. 교육격차 문제

마그레브, 사하라이남 아프리카 출신과 프랑스 출신 간의 교육수준 격차는 양 그룹 간에 노동시장의 불평등을 초래하는 원인으로 작용하고 있다. 먼저 이민자 1세대의 교육수준을 살펴보면, 양 그룹 간의 교육 격차

---

[38] ONZUS(2010), p.111.
[39] Emmanuel Duguet, Noam Leandri, Yannick L'Horty et Pascale Petit(2007), pp.1-30.

는 매우 심각하다. 마그레브, 사하라이남 블랙아프리카 출신 1세대의 상당수는 2차 세계대전 이후부터 1973년까지 프랑스 경제가 고도성장을 하던 "영광의 30년" 동안 프랑스에 이주한 저임금 노동자이기 때문에 교육수준이 매우 낮다. 최근 프랑스 국립통계청INSEE와 프랑스 국립인구조사청INED 두 기관이 공동으로 18-50세의 이민자 1, 2세대를 대상으로 실시한 조사결과40)에 의하면 마그레브 이민자 1세대의 약 30%가 무학력자이고(알제리 27%, 모로코·튀니지 33%), 사하라이남 아프리카 출신 1세대의 무려 44%가 무학력자인 것으로 나타났다. 이것은 프랑스출신의 무학력 비율 9%보다 약 3-5배 많은 수준이다. 그리고 고등학위증(바칼로레아(Bac.) +3년 이상)을 소지한 고학력자의 경우 마그레브 이민자와 블랙아프리카 출신 이민자의 각각 약 25%, 18%를 차지하고 있는 반면에 프랑스출신은 34%에 달하고 있다. 한편 마그레브, 사하라이남 블랙아프리카 이민자 2세대는 부모세대 만큼은 격차가 나지는 않지만, 여전히 프랑스 출신 2세대와의 교육격차가 큰 것으로 나타났다. 부모 출신국에 따른 이민자 2세대의 무학력 비율을 비교해보면 알제리 22%, 모로코·튀니지 16%, 블랙아프리카 15%로서 프랑스 출신 2세대 무학력 비율(9%)에 비해서는 약 2배정도 높은 실정이다. 그리고 고등학위증을 소지한 고학력자의 경우에도 프랑스 출신은 34%에 달하는 반면에 특히 알제리(20%), 터키(15%) 등은 20%를 넘지 못하는 것으로 나타났다(〈표 10〉 참고).

---

40) INED et INSEE, Enquête Trajectoires et origines 2008, Laure Moguéerou, Yaël Brinbaum, Jean-Luc Primon, "Niveaux de diplôme des immigrées et de leurs descendants" in INED et INSEE(ed.), Trajectoires et Origines: Enquête sur la diversitée des populations en France(Paris: INED et INSEE, 2010), p.41에서 인용.

▶ 표 10 이민 2세대의 출신별 학력수준(%)

출신국가	무학력	CEP, BEPC	CAP-BEP	Bac	Bac +3이상 (고등학위)	전체
알제리	22	11	28	18	20	100
모로코 및 튀니지	16	10	23	20	31	100
사하라 이남 아프리카	15	12	26	22	25	100
터키	25	11	30	18	15	100
포르투갈	13	7	35	17	28	100
스페인 및 이탈리아	14	11	32	17	26	100
프랑스	9	8	29	19	34	100

참고: CEP(Certificat d'études primaires, 초등학교 졸업증서); BEPC(Brevet d'études du premier cycle, 중학교졸업증서); CAP(Certificat d'Aptitudes Professionelles)와 BEP (Brevet d'Etudes Professionnelles)는 단순 직업교육증서임; Bac.(Baccalauréat)은 대학입학자격 취득증서임.

출처: Laure Moguéerou, Yaëel Brinbaum et Jean-Luc Primon, "Niveaux de diplôme des immigrées et de leurs descendants" in INED et INSEE(ed.), Trajectoires et Origines: Enquête sur la diversitée des populations en France(Paris: INED et INSEE, 2010), p.41에서 인용함.

특히 앞에서 살펴본 프랑스 "도시민감지역"(ZUS)에 거주하고 있는 이민2세대 청소년의 상당수는 학업실패로 인해 학교 교육에서 중도 탈락하고 있다. 실제로 2005년에 CEREC이 1999년에 학업이수을 마친 청년세대를 대상으로 실시한 조사에 의하면 ZUS 거주청년의 25%가 무학력 소지자로 밝혀졌는데, 이는 프랑스 내 비ZUS지역 청년의 무학력비율 (12%)보다 두 배 이상 높은 실정이다.[41] 이상에서 살펴본 바와 같이 마그

---

[41] Thomas Couppié, Céline Gasquet, "Quartiers défavorisés : relégation pour certains jeunes, insertion sociale et professionnelle pour d'autres", Céreq Bref, No. 261 (Février 2009), p.3.

레브출신 및 블랙아프리카출신의 이민자들은 1세대 뿐만 아니라 2세대의 경우에도 프랑스 출신에 비해 매우 낮은 학업성취도를 보이고 있으며, 이러한 학력 격차는 취업에 중요한 영향을 미치고 있다.

제5절 결론

이상에서 살펴본 바와 같이 프랑스 노동시장에는 이민자출신과 프랑스 출신 간에 취업, 실업, 고용 불안정, 임금수준 등 측면에서 상당한 불평등 격차가 나타나고 있다. 특히 북아프리카 마그레브계와 사하라이남 아프리카계 이민자들은 남자, 여자 모두 프랑스출신 및 유럽계 이민자에 비해 훨씬 높은 실업률을 보이고 있으며 또한 저임금, 고용불안의 단순 노동, 비정규직 일자리에 종사하는 비율이 상대적으로 높은 것으로 나타났다. 한편 마그레브계, 블랙 아프리카계 이민자집단이 겪는 노동시장에서의 불평등 현상은 1세대뿐만 아니라 그들의 자녀인 2세대에게까지 그대로 세습되고 있을 정도로 구조적이고 매우 심각하다.

마그레브계, 블랙 아프리카계 이민자와 프랑스출신 간의 노동시장 불평등은 교육 격차, 거주지 차이, 경력 격차, 가정환경 차이 등에 기인할 뿐만 아니라 인종에 따른 고용주의 차별에 의해서도 발생되고 있다. 마그레브, 블랙 아프리카 출신 1세대뿐만 아니라 2세대들도 프랑스 출신에 비해 상대적으로 낮은 학업성취도를 보이고 있는데, 이러한 교육 격차는 취업률 격차와 경제적 양극화의 중요한 원인이 되고 있다. 또한 마그레브, 블랙 아프리카 출신 이민자들의 거주지가 대도시 외곽 소외지역인 도시민감지역ZUS에 집중되어 있다는 점도 불평등 격차를 초래하는 요인으로 작용하고 있다. 실제로 프랑스 사회에서 ZUS는 실업, 빈곤, 슬럼화, 인종주의 및 청소년 범죄의 온상으로 인식될 정도로 열악한 경제, 교육, 생활 여건을 보이고 있기 때문에 ZUS거주 이민 1, 2세대들의 실업률은 프랑스 평균에 비해 두 배 이상 높은 실정이다. 한편 프랑스에서는 무엇보다도 인종적 정체성(인종, 피부색, 이름 등)에 따른 고용자의 차별, 사회적 편견이 노동시장에서의 불평등 격차를 초래하는 가장 중요한 요인으로 작용하고 있다. 특히 프랑스 최대의 이민자집단인 북아프리카 출신 무슬림 이민자 2세대들은 프랑스 국적을 가지고 있고 또한 프랑스 출신과 동등한 학력을 가지고 있는 경우라도 인종차별 문제에 의해 노동시장에서 심각한 불평등을 겪고 있다. 무슬림 이민자들이 노동시장에서 고용차별을 겪고 있는 이유는 지난 70년대 중반 이후부터 현재까지 저성장과 고실업의 늪에서 허덕이고 있는 프랑스 경제침체 때문에 프랑스 내 일자리가 부족하다는데서 근본적인 원인을 찾을 수 있다. 사실 프랑스 정부가 자발적으로 이주 노동자를 불러들인 "영광의 30년"(2차 세계대전 이후-1973년) 경제성장기와는 달리 "무기력의 30년"(1974년-현재) 경제침체기에는 프랑스 경제가 일자리를 감당하기에는 힘에 부치는 너무나 많은 무슬림 이민자 인구(2010년 현재 약 600만 명, 프랑스 전체 인구의 약 10%)가 있는 실정이다. 한편 2000년대 이후 프랑스 사회에서 확산되고 있는 반(反)이민, 반(反) 이슬람 분위기도 고용 차별의 중요한 원인이 되고 있다. 특히 최근 프랑스의 극우파 및 보수 우파 정치지도자들은 이민문제를 프랑스 실업과 치안불안, 국가정체성 위협, 복지지출 남용의 중요한 원인으로 부각시키면서 북아프리카 무슬림 이민자들을 희생양으로 삼고 정치쟁점화하면서 선거 전략에 활용하려는 움직임을 보이고 있다. 프랑스 사르코지 대통령이 내무장관시절부터 최근까지 실시한 이민 강경정책 즉 "선택적 이민정책", "공화주의 동화정책의 강화와 프랑스 정체성 제고", "가족재결합을 위한 이민 신청자에 대한 DNA 법안 제정"

등은 정치이슈화의 좋은 사례이며, 이들 정책의 가장 심각한 희생자는 바로 마그레브계 무슬림 이민자들이다.

한편 프랑스 노동시장에서의 이민자에 대한 불평등 및 배제 현상은 다문화사회로 빠르게 이행하고 있는 우리나라에 중요한 시사점을 던져 주고 있다. 최근 한국 사회의 저출산, 고령화 현상 및 우리 청년들의 3D업종 기피현상 등을 고려해 볼 때 향후 우리나라 노동시장의 하층부에 종사할 개도국출신 저임금 외국인노동자의 유입이 급증할 가능성이 매우 많다. 그리고 국제결혼에 따른 다문화가정 및 이들의 자녀인 혼혈 2세 인구도 가파르게 증가할 것으로 예상된다. 이주노동자와 다문화 가정 혼혈 2세가 한국 노동시장에 대거 유입될 경우, 인종차이에 따른 노동시장에서의 불평등과 배제 문제가 우리 사회에서도 "뜨거운 감자" 이슈로 부상할 수 있다. 한국인의 단일순혈주의, 민족주의는 최근 많이 순화된 모습을 보이지만 경제상황이 어려워지고 이주민 수가 급증한다면 프랑스 극우파가 주창하는 슬로건처럼 "일백만의 한국인 실업자, 일백만의 잉여 이주노동자"라는 인종주의, 반(反)이민 구호가 우리 사회에서도 큰 호응을 얻지 않을까? 한국사회에 진정으로 다문화주의가 잘 정착하기 위해서는 "다문화교육"이 중요한 것이 아니라 혈통, 피부색이 다른 이주민, 혼혈 2세들에게 "노동으로부터의 불평등과 배제"를 겪게 하지 않는 것이 중요할 것이다.

참고문헌

- 김승민, "프랑스 이민자 소요사태의 발발 원인 분석", 『한국프랑스학논집』 제74집(한국프랑스학회, 2011년).
- 로렌스 와일리(손주경 역), 『프렌치 프랑스』, 서울: 고려대학교출판부, 2007.
- 박선희, "프랑스 이민정책과 사르코지(2002-2008)", 『국제정치논총』, 제50집 2호(한국국제정치학회, 2010).
- 엄한진, "프랑스 이민통합 모델의 위기와 이민문제의 정치화— 2005년 '프랑스 도시외곽지역 소요 사태'를 중심으로–", 『한국사회학』, 제41집 3호(한국사회학회, 2007).
- 장미혜(외), 『다민족 다문화사회로의 이행을 위한 정책 패러다임 구축 2 : 다문화 역량 증진을 위한 정책·사회적 실천 현황과 발전 방향(총괄보고서)』, 경제인문사회연구회 미래사회 협동연구총서 08-17-01, 서울: 한국여성정책연구원, 2008.
- Aeberhardt, Romain et Coudin, Élise et Rathelot, Roland, Les écarts de taux d'emploi selon l'origine des parents : comment varient-ils avec l'âge et le diplôme?" in INSEE(ed.), France portrait social 2010, Paris: INSEE, 2010.
- Aeberhardt, Romain et Fougère, Denis et Pouget, Julien et Rathelot, Roland, "L'emploi et les salaires des enfants d'immigrés", Économic et Statistique, No. 433-434, INSEE, 2010.
- Borrel, Catherine et Lhommeau, Bertrand, "Être né en France d'un parent immigré", INSEE Première, No. 1287(Mars 2010). (http://www.insee.fr/fr/themes/document.asp?ref_id=ip1287, 검색일: 2011. 3. 15)
- Breem, Yves, "Les descendants d'immigrés", Infos migrations, No. 15, Ministère de l'Immigration, de l'Intégration, de l'Identité nationale et du Développement solidaire(Juillet 2010).
- Brinbaum, Yaël et Guégnard, Christine, "Parcours de formation et insertion des jeunes issus de l'immigration : De l'orientation au sentiment de discrimination", Céreq Net.Doc, No. 78(Février 2011).

- Cediey, Eric et Foroni, Fabrice, Les discriminations à raison de « l'origine » dans les embauches en France: Une enquête nationale par tests de discrimination selon la méthode du BIT(Bureau International du Travail), Genève: BIT, 2007.
- CEREQ(Centre d'études et de recherches sur les qualifications), Enquête Génération 2004, Paris: CEREQ, 2007.
- CEREQ, "Des jeunes pénalisés par la conjoncture", Céreq Bref, No. 248(Janvier 2008).
- Chevalier, Corinne, "La population des zones urbaines sensibles", INSEE Première, No. 1328(Décembre 2010).
- COE(Conseil d'orientation pour l'emploi), Diagnostic sur l'emploi des jeunes, Paris: COE, 2011.
- Couppié, Thomas et Gasquet, Céline, "Quartiers défavorisés: relégation pour certains jeunes, insertion sociale et professionnelle pour d'autres", Céreq Bref, No. 261(Février 2009).
- Délégation Interministérielle à la Ville(DIV), Historique législatif des ZUS-ZRU-ZFU, Paris: DIV, 2003(http://i.ville.gouv.fr/reference/2034, 검색일: 2011. 3. 11).
- Duguet, Emmanuel et Leandri, Noam et L'Horty, Yannick et Petit, Pascale, Discriminations à l'embauche – Un testing sur les jeunes des banlieues d'Île-de-France, Rapports et document, Paris: Centre d'analyse strategique, 2007.
- INED(Institut national d'études démographiques) et INSEE, Enquête Trajectoires et Origines Paris: INED et INSEE, 2008.
- INSEE, "Répartition des étrangers par nationalité", Recensement de la population 2007, Paris: INSEE, 2007(http://www.insee.fr/fr/themes/tableau.asp?reg_id=0&ref_id=etrangersnat, 검색일: 2011. 3. 21).
- INSEE, "Fiches Thématique: l'insertion des jeunes", Formations et emploi 2009, Paris: INSEE, 2009.
- INSEE, "L'activité des immigrés en 2007", INSEE première, No. 1212 (October 2008).

- INSEE, Les immigrés en France 2005, Paris: INSEE, 2005.
- IZA(Institute for the Study of Labor), "Study on the Social and Labour Market Integration of Ethnic Minorities", IZA Research Reports, No. 16(February 2008).
- Marthaler, Sally, "Nicolas Sarkozy and the politics of French immigration policy", Journal of European Public Policy, Vol. 15, Issue 3(2008).
- Meurs, Dominique et Pailhé, Ariane et Simon, Patrick, "Mobilité intergénérationnelle et persistance des inégalités: l'accès à l'emploi des immigrés et de leurs descendants en France", Population, Vol. 61, No. 5-6(2006).
- Ministere de l'économie, de l'industrie et de l'emploi et Ministere du travail, des relations sociales, de la famille, de la solidarité et de la ville, "Les facteurs de discriminations à l'embauche pour les serveurs en Ile-de-france: résultats d'un testing", DARES Premieres Syntheses Information, No. 40.1(Septembre 2009).
- Moguéerou, Laure et Brinbaum, Yaël et Primon Jean-Luc, "Niveaux de diplôme des immigrées et de leurs descendants" in INED et INSEE (ed.), Trajectoires et Origines: Enquête sur la diversitée des populations en France, Paris: INED et INSEE, 2008.
- Mouna, Viprey, L'insertion des jeunes d'origine étrangère, rapports du Conseil économique et social(CES), Paris: CES, 2002.
- Mucchielli, Laurent, "Autumn 2005: A Review of the Most Important Riot in the History of French Contemporary Society", Journal of Ethnic and Migration Studies, Vol. 35, Issue 5(May 2009).
- OECD, Jobs for Immigrants (Vol. 2): Labour Market Integration in Belgium, France, the Netherlands and Portugal, Paris: OECD, 2008.
- ONZUS(Observatoire national des zones urbaines sensibles), ONZUS Rapport 2010, Les éditions du CIV, Paris: ONZUS, 2010.
- Oppenheimer, David B., "Why France Needs to Collect Data on Racial Identity... in A French Way", University of California(Berkeley) Selected

Works(December 2007).
- Silberman, Roxane and Alba, Richard and Fournier, Irène, "Segmented assimilation in France? Discrimination in the labour market against the second generation", Ethnic and Racial Studies, Vol. 30, No. 1 (January 2007).

⟨국내외 언론기사⟩
- 연합뉴스(2011. 2. 13)
- Le Monde, "Nicolas Sarkozy continue de vilipender "racailles et voyous" (le 11 Novembre 2005).
- Le Parisien, "Sondage – Election présidentielle 2012 : Marine Le Pen en tête au premier tour"(le 5 Mars 2011).

제8장

프랑스의 이슬람포비아 확산 원인

제1절 서론

2001년 9. 11테러 이후 미국, 유럽 등 서구사회에서는 이슬람 종교와 무슬림muslim에 대한 공포증 및 적대감 즉 "이슬람포비아"Islamophobia 현상이 급속도로 확산되고 있다. 특히 유럽에서는 이슬람 극단주의자에 의한 2004년 스페인 마드리드 테러(191명 사망)와 2005년 영국 런던 테러(56명 사망), 2012년 프랑스 툴루즈 테러(8명 사망) 사건에 이어, 2006년 덴마크의 이슬람 창시자 무함마드Muhammad 비하 만평사건 등이 발생하면서 이슬람혐오증이 더욱 깊어져 왔다. 또한 유럽 내 무슬림 인구의 증가는 경제위기와 맞물리면서 유럽의 "유라비아"Eurabia 논란과 反이민 反이슬람정서를 부추기고 있다. 유럽사회의 이슬람포비아 확산은 필연적으로 유럽 주류시민과 무슬림이민자 간의 갈등과 대립을 심화시키고 있다. 프랑스에서는 2005년 무슬림 이민자들이 집중적으로 모여 사는 파리 교외에서 대규모 폭동 사태가 발생하였고, 또한 2004년 공립학교에서의 히잡hijab 착용을 금지시킨데 이어 2010년에는 전신을 가리는 이슬람 여성의 전통의상인 부르카burqa 착용을 유럽국가 중 최초로 금지시킴으로써 무슬림들의 심각한 반발을 불러일으키고 있다. 한편 스위스에서는 2009년에 국민투표로 이슬람사원mosque의 첨탑 건설을 금지시켰고, 노르웨이에서도 무슬림 이민자와 다문화주의에 반대하는 극우주의자에 의한 대규모 살상 테러가 발생하여 국제사회에 큰 충격을 주었다.

이와 같은 유럽사회의 이슬람포비아 확산은 서구 기독교권과 이슬람권 간의 문명충돌the Clash of Civilizations 양상으로 번질 수 있을 만큼 오늘날 지구촌의 중요한 정치, 경제, 사회, 문화, 종교 이슈로 부상하고 있다. 따라서 이러한 이슬람포비아 현상의 개념 및 실체가 무엇이며, 서구사회에서 왜, 어떤 이유로 확산되고 있는지를 학술적으로 규명하는 것은 매우 중요하다. 그런데 국내에서는 아직 이슬람포비아 현상에 대한 체계적인 연구가 활발하게 행해지지 않았고, 미디어를 통해 산발적으로 정보 전달이 이루어지고 있는 실정이다.

이 글은 최근 유럽에서 급속도로 확산되고 있는 이슬람포비아 현상의 본질, 양상, 원인 등을 규명하기위해 프랑스 사회의 이슬람포비아 확산 원인을 심층적으로 분석하는데 목적을 두고 있다. 프랑스를 연구 대상으로 삼은 이유는 먼저 프랑스는 유럽국가 중에서 무슬림 인구의 규모 및 비율(약 600만 명, 총인구의 약 10%)이 가장 클 뿐만 아니라 反이민, 反이슬람정서 현상도 가장 심한 나라에 속하기 때문이다. 그리고 이슬람포피아의 확산은 이민자 인구의 증가, 이민자 통합정책의 부진, 주류 정치권 및 미디어의 조장, 극우파의 득세, 치안 및 테러 위협 등 제반 요인들이 복합적으로 작용하여 발생하는 것이기 때문에, 프랑스의 사례를 분석하면 이슬람포비아 현상을 발생시키는 주요 원인들을 총체적으로 밝힐 수 있기 때문이다.

이 연구의 목차를 살펴보면 먼저 제2절에서 그간 학계에서 행해진 이슬람포비아의 용어 정의에 대한 여러 연구결과들을 분석하면서 이슬람포비아의 개념 및 특성을 밝히고자 한다. 제3절에서는 이슬람종교와 무슬림에 대한 프랑스의 여론 및 인종차별 동향 분석을 통해 오늘날 프랑스사회의 이슬람포비아 실태에 대해 파악하고자 한다. 제4절에서는 프랑스 사회의 이슬람포비아 현상을 확산시킨 중요한 원인들에 관해 분석하고자 한다. 무슬림 인구의 급증과 유라비아 현상, 공화주의 이민자통합정책의 실패, 보수 우파 및 극우 정당의 선거 전략을 위한 "무슬림 때리기", 미디어의 부정적이고 과장된 보도, 이슬람 극단주의 테러 및 치안불안 문제 등을 중점적으로 다룰 것이다. 마지막 결론에서는 이상의 논의를 종합정리하고, 향후 프랑스를 비롯한 서구사회에서 이슬람포비아 현상이 어떻게 전개될 것인가에 대해 전망하고자 한다.

제2절 이슬람포비아의 개념

이슬람포비아Islamophobia는 어원적으로 볼 때 이슬람Islam과 포비아phobia의 합성어로서 일반적으로 이슬람과 무슬림에 대한 비합리적인 공포irrational fear 혹은 편견prejudices을 지칭하는 용어로 사용되고 있다. 우리나라에서는 이슬람포비아를 통상 "이슬람공포증" 혹은 "이슬람혐오증"으로 번역하고 있다. 이슬람포비아의 용어를 학술적으로 가장 먼저 체계적으로 정립한 연구는 영국의 인종평등 연구단체인 러니미드 트러스트Runnymede Trust가 1997년에 발간한 보고서인 《이슬람포비아: 우리 모두에 대한 도전》 Islamophobia: A Challenge for Us All이다.[1] 이 보고서는 이슬람포피아를 "이슬람에 대한 근거 없는 적대감 및 이로 인해 모든 혹은 대부분의 무슬림을 두려워하거나

---

[1] Runnymede Trust, *Islamophobia: A Challenge for Us All*, (London: Runnymede Trust, 1997), pp.1-69. http://www.runnymedetrust.org/publications/pdfs/islamophobia.pdf (검색일: 2013. 9. 10).

혐오하는 것"2)으로 정의했다. 또한 이 정의에는 "무슬림을 경제적, 사회적, 공적 생활로부터 배제함으로써 무슬림을 차별하는 관행"뿐만 아니라 "이슬람은 다른 문화들과 공유하는 가치가 없으며, 이슬람은 서구보다 열등하며, 이슬람은 종교라기보다는 폭력적인 정치이데올로기라는 의견"들도 포함된다고 지적했다. 이 보고서에서는 이슬람포피아를 구성하는 특징적인 요소로서 다음과 같은 8가지 이슬람에 대한 부정적 시각closed view을 제시했다.3)

① 이슬람은 획일화된 진영monolithic bloc이며 정태적이고 변화하지 않는다.
② 이슬람은 다른 문화들과 공통된 가치도 없고 상호 교류하지도 않는 "타자"other로서 고립되어 있다.
③ 이슬람은 서구보다 열등하며4), 야만적이고, 비합리적이고, 원시적이며 성차별적이다.
④ 이슬람은 폭력적이며 공격적이고 위협적이며 테러를 지지하고 문명충돌에 연루되어 있다.
⑤ 이슬람은 정치적 이데올로기로서 정치적, 군사적 이득을 위해 이용

---

2) "Islamophobia" is defined as "unfounded hostility towards Islam, and therefore fear or dislike of all or most Muslims." Runnymede Trust (1997), p.1.
3) Runnymede Trust(1997), pp. 4-5; EUMC(European Monitoring Center on Racism and Xenophobia), *Muslims in the European Union: Discrimination and Islamophobia*, (Vienna : EUMC, 2006), p. 61; Wikipedia, "Islamophobia," http://en.wikipedia.org/wiki/Islamophobia. (검색일: 2013. 9. 10); Bert de Ruiter, "Dealing with fear of Islam," http://www.sharinglives.eu/wp-content/uploads/2013/03/Islamophobia-causes-and-cures-Bert-de-Ruiter.pdf. (검색일: 2013. 9. 1); 이진구, "다문화시대 한국 개신교의 이슬람인식: 이슬람포비아를 중심으로," 『종교문화비평』, 통권 19호 (2011년), p.167.
4) 실제로 2008년 서구 크리스천을 대상으로 실시한 한 설문조사에 의하면 상당수 서구 크리스천들은 이슬람이 서구보다 열등하다고 인식하고 있다는 충격적인 결과가 나왔다. 응답자의 불과 27%만이 무슬림문화가 서구문화 못지않게 우수하다고 답했다. Bert de Ruite (2013), p.4.

되어진다.

⑥ "서구"에 대한 무슬림의 비판은 즉각적으로 거부되고 토론의 가치가 없는 것으로 고려된다.

⑦ 이슬람에 대한 적대감은 무슬림에 대한 차별관행을 정당화하며, 또한 무슬림을 주류사회에서 배제하는 것을 정당화한다.

⑧ 무슬림에 대한 적대감은 문제가 되는 것이 아니라 자연적이고 정상적인 것으로 간주된다.

러니미드 트러스트 보고서에 의해 이슬람포비아의 용어가 널리 인정되고 사용되었지만, 현재까지도 이 용어에 대한 명확한 개념정립이 되지 않아 용어의 정의, 적합성 등을 둘러싸고 학자들 간에 논쟁거리가 되고 있다.[5] 일부 학자들은 이 용어가 너무 포괄적이고 막연한 의미를 가지고 있기 때문에 외국인혐오증xenophobia 현상에서부터 심지어 반테러주의anti-terrorism까지 너무나 다양한 현상에 부적절하게 사용되고 있다고 비판하고 있다.[6] 특히 이슬람포비아 용어가 인종주의racism, 외국인혐오증xenophobia, 반이슬람주의anti-Islamism, 반무슬림주의anti-Muslimism 등의 관련 용어와 어떻게 구분되며 어떤 관련성을 가지고 있는지 개념관계 설정이 필요하다고 주장이 학계에서 제기되고 있다.[7] 어떤 학자들은 무슬림에 대한 차별과 배제는 "이

---

[5] Jocelyne, Cesari, "Introduction: Use of the Term "Islamophobia" in European societies" in Jocelyne Cesari et al., *Securitization and religious divides in Europe: Muslims in the West After 9/11: Why the term Islamophobia is more a predicament than an explanation*, submission to the Changing Landscape of Citizenship and Security, 6th PCRD of European Commission, (Paris: Challenge, 1 June 2006), p.5.
Bravo Lopez, Fernando, "Towards a definition of Islamophobia: approximations of the early twentieth," *Ethnic & Racial Studies*. Vol. 34 Issue 4 (April 2011), pp.556-573.

[6] Jocelyne, Cesari (2006), p.6.

슬람" 종교에 반감을 가지는 "종교적 불관용"religious intolerance보다는 무슬림의 "인종"ethnic origin에 반감을 가지는 인종주의에 의해 많이 발생하기 때문에 이슬람포비아를 인종주의의 한 형태로 간주해야 한다고 주장한다.[8] 이에 따라 이슬람 종교가 무슬림에 대한 차별의 주된 원인이 아니라면, 이슬람에 대한 공포와 반감을 뜻하는 "이슬람포피아"즉 Islam + phobia 용어의 사용은 적절하지 않다는 것이다. 한편 이슬람포비아의 공격 목표는 이슬람과 그 종교 가치a faith가 아니라 무슬림(이민자 포함)과 그들의 행동이기 때문에 "반무슬림주의"anti-Muslimism가 보다 적합한 용어라는 주장도 있다.[9] 이와 달리 또 다른 학자들은 이슬람포비아는 이슬람 종교와 무슬림 인종 양자 모두에 의해 발생되는 복합적인 현상이기 때문에 "문화적 인종주의"cultural racism의 한 형태로 보아야 한다고 주장하고 있다.[10] 한편 이러한 주장들과 전혀 다른 차원에서 이슬람포비아 용어의 사용을 비판하는 학자들도 있다. 이슬람포비아는 이슬람에 대한 자유로운 비판을 막기 위해 이슬람주의자Islamist에 의해 고안된 용어로서 이슬람, 무슬림과 관련하여 발생되는 문제에 대해 어떠한 비판도 못하게 하는 효과를 초래한다는 것

---

[7] Jocelyne, Cesari (2006), p. 5; Bravo Lopez, Fernando (2011), pp.556-573; Chris, Allen, "Islamophobia and its Consequences," European Islam, (Bruselles: Centre for European Policy Studies, 2007), pp.146-148. http://mercury.ethz.ch/serviceengine/Files/ISN/45668/ichaptersection_singledocument/b2813ea4-f364-426b-97bc-3a6adc9979fc/en/8_Islamophobia.pdf. (검색일: 2013. 9. 10)

[8] Bravo Lopez, Fernando (2011), p. 557; Tariq Modood, "Introduction: the Politics of Multiculturalism in the New Europe," in Tariq Modood & Prina Jane Werbner (eds), *The Politics of Multiculturalism in the New Europe: Racism, Identity and Community*, London and New York: Zed Books, 1997, pp.1-26.

[9] Bravo Lopez, Fernando (2011), pp. 557-558; Fred Halliday, "'Islamophobia' reconsidered," *Ethnic & Racial Studies*, Vol. 22 Issue 5 (September 1999), p.898; 이진구 (2011), p.168.

[10] Nasar, Meer and Tariq, Modood, "Refutations of racism in the 'Muslim question'," *Patterns of Prejudice*, Vol. 43, No. 34, (2009), pp.335-354; Bravo Lopez, Fernando (2011), p.558.

이다.11) 일례로, 이슬람교의 창시자 무함마드와 이슬람 경전 코란을 부정적으로 묘사한 《악마의 시》The Satanic Verses 작품(1988년) 발표로 인해 이슬람 근본주의자들로부터 암살 위협을 받은 인도 출신 영국작가인 살만 루시디Salman Rushdie를 포함한 12명의 작가들은 2006년 공동 선언문12) 발표를 통해 이슬람포비아가 남파된 개념a wretched concept으로서 "이슬람 전체주의"Islam totalitarianism에 대한 비판을 막는다고 하였다. 그들에 의하면 "포비아"phobia는 비합리적인 두려움irrational fear을 가리키는데 "급진적 이슬람"에 대한 두려움은 비합리적인 것이 아니라 타당한 것이다. 따라서 이슬람전체주의를 막고 이슬람에 대한 건전한 비판을 하기 위해서는 "이슬람포비아" 용어를 제거하고 이 용어에 대한 두려움을 뜻하는 "이슬람포비아-포비아"라는 용어를 사용해야한다는 것이다.13)

이상에서 살펴본 바와 같이 현재까지 "이슬람포비아" 용어의 공식적인 정의, 개념 정립이 이루어지지 않은 상태이며, 또한 학계에서도 이 용어를 둘러싼 논란이 지속적으로 제기되고 있다. 그러나 2001년 9. 11 테러 이후 '반(反) 무슬림 정서'가 서구사회에서 확산됨에 따라, UN, EU 등 국제기구 및 각 국 정부에서는 이슬람포비아를 "인종주의"racism와 "인종차별"racial discrimination의 광범위한 개념 범주에서 다루면서 무슬림에 대한 사회적 차별, 폭력행위 등의 확산을 경계하고 이에 대한 대응책 마련에 고심하고 있다는 것에 주목할 필요가 있다14) 일례로 2005년 유럽평의회

---

11) Bravo Lopez, Fernando (2011), pp. 556-557; 이진구 (2011), p.168.
12) 2006년 3월 살만 루시디 등 12명의 작가는 세계 곳곳에서 무슬림의 분노 폭력 시위를 촉발시킨 프랑스의 풍자 주간지 Charie Hebdo의 "무함마드" 만평 게재 사건이 발생하자 이슬람 전체주의를 경고하는 공동 선언문을 발표했다. 이들 작가들은 선언문에서 이슬람주의는 종교적 전체주의로서 나치즘, 파시즘, 스탈린니즘처럼 언론자유, 민주주의를 위협하므로 규탄받아야 한다고 주장했다. *BBC News*, "Full text: Writers' statement on cartoons," March 1, 2006. http://news.bbc.co.uk/2/hi/europe/4764730.stm. (검색일: 2013. 9. 20).
13) 이진구 (2011), p.168.

Council of Europe가 발간한 보고서인 《이슬람포비아와 젊은이들에 대한 영향》에서는 "이슬람포비아를 이슬람, 무슬림 및 이들과 관련 문제에 대한 공포 및 편견"으로 규정하고 "이슬람포비아가 일상적인 인종주의, 차별의 형태를 띠든지 혹은 보다 심각한 폭력의 형태를 띠든지 간에 이슬람포비아는 인권 침해a violation of human right이며 아울러 사회결속에 대한 위협a threat to social cohesion"이라고 지적했다.15)

제3절 프랑스의 이슬람포비아 실태

프랑스의 유력 일간지인 르몽드Le Monde가 2013년 1월에 실시한 여론조사16)에 따르면, 무슬림과 이슬람 종교에 대한 프랑스인의 두려움과 적대감이 매우 심각한 실정이라는 것을 알 수 있다. 〈표 1〉에서 보는 바와 같이, 많은 프랑스인들이 무슬림 이민자에 의해 초래되는 프랑스 정체성 훼손, 이슬람 영향력의 확대, 실업증가에 대해 반감을 가지고 있었다. 응답자의 74%가 이민자가 너무 많다고 대답했으며, 응답자의 62%가 "프랑스가 더 이상 프랑스답지 않다"고 생각하고 있었으며, 약 절반(46%)이 무슬림 이민자들이 프랑스의 일자리를 빼앗고 있다는 반감을 가지고 있

---

14) EUMC (2006), pp. 60-61; Aysegul Kayaoglu and Ayhan Kaya, "A Quantitative Analysis of Islamophobia in EU-15," December 16, 2012, p.5. http://cream.conference-services.net/resources/952/3365/pdf/GDNF2013_0440.pdf. (검색일: 2013. 9. 30).
15) Council of Europe, *Islamphobia and its consequences on Young people*, Report by Ingrid Ramberg, (Budapest: European Youth Centre Budapest, 1-6 June 2004), p.6.
16) Ipsos/Le Monde/la Fondation Jean Jaurès/le Cevipof 2013년 1월 9-15일 실시 여론조사(France 2013 : les nouvelles fractures)

었다. 또한 상당수 프랑스인들은 무슬림이민자들의 프랑스 사회 통합실패에 반감을 나타내었는데, 응답자의 불과 29%만이 다수의 이민자들이 프랑스 사회에 잘 통합되었다고 생각하고 있었다. 한편 프랑스인들의 이슬람종교에 대한 반감도 증폭되고 있다. 응답자의 74%가 이슬람과 프랑스 사회가치는 맞지 않다고 응답했다. 또한 마찬가지로 응답자의 74%가 이슬람을 "용인할 수 없는" 종교라고 반감을 나타내었는데, 이 결과는 다른 종교(카톨릭(28%), 유대교(34%))에 비해 두 배 이상이나 높은 수치이다. 한편 응답자의 80%가 무슬림의 종교는 그들의 가치를 다른 사람에게 강요한다고 대답하였고, 또한 77%가 프랑스 내 이슬람 근본주의 문제가 점점 심각해지고 있다고 생각하고 있었다. 그런데 이와 같은 프랑스인들의 이슬람에 대한 적대감은 좌 우파 정치 성향에 관계없이 확산되고 있다는데 문제의 심각성이 있다. 2000년대 이전까지만 하더라도 프랑스 사회의 이슬람혐오증은 극우파나 우파 지지자들에게 두드러지게 나타나는 현상이었으나, 오늘날에는 이민자 및 이슬람에 대해 상대적으로 관용적인 입장을 보이는 좌파 지지자에게까지 확산되고 있다. "이슬람과 프랑스사회의 가치가 맞지 않다고 인식합니까?"라는 질문에 대해서 전체 응답자의 74%가 "맞지 않다"라고 응답하였는데, 정당 지지자별 동의 비율을 살펴보면 극우파 국민전선 94%, 중도우파 대중운동연합UMP: Union Mouvement Populaire 81%가 가장 높았지만 좌파의 사회당 59%, 극좌파 67%의 비율도 매우 높았다.

이와 같은 이슬람포비아 확산은 프랑스 내 약 600만 명의 무슬림에 대한 인종적, 종교적 차별을 불러일으키고 있다. 유럽연합EU의 산하기관인 '유럽 인종차별 · 제노포비아 감시센터'EUMC에서 발간한 《2001년 9.11 이후 EU내 이슬람포비아에 관한 요약 보고서》(2002년)17)에 의하면 2001년 9.11 테러이후 EU 회원국 전역에서 무슬림으로 식별이 가능한

▶ 표 1 프랑스사회의 이슬람포비아 여론

	전체응답자 동의의견(%)
프랑스에는 이민자가 너무 많다	74
프랑스가 더 이상 프랑스답지 않다고 느낀다	62
프랑스 실업자 수를 줄이기 위해서 이민자 수를 줄여야 한다	46
다수의 이민자들은 사회에 잘 통합되었다	29
이슬람과 프랑스 사회가치는 맞지 않다	74
이슬람은 용인할 수 없는 종교다	74
무슬림의 종교는 그들의 가치를 다른 사람에게 강요한다	80
프랑스내 이슬람 근본주의 문제가 점점 심각해지고 있다	77

출처: Ipsos/Le Monde/la Fondation Jean Jaurès/le Cevipof 2013년 1월 9-15일 실시 여론 조사

사람들을 겨냥한 모욕적인 언동, 폭력이 자행되고 있는 것으로 조사되었다. 反무슬림 공격의 대표적인 사례로 i) 모든 무슬림을 테러범으로 비난하는 욕설 ii) 무슬림 여성의 히잡hijab을 강제로 벗기기 iii) 무슬림에게 침 뱉기 iv) 무슬림 아이들을 "빈 라덴"Usama이라고 부르기 v) 갑작스런 무차별 폭행 등이 제시되었다. 이에 따라 많은 무슬림들이 폭행당해 입원하고 심한 경우 전신마비현상까지 보였다.[18] 한편 EUMC의 2006년 보고서인 《유럽연합 내 무슬림: 차별과 이슬람포비아》[19]에서도 프랑스를 비롯한 유럽 여러 나라에서 무슬림들이 취업, 주거, 교육 등 사회 각 분야에서 인종차별과 이슬람혐오증에 시달리고 있다고 지적하면서, 이런 현

---

[17] Christopher Allen and Jorgen S. Nielsen, *Summary report on Islamophobia in the EU after 11 September 2001*, (Vienna : EUMC, May 2002), pp.1-62.
[18] Wikipedia, "Islamophobia" http://en.wikipedia.org/wiki/Islamophobia (검색일: 2013. 9. 10).
[19] EUMC, *Muslims in the European Union: Discrimination and Islamophobia*, (Vienna : EUMC, 2006), pp.1-115 ; 「서울신문」, 2007년 1월 13일.

실이 2005년 프랑스 이민자 소요사태를 낳은 것이라고 비판했다. 2005년 가을에 발생한 프랑스 이민자 소요사태는 저소득층 이민자 가정이 많이 몰려 사는 파리 교외지역에서 무슬림 소년 2명이 경찰검문을 피해 달아나다가 감전사하면서 촉발되어 프랑스 전국 약 3,000개 지역으로 빠르게 확산되었다. 약 3주 동안 약 1만대의 차량이 불타고, 약 3,000명이 체포될 만큼 소요사태의 규모와 양상이 매우 심각했다.[20] 이 사태를 주도한 북아프리카 마그레브 출신 무슬림 이민 2, 3세대들의 대부분은 부모의 가난이 대물림되는 도시 외곽 지역 즉 방리유la banlieue에서 태어나 실업, 차별과 소외, 인종주의를 겪으면서 사회에 대한 불만과 분노를 쌓은 것이 소요사태를 일으키는 근본적인 원인이 되었다. 실제로 프랑스에 거주하는 무슬림 출신들이 겪는 실업과 고용차별 문제는 매우 심각한 실정이다. OECD가 2008년도에 발간한 유럽 주요국의 이민자 고용실태 보고서에 의하면 프랑스에 거주하는 알제리, 모로코, 튀니지 출신의 마그레브Maghreb계 무슬림이민자의 실업률(2001-2005년 평균)은 프랑스인에 비해 2배 반 높은 약 18%에 이르고 있다.[21] 특히 무슬림 이민 2세대의 청년실업률(2007년)은 무려 30%에 달하는데, 이는 프랑스 청년보다 약 2배나 높다.[22] 이러한 고용불평등 격차는 고학력자의 경우 더욱 심화되고 있는데, 대졸 북아프리카 이민2세의 실업률(26.5%)은 프랑스인 청년(5.6%)에 비해 약 5배나 높은 실정이다.[23] 한편 많은 무슬림 이민자들은

---

[20] 김승민, "프랑스 이민자 소요사태의 발발 원인 분석," 『한국프랑스학논집』, 제74집 (2011년), pp.266-267; Centre d'analyse stratégique, Les "Violences Urbaines" de l'automne 2005-Événements, acteurs: dynamiques et interactions, Essai de synthèse, (Paris: Premier Ministre, 2007), pp.1-36.

[21] OECD, *Jobs for Immigrants (Vol. 2): Labour Market Integration in Belgium, France, the Netherlands and Portugal* (Paris: OECD, 2008), p.131.

[22] INSEE, "Fiches Thématique-L'insertion des jeunes," Formations et emploi 2009 (Paris: INSEE, 2009), p.109.

[23] *BBC News*, "French muslim face job discrimination," November 2, 2005. http://

프랑스 백인들이 꺼리는 단순노동, 임시직 등 저임금 블루칼라 업종의 힘든 일을 하고 있다.24) 무엇보다도 충격적인 것은 프랑스의 무슬림 청년들은 인종차별로 인해 단지 "아랍계 이름" 때문에 프랑스 청년과 똑같은 자격을 갖추더라도 취업 면접 기회조차 가지기가 어렵다는 것이다.25) 또한 무슬림들은 소득 수준, 주거지, 교육, 의료 등 제반 분야에서도 프랑스 주류 시민에 비해 훨씬 열악한 삶을 살아가고 있다. 무슬림 이민자들의 상당수가 프랑스 대도시 외곽의 낙후지역인 "도시민감지역"ZUS: Zones Urbaines Sensibles에 위치한 값싼 "공공 임대아파트"HLM; Habitation à Loyer Modéré에 집단적으로 거주하고 있는데, 최근 이들 ZUS 지역은 프랑스 주류 사회와 고립된 "게토화"ghettoization 현상을 보이고 있다. 결국 2005년 이민자 소요사태는 수십 년간 프랑스 사회에서 차별, 실업, 소외로 고통 받아온 무슬림 이민자들의 분노가 폭발된 사건으로 해석될 수 있으며, 프랑스 사회의 인종차별과 이슬람포비아의 확산이 이 사태를 발생시킨 결정적인 원인으로 작용했다고 평가할 수 있다.

한편 프랑스 사회의 이슬람포비아 현상을 잘 드러내는 또 다른 사례로 히잡hijab, 부르카burqa 착용 금지법을 들 수 있다. 프랑스는 2004년 공립학교에서의 히잡 착용을 금지시킨데 이어 2010년에는 전신을 가리는 이슬람 여성의 전통의상인 부르카 착용을 유럽국가 중 최초로 금지시켰다.

---

news.bbc.co.uk/2/hi/europe/4399748.stm (검색일: 2013. 9. 20)
24) 알제리 출신의 41%, 모로코출신 51%, 튀니지 출신 49%가 노동에 종사하고 있는 반면에 프랑스 출신의 노동업종 종사비율은 25%에 불과하다. 더구나 이들 북아프리카 출신 노동자 가운데 저임금 "미숙련 노동자"가 차지하는 비율이 40-50%에 달할 정도로 상당히 높으며, 그 결과 아프리카계 노동자의 상당수가 고용불안이나 실직위험에 노출되어 있다. INSEE, *Les immigrés en France 2005 (Fiches Thématique)* (Paris: INSEE, 2005), pp.114-115.
25) Emmanuel Duguet, Noam Leandri, Yannick L'Horty et Pascale Petit, "Discriminations à l'embauche - Un testing sur les jeunes des banlieues d'Île-de-France," Rapports et documents (Paris: Centre d'analyse stratégique, 2007), pp.1-30.

특히 모든 공공장소에서 부르카 착용을 금지하는 부르카 금지법은 "프랑스판 문명충돌"The French Version of The Clash of Civilizations이라고 간주될 만큼 프랑스 내부적으로 주류 사회와 무슬림들 간의 반목을 심화시켰을 뿐만 아니라 세계적으로도 이슬람권과 서구 간의 갈등 대립을 조장하는 중대한 사건이었다. 이 법의 제정을 지지한 프랑스 정부와 주류 시민들은 부르카는 공화국의 핵심가치인 "라이시테"("la laïcité"; 프랑스의 정교분리 원칙)을 위협하는 용납할 수 없는 도전일 뿐만 아니라, 머리부터 발목까지 온 몸을 가리는 부르카는 여성의 인권을 억압하고 사회안전(범죄, 테러 등 보안 문제 등)을 위협하고 있다고 주장하였다. 이와 반대로 프랑스거주 무슬림 이민자와 이슬람권 국가26) 그리고 인권단체들은 부르카 금지법은 근본적으로 이슬람 및 무슬림이민자에 대한 차별과 적대감에서 비롯된 것이며, 헌법이 보장하고 있는 개인의 종교 자유와 다를 수 있는 표현 권리를 억압하는 행위라며 반발하였다. 그런데 프랑스 사회가 부르카 반대의 명분으로 내세우는 라이시테원칙은 무슬림 측의 주장과 같이 개인의 종교 자유, 표현 자유를 침해할 수 있는 법적 논란이 있고, 여성인권 명분 역시 공공장소에서 부르카를 벗긴다고 실제적으로 여성인권이 신장된다고 볼 수 없다. 마찬가지로 사회안전 명분도 부르카 금지법이 과연 범죄 테러 방지를 위해 실제로 효과적이고 필요한가에 대해 논란의 여지가 많으며27), 얼굴을 가리는 부르카를 금지한다면 가장무도회를 위한 조로Zorro 가면, 캣 우먼Cat woman 가면을 길거리에서 착용하는 것도 금지해야 한다28)는 무슬림 및 인권단체의 반발에 대항할 만한 설득력도 약하

---

26) 일례로, 이란 외교부는 "어떤 종류의 가리개든 금지하는 것은 무슬림 여성들의 자유와 인권을 부정하는 것"이라며 반발했고, 요르단 무슬림형제단 지도자 함맘 사에드는 "무슬림들을 노린 새로운 십자군운동"이라고 비난했다. 『한겨레』, 2011년 4월 17일.
27) Amnesty International, *Choice and Prejudice: Discrimination against Muslims in Europe*, (London: Amnesty International, April 2012), pp.95-96.

다. 게다가 부르카 금지법의 중요한 문제점중 하나는 프랑스에서 전체 무슬림 여성 가운데 길거리 등 공공장소에서 부르카를 착용하는 불과 약 1900명만을 대상으로 하고 있다는 점이다. 극소수의 대상자를 위해 실효성도 의문시되는 법을 만들어 프랑스 내 전체 무슬림을 차별할 위험을 무릅쓰고 문제를 확대시킬 필요가 있는 것인가? 결국 프랑스인들의 부르카 반대는 외면상으로는 라이시테, 여성존엄성, 사회안전 명분을 내세우지만 그 기저에는 이슬람과 무슬림에 대한 반감과 두려움 즉 "이슬람포비아"에서 비롯된 것이라고 볼 수 있다.

제4절 프랑스의 이슬람포비아 확산 원인

오늘날 프랑스를 비롯한 유럽 나라들의 이슬람포비아 현상은 특히 2001년 9. 11테러 이후에 정치, 경제, 사회, 문화, 인구 등 여러 요인들이 복합적으로 맞물리면서 지속적으로 확대되어왔다. 본 장에서는 프랑스 사회의 이슬람포비아 현상을 확산시킨 중요한 원인들에 관해 분석하고자 한다.

1. 무슬림 인구의 급증과 유라비아 현상

프랑스인을 비롯한 서구 유럽인들이 이슬람에 대해 반감과 두려움을 느끼는 중요한 원인은 "유럽내 무슬림인구의 급증"과 이로 인한 "유라비아"Eurabia 현상이다. 유라비아는 유럽과 아라비아의 합성어로서 급증하는

---

28) Viv Groskop, "France – Quand la burqa criminalise le masque de Zorro," *Courrier International*, le 12 Avril, 2011.

무슬림인구로 인해 "유럽이 급격하게 이슬람화가 되고 있다"는 것을 가리키는 신조어이다. 다음과 같은 사항들은 유라비아 현상에 대한 유럽인의 염려를 잘 나타내고 있다.29)

① 무슬림 인구의 증가: 2006년 EU내 무슬림인구는 약 1,500만 명 -2,300만 명(약 5%)으로 지난 30년간 2배로 증가했다. 미국의 이민정책연구소(US's Migration Policy Institute)에 따르면 2050년까지 무슬림들이 EU 인구의 20% 이상을 차지할 것으로 전망되고 있다.30)
② 무슬림 인구의 두터운 젊은 층: 서유럽으로 이주한 무슬림 이민 1세대들의 후손인 2, 3 세대들의 젊은 인구가 급증하고 있다. 20세기에 인구의 90%가 카톨릭 신자인 오스트리아는 2050년까지 15세 이하 어린이의 과반수이상이 무슬림으로 바뀔 것이다.31)
③ 유럽 대도시의 이슬람화: 무슬림 인구의 수가 프랑스 마르세이유와 네덜란드 로테르담에서는 25%를 넘어섰고, 벨기에 브뤼셀과 영국의 버밍햄은 15%에 달하며, 런던, 파리, 코펜하겐에서는 10%에 달한다.32)
④ 무슬림인구의 높은 출산율: 유럽 내 무슬림의 출산율은 비무슬림보다 높다. 2005년-2010년 동안 유럽 주요국가의 무슬림 출산율(프랑스 2.8%, 독일, 1.8%, 영국 3.0%, 벨기에 2.5%)은 비무슬림(프

---

29) Michaels Adrian, "Muslim Europe: the demographic time bomb transforming our continent," *Telegraph*, August 8, 2009; 「문화일보」, 2009년 8월 10일; 한수경, "노르웨이 학살극, 유럽언론의 '이슬람죽이기'", 「미디어스」, 2011년 7월 29일 http://www.mediaus.co.kr/news/articleView.html?idxno=18764 (검색일: 2013. 9. 30).
30) Michaels Adrian (2009).
31) Michaels Adrian (2009).
32) Michaels Adrian (2009).

랑스 1.9%, 독일 1.3%, 영국1.8%, 벨기에 1.7%)에 비해 현격하게 높았으며, 향후 2025-2030년의 출생률 전망에서도 양측 간의 격차는 다소 줄어들지만 무슬림의 출생률이 비무슬림보다 상대적으로 높은 것으로 예상되고 있다.33) 최근 벨기에의 경우 브뤼셀에 거주하는 남자아이의 가장 흔한 이름은 모하메드Mohamed, 메흐디 Mehdi, 아민Amine, 함자Hamza 등 이슬람계로 밝혀졌다.34)

위와 같은 유라비아 현상에 대한 공포와 경계의식은 유럽국가 중 특히 프랑스에서 더욱 심화되는 추세를 보이고 있다. 왜냐하면 프랑스는 무슬림인구 성장속도가 지난 30년간 유럽 내에서도 가장 빠른 나라에 속할 뿐만 아니라 유럽에서 가장 많은 무슬림 인구를 가진 나라 때문이다. 프랑스의 전체인구대비 무슬림 비율은 1970-80년대에는 2-3%에 머물렀으나 최근에는 약 10%(약 600만 명)로 급속도로 성장했다. 최근 유럽의 다른 대국인 독일이 전체인구의 약 4.9%(약 440만 명), 영국이 약 2.7% (약 165만 명), 이태리 약 1.4%(81만 명), 스페인 약 2.8%(약 93만 명)을 보이고 있고 또한 상대적으로 작은 나라인 덴마크(약 3.7%), 스위스(약 4.3%) 등이 5% 미만을 보이고 있다는 것을 감안할 때, 프랑스의 무슬림 인구 규모 및 비율은 유럽 최고의 수준이라고 할 수 있다.35)
프랑스의 무슬림인구의 구성은 구식민지인 북아프리카 마그레브Maghreb 국가출신이 대부분을 차지하고 있으며, 알제리 출신이 제일 많고 그 다

---

33) Pew Research Center, *The Future of the Global Muslim Population*, Forum on Religion & Public Life, (Washington DC: Pew Research Center, January 2011), p.131. 〈표〉 참조할 것.
34) Michaels Adrian (2009).
35) 유럽 각국의 무슬림 인구는 프랑스와 같이 인종별 통계 파악을 금기시하는 나라도 있기 때문에 정확하게 파악하기 어렵고, 조사 기관마다 다르게 추정하고 있다. 여기서는 미국 국무부, CIA의 통계자료를 인용하였다. 『국민일보』, 2009년 7월 1일.

음이 모로코, 튀니지 출신이다. 프랑스의 무슬림인구가 급증한 원인으로는 몇 가지를 들 수 있다. 먼저 무슬림의 출산율이 백인 기독교인들의 출산율보다 높은 경향을 보이고 있고 또한 프랑스에 정착한 무슬림과의 결혼 혹은 자발적 신앙 선택에 의해 이슬람 신도로 개종한 사람들이 늘었다는 점을 들 수 있다. 그러나 무엇보다도 2차 세계대전 직후부터 1973년까지 프랑스 경제가 폭발적으로 성장했던 소위 "영광의 30년"les Trente Glorieuses동안 노동력이 부족할 때 알제리, 모로코, 튀니지 출신의 값싼 노동 이민자들을 대폭 불러들인 것이 무슬림 인구 급증의 가장 중요한 원인이라고 할 수 있다. 1973년 석유사태에 따른 경제위기가 발생되면서 1974년에 프랑스정부는 이주노동자의 유입을 중단시켰으나, 마그레브출신 이민자 수는 가족 재결합, 장기 불법 체류자에 대한 합법적 지위 부여 및 높은 출산율 등으로 인해 급속도로 증가하였다. 그 결과 2000년대 접어들면서 알제리, 모로코, 튀니지 등 마그레브 출신의 무슬림 이민자 1세대 및 그들의 후손인 2, 3세대들은 이태리, 스페인, 포르투갈 등의 남유럽 출신의 이민자를 제치고 프랑스 제일의 이민자 집단을 구성하게 되었다. 여기서 프랑스인들의 이슬람포비아 확산을 불러일으키고 있는 "프랑스 내 무슬림인구의 급증" 현상의 결정적인 원인제공은 무슬림 이민자 측이 아니라 프랑스 측이라는 사실에 주목할 필요가 있다. 2차 세계대전 직후의 북아프리카 식민지로부터의 이주민 대량 유입은 프랑스의 저렴한 노동력 필요에 따라 프랑스가 자발적으로 불러들인 것이기 때문이다. 이런 측면에서 볼 때 오늘날 유라비아 현상에 대한 프랑스인의 두려움은 북아프리카 식민지 지배의 역사적 업보라고 간주할 수 있으며 또한 "달면 삼키고 쓰면 뱉는다"식의 이기적인 이주민 유입정책의 산물이라고도 평가할 수 있다.

2. 프랑스 공화주의 이민자통합정책의 실패

2005년 프랑스의 이민자 소요사태, 프랑스 주류사회에 동화하지 못하는 무슬림 게토의 확산 및 프랑스 사회의 반이민, 반이슬람정서의 확산 등은 프랑스의 무슬림이민자 통합정책이 실패했다는 것을 단적으로 입증해주고 있다. 실제로 프랑스의 사르코지^{Nicolas Sarkozy} 전 대통령도 2011년 2월에 공중파 TV방송에서 프랑스사회로의 동화노력을 하지 않는 무슬림 이민자 때문에 "프랑스에서 다문화주의는 실패했다"라고 스스로 선언하였다.36) 이와 같이 명백하게 드러나는 무슬림 이민자 통합의 실패는 프랑스 사회에 이슬람포비아 현상을 확산시켰다.

그런데 프랑스 사회의 이슬람포비아 현상은 프랑스 공화국의 이념인 "공화주의"와 이에 토대를 둔 이민자 통합정책과 긴밀히 연계되어 있다는 사실에 주목할 필요가 있다. 프랑스의 이민자 통합정책의 근간을 이루는 "공화주의 통합모델"은 동화주의 모델의 전형이라고 할 수 있는데, 이민자들이 출신국의 인종적, 문화적, 종교적 정체성을 포기하고 공화주의 원칙을 준수하면서 프랑스 사회라는 용광로에 완전히 동화될 것을 요구하고 있다.37) 이에 따라 공화주의 통합모델은 프랑스 최대의 이민자집단인 무슬림 이민자를 사회로 "통합"하기보다는 오히려 "배제"와 "인종차별"을 야기하면서 프랑스인의 이슬람포비아를 합리화시키는 중요한 기제로 작용

---

36) 『연합뉴스』, 2011년 2월 13일; Kern Soeren, "Debate Heats up over muslim in France," Gatestone institute, March 17, 2011. http://www.gatestoneinstitute.org/1969/muslims-in-france (검색일: 2013. 9. 30).

37) 프랑스의 공화주의 통합모델에 대한 국내 저술로는 다음을 참조할 수 있다. 김승민, "프랑스 이민자통합의 실패 원인: 프랑스사회 책임 혹은 이민자 책임," 『유럽연구』, 제31권 제1호 (2013), 박단 엮음, 『현대서양사회와 이주민: 갈등과 통합사이에서』 (서울: 한성대학교 출판부, 2008); 한승준, "프랑스 동화주의 다문화정책의 위기와 재편에 관한 연구," 『한국행정학보』 제42권 제3호 (2008년); 홍지영·고상두, "공화국시각에서 본 반이슬람정서," 『한국정치학회보』, 제2집 1호 (2008년); 홍태영, "공화주의적 통합과 프랑스 민주주의," 『사회과학연구』, 제18집 2호 (2010년).

하고 있다. 공화주의 통합모델의 몇 가지 문제점을 살펴보면38), 먼저 프랑스 공화주의의 기저에는 "이민자들은 종교와 문화가 무엇이던지 간에 프랑스 공화국에서 살고 싶으면 우리의 가치를 따르고, 따르기 싫으면 나가라"는 식의 자문화 중심적 시각을 가지고 소수 이민자 집단이 가지고 있는 고유의 문화나 정체성을 인정하지 않고 있다. 이에 따라 공화주의 통합모델은 출신국의 고유한 풍습, 가치 및 종교를 포기하기 어려운 무슬림이민자들을 적대시하는 것을 정당화하는 수단으로 사용할 수 있다. 2000년대 이후 프랑스 사회를 뜨겁게 달구었던 히잡 부르카 논쟁, 국가정체성 논쟁 등의 사례는 한결같이 공화주의 시각에서 무슬림과 이슬람 종교를 겨냥한 것으로서 "프랑스 공화국을 사랑하라, 그렇지 않으면 떠나라"라는 배제의 의미를 가지고 있었다. 또한 공화주의가 지향하는 핵심적인 가치인 "라이시테 원칙"도 삶과 종교의 구분이 어려운 무슬림들의 가치와 정면으로 충돌할 수 있다. 앞에서 전술한 부르카 금지법 사안에서 보는 바와 같이, 라이시테 원칙은 공화국의 가치를 수호한다는 명분으로 이슬람과 무슬림에 대한 억압과 배제를 정당화시키면서 이슬람포비아를 확산시키는 중요한 요인이 되고 있다. 또 다른 논거로서 공화주의 이민자통합모델은 이민자들이 실생활에서 겪는 사회경제적 불평등 문제를 축소, 은폐함으로써 이민자통합의 실패 책임을 이민자로 전가하는 수단이 되고 있다는 것이다. 즉 공화주의는 공적 영역에서 출신 집단의 인종, 종교에 따른 차이나 차별을 인정하거나 거론하는 것을 금기시하고 있다. 이에 따라 소수의 인종, 종교 집단이 현실에서 명백하게 겪고 있는 차별을 없는 것이나 심하지 않게 느끼게 함으로써 이민자문제의 근본적인 원인을 은폐하거나 호도하는 부작용을 낳았다.39) 그 대표적인 예로 프랑스 이민자통

---

38) 김승민 (2013), pp.213-219.
39) 엄한진, "프랑스 이민통합 모델의 위기와 이민문제의 정치화— 2005년 '프랑스 도시외곽지

합의 실패를 명백하게 드러낸 "2005년 이민자 소요사태"에 대한 프랑스인들의 시각을 들 수 있다. 소요사태에 대한 프랑스의 정치권과 여론은 책임소재를 이민자들을 평등하게 포용하지 못한 "프랑스 사회"보다는 사회에 동화노력을 하지 않고 공화국의 치안을 위협하는 "무슬림 이민자"에 있다고 간주하고, 치안질서 유지를 강력한 법적 대응책만을 요구하였다. 이러한 측면에서 볼 때 프랑스의 공화주의 통합모델은 이민자문제의 핵심인 인종 차별문제를 은폐함으로써 이민자통합을 위해 반드시 선행되어야 할 사회경제적 불평등 문제를 해결하는 것을 어렵게 만들었다고 할 수 있다. 이에 따라 공화주의 통합모델은 이민자 통합 실패의 책임소재를 무슬림 탓으로 돌리게 함으로써 프랑스인의 반이민, 반이슬람 여론을 확산시키는 좋지 않은 결과를 초래하였다고 평가할 수 있다.

3. 정치권의 반이슬람, 반이민정책의 강화

프랑스의 정치권은 정략적 차원에서 프랑스 사회에 만연해 있는 이슬람포비아 현상을 진정시키기는커녕 오히려 자극, 조장하였다는 점을 강조할 필요가 있다. 특히 프랑스의 우파 정치세력은 프랑스인들의 반이슬람 정서에 편승하여 "이민문제의 정치화"[40]를 통해 이슬람 위협을 과장하고 무슬림을 공격함으로써 지지율을 높이려는 정치적 계산을 가지고 있었다. 프랑스에서 이민문제를 정치쟁점화하면서 무슬림을 가장 먼저 공격한 것은 극우정당인 국민전선Front National이었다. 국민전선은 1990년

역 소요사태'를 중심으로-.", 『한국사회학』, 제41집 3호 (2007년), pp.276-280.
[40] "이민문제의 정치화"란 정치권이 세력 확장을 위해 저성장과 고실업, 실정(失政) 등과 같은 현실의 핵심적인 문제들을 은폐하는 수단으로 이민문제를 이용하거나, 이민자를 희생양으로 삼고 이민문제를 치안문제, 경제위기문제, 국가정체성문제 등과 연계시켜 정치쟁점화하는 양상을 가리킨다. 프랑스 이민문제의 정치화 현상에 대해서는 엄한진 (2007), pp. 253-286을 참조할 것.

대까지는 소수정당으로 존재하여왔으나 2000년대 들어 이슬람과 무슬림 이민자 문제를 프랑스 고실업과 치안불안, 국가정체성 위협, 복지지출 남용의 중요한 원인으로 부각시키면서 세력 확장에 성공하였다.41) 2002년 대선에서 국민전선의 당수였던 장 마리 르펜Jean-Marie Le Pen은 "프랑스를 프랑스인에게"La France aux Français, "300만의 실업자, 300만 잉여 이민 노동자"3 Million de chômeurs, ce sont 3 Millions d'immigrés, "외국인 추방과 치안확보" 등과 같은 인종주의와 反이민정서를 조장하는 정치구호를 내세우면서 2위(득표율 16.86%)를 차지하여 사회당 리오넬 조스팽 후보를 누르고 결선에 진출하는 기염을 토했다.42) 르펜의 결선투표 진출은 1958년 발효된 프랑스 5공화국 헌법이후 최초로 극우파 후보가 대선 결선에 나가는 프랑스 정치사의 이변이었으며 아울러 유럽 사회에 극우파의 부상을 예고하는 중대한 정치적 사건이었다. 또한 최근 2012년 4월 대선에서도 국민전선의 새 당수가 된 마린 르펜Marine Le pen; 2011년 정계은퇴한 장 마리 르펜의 딸임은 반이민, 국경통제 강화, 유로존Eurozone 탈퇴 등을 주장하면서 17.9%의 높은 득표율을 보이면서 제3위를 차지하였다.43) 마린 르펜은 2012년 4월 대선에서 결선투표 진출에는 실패하였으나 1차 투표에서 2002년 그의 아버지의 득표율 16.86%를 능가하는 극우파 역사상 가장 높은 지지율을

---

41) Sally Marthaler, "Nicolas Sarkozy and the politics of French immigration policy," *Journal of European Public Policy*, Vol. 15, Issue 3 (April 2008), pp. 384-385.
42) CEVIPOF(France), "Résultat des 2 tours de la présidentielle 2002-Source Conseil constitutionnel." http://www.cevipof.com/DossCev/elec2002/Enjeux/respres.html (검색일: 2013. 9. 30).
43) 2012년 4월 22일에 행해졌던 프랑스의 대선 1차 투표에서 사회당의 올랑드(François Hollande) 현 대통령이 28.63%를 득표해 1위를 차지했고 우파 대중운동연합(UMP)의 전 대통령 사르코지(Nicolas Sarkozy)는 27.18%를 얻어 2위를 했다. 한편 결선 투표에서는 올랑드(득표율 51.64%)가 사르코지(48.36%)을 누르고 대통령에 당선되었다. Ministère de l'Intérieur(France), "Les résultats de l'élection presidentielle 2012." http://www.interieur.gouv.fr/Elections/Les-resultats/Presidentielles/elecresult_PR2012/(path)/PR2012/FE.html (검색일: 2013. 9. 30).

기록하면서 국민전선을 명실상부한 프랑스 제3위 정당으로 부상시켰다. 2012년 대선에서 극우파의 기록적인 성공에는 "반이민 반이슬람 정서의 자극"이외에도 프랑스 유권자들의 "주류 정치세력에 대한 불신과 환멸", "실업에 대한 절망", "신자유주의 세계화 확산에 대한 당혹감", "유로존 위기와 같은 유럽연합의 허약함에 대한 좌절" 등 여러 가지 원인들이 복합적으로 작용한 것으로 평가되고 있다.44) 따라서 극우파 후보의 대선 득표율(약 18%) 결과를 보고 "프랑스 국민의 약 5명중 1명이 인종차별주의자"라고 해석하는 것은 너무 단순한 분석이며, 마찬가지로 극우파가 외국인 혐오증, 이슬람공포증 조장만으로 돌풍을 일으켰다고 해석하는 것은 적절하지 않다고 판단된다. 그러나 극우파의 가장 큰 정치적 기반은 "프랑스 사회의 반이민 반이슬람정서"이며 극우파의 성공을 이끈 가장 중요한 원동력은 바로 "무슬림 이민자과 이슬람에 대한 공포와 증오를 조장한 것"이라는 것은 부인할 수 없다. 극우파가 이슬람 공포증을 조장하기 위해 동원한 가장 중요한 전략은 이민자문제와 치안문제를 연계시켜 무슬림과 이슬람을 프랑스의 사회안전을 위협하는 위험한 집단으로 "낙인찍기"stigmatization를 한 것이었다. 2002년 대선에서 극우파 후보였던 장 마리 르펜은 프랑스 범죄율 증가원인이 불법체류자 등 외국인, 이민자들에게 있음을 강조하면서 "프랑스 내 외국인 불법체류자는 즉각 추방해야 한다"는 공약을 내걸고 9. 11테러 이후 치안불안에 우려하는 프랑스인들을 선동해 인기몰이를 해왔다.45) 또한 2012년 대선후보였던 마린 르펜

---

44) 김봉규, "'르펜 돌풍', 프랑스 유권자 좌절과 분노 파고들었다,"『프레시안』, 2012년 4월 25일. http://www.pressian.com/article/article.asp?article_num=30120425114652 (검색일: 2013. 10. 10).
45) 이영태,「佛극우파 부상의 원동력은 정치불신」,『프레시안』, 2002년 4월 23일. http://www.pressian.com/article/article.asp?article_num=40020422185806 (검색일: 2013. 10. 10).

도 "이슬람은 프랑스와 서구 자유 사회를 위협하는 가장 큰 적이다. 이슬람 사원mosque 및 무슬림 이민증가로 국가가 정복당하고 치안을 위협받고 있다. 더 이상 계속 이대로 둘 수는 없다"라고 주장하였다.46)

한편 2000년대 이후 프랑스 정치권에서 "무슬림 때리기"에 나선 세력은 극우파만이 아니라 주류 보수 우파도 적극 가담했다는 사실에 주목할 필요가 있다. 2000년대 이전까지만 하더라도 "인종차별주의와 이슬람혐오증의 조장"은 극우파의 전유물이었다. "사회 균열의 해소"를 주요 정강으로 했던 드골주의를 계승한 주류 우파 입장에서 극우파의 공공연한 인종차별주의는 수용할 수 없는 것이었으며 국민전선과의 정치적 연합 역시 엄격하게 금기시되어왔다.47) 그러나 2002년 대선에서 르펜의 정치적 성공을 목격한 주류 우파는 이민자와 이슬람을 공격해야만 이민문제에 민감한 보수층 유권자의 선거 표를 모으고 나아가 극우파의 표까지 뺏을 수 있다는 생각을 하게 되었다. 2000년대 이후 주류 보수 우파에서 무슬림 이민자에 대한 공격을 주도한 정치인은 사르코지 前대통령이었다. 사르코지는 내무장관시절(2002년-2007년 4월)부터 대통령 재직기간(2007년 5월-2012년 4월)동안 줄곧 국민전선과 매우 유사한 방식으로 이민자문제를 치안 문제, 국가정체성 위협 문제와 연관시켜 정치쟁점화하면서 강경한 반이민, 반이슬람정책을 실시하였다.48) 사르코지가 지난 약 10년간 끊임없이 제기한 "2004년 공립학교에서의 히잡 착용 금지법 제정", "2005년 이민자 소요사태와 치안불안 문제", "2006년 선택적 이

---

46) Amnesty International, *Choice and Prejudice: Discrimination against Muslims in Europe*, (London: Amnesty International, April 2012), p.17.
47) 오창룡, "프랑스 사르코지 대통령의 이미지 정치와 위기 리더십," 『한국정치연구』, 제21집 제2호 (2012), p.337.
48) 사르코지의 이민정책에 대해서는 다음 자료를 참고 할 것. Sally Marthaler (2008), pp. 382-397; 박선희, "프랑스 이민정책과 사르코지(2002-2008)," 『국제정치논총』, 제50집 2호 (2010년), pp.193-211.

민법 제정", "2007년 이민 및 국가정체성 부처 신설", "2011년 국가정체성 논쟁과 다문화주의 실패 선언" 및 "2010년 공공장소에서의 부르카 금지법 제정"들은 "이슬람종교와 무슬림 이민자가 프랑스 공화국을 위협하고 있다"는 이슬람 공포증을 조성하면서 선거에 이용할 목적을 가지고 있었다.[49] 특히 사르코지도 극우파와 마찬가지로 "이민자와 치안불안 문제"를 국가차원의 주요 쟁점으로 부각시키고, 강경한 법적 대응을 통해 사회질서를 보호하는 결단력 있는 "국가 수호자 이미지"를 구축함으로써 지지율을 높이려는 전략을 실시하였다.[50] 일례로 사르코지는 2005년 소요사태 당시 치안책임자인 내무장관직을 수행하면서 공화국의 질서를 위협하는 교외폭력행위에 대해 "똘레랑스 제로"tolérance zero, 무관용 원칙을 주장하며 단호한 강경대응을 선언했다. 그는 소요를 주도한 무슬림 이민자 청년들을 "쓰레기"racaille"로 부르면서 "쓰레기를 진공청소기로 쓸어버리겠다"는 인종차별적인 발언을 하였다.[51] 결과적으로 사르코지는 이민자 소요사태의 근본적인 책임을 "프랑스 사회의 인종차별과 불평등문제"가 아니라 "사회질서를 위협하는 이민자"로 전가시키면서 사태의 본질을 호도하였을 뿐만 아니라 "무슬림=잠재적 범죄자 혹은 테러리스트"라는 인식을 프랑스 사회에 유포시켰다.

---

[49] 김승민 (2013), pp.230-231.
[50] 오창룡 (2012), p.331.
[51] *Le Monde*, le 11 Novembre, 2005; Valérie Sala Pala and Patrick Simon, *Public and political debates on multicultural crises in France*, EMILIE project reports on multiculturalism debates, May 2007, p.2. http://www.eliamep.gr/wp-content/uploads/en/2008/05/france_report_multicultural_discoures_final.pdf (검색일: 2013. 9. 20).

4. 미디어의 이슬람 혐오증 조장

프랑스뿐만 아니라 유럽의 많은 나라에서 신문, 방송 등 미디어는 이슬람과 무슬림에 대해 부정적이거나 왜곡된 보도를 함으로써 이슬람모피아 현상을 부추겼다. 특히 9.11테러 이후 서구에서 급속도로 확산된 반이슬람 분위기속에서 유럽의 미디어는 "이슬람은 세계평화를 위협하는 폭력적이고 급진적인 종교"이며 "무슬림은 곧 테러리스트이며 종교근본주의자fundamentalist"로 간주하는 경향이 짙었다. 또한 이슬람에 대한 뿌리 깊은 부정적인 편견, 고정 관념화된 이미지, 광신도적 묘사, 과장된 캐리커처caricature 등이 담긴 기사를 많이 다룸으로써 유럽인들의 이슬람포비아 확산에 큰 영향을 미쳤다.52) 실제로 영국 랑케스터대Lancaster University 연구진이 1998-2009년간 11년 동안 영국 언론에 보도된 약 20만개 이상의 이슬람 및 무슬림 관련 기사를 분석한 연구53)(2010년)에 의하면, 영국 언론은 무슬림에 대한 부정적이고 편향적인 보도를 하는 것으로 밝혀졌다. 영국 언론의 무슬림관련 기사에서 가장 많이 다루는 주제는 "분쟁"conflict, "테러리즘"terrorism, "극단주의"extremism 등으로 드러났으며, 아울러 이런 주제를 다룰 경우 무슬림을 "하나의 동질화된 집단"(예를 들면 무슬림 세계 Muslim world와 같은 용어 사용)으로 간주하면서 모든 무슬림을 위험한 집단의 이미지로 규정하는 경향이 많았다. 또한 이 연구에 의하면 영국 언론에서는 "극단적인 무슬림"extremist muslim에 관한 언급이 "온건적인 무슬림" moderate muslim에 비해 무려 21배나 많은 것으로 조사되었다. 한편 이태리

---

52) Jocelyne, Cesari (2006), pp.33-35; Wikipedia, "Islamophobia," http://en.wikipedia.org/wiki/Islamophobia (검색일: 2013. 9. 10).

53) Paul Baker, Costas Gabrielatos and Tony McEnery, "The representation of Muslims in the British press 1998-2009," an ESRC(Economic and Social Science Research Council) financed research project, (UK: ESRC, 2010). http://www.esrc.ac.uk/my-esrc/grants/RES-000-22-3536/read (검색일: 2013. 10. 10).

미디어에 관한 연구에서도 이태리 언론들은 "종교로서의 이슬람"과 "무슬림 세계" 간의 차이를 구분하지 않고 혼용하는 경향이 있었으며 또한 무슬림 세계를 동질적이고 획일화된 집단으로 고려하는 오류를 범하고 있었다. 아울러 이태리 언론들은 이슬람을 전체주의 체제totalitarian order, 서구사회의 적, 여성인권 억압, 근본주의 팽창, 양과 소 등을 제물로 바치는 희생의 잔치the sacrifice feast 등의 부정적이고 상투적인 이미지로 규정하는 것으로 드러났다.54)

한편 프랑스 미디어도 이슬람종교와 무슬림관련 이슈에 대해 정확한 정보 전달을 하려고 노력하지 않고 프랑스인의 이슬람 공포증에 부응하는 보도를 하는 경향이 짙었다. 프랑스 언론들은 이슬람과 무슬림을 "정상적인 사회적 대상"ordinary social object으로 간주하지 않고 "잠재적인 위험" potential danger으로 간주하는 보도들을 많이 하였다.55) 이슬람을 잠재적인 위험으로 간주하는 프랑스 언론 보도의 좋은 예로 2005년 이민자 소요사태 당시에 대한 언론 기사를 들 수 있다. 프랑스의 유력 일간지 르 피가로 Le Figaro는 소요사태를 다룬 기사제목으로 "폭력 확산에 있어서 이슬람의 역할에 대한 조사"56)를 붙였다. 이 기사는 사태진앙지인 파리 외곽지역 클리시 수 보아Clichy-sous-bois의 이슬람사원mosque 부근에서 경찰이 최루탄을 살포한 직후에 모로코출신 이민자들이 서로 전화연락을 했다는 내용

---

54) Mirna Liguori, "Italy Report" in Jocelyne Cesari et al., *Securitization and religious divides in Europe −Muslims in the West After 9/11: Why the term Islamophobia is more a predicament than an explanation−*, submission to the Changing Landscape of Citizenship and Security, 6th PCRD of European Commission, (Paris: Challenge, 1 June 2006), pp.208-209.
55) Vincent Geisser, *La nouvelle islamophobie*, (Paris: La Découverte, 2003), pp. 23-56; Alexandre Caeiro, "France Report" in Jocelyne Cesari et al. (2006), pp. 208-209.
56) *Le Figaro*, "Enquête sur le rôle de l'islam dans la propagation de la violence", le 5-6 Novembre, 2005; Alexandre Caeiro (2006), p.209.

을 게재함으로써 마치 이슬람종교가 무슬림 청년들의 소요사태에 연루된 것처럼 보도했다. 한편 소요사태 당시 주간지 르 뽀앵Le Point의 표지제목은 "종교전쟁"57)이었다. 2005년 소요 사태의 발발 배경, 과정에는 이슬람종교나 이슬람 근본주의자는 전혀 연루되지 않았고 중요한 역할도 하지 않았다. 소요를 주도한 무슬림 2-3세대들은 어떠한 종교적, 정치적 요구도 하지 않았고, 단지 프랑스사회에 만연한 무슬림에 대한 사회경제적 불평등을 타파해줄 것을 요구했을 뿐이었다.58) 그럼에도 불구하고 소요사태와 이슬람을 연계시키려는 언론의 보도는 이슬람을 위험한 존재로 각인시키는 이미지를 확대 재생산시키는 결과를 초래하고 있다. 한편 프랑스 사회뿐만 아니라 국제사회의 논란거리가 되었던 "부르카 착용 금지"에 대한 프랑스의 언론 보도는 이슬람포비아를 확산시키는데 일조했다. 부르카착용 단속과 관련해 프랑스 각지에서 무슬림들의 반발과 소요가 거세지자, 프랑스의 여러 언론들은 이슬람과 무슬림을 프랑스의 공화주의 원칙과 치안을 위협하는 이미지로 규정하였다. 예를 들면, 주간지 르 뽀앵Le Point, 렉스프레스L'Express 등은 표지제목으로 (경찰단속에 항의하는 무슬림여성을 찍은 표지사진과 함께) "뻔뻔스러운 이슬람"59), ('프랑스를 위협하는 것' 등의 부제와 함께) "이슬람주의자의 유령"60), (긴 수염의 무슬림 남성을 찍은 표지 사진과 함께) "이슬람의 공포"61), (모스크 첨탑을 찍은 표지사진과 함께) "이슬람에 직면한 서구"62) 등을 게재했다.63)

---

57) *Le Point*, "guerre de religions," le 10 Novembre, 2005.
58) 김승민 (2013), pp.228-229 & p.232.
59) *Le Point*, "Cet islam sans gêne," le 31 Octobre, 2012.
60) *Le Point*, "Le spectre islamiste," le 3 Février, 2011.
61) *L'Express*, "La peur de l'islam," le 27 Septembre, 2012.
62) *L'Express*, "L'Occident face à l'islam," le 6 Octobre, 2010.
63) Rokhaya Diallo, "L'islam et les médias : cet acharnement sans gêne," *Le Nouvel Observateur*, le 8 Novembre, 2012.

한편 프랑스 북부 릴Lille 지역의 일간지인 라 브와 뒤 노르la voix du nord는 "시청광장에서 벌어진 부르카 착용 여성의 반발 시위는 즉시 진압되다"라는 일면 기사 제목과 함께 부르카 여성이 체포되는 사진을 게재한 바가 있다.64) 이와 같이 프랑스 미디어에서 이슬람과 무슬림을 잠재적 범죄자, 근본주의자, 공권력과 충돌을 하는 온몸을 가리는 베일을 쓴 여성 등의 부정적인 이미지로 규정하는 시각은 프랑스인들의 이슬람포비아를 확산시키는 부작용을 발생시키고 동시에 "무슬림들의 사회적 고립과 반발"을 심화시키는 결과를 초래하였다.

5. 9.11과 이슬람 극단주의 테러

오늘날 서구인의 이슬람포피아 확산에 결정적인 영향을 미치는 사건은 바로 2001년 9.11테러이다. 2001년 알카에다Al-Qaeda가 민간 항공기를 납치해 뉴욕 세계무역센터를 붕괴시키는 사건을 목격하면서 서구인들은 이슬람종교와 무슬림에 대한 심각한 증오감과 적대감을 가지게 되었다. 특히 유럽에서는 이슬람 극단주의자에 의한 2004년 스페인 마드리드 테러(191명 사망)와 2005년 영국 런던 테러(56명 사망)가 발생하면서 이슬람포비아 현상이 확산되었다. 프랑스 사회에서는 2005년 가을 이민자 소요사태이후 "무슬림은 이슬람 근본주의자 내지는 잠재적인 범죄자이다"라는 이미지가 고착화되고 있는 실정이다. 특히 소요사태를 주도한 대도시 외곽 빈민지역의 무슬림 이민 2세들은 "위험한 집단"dangerous class으로 간주되어 프랑스 사회의 치안불안을 야기하는 "급진주의자", "범죄자", "사회 골칫거리"라는 인식이 주류시민사이에 확산되고 있다.65) 한편 2012

---

64) *La Voix du nord*, "Une tentative de manifestation de femmes voilées vite interrompue cet après-midi," le 22 Septembre, 2012.

년 3월 프랑스 툴루즈에서 벌어진 이슬람 극단주의자의 연쇄테러 사건은 프랑스사회에 이슬람혐오증을 증폭시켰다. 이 사건의 범인인 알제리계 프랑스인 모하메드 메라Mohammed Merah(23세)는 2주일 사이에 3차례에 걸쳐 군인 3명과 유대인 4명 등 총 7명을 살해하고, 자택에서 경찰과 대치하다가 사살되었다. 특히 마지막 연쇄 총격사건은 툴루즈의 유대인 학교에서 발생되어 유대인 어린이까지 숨지게 했다는 점에서 프랑스 사회는 엄청난 충격에 빠졌다. 2012년 대선 불과 1달 전에 발생된 이 사건 직후 프랑스의 정치권은 좌, 우 막론하고 일제히 테러와의 전쟁을 선포하고 이슬람 근본주의 대처 강화, 테러 방지법 강화, 불법이민자 추방 등 강경한 치안질서 대책 마련을 촉구하면서 이슬람에 대한 혐오분위기를 자극하였다. 특히 극우파 국민전선 당수 마린 르펜은 이 사건을 극우파의 정치노선을 선전하면서 대선 지지율을 높일 수 있는 좋은 기회로 활용하였다. 마린 르펜은 "얼마나 많은 모하메드 메라가 날마다 선박이나 비행기를 타고 프랑스에 도착하는가? 얼마나 많은 모하메드 메라가 프랑스 사회에 동화되지 못한 무슬림 가정 아이들 중에 있는가?"라고 주장하면서 이민문제, 급진적 이슬람Islam radical문제, 치안불안Insécurité문제, 방리유banlieues문제 등을 부각시켰다.66)

한편 이 테러 사건발생 이후 프랑스의 미디어도 이 사건을 연일 특종으로 다루면서 이슬람과 무슬림을 근본주의, 테러리즘, 치안불안 등과 연계하는 이미지를 생산하였다. 일례로 프랑스의 유력 일간지 르몽드Le Monde지는 메라를 "이슬람이라는 질병에서 자라난 괴물"이라는 기사를 게재하

---

65) Jocelyne Cesari, "Ethnicity, Islam, and les banlieues: Confusing the Issues," (US: Social Science Research Council, November 30, 2005) http://riotsfrance.ssrc.org/Cesari/ (검색일: 2013. 10. 10).
66) Abel Mestre, "Marine Le Pen entend "mettre l'islam radical à genoux"," *Le Monde*, le 25 Mars, 2012.

였고, 주간지 르 포엥Le point은 "프랑스의 알라 미치광이"라는 표지 제목을 실었다.67) 결국 이 사건은 프랑스 사회의 이슬람포비아를 증폭시켰다는 점에서 이 사건의 가장 큰 희생자는 프랑스에 거주하는 무슬림이었다. 프랑스의 정치권, 언론은 프랑스에서 교육받고 성장한 범인 메라가 왜 이슬람 극단주의에 빠졌는가에 대한 원인을 찾기 보다는 이슬람 극단주의, 치안불안 문제에만 열중하는 입장을 보였다. 2005년 영국 런던테러, 2012년 프랑스 툴루즈 테러의 경우를 살펴보면 이 테러발생의 책임은 이슬람 극단주의자에게만 있는 것이 아니라 유럽에서 자란 무슬림 이민 2세대들을 포용하지 못한 유럽 주류사회에도 책임이 있다. 유럽사회의 무슬림에 대한 인종차별과 편견이 무슬림 가정출신 젊은이를 자생적 테러리스트인 "외로운 늑대" "lone wolf" terrorist로 변신하게 하는 중요한 원인이 되고 있기 때문이다.

제5절 결론

오늘날 프랑스를 비롯한 유럽 나라들의 이슬람포비아 현상은 특히 2001년 9.11테러 이후에 정치, 안보, 경제, 사회, 문화, 인구 등 여러 요인들이 복합적으로 맞물리면서 지속적으로 확대되어왔다. 프랑스사회를 휩쓸고 있는 "이슬람 종교와 무슬림에 대한 공포와 반감"은 무슬림 인구의 급증과 "유라비아"Eurabia 현상, 경제위기 및 실업증가, 공화주의 이민자 통합정책의 실패, 보수 우파 및 극우 정당의 선거 전략을 위한

---

67) 짐 울프리스, "프랑스 툴루즈 살인 사건의 충격: 이슬람이 아니라 인종차별주의가 문제다," 『레프트21』 78호, 2012년 3월 31일. http://www.left21.com/article/11058 (검색일: 2013. 10. 10).

"무슬림 때리기", 미디어의 부정적이고 과장된 보도, 이슬람 극단주의 테러 및 치안불안 등 복잡한 원인들이 얽혀 발생되고 있다. 특히 2005년 파리 교외 소요사태이후 프랑스의 보수 우파, 극우 세력은 유권자 표를 모우기 위해 이슬람과 무슬림을 잠재적인 범죄자 혹은 위험한 집단으로 "낙인찍기"stigmatization를 하면서 프랑스 사회에 만연한 이슬람포피아를 진정시키기는커녕 오히려 조장하였다. 또한 프랑스의 미디어도 무슬림 관련사건을 왜곡, 과장 보도하면서 이슬람과 무슬림을 근본주의, 테러리즘, 치안불안 등과 연계하는 이미지를 확대 재생산하였다. 한편 유럽국가 가운데 가장 많은 무슬림 인구 규모 및 비율을 가진 프랑스에서는 무슬림인구의 급증과 출산율의 상승으로 인해 "기독교 문명권인 프랑스가 급격하게 이슬람화 되고 있다"는 위기감과 불안감이 깊어지고 있다. 게다가 2004년 히잡 금지에 이어 2010년 부르카 금지 논란이 국가적인 이슈로 확대되면서 "이슬람은 프랑스의 공화주의와 라이시테la laïcité; 프랑스의 정교분리 원칙를 위협하고 있다"는 인식이 프랑스 사회에 널리 퍼지고 있다.

이와 같은 프랑스사회의 이슬람포비아 확산은 인종주의와 인종차별을 불러일으키면서 취업, 주택, 교육 등 제반분야에서 무슬림에 대한 차별을 발생시키고 있다. 이에 맞서 무슬림들의 반발도 점차 과격해져 2005년 파리 외곽 소요 사태, 부르카 법 충돌 사태 등과 같이 집단적인 폭력의 양상으로까지 발전하고 있다. 특히 프랑스 사회의 이슬람포비아와 인종차별은 소외된 무슬림 2, 3세 젊은이들을 자생적 테러리스트인 "외로운 늑대" "lone wolf" terrorist로 몰아 갈수도 있다는 극단적인 전망까지 나오고 있다. 실제로 이슬람 극단주의자들에 의한 2004년 마드리드 테러, 2005년 런던 테러, 2013년 툴루즈 테러 사건의 범인은 모두 유럽 사회에서 자라고 교육받은 무슬림 가정의 2세대이었다. 이들이 사회에 동화되지 못하고 이슬람 극단주의 의식화에 빠진 중요한 원인 중에는 무슬림 2세의 소외감과 울분을 느끼게 한 "주류사회의 차별"도 있다는 사실을 간과할 수 없다. 이처럼 무슬림을 둘러싼 프랑스 사회의 갈등은 "이슬람포비아의 확산→무슬림에 대한 인종 차별 심화→무슬림의 사회적 소외와 반발→이슬람포비아의 확대 재생산"의 악순환 양상을 보이고 있다.

향후 프랑스 사회와 무슬림 간의 갈등과 대립은 어디까지 진행될 것인가? 과연 화해와 공존의 해법은 있는가? 현실적으로 해법 마련이 쉽지 않을 것으로 전망된다. 무엇보다도 최근 프랑스 극우파의 기록적인 선거 승리에서 볼 수 있듯이 프랑스인들의 반이민, 반이슬람정서는 사회 곳곳에 두껍게 깔려있기 때문이다. 선거 때마다 보수 우파 및 극우파의 반이민 반이슬람 정서 자극은 되풀이 될 것이고, 언론도 일반 시민의 이슬람포비아에 편승하여 더욱 확대 조장할 것이다. 특히 최근과 같은 경제위기와 고실업상황에서 "이민자들이 일자리를 빼앗고 복지 재정을 축내고 있다"는 프랑스인의 반감은 깊어질 것이다.68) 프랑스 백인청년들도 일자리를 얻기 어려운 상황에서 압델Abdel, 사미라Samira 등의 아랍계 이름을 가진 무슬림 젊은이들이 과연 "평등한 고용 기회"를 보장 받을 수 있을까? 게다가 프랑스인을 비롯한 서구인들의 이슬람 공포를 촉발시키는 이슬람 극단주의자들의 테러와 위협은 과연 종식될 수 있을까? 《증오 바이러스, 미국의 나르시시즘Narcissism 문제》69), 팔레스타인-이스라엘 분쟁 문제, 이라크·아프가니스탄 전쟁 문제, 세계화와 이슬람권의 소외 문제 등은 차치하더라도 서구사회에 팽배한 인종차별과 이슬람혐오증이 없어지지 않는 한 서구와 이슬람 세계 간의 갈등은 사라지지 않을 것이다. 711년

---

68) 『한겨레 21』, 제872호, 2011년 8월 8일.
69) 9.11테러 이후 나르시시즘에 빠진 미국("선의 축"(Axis of good)이라는 선민의식에 빠진 미국)이 다른 지구촌 사람들에게 미국을 증오하는 바이러스를 퍼뜨리고 있는 현상을 말한다. 지아우딘 사다르/메릴 윈 데이비스(장석봉 역), 『증오 바이러스, 미국의 나르시시즘』(서울: 이제이북스, 2003), pp.1-336.

이슬람 군대의 스페인 공격에 이어 11세기 십자군의 예루살렘 공격, 15세기 오스만 터키의 유럽 공격에 의해 촉발된 서구와 이슬람 간의 충돌과 반목이 9.11테러 이후 오늘날 지구촌사회에서도 재연되고 있는 모습을 보이고 있다.

참고문헌

- 김봉규. "'르펜 돌풍', 프랑스 유권자 좌절과 분노 파고들었다." 『프레시안』, 2012. 4. 25. http://www.pressian.com/article/article.asp?article_num =30120425114652 (검색일: 2013. 10. 10).
- 김승민. "프랑스 이민자통합의 실패 원인: 프랑스사회 책임 혹은 이민자 책임." 『유럽연구』, 제31권 제1호 (2013).
- 김승민. "프랑스 이민자 소요사태의 발발 원인 분석." 『한국프랑스학논집』, 제74집 (2011).
- 박단 엮음. 『현대서양사회와 이주민: 갈등과 통합사이에서』. 서울: 한성대학교출판부, 2008.
- 박선희. "프랑스 이민정책과 사르코지(2002-2008)." 『국제정치논총』, 제50집 2호 (2010).
- 오창룡. "프랑스 사르코지 대통령의 이미지 정치와 위기 리더십." 『한국정치연구』, 제21집 제2호 (2012).
- 엄한진. "프랑스 이민통합 모델의 위기와 이민문제의 정치화— 2005년 '프랑스 도시외곽지역 소요사태'를 중심으로-." 『한국사회학』, 제41집 3호 (2007).
- 이영태. "佛극우파 부상의 원동력은 정치불신." 『프레시안』, 2002. 4. 23. http://www.pressian.com/article/article.asp?article_num=40020422185806 (검색일: 2013. 10. 10).
- 이진구. "다문화시대 한국 개신교의 이슬람인식: 이슬람포비아를 중심으로." 『종교문화비평』, 통권 19호 (2011년).
- 지아우딘 사다르/메릴 윈 데이비스 (장석봉 역). 『증오 바이러스, 미국의 나르시시즘』. 서울: 이제이북스, 2003.
- 짐 울프리스. "프랑스 툴루즈 살인 사건의 충격: 이슬람이 아니라 인종차별주의가 문제다." 『레프트21』 78호 (2012. 3. 31). http://www.left21.com/article/11058 (검색일: 2013. 10. 10).
- 한수경. "노르웨이 학살극, 유럽언론의 '이슬람죽이기.'" 『미디어스』, 2011. 7. 29. http://www.mediaus.co.kr/news/articleView.html?idxno=18764 (검색일: 2013. 9. 30).
- 한승준. "프랑스 동화주의 다문화정책의 위기와 재편에 관한 연구." 『한국행

정학보』, 제42권 제 3호 (2008).
- 홍지영·고상두. "공화국시각에서 본 반이슬람정서."『한국정치학회보』, 제2집 1호 (2008).
- 홍태영. "공화주의적 통합과 프랑스 민주주의."『사회과학연구』, 제18집 2호 (2010).
- Adrian, Michaels. "Muslim Europe: the demographic time bomb transforming our continent." Telegraph, August 8, 2009.
- Allen, Christopher and Nielsen, Jorgen S. Summary report on Islamophobia in the EU after 11 September 2001. Vienna : EUMC, 2002.
- Allen, Christopher. "Islamophobia and its Consequences," European Islam, Bruselles: Centre for European Policy Studies, 2007. http://mercury.ethz.ch/serviceengine/Files/ISN/45668/ichaptersection_singledocument/b2813ea4-f364-426b-97bc-3a6adc9979fc/en/8_Islamophobia.pdf. (검색일: 2013. 9. 10).
- Amnesty International. Choice and Prejudice: Discrimination against Muslims in Europe. London: Amnesty International, April 2012.
- Baker, Paul. Gabrielatos Costas and McEnery, Tony. "The representation of Muslims in the British press 1998-2009." an ESRC(Economic and Social Science Research Council) financed research project. UK: ESRC, 2010. http://www.esrc.ac.uk/my-esrc/grants/RES-000-22-3536/read (검색일: 2013. 10. 10).
- Bert de Ruiter. "Dealing with fear of Islam," http://www.sharinglives.eu/wp-content/uploads/2013/03/Islamophobia-causes-and-cures-Bert-de-Ruiter.pdf. (검색일: 2013. 9. 1)
- Caeiro, Alexandre. "France Report" in Jocelyne Cesari et al.. Securitization and religious divides in Europe-Muslims in the West After 9/11: Why the term Islamophobia is more a predicament than an explanation-. submission to the Changing Landscape of Citizenship and Security, 6th PCRD of European Commission, Paris: Challenge, 1 June 2006.
- Centre d'analyse stratégique. Les "Violences Urbaines" de l'automme

2005-Événements, acteurs : dynamiques et interactions. Essai de synthèse. Paris: Premier Ministre. 2007.
- Cesari, Jocelyne. "Ethnicity, Islam, and les banlieues: Confusing the Issues." US: Social Science Research Council, November 30, 2005. http://riotsfrance.ssrc.org/Cesari/ (검색일: 2013. 10. 10).
- Cesari, Jocelyne. "Introduction: Use of the Term "Islamophobia" in European societies" in Jocelyne Cesari et al., Securitization and religious divides in Europe -Muslims in the West After 9/11: Why the term islamophobia is more a predicament than an explanation-. submission to the Changing Landscape of Citizenship and Security, 6th PCRD of European Commission, Paris: Challenge, 1 June 2006.
- CEVIPOF(France). "Résultat des 2 tours de la présidentielle 2002- Source Conseil constitutionnel." http://www.cevipof.com/DossCev/elec2002/Enjeux/respres.html (검색일: 2013. 9. 30).
- Council of Europe. Islamphobia and its consequences on Young people. Report by Ingrid Ramberg, Budapest: European Youth Centre Budapest, 1-6 June 2004.
- Diallo, Rokhaya. "L'islam et les médias : cet acharnement sans gêne." Le Nouvel Observateur, le 8 Novembre, 2012.
- Duguet, Emmanuel et Leandri, Noam et L'Horty, Yannick et Petit, Pascale. "Discriminations à l'embauche - Un testing sur les jeunes des banlieues d'Île-de-France." Rapports et document. Paris: Centre d'analyse stratégique, 2007.
- EUMC(European Monitoring Center on Racism and Xenophobia). Muslims in the European Union: Discrimination and Islamophobia. Vienna : EUMC, 2006.
- Halliday, Fred. "'Islamophobia' reconsidered". Ethnic & Racial Studies. vol. 22, issue 5 (1999).
- Geisser, Vincent. La nouvelle islamophobie. Paris: La Découverte, 2003.
- Groskop, Viv. "France - Quand la burqa criminalise le masque de

Zorro." Courrier International, le 12 Avril, 2011.
- Kayaoglu, Aysegul and Kaya, Ayhan. "A Quantitative Analysis of Islamophobia in EU-15," December 16, 2012. http://cream.conference-services.net/resources/952/3365/pdf/GDNF2013_0440.pdf. (검색일: 2013. 9. 30).
- Liguori, Mirna. "Italy Report" in Jocelyne Cesari et al., Securitization and religious divides in Europe: Muslims in the West After 9/11: Why the term islamophobia is more a predicament than an explanation. submission to the Changing Landscape of Citizenship and Security, 6th PCRD of European Commission, Paris: Challenge, 1 June, 2006.
- Lopez, Bravo Fernando. "Towards a definition of Islamophobia: approximations of the early twentieth." Ethnic & Racial Studies. vol. 34 issue 4 (2011).
- Meer, Nasar and Modood, Tariq. "Refutations of racism in the 'Muslim question'." Patterns of Prejudice, vol. 43, no. 34 (2009).
- Modood, Tariq. "Introduction: the Politics of Multiculturalism in the New Europe," in Modood Tariq & Werbner Prina Jane (eds.), The Politics of Multiculturalism in the New Europe: Racism, Identity and Community. London and New York: Zed Books, 1997.
- Mestre, Abel. "Marine Le Pen entend "mettre l'islam radical à genoux"," Le Monde, le 25 Mars, 2012.
- Ministère de l'Intérieur(France). "Les résultats de l'élection presidentielle 2012." http:// www.interieur.gouv.fr/Elections/Les-resultats/Presidentielles/elecresult__PR2012/(path)/PR2012/FE.html (검색일: 2013. 9. 30).
- INSEE. "Fiches Thématique-L"insertion des jeunes." Formations et emploi 2009. Paris: INSEE, 2009.
- INSEE. Les immigrés en France 2005(Fiches Thématique). Paris: INSEE, 2005.
- Ipsos/Le Monde/la Fondation Jean Jaurès/le Cevipof. France 2013 : les nouvelles fractures. 2013년 1월 9-15일 실시 여론조사

- Marthaler, Sally. "Nicolas Sarkozy and the politics of French immigration policy." Journal of European Public Policy. vol. 15, issue 3 2008.
- OECD. Jobs for Immigrants (Vol. 2): Labour Market Integration in Belgium, France, the Netherlands and Portugal. Paris: OECD, 2008.
- Pew Research Center. The Future of the Global Muslim Population. Forum on Religion & Public Life. Washington DC: Pew Research Center, January 2011.
- Runnymede Trust. Islamophobia: A Challenge for Us All. London: Runnymede Trust, 1997. http://www.runnymedetrust.org/publications/pdfs/islamophobia.pdf (검색일: 2013. 9. 10).
- Sala Pala, Valérie and Simon, Patrick. Public and political debates on multicultural crises in France. EMILIE project reports on multiculturalism debates, May 2007. http://www.eliamep.gr/wp-content/uploads/en/2008/05/france_report_multicultural _discoures_final.pdf (검색일: 2013. 9. 20).
- Soeren, Kern. "Debate Heats up over muslim in France." Gatestone institute. March 17, 2011. http://www.gatestoneinstitute.org/1969/muslims-in-france. (검색일: 2013. 9. 20).
- Wikipedia. "Islamophobia." http://en.wikipedia.org/wiki/Islamophobia. (검색일: 2013. 9. 10).

〈언론 기사〉
- 「국민일보」, 2009년 7월 1일.
- 「문화일보」, 2009년 8월 10일.
- 「서울신문」, 2007년 1월 13일.
- 「연합뉴스」, 2011년 2월 13일.
- 「한겨레」, 2011년 4월 17일.
- 「한겨레 21」, 제872호, 2011년 8월 8일.
- BBC News, "French muslim face job discrimination." November 2, 2005. http://news.bbc.co.uk/2/hi/europe/4399748.stm (검색일: 2013. 9. 20)

- BBC News, "Full text: Writers' statement on cartoons." March 1, 2006. http://news.bbc.co.uk/2/hi/europe/4764730.stm. (검색일: 2013. 9. 20).
- La Voix du nord, "Une tentative de manifestation de femmes voilées vite interrompue cet après-midi." le 22 Septembre, 2012.
- Le Figaro, "Enquête sur le rôle de l'islam dans la propagation de la violence." le 5-6 Novembre, 2005.
- Le Point, "Guerre de religions." le 10 Novembre, 2005.
- Le Point, "Cet islam sans gêne." le 31 Octobre, 2012.
- Le Point, "Le spectre islamiste." le 3 Février, 2011.
- L'Express, "La peur de l'islam." le 27 Septembre, 2012.
- L'Express, "L'Occident face à l'islam." le 6 Octobre, 2010.

제9장

영화 《증오》와 프랑스 사회의 이민자 문제

제1절 서론

2005년 가을에 프랑스의 대도시 교외지역에서 발생된 이민자들의 소요사태는 전 세계의 주목을 끌었다. 파리 교외 빈민지역에서 촉발된 이민자들의 시위는 프랑스 전국 20여개 도시로 확산되었고, 수십 년간 프랑스 사회에서 차별, 실업, 소외로 고통받아온 이민자들의 분노는 프랑스사회 뿐만 아니라 유럽사회 더 나아가 지구촌 사회에 큰 반향을 불러 일으켰다.

이 연구는 마티유 카소비츠Mathieu Kassovitz1) 감독이 1995년에 칸느영화제 감독상을 수상한 프랑스 영화 《증오》la Haine를 집중 분석함으로써 프랑스 이민자 사회가 직면한 문제들을 분석하고, 최근 프랑스 소요사태가 발생하게 된 근본적인 원인에 대해 곰곰이 짚어보고자 한다.

영화 《증오》를 통해 프랑스 이민자 문제를 분석하고자 하는 이유로는 두 가지를 들 수 있다. 첫째, 1995년에 제작된 이 영화는 프랑스 사회에서 소외된 이민자들이 처한 현실을 적나라하게 묘사하고 있는 작품으로

---

1) 마티유 카소비츠는 약관 27세의 나이로 1995년 작품 〈증오〉를 통해 칸느 영화제 최우수 감독상뿐만 아니라 세자르 영화제 최우수 각본상 및 편집상을 수상하였다. The Internet Movie Database 홈페이지(http://www.imdb.com/title/tt0113247/awards)

써 실제로 10년 후인 2005년에 발생된 프랑스 소요사태를 그대로 예언하고 있기 때문이다. 이 작품은 파리 교외의 빈민촌인 방리유Banlieue를 무대로 아랍인, 유태인, 흑인 등 세 젊은이를 등장시켜 실업, 인종차별, 슬럼화, 마약 및 범죄, 빈부격차 등 현재 프랑스 이민사회가 직면한 문제들을 그대로 반영하고 있다. 이 영화는 프랑스 이민자들의 열악한 현실을 어떤 다큐멘터리보다도 강렬한 직접화법으로 묘사하고 있으며, 이민자들의 소외문제는 이미 오래전부터 심각한 사회갈등의 도화선이 되어왔다는 것을 잘 밝혀주고 있다. 둘째, 이 영화는 특히 최근 프랑스 소요사태를 주도한 이민 2세대, 3세대 청년들의 소외와 분노를 생생히 그려내고 있기 때문이다. 영화 전반에 흐르는 주요 장면, 대사 및 시대적, 공간적 배경 분석을 통해 왜, 어떤 이유로 이민청년들이 프랑스 주류 사회에 대해 그토록 반감을 가지고 있는지를 매우 사실적으로 밝혀낼 수 있다.

　이 연구의 목차를 살펴보면 먼저 II장에서 영화 《증오》의 시대적 배경 분석을 통해 지난 수십 년간 프랑스에서 이민자 문제가 어떻게 전개되어 왔으며, 어떤 요인에 의해 프랑스 사회의 '뜨거운 감자'로 부상하게 되었는가에 대해 분석하고자 한다. 그리고 영화의 줄거리 분석을 통해 영화의 전체적인 내용과 제작기법상의 특징에 대해 파악하고자한다. III장에서는 영화 《증오》에 나타난 프랑스 사회의 이민자 문제들을 밝히고자 한다. 프랑스의 이민자 집단거주지인 방리유 문제, 이민 2세·3세 청년들의 증오 문제, 인종차별 및 사회적 편견 문제, 프랑스 사회통합모델의 위기 문제 등을 중점적으로 다룰 것이다. 마지막 결론에서는 이상의 논의를 종합 정리하고, 프랑스의 사례가 한국에 주는 시사점에 대해 언급하고자 한다.

제2절 영화 《증오》의 시대적 배경과 줄거리 분석

1. 시대적 배경

1986년에 자크 시락크Jacques Chirac 우파정부의 인종차별 및 교육개혁 정책에 대한 반발로 일어난 학생시위에서 아랍계 청년 한 명이 경찰의 과잉진압으로 사망한 사건이 발생했다. 마티유 카소비츠 감독은 이 사건으로부터 영감을 받고, 그로부터 9년 후인 1995년에 영화 《증오》를 제작하였다. 영화 《증오》는 프랑스 사회에서 차별받고 있는 이민 청년들의 소외와 분노를 생생하게 그려내고 있다. 이 영화는 제작 이후 10년 후인 2005년 가을에 프랑스 파리 및 대도시 외곽지역에서 발생하여 세계를 놀라게 했던 이민자 소요사태의 근본적인 발발 원인, 과정 등을 정확하게 예고하고 있다.[2]

---

[2] 영화 개봉 후, 10년이 흐른 2005년 10월 27일 파리 교외 Clichy-sous-bois에서 검문을 피해 달아나던 아프리카계 10대 청소년 2명이 감전사하는 사고가 있었다. 이 두 소년은 경찰의 추격을 피해 송전소 2.5미터 높이의 담을 넘다가 변압기에 떨어져 감전사 했다. 이 소식을 듣고 분노한 청년 수백 명이 차량을 불태우고 상점 등을 공격하면서 파리 소요 사태가 시작되었다. 시락크 대통령이 진정을 촉구했으나 이 소요 사태는 점차 확산되어 무려 22개 교외 소도시들로 퍼졌고 많은 사회적 문제를 불러 일으켰다. 이 소요사태는 약 3주간 계속되었으며 당시 정부 당국이 발표한 소요 용의자들의 신분은 대부분 14-20세의 마그레브나 블랙 아프리카 출신 이민자 가정의 청소년들이었다. 2005년 프랑스 소요사태에 관한 국내 학계, 언론 자료로는 다음을 참고 할 것: 엄한진, "프랑스 이민통합 모델의 위기와 이민문제의 정치화− 2005년 '프랑스 도시외곽지역 소요사태'를 중심으로−", 『한국사회학』 제41집 3호, 2007. 6, pp.253-286.; 박단, "2005년 프랑스 '소요 사태'와 무슬림 이민자 통합문제", 『프랑스사연구』 제14호, 2006. 2, pp.225~261; 이학수, "파리 톨레랑스−사르코지 신자유주의 개혁과 톨레랑스 제로 1995-2007−", 『역사와 경계』 제68집, 2008. 9, pp.329~370; 노대명, "최근 프랑스 소요사태에 대한 단상", 『월간 복지동향』 제87호, 2006. 1, pp.30~33; 손영우, "무법자들의 폭동인가, 소외된 자들의 봉기인가 − 프랑스 도시소요, 그 1년 후", 『월간말』 2006년 12월호(통권 246호), pp.178~185; 이강щ, "파리는 불타고 있는가?", 『프레시안』, 2005.11.10; 박영신, "우린 당신들의 개가 아니다. 불타는 프랑스 이유 있었다", 『오마이뉴스』, 2005.11.08.

프랑스에서 이민자들의 빈곤과 차별문제는 지난 수십 년 전부터 프랑스 사회 내부에서 도사리고 있었던 어두운 현실이었으며, 심각한 사회 갈등의 도화선이 되어왔다. 프랑스는 2차 세계대전이후부터 1970년대 중반까지 경제가 폭발적으로 성장하였던 소위 '영광의 30년'les Trente Glorieuses 동안 부족한 노동 인력을 보충하기 위해 많은 이민자들을 받아 들였다. 이 기간 동안 유입된 이주노동자들의 상당수는 구 불령식민지국가 출신인 북아프리카 아랍계와 블랙 아프리카계 출신들이었다. 특히 알제리, 모로코, 튀니지 등의 북아프리카 마그레브Maghreb국가 출신의 이민자들이 프랑스로 대거 몰려 들어왔다. 이들 마그레브 출신들은 대부분 무슬림Muslim이었고, 3D 업종에서 값싼 노동력을 제공하면서 프랑스 경제성장에 도움을 주었다.

'영광의 30년' 기간 동안 이주 노동자의 유입은 그다지 큰 프랑스의 사회문제가 되지 않았다. 하지만 1970년대 후반기이후부터 다음과 같은 정치, 경제, 사회 변화에 따라 이민자 문제는 프랑스 사회의 '뜨거운 감자'로 부상하게 되었다.3) 첫째, 1970년대 중반 이후부터 프랑스를 비롯한 유럽 주요국들의 경제침체와 고실업이 지속되면서 프랑스정부의 이민정책은 사실상 중단되었고, 일자리 감소에 따라 이주 노동자들의 실업률은 급증하였다. 특히 마그레브출신 2세, 3세들은 고용기회에서 차별을 받으며 상당수가 실업자 대열에 들어서게 되었다. 일례로 프랑스 국립통계청INSEE의 1999년도 15-29세의 프랑스 청년실업조사에 의하면, 알제리, 모로코, 튀니지 등 마그레브 3개 국가 출신의 청년 실업률은 무려 약 40%에 달하는데, 이는 프랑스 평균 청년 실업률(약 16%)보다 훨씬

---

3) 프랑스의 이민정책 및 이민자문제에 대해서는 Jean-Luc Richard (éd.), *Les immigrés dans la société française*, Problèmes politiques et sociaux, n.916, Septembre 2005, La Documentation française, Paris, 2005와 엄한진, ibid. 등을 참조할 것.

높은 편이다.4) 이에 따라 특히 마그레브인 등 아프리카 출신 이민 2세, 3세들의 소외감과 불만은 급증하게 되었다. 둘째, 1990년대 이후 프랑스 사회 일각에서 이민자를 배척하는 제노포피아Xenophobia, 외국인 혐오증 현상이 심화되고 있다는 점이다. 특히 프랑스의 고실업이 심각한 사회문제로 부상하면서 이민자출신들이 프랑스인들의 일자리를 빼앗고 있다는 극우세력들의 정치적 구호가 프랑스 주류계층 일각에서 호응을 얻고 있다. 실제로 프랑스의 극우정당인 국민전선Front National은 '프랑스를 프랑스인에게'La France aux Français, '300만의 실업자, 300만 잉여 이민노동자'3 Million de chômeurs, ce sont 3 Millions d'immigrés라는 정치구호를 내세우면서 이민자 문제를 프랑스 정치의 핵심 쟁점으로 부각시키는데 성공하였다.5) 2002년 대선에서 극우파 후보 장 마리 르펜Jean-Marie Le Pen이 사회당 리오넬 조스팽Lionel Jospin 후보를 누르고 대선결선까지 올라갔다는 사실은 프랑스 사회의 반이민자 정서, 인종차별 분위기가 결코 만만치 않다는 것을 잘 입증해주고 있다.6) 더구나 2005년 10월 파리 소요사태 발생 당시 내무장관이었던 현 니콜라 사르코지Nicolas Sarkozy 대통령은 소요에 참여한 아랍계, 아프리카계 이민 청년들을 향해 "쓰레기racaille"라는 식의 인종차별적인 발언을 함으로써 이민자사회의 반감을 촉발시킨 바 있다.7) 셋째, 프랑스 주류사회에서 광범

---

4) Jacques Barou, "Immigration: Grandes tendances", l'état de la France 2002, La Découverte, Paris, p.83.
5) 서울대학교 불어문화권연구소, 『프랑스 하나 그리고 여럿』, 도서출판 강 2004, pp.183-184.
6) 2002년 4월 21일에 행해진 프랑스 대통령 1차 선거 투표 결과를 보면 1위 우파 RPR 후보 Jacques Chirac(득표율 19.88%), 2위 극우파 Front national 후보 Jean-Marie Le Pen(17.79%), 3위 좌파 사회당 후보 Lionel Jospin(16.18%)로 나타났다. 1차 선거에서 과반수 득표자가 없었기 때문에 1, 2위 후보인 Chirac과 Le Pen이 결선에 올라갔다. 2002년 5월 5일 행해진 결선투표에서는 Chirac(득표율 82.21%)이 압도적인 표차로 Le Pen(17.79%)을 누르고 대통령에 당선되었다. Ministère de l'Intérieur(France), Les résultat de l'élection presidentielle 2002. (http://www.interieur.gouv.fr/sections/a_votre_service/elections/resultats/presidentielle/presidentielle-2002)
7) Rosa Moussaoui, "La boîte de Pandore de Sarkozy", L'Humanité, le 3 Novembre, 2005.

위하게 확산되고 있는 반이슬람 정서도 프랑스 일반시민과 아랍계 이민자 간의 갈등과 대립을 조장하는 중요한 원인이 되었다. 프랑스에는 유럽에서 가장 많은 약 600만 명의 마그레브 출신 무슬림들이 있는데, 프랑스 일반시민 상당수가 종교와 문화가 상이한 이들에 대해 좋지 않은 감정을 갖고 있다. 이슬람계 여학생의 히잡 착용과 같은 문화충돌이 예민한 사회적 논쟁거리가 되었고, 또한 2001년 9.11 테러 사건이후 북아프리카 출신들은 이슬람주의자 내지는 잠재적인 범죄자라는 이미지가 프랑스 백인 주류사회에서 고착화되고 있는 실정이다.[8]

마지막으로 프랑스 역대정부가 서민 주택난을 해소하기 위해 추진한 대도시 외곽 개발정책도 프랑스 이민자문제를 악화시키는데 중요한 원인으로 작용하였다. 1960년대부터 프랑스 정부는 대도시주변의 외곽지역, 즉 방리유Banlieue지역에 공공 서민임대 아파트HLM; Habitation à Loyer Modéré을 대량으로 건설하였고, 이것을 값싼 임대료로 서민층에게 공급하였다. 1980년대, 90년대를 거치면서 방리유 지역은 저소득층 이민자들이 집단적으로 거주하는 빈민가가 되어 버렸고 이들 주민의 상당수는 프랑스 주류 사회로부터 고립되어 그들끼리 폐쇄적으로 살아가고 있다. 이러한 대도시 소외지역의 게토ghetto화 현상은 이민자 소요사태를 촉발시키는 중요한 원인 중의 하나가 되었다.

결국 영화 《증오》의 제작 단초가 된 1986년 12월 파리 교외의 인종차별관련 소요사태와 영화 제작 10년 후에 발생한 2005년 10월 프랑스 소요사태의 뿌리에는 현대 프랑스 사회가 안고 있는 이민문제, 실업문제, 인종차별문제, 빈부격차문제, 종교갈등문제, 도시교외 개발문제 등이 복합적으로 얽혀있다고 할 수 있다.

---

[8] 엄한진, *ibid.*, pp.267-269.

2. 줄거리

영화는 우주에서 푸른 공 모양의 지구를 내려다보는 장면으로 시작된다. 그러면서 '추락하는 사람'에 대한 나직한 내레이션narration이 흘러나온다. 뒤이어 그 지구를 향해 던져진 화염병이 온 화면을 불바다로 만든다. 이 장면은 영화가 전개될 상황을 암시라도 하는 것 같다.

영화 《증오》는 파리교외 빈민가인 방리유에서 살고 있는 흑인 위베르, 유태인 빈쯔, 그리고 아랍계 사이드[9] 세 청년의 하루 동안의 이야기이다. 이들 3명은 친구사이로 특별한 직업도 없이 거리를 헤매고 다니며 경찰과 사회에 대해 반항심과 증오만을 가지고 살아가고 있다. 경찰의 심문을 받던 아랍계 10대 소년 압델이 경찰의 폭력으로 혼수상태에 빠지자, 방리유에 사는 청년들이 폭동을 일으킨다.

세 주인공은 경찰과의 격렬한 시가전이 있던 다음날, 여느 때처럼 모여 쏘다니다가 방리유의 소외 청년들이 모여 있는 건물옥상으로 놀러간다. 그러나 이곳에서도 경찰의 진압이 시작되고 결국 경찰과 충돌한다. 빈쯔는 지난 밤 시위도중 한 경찰관이 잃어버린 총 한 자루를 우연히 갖게 되고, 친구인 압델이 죽게 되면 경찰을 쏘겠다고 호언장담하면서 총을 숨기고 다닌다. 위베르는 분노에 가득 찬 빈쯔가 불안하기만 하다. 빈쯔는 조금만 건드리면 곧 방아쇠를 당길 것 같은 시한폭탄을 연상시킨다.

이들 3명은 함께 파리시내로 나갔다가 위베르와 사이드는 특별한 이유 없이 경찰에 체포되고 빈쯔는 도망을 치게 된다. 위베르와 사이드는 경찰서에 붙잡혀가서 인종차별적인 대우와 인격모독적인 심문을 받게 된다. 마지막 전철이 끊길 때가 되서야 겨우 풀려난 위베르와 사이드는 역에서 빈쯔와 재회하여 새벽 첫 차를 탈 때까지 파리의 밤거리를 방황하게 된

---

[9] 주인공으로 뱅상 카셀(Vincent Cassel; 빈쯔역), 위베르 쿤드(Hubert Kounde; 위베르역), 사이드 타그마위Saïd (Saïd Taghmaoui; 사이드역)가 열연을 하였다.

다. 세 주인공은 새벽 뉴스에서 압델의 사망소식을 듣고 분노와 절망에 빠지게 되지만, 경찰에 복수하겠다는 빈쯔는 위베르에게 총을 건네주고 집으로 돌아가려고 한다. 그러나 그 순간 아침 순찰을 돌던 경찰이 나타나 총기오발로 빈쯔를 쏘아죽이게 된다. 위베르와 경찰은 서로 관자놀이에 총을 겨누고 그걸 지켜보던 사이드는 그만 눈을 감는다. 총성소리가 울려 퍼지면서 영화는 막을 내린다.

한편 이 영화의 제작기법과 관련된 특징을 살펴보면, 파리 근교의 방리유의 소외 청년들이 가지고 있는 증오의 감정을 기록화면 자료나 에피소드를 포함시켜 다큐멘터리 내지 르포르타주 형식으로 사실적으로 묘사하고 있다는 점이다. 도시 변두리지역 청년들의 시위장면은 마치 뉴스의 보도 장면을 보듯이 생생하고 현실적인 느낌을 주고 있다. 또한 감독은 영화를 흑백화면으로 제작하였는데, 흑백 영상은 현대 프랑스의 암울한 사회 이슈를 보다 더 사실적으로 부각시키는 효과를 주고 있다. 마찬가지로 영화 순간순간에 나오는 시간표시와 시계 초침소리는 현장 보고적, 르포르타주 성격을 증폭시키는 효과를 주고 있다. 영화에서는 째깍 째깍거리는 시계소리와 함께 10:38, 12:43, 12:43, 18:22, 20:17, 22:18, 00:33, 02:57, 04:27, 06:00, 06:01의 시간이 박힌 검정색 화면이 나오고 있다. 이것은 단순한 시간의 흐름이 아니라 마치 시한폭탄이 곧 폭발하려는 것처럼 느껴진다. 결국 세 주인공의 하루 동안의 일이 끝나는 마지막 시간인 06:00와 06:01에 시한폭탄은 폭발하고 만다. 빈쯔의 죽음과 위베르와 경찰 간의 총 대립 그리고 마지막 총 소리와 함께 영화는 비극적인 결말로 끝을 맺게 된다. 이와 같이 감독은 시계소리 음향과 시간이미지를 통해 관객들에게 긴장감을 고조시키며 계속 관객의 눈을 잡아 놓는 효과를 거두고 있다.

제3절 영화 《증오》에 나타난 프랑스 사회의 이민자 문제

1. "방리유", 프랑스 속의 작은 아프리카

이 영화의 주 무대가 되고 있는 방리유는 화려하고 낭만적인 파리 시내와 대비되는 어둡고 우울한 파리 외곽의 빈민지역이다. 방리유는 '프랑스의 작은 아프리카'로 불릴 만큼 주민의 대다수는 유색인종 이민자 출신이며, 특히 프랑스와 지리적으로 가깝고 프랑스의 식민 지배를 받았던 북아프리카 마그레브 국가(모로코, 알제리, 튀니지)출신들이 많이 살고 있다. 이곳 주민의 대부분은 프랑스정부에서 서민들을 위해 대량으로 건설한 값싼 공공임대아파트HLM 단지에 살고 있으며, 프랑스의 사회에 편입되지 못하고 그들끼리 '게토'를 형성하며 폐쇄적으로 살아가고 있다. 현재 프랑스사회에서 방리유는 다양한 인종의 낙오자들이 몰려 사는 아무런 희망이 없는 소외지역으로 분류되고 있으며, 실업, 빈곤, 인종차별, 범죄, 마약의 온상으로 낙인찍히고 있다.

영화 《증오》는 파리 교외 빈민지역에 사는 세 젊은이의 하루를 세심하게 따라가면서, 프랑스 사회의 골칫거리가 된 방리유 문제를 우회하지 않고 정면으로 부딪치며 매우 사실적으로 묘사하고 있다. 영화의 세 주인공은 방리유의 소외계층 청년인 유태계 빈쯔, 아랍계 사이드 그리고 흑인 위베르이다. 주인공들의 인물을 분석하면 먼저 빈쯔는 사회와 경찰에 대해 무조건적이고 절대적인 분노와 증오를 가지고 있다. 세 주인공가운데 가장 충동적으로 증오를 강하게 표출하는 불안정한 캐릭터이다. 아랍계 친구인 압델이 경찰 심문 중에 구타를 당하여 중태에 빠졌다는 소식을 듣고 경찰에 대한 그의 증오는 극에 다다르게 된다. 그는 시위도중에 경찰이 잃어버린 총 한 자루를 우연히 주워 우쭐해지면서 더욱 더 무모한 모습을 보인다. 친구 압델이 죽는다면 경찰을 죽여 버릴 것이라고 말하는 등 감정적이고 즉흥적인 행동을 한다. 그러나 친구를 두고 도망을 가고 경찰을 차마 죽이지 못하는 등 겉으로 강한 척하지만 속은 여린 인물이다. 영화 마지막에 자신이 감정에 치우쳐 있음을 알고 이성적인 위베르에게 총을 건네주지만, 증오하던 대상인 경찰의 오발에 의해 허무한 죽음을 맞게 된다.

아랍계 청년으로 나오는 사이드는 경찰에 대한 분노가 강하지만, 적극적이기보다는 약간 소극적으로 반항하는 모습을 보인다. 활발한 성격의 소유자이며 유머러스한 모습도 보이나 겁이 많고 수다쟁이의 이미지가 강하다. 세 주인공 중에서 가장 주관이 없고 약한 모습을 보이고 있으나, 친화력이 좋아 빈츠와 위베르 사이를 옮겨 다니며 둘 사이를 중재하는 역할을 한다. 빈쯔가 죽고 위베르와 경찰이 극단적으로 대치하는 순간 눈을 질끈 감는 사이드 얼굴의 클로즈업이 영화의 마지막 장면이 된다.

위베르는 흑인으로 영화의 세주인공 가운데 가장 생각이 깊고, 현실을 직시할 줄 아는 이성적인 인물이다. 영화 초반에 자신이 몇 년 동안 노력해 세운 체육관이 시위 때문에 불타버려도 표면적으로는 냉정을 잃지 않는 침착한 성격의 소유자이며, 가족들을 챙길 줄 아는 따뜻한 마음씨도 가지고 있다. 특히 영화중에 나오는 위베르의 독백 "이 놈의 공단 지겨워 죽겠어. 이제 정말 벗어나고 싶어. 난 벗어날 거야. 여길 뜰 거야"에서 알 수 있듯이 위베르는 아직까지는 자신에게 희망이 있다고 생각하며 빈민촌에서 벗어나기를 꿈꾸고 있다. 하지만 위베르 역시 마약을 흡입하고, 소매치기를 하는 방리유의 낙오자일 뿐이다. 영화 내내 냉정을 잃지 않고 빈츠의 감정적인 행동을 자제시키려 하지만, 마지막에 단짝 친구인 빈쯔가 죽자 분노를 폭발시키며 경찰에게 총을 겨눈다.

영화에서 이들 주인공 3명은 인종차별, 실업, 빈곤, 슬럼화, 범죄와 폭력, 사회적 편견과 소외로 허덕이고 있는 방리유의 현실을 잘 대변해주고 있다. 세 주인공은 모두 다 뚜렷한 직업이 없는 실업자이다. 이들은 영화에 나오는 방리유의 다른 젊은이들과 마찬가지로 대낮에 학교나 일터에도 가지 않고, 즐길 만한 문화도 없이 무의미하게 하루를 보내고 있다. 마약을 흡입, 밀매하고, 남의 지갑과 차량을 훔치는 범죄행위도 가끔씩 저지른다. 주류 사회에 대해 강한 분노를 가지고 있으며, 경찰과 끊임없이 충돌하며 화염병과 차량방화가 난무하는 소요현장에 적극적으로 참가하고 있다. 빈민가의 주인공 청년들이 거리를 방황하는 매일의 일상을 보면 희망이라고는 찾아볼 수 없다.

영화에서는 방리유 젊은이들의 '추락하는 삶'을 묘사하는 몇 개의 주요 장면과 대사가 나온다. 그중에 하나가 파리 시내의 밤거리를 방황하다가 멀리 에펠탑이 보이는 건물 옥상에 올라가서 세 주인공이 그들의 암울한 처지와 희망 없는 미래에 대해 토로하는 장면이다. 그때 빈츠는 "난 광활한 우주에서 길을 잃은 개미같은 기분이야"라고 말한다. 이 대사에는 현실에 대한 그의 모든 심경이 진솔하게 드러나고 있다. 그만큼 자신은 이 사회에서 하잘 것 없는 작은 존재로 느껴진다는 것이다. 또한 자기 삶의 희망이 없기에 좌표를 잃고 목적지로 가지 못하고 있으며 결국에는 파멸하고 말 것이라는 복선(伏線)이 담겨 있다.

한편 이 영화의 오프닝부터 마지막 엔딩장면까지 여러 번 반복하여 주인공의 독백으로 나오는 '추락하는 사람의 이야기' 대사는 방리유 소외계층 청년들의 삶을 절실히 대변해주고 있다.

"50층 고층 빌딩에서 떨어지는 어떤 사람의 이야기야, 한 층 한 층 추락하면서 계속 자기에게 타일렀대. 아직까진 괜찮아, 아직까진 괜찮아. 추락하는 것은 중요하지 않아, 어떻게 착륙하느냐가 문제지"

C'est l'histoire d'un homme qui tombe d'un building de 50 étages. A chaque étage, au fur et à mesure de sa chute, il se répète sans cesse pour se rassurer: "Jusqu'ici tout va bien... Jusqu'ici tout va bien..." Le plus important, c'est pas la chute. C'est l'atterissage.

이 대사는 영화의 주제를 가장 잘 표현하는 하이라이트 대사라고 할 수 있다. 주인공 청년들은 자신들이 추락하고 있다는 것을 생생하게 느끼고 있지만, 벗어날 수 없는 자신들의 처지를 함축적으로 의미하고 있다. 영화 속 이야기가 아니라 실제로 프랑스 방리유의 수많은 청년들이 추락하고 있음을 알면서도 그들의 의지박약 내지는 사회의 차별 때문에 '비상을 위한 날개 짓'을 못하고 있는 것이 현실이다. 현실의 벽이 높겠지만 그것을 헤쳐 나가기 위한 노력을 하지 않고 그저 자신들이 처한 현실에 대해 불만을 품고 사회에 대해 원망만 하면서, 추락만을 생각하는 것은 안타까운 일이 아닌가? 그리고 그들의 추락에 일조하며, 그들의 추락하는 삶을 뻔히 지켜보면서도 차별과 무관심으로 일관해 온 프랑스 주류사회도 잘못을 인정하고 각성해야 되지 않는가? 감독은 이 짧은 대사를 통해 방리유의 소외 청년 및 프랑스 주류사회에 이러한 메시지를 전달하고자 하는 것 같다.

2. '증오세대'의 분노

'증오세대'란 프랑스 주류사회에 대해 강한 분노와 불만을 가지고 있는 프랑스 방리유의 10대, 20대 청년 소외계층을 가리키는 말이다. 이들 중 상당수는 1950년대부터 70년대라고 하는 '영광의 시대'에 이주한 이민노동자의 2세, 3세이다. 이들 이민 청년들은 프랑스에서 태어나 프랑스 국적을 가지고 있으나, '마그레브 출신', '블랙 아프리카출신' 등과 같은 이방인 낙인을 지니고 평생을 살아간다. 프랑스의 축구영웅인 알제리계 2세 '지네딘 지단'Zinedine Y. Zidane과 같이 사회적으로 성공한 이민 2세들도 있으나, 이는 드문 경우이다. 이민출신 청년의 상당수는 학업 실패, 고용 차별 등으로 좋은 일자리를 구하지 못하고 3 D업종 혹은 비정규직으로 취업하거나 아니면 실업상태에서 벗어나지 못하고 있다. 부모의 가난이 대물림되는 방리유에서 태어난 증오세대들은 미래를 향한 꿈마저 원천봉쇄 당한 채 거리를 배회하면서, 프랑스 사회에 대한 강한 분노와 소외감을 느끼고 있다.[10]

영화 《증오》에서는 3명의 주인공을 통해 방리유의 이민 청년들이 프랑스 주류 사회와 경찰에 대해 가지고 있는 증오의 감정을 잘 표현하고 있다. 특히 영화에서는 방리유 청년들이 가장 적대감을 가지고 있는 증오 표출의 1차적인 대상은 그들과 직접적으로 충돌하는 '경찰'이다. 사실상 방리유지역은 오래전부터 마약, 절도, 차량 방화, 인종 차별, 불법이민 등과 관련된 범죄, 폭력사건이 끊임없이 발생하였기 때문에 프랑스 공권력이 가장 경계하는 치안불안지역이 되어왔다. 그 결과 경찰과 방리유의 이민 2세, 3세 청년 간에 마찰이 자주 발생하였고, 특히 경찰의 과잉진압, 인종차별적 단속에 의해 촉발된 소요와 사망사건이 있어 왔기 때문에 방리유 젊은이들의 경찰에 대한 반감은 매우 크다. 영화에서도 도입부에 방리유 청년들의 폭동장면과 이를 저지하는 경찰과의 충돌장면을 기록화면으로 보여주고 있으며, 또한 세 주인공의 친구인 '압델'이라는 아랍청년이 경찰의 과잉진압에 의해 혼수상태에 빠지자, 이에 분개한 방리유

---

[10] 박영신, "우린 당신들의 개가 아니다. 불타는 프랑스 이유 있었다", 『오마이뉴스』, 2005. 11.08.; 송영우, *ibid.*, pp.179-180.

젊은이들이 경찰들과 무력 충돌하는 장면이 나오고 있다. 3명의 주인공 가운데 경찰에 대해 적대감이 가장 강한 빈쯔는 압델이 중태에 빠져 있다는 뉴스를 보고 "압델이 죽으면 난 복수할거야, 경찰을 죽일 거야. 그럼 더 이상은 우릴 만만하게 보지 못하겠지."라며 경찰에게 복수를 다짐한다. 또한 빈쯔는 그들을 도와준 경찰과 악수를 하는 친구 사이드에게 "어떻게 경찰과 악수를 할 수 있어?"라는 말을 하면서 공권력에 대한 강한 증오를 나타낸다. 마찬가지로 위베르 역시 경찰에 대한 강한 증오를 가지고 있다는 것을 암시하는 영화 장면과 대사가 있다. 세 주인공은 압델이 입원한 병원에 찾아갔다가 소란을 일으켰다는 죄로 경찰에 연행된다. 경찰서로 가는 차량 안에서 세 주인공은 이들과 안면이 있는 아랍계 경찰과 다음과 같은 대화를 한다.

(경찰) "압델을 저렇게 만든 놈은 감옥에 가게 될 거야"
(위베르) "그걸 누가 믿어?"
(경찰) "대부분의 경찰들은 사람을 때리지 않고 보호해 준다구"
(위베르) "그럼 누가 우리를 보호해 주는데?"

"그럼 누가 우리를 보호해 주는데?"라는 위베르의 빈정거리는 말투에서 아무에게도 의지할 곳이 없는 빈민촌 젊은이들의 사회에 대한 절망적인 느낌이 생생하게 나타나고 있다. 이들 주인공들은 더 이상 경찰을 못 믿을 뿐만 아니라 사회 그 자체에 대해서도 신뢰하지 못하고 있다는 것을 알 수 있다. 주인공들에게 경찰은 시민을 보호하는 수호천사가 아니라 자신들을 억압하는 증오의 대상이며, 나아가 사회는 자신들을 배제시킨 불신의 대상인 것이다. 실제로 영화에서 주인공의 증오 표출 대상은 공권력을 행사하는 경찰에 국한되지 않고, 일반 중산층 시민, 언론 등을 포함한 프랑스 전체의 주류계층이라는 것을 알 수 있다. 주인공들의 주류 시민들에 대한 증오는 영화 속에서 여러 장면이 나오는데, 그 예로는 경찰이 진압도중 총을 분실했단 소식을 듣고 빈쯔가 "누가 주웠는지 부자 동네에 갈겨버리면 좋겠다"라고 말하는 장면이라든지, 사이드의 돈을 받기 위해 찾아간 파리 시내 고급아파트에서 주인공들과 아파트 거주 시민 간의 충돌 장면, 그리고 미술전시장에서 주인공들과 일반 관람객들과의 마찰 장면 등을 들 수 있다. 한편 영화에서는 주인공들이 주류 언론에 대해 분노를 표출하는 장면도 나오고 있다. 방리유에서 대규모 폭동이 일어난 다음 날 오전에 취재를 하러 온 방송국 기자가 주인공 세 명에게 어제 폭동에 참여했느냐고 묻자, 주인공들은 왜 우리에게 묻느냐고 화를 내면서 방송국 차량에 돌을 던진다. 이때 위베르는 기자에게 여기는 사파리 동물원이 아니라면서 차에서 내리라고 외치는 장면이 매우 인상적이다. 평소 주류 언론들이 방리유에 거주하는 유색인종들을 "동물원 구경거리"처럼 취급하면서 편파적으로 보도하는데 대한 주인공들의 반감을 잘 묘사하고 있다.

한편 이 영화는 방리유 청년들에게도 세상에 대해 너무 증오만 쌓아가지 말고, 어느 정도는 세상과 타협하며 어울려 살아가는 자세를 보여야만 살아남을 수 있다는 메시지를 전달하고 있다. 특히 감독은 파리 시내 화장실에서의 에피소드, 즉 할아버지 이야기를 통해 방리유 청년들에게 세상이라는 열차에 올라타려는 자세를 가져야 한다는 것을 암시하고 있다. 세 주인공이 파리 시내 화장실에서 경찰 욕을 하며 수다를 떨고 있는데, 볼 일을 마친 한 노인이 갑자기 등장하여 뜬금없이 세 주인공에게 다음과 같은 이야기를 하는 장면이 나온다.

"옛날에 나는 구로와스키라는 친구와 함께 강제수용소로 가는 시베리아 횡단철도를 타게 되었는데 기차 안에는 화장실이 없었다. 그래서 사람들은 연료보급을 위해 기차가 정차하면 기차가 언제 떠날지를 몰라 기차 주변에서 용변을 보았는데 그 친구는 수줍음이 많아서 멀리 숲속에 혼자 가서 일을 보았다. 기차는 갑자기 출발하게 되었고, 구로와스키는 놀라서 바지를 올리지도 못하고 뛰어 왔다. 내가 친구의 손을 잡아주려고 하면 친구는 흘러내리는 바지를 잡느라 손을 놓치고, 또 다시 손잡아 주려고 하면 또 바지가 내려가서 올리고, 이를 되풀이하다가 친구는 기차를 타지 못했다. … 결국 구로와스키는 황량한 동토의 땅에서 얼어서 죽었다"

이 이야기의 의미를 생각해보면 '기차'는 프랑스의 현실 사회를 비유하는 것으로 해석될 수 있다. 그리고 기차에서 멀리 떨어져 일을 보다 결국 얼어 죽은 구로와스키의 처지는 주류사회에 편입되지 못하고 멀리 떨어져 있으면서 인생의 낙오자라는 수치심을 가지고 살아가는 세 주인공 청년의 상황과 똑같다는 것을 암시하고 있다. 결국 이 이야기는 세 명의 주인공들이 지금의 삶을 벗어나 더 인간답게 제대로 살아남기 위해서는 증오와 수치심을 떨쳐 버리고 일어서야 하며, 그렇지 못하게 되면 결국에는 죽을 수밖에 없다는 것을 충고하는 말이라고 생각할 수 있다. 그러나 영화에서 주인공들은 결국 세상이라는 열차를 타지 못하고 파멸하고 만다. 즉 이 장면은 구로와스키가 얼어 죽은 것과 마찬가지로 세 주인공들도 비극적인 결말을 맞게 된다는 복선을 담고 있는 것 같다.

3. 인종차별과 사회적 편견

한편 영화 《증오》는 유색인종, 이민자 출신에 대한 프랑스 사회의 인종주의와 편견에 대해 사실적으로 묘사하고 있다. 방리유에 사는 세 주인공인 사이드, 빈쯔, 위베르는 각각 아랍인, 유태인 그리고 블랙 아프리카인으로서 프랑스 속의 소수인종을 대표하고 있다. 프랑스의 인종차별 분위기를 누구보다 뼈저리게 느끼고 있는 주인공들은 평소에 그들 사이에서도 자조적으로 사이드를 '아랍놈', 흑인인 위베르를 '초코렛', 슈퍼가게 아시아계 주인을 '중국놈' 등의 폭언을 무의식적으로 하고 있다.

특히 영화에서 방리유의 소외 청년들은 프랑스 경찰로부터 '사회불안 조장 집단', '동화 불가능한 이방인'으로 간주되어 차별대우를 받고 있다는 것을 암시하는 여러 장면들이 나오고 있다. 그중에 하나가 평소 경찰과 충돌만 하던 세 주인공이 파리 중심가에서 경찰의 친절한 길 안내에 놀라는 장면을 들 수 있다. 경찰이 길을 묻는 사이드에게 예상 밖으로 'vous'라고 존칭하며 정중하게 길을 가르쳐 주자, 사이드는 "여기 경찰은 더럽게 친절하네, 존대말까지 해"라며 깜짝 놀란다. 이 대사는 같은 프랑스에서도 거주 지역에 따라 공권력이 편파적으로 행동하는 것에 대해 주인공들이 불만을 토로하는 것으로 보인다. 즉 공권력을 평등하게 사용해야 하는 경찰들이 단순히 거주지역이 방리유지역이라고 해서 이 지역 거주민들에 대해서는 '불량한 시민' 취급을 하고, 반대로 주류계층들이 사는 지역의 사람들은 '건전한 시민'으로 대하는 공권력의 편파적인 태도를 비판하는 것으로 해석할 수 있다. 한편 이 영화에서 인종차별 문제를 가장 잘 부각시키고 있는 것은 파리 시내에서 세 주인공이 사이드의 백인 친구가 사는 부유층 아파트를 찾아갔다가 아파트 주민과 소란을 일으킨 죄로 사이드와 위베르가 경찰서에 잡혀가 심문받는 장면이다. 두 주인공은 경찰로부터 고문을 당하며 인종차별적인 폭언을 듣는다. 취조 경찰의 모습은 유색인종, 이민자들을 프랑스 땅에서 완전히 추방시켜야한다는 광기어린 극우주의자의 이미지를 떠올리게 한다. 한편 이 장면에서 동료

경관들의 부적절한 취조 행위를 뒤에서 조용히 지켜보면서 죄책감을 느끼는 모습을 보이는 '제 3의 경관'이 나오고 있는 것에 주목할 필요가 있다. 카소비츠 감독은 '제 3의 경관'의 얼굴을 클로즈업하면서 이 사람의 부끄러워하는 시선을 의도적으로 강조하고 있다. 이것은 "프랑스 사회 일각에서 나타나고 있는 인종차별주의는 잘못된 것이다. 그리고 프랑스 공권력의 상징이라고 할 수 있는 경찰에는 인종차별주의자만 있는 것이 아니고 건전한 상식을 가진 사람들도 있다"라는 것을 보여주려는 것으로 보인다.

한편 영화에서는 프랑스 주류시민과 방리유 청년사이에도 심각한 갈등과 편견이 내재되어 있다는 것을 암시하는 장면이 나오고 있다. 주인공들이 파리 밤거리를 배회하다가 우연히 찾아간 미술 전시회에서 중산층 시민들과 마찰을 일으키는 장면을 보면 방리유 소외지역에 사는 이민자 출신들은 프랑스 주류사회에서 격리된 영원한 이방인이라는 생각을 가지게 한다. 갤러리에서 일부 주류 시민들은 그곳 분위기와 전혀 어울리지 않는 세 주인공에게 우려와 경계의 태도를 보이고 있다. 그들의 눈초리는 매우 차갑고 냉소적이다. 갤러리의 사람들과 섞이지 못하는 주인공들은 스스로 이질감을 느끼면서 공연히 소란을 일으키고 거리로 나와 버린다. 이들이 떠난 후 갤러리의 어느 백인은 "대책없는 방리유 놈들"이라는 모욕적인 발언을 내뱉는다. 또한 감독은 백인 우월주의자의 상징적인 존재인 스킨헤드skin head 청년들을 등장시켜 이들과 세 주인공 간의 충돌장면을 보여주면서 프랑스 사회 일각에서 거세게 불고 있는 극우파의 인종차별주의에 대해 우회적으로 문제를 제기하고 있다.

4. 흔들리는 프랑스의 사회통합모델

흔히들 프랑스는 '자유, 평등, 박애의 나라', '똘레랑스tolerance와 솔리다리티solidarity의 나라'라고 불리고 있다. 실제로 오랜 기간 동안 프랑스는 다양한 인종과 문화를 가진 사람들이 비교적 조화롭게 어울려 살고 있는 나라라는 명성을 유지해 왔고 그 결과 프랑스의 사회통합모델은 매우 모범적인 것으로 평가되었다. 특히 1998년 프랑스 월드컵 대표팀의 'black-blanc-beur'[11]의 서로 다른 세 가지 피부색은 이주자 출신을 평등한 프랑스인으로 받아들이는 프랑스 이민자 통합정책의 상징이라고 할 수 있다. 한편 프랑스의 훌륭한 사회보장제도는 '구성원 간의 상호 책임감'과 '소외계층에 대한 배려'를 중시하는 '똘레랑스와 솔리다리티' 정신의 상징이라고 할 수 있다. 그러나 최근 프랑스 교외 방리유 소요사태에서 볼 수 있듯이 인종, 피부색, 계층에 관계없이 모두 동등한 시민이라는 프랑스 공화국의 사회통합모델은 심각한 도전을 받고 있다.

영화 《증오》의 카소비츠 감독은 최근 흔들리고 있는 프랑스 사회통합모델의 아픈 단면을 생생하게 그려내고 있다. 특히 이 영화에서는 소외계층의 절박함과 외로움을 보여주면서 관객들로 하여금 소외계층의 입장을 이해하고 이들을 껴안아야한다는 메시지를 전달하는 몇 개의 장면들이 나오고 있다. 그중 가장 대표적인 것으로 파리 시내에 비치된 공익 광고판의 문구를 변경하는 장면을 들 수 있다. 세 주인공이 한밤중에 파리 시내를 방황하다가 사이드가 스프레이를 가지고 '세상은 당신들의 것입니다'Le monde est à vous!라는 광고판 문구를 '세상은 우리들의 것입니다'Le monde est à nous로 고친다. 글자판을 바꾼 이유는 프랑스 사회현실에 대한

---

[11] 흑인 출신(black, 흑색), 백인 출신(blanc, 백색), 북아프리카 마그레브인 출신(beur, 버터색) 등 다양한 피부색을 가진 선수들로 구성된 프랑스의 축구 국가대표팀을 가리키는 조어이다.

반감의 표현이라고 할 수 있다. 즉 현재 프랑스사회는 인종, 계층과 상관 없이 모두가 함께 살아가는 이상적인 사회라고 내세우고 있으나, 실상은 '당신들'(주류계층)의 것이지 '우리들'(소외계층)의 것은 아니라는 것을 주인공들이 말하려고 한 것이 아닐까? 그래서 세 명의 주인공들은 문구를 '세상은 우리들 것이다'로 바꿈으로서 세상의 주체는 주류계층들만이 아니고 그들도 세상의 한 주체라는 것을 표현한 것으로 보인다. 한편 영화에서 지하철에서 구걸하는 사람, 밤거리를 방황하는 정신이상자 등이 나오는 장면이 있다는 것도 매우 인상적이다. 이 장면은 방리유 청년이외에도 다양한 부류의 소외계층 사람들을 보여주면서 프랑스 사회는 이들을 이해하려고 노력하고, 손을 내밀어야 한다는 것을 표현하는 것 같다.

제4절 결론

영화 《증오》는 방리유에 거주하는 세 명의 청년을 등장시켜 오늘날 프랑스의 이민 사회가 직면하고 있는 실업, 빈부격차, 슬럼화, 마약, 폭력, 인종차별, 소외 등의 문제들을 잘 표현하였다. 이민 2세, 3세들은 꿈과 희망도 없이 추락하는 삶을 살고 있으며, 자신들을 배제시키고 있는 프랑스 사회에 분노의 화염병을 던지고 있다는 것을 직설적으로 묘사하고 있다. 한편 이 영화는 단순히 소외계층들의 증오심만을 표현하는데 그치는 것이 아니라 프랑스 주류사회에게 증오세대들의 어두운 현실을 이해하고 이들을 포용해야 한다는 메시지도 전달하고 있다. 즉 방리유 청년들의 증오는 그들만의 개인적, 집단적 문제에서 발생된 것만은 아니고 그들을 '우리들'로 여기지 않고 '이방인'으로 생각하는 프랑스 주류사회의 차별 내지 무관심 문제도 중요한 원인으로 작용한다는 것을 이야기하고 있다.

  이 영화가 특히 의미 있는 것은 영화 개봉이후 10년이 지난 2005년 가을에 프랑스에서 실제로 발생된 이민자사회의 대규모 소요사태를 그대로 예견하고 있기 때문이다. 그리고 이 작품이 최근에도 전 세계로부터 주목을 받고 있는 것은 2005년 프랑스 사태가 비단 프랑스만의 문제가 아니기 때문이다. 즉 프랑스 소요사태의 뿌리에는 지구촌 사회가 공통적으로 안고 있는 이민, 인종차별, 빈곤, 계급갈등, 종교·인종 갈등, 그리고 실업문제 등이 복잡하게 얽혀있기 때문에, 세계도처에서 이와 같은 소요사태가 발생될 수 있다는 것이다. 특히 신자유주의적 세계화의 물결 속에서 더욱 심각해져가는 빈부격차 및 소외 문제를 고려해 볼 때, 이민자 계층뿐만 아니라 실업자, 사회적 약자와 같은 소외계층들도 언제든지, 어느 곳에서든지 주류 사회에 대해 불만과 분노를 표출할 수 있을 것이다. 한국사회의 경우에도 예외가 아니다. 최근 우리나라에서 외국인 노동자 유입 문제, 농촌청년들의 국제결혼 문제, 양극화 문제, 대량실업 문제 등이 중요한 사회적 이슈가 되고 있다는 것을 감안할 때 한국에서도 이민 문제와 소외계층 문제는 심각한 사회 갈등의 도화선이 될 수 있다. 따라서 이번 프랑스 소요사태가 왜, 어떻게 발생되었는가를 면밀히 연구하여 우리나라의 향후 사회통합 문제해결에 중요한 교훈으로 삼아야 할 것이다.

참고문헌

- 노대명, "최근 프랑스 소요사태에 대한 단상", 『월간 복지동향』 제87호, 2006. 1.
- 박단, "2005년 프랑스 '소요 사태'와 무슬림 이민자 통합문제", 『프랑스사연구』 제14호, 2006. 2.
- 박영신, "우린 당신들의 개가 아니다. 불타는 프랑스 이유 있었다", 『오마이뉴스』, 2005. 11. 08.
- 손영우, "무법자들의 폭동인가, 소외된 자들의 봉기인가 – 프랑스 도시소요, 그 1년 후", 『월간말』 2006년 12월호(통권 246호), 2006. 12.
- 서울대학교 불어문화권연구소, 『프랑스 하나 그리고 여럿』, 도서출판 강 2004.
- 엄한진, "프랑스 이민통합 모델의 위기와 이민문제의 정치화– 2005년 '프랑스 도시외곽지역 소요사태'를 중심으로–", 『한국사회학』 제41집 3호, 2007. 6.
- 이강국, "파리는 불타고 있는가?", 『프레시안』, 2005. 11. 10
- 이학수, "파리 톨레랑스–사르코지 신자유주의 개혁과 톨레랑스 제로 1995–2007–", 『역사 와 경계』 제68집, 2008. 9.
- Barou, Jacques, "Immigration: Grandes tendances", l'état de la France 2002, La Découverte, Paris, 2002.
- Ministère de l'Intérieur(France), Les résultat de l'élection presidentielle 2002.
- Richard, Jean-Luc(éd.), Les immigrés dans la société française, Problèmes politiques et sociaux No.916, Septembre 2005, La Documentation française, Paris, 2005.
- Rosa Moussaoui, "La boîte de Pandore de Sarkozy", L'Humanité, le 3 Novembre, 2005.

〈인터넷 사이트〉
- Mathieu Kassovitz감독 홈페이지(www.mathieukassovitz.com)
- The Internet Movie Database 홈페이지(www.imdb.com/title/tt0113247)

제3편

프랑스와 유럽

유럽헌법 부결과 프랑스 여론[1]

제1절 서론

유럽연합European Union, EU로 표기함은 지난 약 50년 간의 통합운동을 통해 세계에서 가장 고도화된 정치, 경제통합체로 발전하였다. 경제적 측면에서 EU는 관세동맹(1968년), 단일공동시장(1993년), 단일통화(1999년)의 출범을 통해 경제통합의 질적 심화를 완결하고 아울러 중동부유럽국가의 EU가입(2004년 5월)[2]에 따라 동서유럽을 포괄하는 세계최대의 단일시장Single Market을 만들었다. 그리고 EU는 마스트리히트조약(1994년 11월 발효)을 통해 정치적 통합노력을 실시해 왔으며, 최근에는 유럽헌법조약을 통해 본격적인 정치 통합을 추구하고 있다. 특히 유럽헌법은 마스트리히트조약, 암스테르담조약(1997년), 니스조약(2000년) 등 기존의 조약들을 모두 포괄함으로써 향후 정치통합의 토대를 마련하고 있다. 한편 유럽헌법은 "강한 유럽"을 만들기 위해 EU 대통령직과 외무장관직을 신설하고 EU확대에 따른 의사결정방식을 효율화하는 내용을 담고 있다.

---

[1] 이 글은 김승민·은은기 2인이 공동 집필한 것으로 한국프랑스학논집 제54집(2006년 5월 발행, pp.297-318)에 발표되었다.
[2] 2004년 5월 EU에 신규 가입한 10개 회원국은 중동부 유럽 8개국(폴란드, 체코, 헝가리, 슬로바키아, 리투아니아, 라트비아, 에스토니아, 슬로베니아)과 지중해 2개국(몰타, 키프로스)이다.

따라서 유럽헌법은 유럽합중국을 향한 EU 정치통합의 중요한 밑거름이 될 수 있으나, 2005년 5-6월 EU의 핵심국가인 프랑스와 네덜란드에서 유럽헌법조약 비준이 부결되면서 EU 통합에 급제동이 걸리게 되었다. 특히 독일과 함께 유럽통합을 주도해온 프랑스의 국민투표 부결은 유럽통합에 대한 회의감을 증폭시키고 향후 EU의 정치통합 및 추가확대 등 유럽통합과정 전반에 대해 부정적인 영향을 미칠 것으로 전망된다.

이에, 본 연구는 향후 유럽통합운동에 중대한 분기점이 되고 있는 "프랑스의 유럽헌법 부결"을 연구테마로 삼아, 유럽헌법에 대한 프랑스 시민들의 여론을 분석하고자 한다. 프랑스의 일반 시민들은 유럽헌법에 대해 어떠한 기본 태도를 가지고 있었으며, 어떤 이유로 유럽헌법 비준을 거부하였는가를 연구하는 것은 EU회원국 전체 시민의 여론분석에도 중요한 시사점을 제공할 것으로 기대된다.

본 연구는 먼저 제2절에서는 프랑스의 정치권은 이번 국민투표를 앞두고 유럽헌법에 대해 기본적으로 어떤 시각을 가지고 있는가에 대해 살펴보기로 한다. 제3절에서는 프랑스에서 비준이 부결된 주요 이유에 대해 분석하고, 각 이유에 대해 프랑스 시민은 어떠한 태도를 보였는가에 대해 살펴보고자 한다. 결론부분인 제4절에서는 유럽헌법에 대한 프랑스 시민들의 여론에 대해 종합적으로 평가하고자 한다.

제2절 유럽헌법에 대한 프랑스 정치권의 인식

1991년 마스트리히트 조약의 체결 이전까지 유럽통합의 중심논리는 역내 무역장벽의 제거를 통한 단일시장 건설이었다. 그러나 마스트리히트 조약에 의해서 EU는 정치적 통합과 한층 심화된 경제통합을 지향하게 되었다. 마스트리히트 조약의 가장 두드러진 특징은 1999년까지 단일통화를 출범시키기 위한 경제통화동맹EMU; Economic and Monetary Union의 일정과 조건을 제시하고 아울러 회원국간 역내 사법 및 내무 분야에서의 협력, 공동외교안보정책의 실시 등 정치통합의 기초를 마련한 것이었다. 한편 EU는 1999년 암스테르담조약, 2000년 니스조약을 거치면서 EU확대에 대비한 유럽 연합의 기구 및 의사결정체제 개편을 논의하였고, 그 논의과정에서 EU의 향후 정치통합을 위한 새로운 헌법적 조약이 필요하다는데 회원국들은 의견을 함께 했다. 이에 따라, 2001년 벨기에의 라켄Laeken EU정상회담에서는 중동부 유럽국가의 EU가입에 따른 제도개혁과 유럽헌법을 제정하기 위한 유럽미래회의Convention on Future of Europe를 설립하였고, 이 유럽미래회의에서는 약 1년간의 논의기간을 가지면서 2003년 6월 헌법초안을 발표하였다.[3] 이 헌법초안에 대해서는 수많은 수정안이 제출되었으며, 산고의 고통을 거친 후에 2004년 10월 29일에 EU 25개국 정상들은 수정된 유럽헌법안Treaty Establishing a Constitution for Europe에 대해 서명하였다.

유럽헌법은 전문과 4개 부(部), 5개 기록서와 3개의 설명서로 구성된다. 유럽헌법은 EU 내 기존의 모든 조약들과 법률들을 대치할 수 있는 최상위법으로 EU의 정치적 통합을 이끌어 낼 수 있는 체계다. 유럽헌법이 EU 소속 국가들에서 전부 통과되면, 회원국 모두는 실질적으로 동일 헌법을 갖게 되기 때문에 EU 전체가 하나의 국가라는 모습을 보일 수

---

[3] 니스조약, 유럽미래회의, 유럽헌법초안 등에 대해서는 김흥종, 이철원, 박영곤, 박경석, 『2004년 EU확대와 유럽경제의 변화』, 대외경제정책연구원, 서울, 2003, pp.50-67; A., Laska, "L'élargissement de 2004 : répercussions politiques, économiques, et institutionnelles", *Questions Internationales* n° 7, mai-juin 2004, La Documentation Françaises, Paris, pp.59-61; "L'Europe se penche à Laeken sur son avenir constitutionnel", ⟨*Le Monde*⟩, 2001년 12월 14일 등을 참고할 것.

있게 된다. 이처럼 유럽 헌법은 기존의 EU를 규정해온 연합 구성국 간의 조약을 하나로 묶는 동시에 미흡했던 내용을 새롭게 추가한 '조약 위의 조약'이라고 볼 수 있다. EU 대통령 및 외무장관직 신설, 이중 다수결제도 도입, 유럽의회 강화 등 헌법의 주요 내용은 "유럽합중국"이라는 진정한 연방국가를 향해 나아가기 위한 밑거름이 될 것으로 기대되었다.[4)]

유럽헌법조약이 발효되기 위해서는 EU 25개 순회원국의 비준이 필요하며, 각 회원국들은 자국의 국내법에 따라 의회결의나 국민투표를 통해 유럽헌법안에 대한 비준 절차를 2006년 10월 말까지 마치도록 되어 있었다. 2005년 5월말 프랑스에서 국민투표가 실시되기 이전까지만 해도 각 회원국의 비준작업은 순조롭게 진행되었다. 프랑스 국민투표직전까지 9개국이 비준을 완료했는데, 독일, 이태리 등 8개국은 의회비준을 통해서 그리고 스페인은 국민투표를 통해 비준을 하였다.

그러나 유럽헌법조약의 비준작업은 EU의 핵심국가인 프랑스와 네덜란드에서 급제동이 걸리게 되었다. 2005년 5월 29일 실시된 프랑스 국민투표에서는 찬성 45.1%, 반대 54.9%(투표율 69.8%)라는 큰 차로 유럽연합헌법이 부결되었다. 이어 6월 1일 네덜란드의 국민투표에서도 찬성 38.4%, 반대 61.6%(투표율 62.8%)로 역시 부결되었다. 유럽헌법 부결은 유럽헌법 발효 전망을 불투명하게 만들었을 뿐만 아니라 유럽 통합에 대한 회의론을 증폭시켰다. EU 집행위원회는 프랑스의 국민투표 결과와 상관없이 다른 회원국의 비준 절차는 정상적으로 진행돼야한다는 점을 거듭 강조해 왔다. 같은 해 5월 27일 최종 비준한 독일까지 이미 9개국 2억2천만 명이 유럽헌법을 승인한 마당에 EU 시민의 절반 가까운 사람들의 목소리가 무시될 수 없다는 것이 집행위의 입장이었다. 그렇지만

[4)] The European Convention, *Draft Treaty establishing a Constitution for Europe* (Brussels, July 2003), p.6.

프랑스의 부결은 그 뒤를 이은 네덜란드의 부결에 영향을 미치면서 유럽헌법의 비준 자체를 사실상 중단시켰다. 프랑스 국내적으로도 자크 시라크Jacques Chirac 대통령의 위신이 손상되고 내각 개편과 정계 역학구도 변화가 초래되었다. 이미 여론 지지도가 바닥이었던 장-피에르 라파랭Jean-Pierre Laffarin 총리가 경질되고 후임으로 도미니크 드 빌팽Dominique de Villepin 내무장관이 총리로 취임하였다.5)

프랑스 유권자들은 국내외적으로 미치는 파장이 매우 큰데도 불구하고 왜 유럽헌법의 비준을 부결시켰나? 이를 밝히기 위해서는 먼저 프랑스의 정치권은 유럽헌법에 대해 어떠한 태도와 입장을 가지고 있었는가를 살펴볼 필요가 있다.

이번 국민투표를 앞두고 프랑스의 정치세력들은 상이한 입장을 가지고 있었다. 프랑스의 정부와 우파 집권여당, 제 1 야당인 좌파 사회당 등 프랑스의 주류 정치권과 주요 언론들은 국민투표에 대해 공식적으로 찬성한다는 입장을 천명하였지만, 유럽헌법에 대한 반대진영은 극좌에서 중도좌파 그리고 극우까지 다양하게 포진하고 있었다.

시라크 대통령과 프랑스 정부는 유럽헌법 비준통과를 위해 적극적인 대 국민홍보활동을 벌렸다. 사실 프랑스는 그 동안 독일과 함께 유럽통합에서 주도적 역할을 해왔으며, 이번 유럽 헌법 제정에도 막강한 영향력을 행사했기 때문이다. 특히 시라크 대통령은 "국민투표에 찬성표를 던지는 것은 '더욱 강한 유럽', '더욱 강한 프랑스'를 선택하는 것이다"라고 강조하면서 유럽헌법 비준의 중요성을 강력하게 역설하였다.6)

그러나 5월 29일 실시될 국민투표에 앞서 3월 중순부터 실시된 20차

---

5) 프랑스의 유럽헌법 찬반 국민투표 거부 직후인 2005년 5월 30일 프랑스 주요 일간지들은 대체로 "이 사건이 유럽헌법에 치명타를 가했을 뿐만 아니라 시라크 프랑스 대통령에게도 치욕을 안겨줬다"고 평했다.
6) "French politics; Après mai, le déluge?", 〈Economist〉, 2005년 4월 30일.

례의 여론조사에서 모든 여론 결과가 반대 51-58%의 우위로 나오자 프랑스정부는 매우 곤혹스런 입장에 처했다. 이 때문에 프랑스 정부는 국민을 설득하기 위해 총력전에 나섰다. 전국 수퍼마켓과 우체국에는 유럽헌법 홍보책자 300만 부가 무료 비치되었고, 각급 학교에도 해설책자가 배포되었다. 시라크 대통령은 국민투표실시 직전에 "EU의 조직화를 위해 필요한 규칙들이 헌법에 들어있다면서 프랑스가 헌법을 거부하면 유럽 건설이 중단될 것"이라고 강조했다. 또한 그는 "현 정부를 지지하지 않더라도 이 헌법만은 찬성해 달라"7)고 마지막으로 호소했다. 시라크 대통령과 프랑스 정부의 노력에 대해 우파 집권 여당인 "대중운동연합"UMP; Union pour un Mouvement Populaire은 대체로 지지하는 입장을 취하였다.

이와 더불어 프랑스 제 1야당인 사회당도 지난 2005년 5월 1일 실시한 유럽헌법 찬반 당원 투표에서 60: 40으로 찬성 진영이 승리했으며, 이에 따라 유럽헌법 지지를 당 강령으로 채택하였다.8) 녹색당도 당론으로 유럽헌법의 비준을 지지하였다.9)

---

7) "Chirac lance l'ultime appel pour le oui", 〈Le Figaro〉, 2005년 5월 26일.
8) 프랑소와 올랑드(François Hollande) 사회당 제 1 서기는 당내투표 직후 기자회견에서 투표권을 가진 당원 12만 명 중 80% 이상이 참여한 표결에서 유럽헌법은 59%에 가까운 확실한 과반의 지지를 얻었다고 밝혔다. 그렇지만 헌법안이 부결된 다음날 제 1 TV에 출연한 그는 시라크 정부의 실정 때문에 부결되었다고 주장하면서 자신의 책임을 회피하였다. 사실 올랑드는 2005년 2월 25일 헌법안 비준 실패는 정권의 실패가 아니라 프랑스의 실패가 될 것이라고 주장하기까지 한 바가 있다.
"Elus de gauche pour le 'non'", 〈L'Humanité〉, 2005년 5월 6일; "François Hollande, premier secrétaire du Parti socialiste « L'échec du référendum ne serait pas un échec du pouvoir mais de la France »", 〈Le Monde〉, 2005년 2월 25일.
9) 프랑스의 녹색당은 다양한 운동 간의 연대 모색을 포기하고, 정치참여 과정에 있어서 점진주의 원리를 통한 전통적 권력 추구 정당으로 급속히 변모하였다. 녹색당은 1999년 하원의원 선거에서 유권자의 6.8%의 지지를 얻어 9석을 차지하는 성공을 거두었다. 이데올로기적 측면에서 녹색당은 개별국가 수준에서 해결할 수 없는 환경보호를 유럽 수준에서 주도하여야 한다는 찬성의 입장과 EU의 정책결정 과정에서의 '민주성 결핍'에 대해 깊은 회의주의의 입장을 견지한다. 이처럼 녹색당 지지자들은 유럽연합 지향과 반유럽연합의 입장이 동시에 나타나고 있다. 그럼에도 불구하고 그들은 사회주의자 혹은 급진사회주의 정당들보다

집권여당과 제 1 야당 및 녹색당의 공식적인 지지에도 불구하고 헌법 비준에 반대하는 세력도 만만치 않았다. 먼저 장 마리 르펜Jean-Marie Le Pen이 이끄는 극우파는 유럽헌법이 주권 약화를 가져올 뿐만 아니라 프랑스의 영향력이 약화되고 통합의 실익이 없을 것이라고 비판하고 있다. 극우파는 동구권의 값싼 노동력이 밀려들어와 가뜩이나 불안한 고용시장을 더욱 나쁘게 할 수 있다고 경고했다.

이어서 노조 및 공산당 등 좌파 강경세력들은 유럽헌법이 영미식 자본주의에 치우쳐 있으며 실업과 복지 문제를 악화시킬 것이라고 주장하면서 헌법 비준을 반대하였다. 이들 좌파세력들은 경제·복지 부문에서 '앵글로색슨 자본주의'라는 신자유주의의 침투를 경계했다. 보조금 폐지, 규제 철폐, 노동의 유연성, 자본 개방 등을 내용으로 하는 유럽통합은 곧 '미국·영국식 자본주의로의 예속'을 뜻하는 것으로 받아들여져 복지와 고용을 근간으로 하는 유럽 전통 좌파들의 반발을 샀다. "유럽이 창출하려는 거대 시장이 프랑스의 사회보장을 파괴한다"는 것이다.10) 특히 좌파의 노동총동맹CGT과 프랑스 공산당은 사회당이나 녹색당의 공식적 찬성입장과 결별하고 본격적인 반대캠페인에 나섰다. 더불어 공산당 외부의 급진좌파인 LCR(트로츠키주의계열 혁명적공산주의자동맹), 반세계화운동 연대체인 ATTAC(투기과세 시민연합) 등 강력한 범좌파 통일전선이 형성되었다. 프랑스 좌파들은 유럽헌법의 비민주성, 191페이지에 이르는 유럽헌법에 대한 일반 시민들의 접근 부재, 일단 한번 통과되었을 경우 수정되는 과정이 결코 쉽지 않다는 점 등을 지적했고, 특히 이 헌법이 유럽시장에서의 경쟁을 강화하고 노동유연화를 강화함으로써 노동자

는 친유럽연합 성향이 강한 것으로 나타난다. 이러한 성향 때문에 녹색당은 당 내 좌파의 반대에도 불구하고 공식적으로 헌법안 비준에 찬성하였던 것이다. "UE : les Verts pour la Constitution à 88.5 %", 〈Le Monde〉, 2005년 2월 26일.
10) "Constitution europeenne", 〈Le Monde〉, 2005년 1월 22일.

들의 삶의 질이 하향 평준화되는 결과를 초래할 것이라는 점에서 반대를 표했다.[11] 이에 더해 사회당 내에서 40퍼센트가 넘는 당내 유럽헌법 반대파들도 유럽헌법 반대전선에 합류했다.[12] 그리고 녹색당의 경우에도 지도부의 찬성입장에 반발한 좌파세력이 반대캠페인에 합류하였다.[13]

이상에서 살펴본 바와 같이 프랑스정치권은 국민투표를 앞두고 찬반진영간에 대립양상을 보였다. 특히 프랑스의 주류 정당(집권 우파 여당과 주요 야당인 좌파 사회당, 녹색당)이 공식적으로 찬성 당론을 채택하였지만 이들 주류정당은 소속 정치세력을 한 목소리로 결집하는데 실패하였다. 특히 좌파 사회당과 녹색당에서는 유럽연합 내 신자유주의의 확산을 우려하는 반대론자들이 많았다. 결국 프랑스의 경우 유럽헌법 반대진영은 뚜렷한 정치세력이 이끌고 있었다기보다는 극좌에서 극우까지 다양하게 분포되어 있었다. 극우파를 비롯한 우파진영의 반대세력들은 국가주권의 이양과 초국가적 EU의 등장에 대해 특히 우려하였고, 한편 좌파 반대세력들은 유럽연합내 신자유주의의 확산에 적극적으로 대항하였다고 할 수 있다.[14] 그리고 이들의 주장은 국내 경제부진과 집권 우익정부의 신자유주의적 정책에 불만을 가진 프랑스 유권자들에게 상당한 공감을 주었다.

---

[11] "Nous appelons à voter 'non'", ⟨L'Humanité⟩, 2005년 5월 2일.
[12] "Elus de gauche pour le 'non'", ⟨L'Humanité⟩, 2005년 5월 6일.
[13] "Divisés sur la Constitution, les Verts le sont aussi sur les suites à donner au scrutin", ⟨Le Monde⟩, 2005년 6월 4일.
[14] ⟨한겨레⟩, 2005년 6월 1일자

제3절 유럽헌법 부결 이유와 프랑스 시민 여론

2005년 5월 29일 국민투표에서 프랑스 유권자들이 비준거부를 선택할 것이라는 것은 국민투표실시에 앞서 행해진 여론조사결과에서 사실상 예견되었다. 프랑스의 유권자들은 헌법안이 최종 확정된 직후인 2004년 11월 9-11일 68%라는 압도적 다수로 헌법 비준에 찬성하는 입장을 보였으나 그 이후 반대 비율이 점점 증가하는 경향을 보였다. 2005년 3월에 들어서면서 유럽헌법의 비준 투표에 반대표를 행사하겠다는 유권자의 비율은 40%를 넘었고, 4월초에 실시한 여론조사에서 53대 47의 비율로 반대 의견이 찬성 의견을 앞질렀다. 그 이후 매주 이어지는 각종 여론조사 결과에서 55% 전후의 반대 지지율이 지속적으로 관찰되었다.(〈표 1〉참고)

▶ 표 1 2004년 11월-2005년 5월 프랑스의 유럽헌법 찬반 여론조사 추이

	2004년 11월 8-9일	2005년 3월 9-10일	2005년 4월 1-2일	2005년 4월 15-18일	2005년 5월 29일
찬성	68 %	56 %	47 %	45 %	45.1 %
반대	32 %	44 %	53 %	55 %	54.9 %

출처 : http://www.tns-sofres.com/etudes/pol/(프랑스 여론조사전문기관인 SOFRES가 Le Monde지의 의뢰를 받아 실시한 여론조사의 결과이며, 2005년 5월 29일의 결과는 실제 상황임)

헌법 비준 반대 여론의 우세에 대해 프랑스 정치엘리트들은 납득하기 어렵다는 반응을 보였다. 시라크 대통령, 사르코지 Nicolas Sarkozy 집권여당 UMP 총재뿐만 아니라 올랑드 François Hollande 사회당 제 1서기 등 야당 지도부의 주요 인사를 포함한 대다수의 주류 정치인들이 한 목소리로 비준 찬성에 동조해온 상황이었기 때문에[15] 프랑스의 주류 정치지도자들은 반

대 여론의 득세를 이해하기 어렵다고 주장하였다. 그들은 지금까지 그동안 비준 반대를 주장해온 유권자들이 주로 극우파나 공산당 지지자 등 EU의 존재 자체를 부정하는 성향의 특정 계층으로 치부해왔을 뿐 프랑스 경제와 정권 그리고 신자유주의 확산에 대한 국민들의 광범한 불만이 누적되어왔다는 점을 제대로 파악하지 못하였던 것이다.

본 장에서는 프랑스 일반 시민들이 유럽헌법 비준을 거부한 이유에 대해 분석하고자 한다. 이를 위해 유럽연합 집행위원회에서 발간하고 있는 "유로바로메터Eurobarometer"의 설문조사 결과를 토대로 헌법안 비준에 반대표를 던진 유권자들이 어떤 이유로 반대표를 던졌는가에 대해 살펴보고자 한다. 다음 〈표 2〉는 Eurobarometer에 나타난 프랑스 시민들의 비준반대 이유를 정리한 것이다.

▶ 표 2 유럽헌법 비준 국민투표에서 프랑스 시민이 반대표를 던진 이유

반대표를 던진 이유(Reasons: 이하 R.로 표시)	비율
R.1. 프랑스 고용에 부정적인 효과 초래, 기업국외이전 및 실직 우려	31%
R.2. 프랑스의 어려운 경제상황과 높은 실업률	26%
R.3. 경제적인 측면에서 헌법 초안은 너무 신자유주의적이다	19%
R.4. 시라크 대통령과 집권여당에 반대하기 위해	18%
R.5. 유럽 사회복지모델의 약화	16%
R.6. 헌법초안이 너무 복잡함	12%
R.7. 터키의 가입을 원치 않음	6%
R.8. 국가주권 상실 우려	5%
R.9. 헌법에 대한 정보 부족	5%
R.10. 유럽과 유럽통합에 반대하기 위해	4%
R.11. 헌법안에서 긍정적인 것을 찾지 못했다	4%
R.12. 헌법안은 유럽통합을 너무 빠르게 진행시킨다.	3%

15) 〈*Libération*〉, 2005년 6월 3일자.

R.13. 회원국의 추가 확대 반대	3%
R.14. EU 민주성 결핍	3%
R.15. 너무 관료주의적이고, 너무 법적이며 규제적임	2%
R.16. EU 역내 서비스시장의 개방에 반대	2%
R.17. 유럽 연방국가를 원하지 않는다	2%
R.18. 헌법안은 유럽통합의 진전에 별 도움이 안된다	1%
총계	100%

출처: Flash Eurobarometer 171, "The European Constitution: Post-referendum survey in France", European Commission, June 2005, p.15.

위의 〈표 2〉에서 주목해야할 점은 헌법안에 대해 "No"라고 대답한 이유는 매우 다양하며, 유럽헌법안과 꼭 연관이 된 것이 아니라는 점이다. 오히려 반대 이유는 유럽헌법안과 직접 연관된 것보다는 프랑스 국내의 정치적·경제적 문제, EU 확대문제 등 전혀 관련이 없거나 직접적으로 관련되지 않는 주제들이다.16) 특히 반대표를 던진 프랑스 유권자들이 반대 이유로 가장 많이 들고 있는 것은 자국의 경제 및 정권에 대한 불만이었다. 즉 많은 프랑스 유권자가 반대 이유로 "프랑스의 어려운 경제상황과 높은 실업률(26%)", "시라크 대통령과 집권여당에 반대하기 위해(18%)"라고 응답하였는데, 이들은 저성장, 고실업의 프랑스 경제부진과 집권 우파 정부의 국정 운영에 대한 불만을 투표권으로 표명하였다고 할 수 있다. 따라서 이번 프랑스 국민투표 결과는 유럽헌법안 그 자체에 대한 거부라기보다는 프랑스의 경제부진과 정부의 失政에 대한 국민들의 불만이 많이 반영된 것이라고 할 수 있다. 본 연구진은 프랑스 유권자의 반대 이유를 구체적으로 부각시키기 위해 〈표 2〉의 주요 반대 이유를 가장 쟁점이 되고 있는 5개의 사유로 임의 분류하였다: 1. 프랑스 경제부

---

16) R. Franck, "Why did a majority of French voters reject the European Constitution?," European Journal of Political Economy, vol. 21(2005), p.1072.

진과 EU통합의 경제적 효과에 대한 불만(R.1., R.2.) 2. 신자유주의의 확산과 유럽 사회모델의 약화에 대한 불만(R.3., R.5., R.16) 3. EU확대에 대한 불안감 (R.1., R.5., R.7., R.13., R16), 4. EU의 관료주의에 대한 거부감(R.14., R.15.), 5. 정부의 실정에 대한 반감(R.2, R.4, R.5).

이들 5개 주제를 중심으로 프랑스시민의 비준 반대 이유를 차례로 분석하고자 한다.

1. 프랑스 경제부진과 EU통합의 경제적 효과에 대한 불만

프랑스 유권자들의 반대이유를 순위별로 살펴보면 제 1순위가 "프랑스의 경제부진 내지 EU통합의 경제적 효과에 대한 불만"이었다. 즉 반대유권자가 반대이유로 가장 많이 응답한 사항은 "유럽헌법이 프랑스 고용에 부정적인 효과를 초래하고 프랑스 기업의 해외이전을 촉진시킬 것으로 우려되기 때문에"(36%)이었고 그 다음이 "프랑스의 어려운 경제상황과 높은 실업률"(26%)이었다.(〈표 2〉 참고) 따라서 프랑스시민이 유럽헌법에 반대한 가장 큰 이유는 "저성장, 고실업의 프랑스 경제"에 대한 불만과 "EU통합 및 확대에 따라 가중될 수 있는 실업난"에 대한 우려라고 할 수 있다.

2000년 이후 프랑스경제는 0.5%~2.0%의 저성장에서 벗어나지 못했고 2005년도 1사분기(2005년 5월말 국민투표직전)의 경제 성장률도 1.8%에 그쳤다. 그리고 프랑스는 지난 10여 년간 계속 두 자리 수 이상의 높은 고실업을 보이고 있다. 특히 90년대 초반 이후 고실업문제는 프랑스사회의 가장 큰 현안문제이었기 때문에 시라크 대통령은 1995년 취임 당시 "향후 재임기간 동안 고용창출에 가장 역점을 둘 것"이라고 공언을 하였으나 실업률은 2004년 기준 10.2%로서 1995년의 11.3%와 비교하여 거의 개선되지 못했다.17) 따라서 계속되는 고실업과 정부의 실업대책에 대한 불만이 이번 국민투표에서 표출된 것으로 평가받고 있다.

그리고 이러한 프랑스의 저성장, 고실업이 계속되면서 EU 통합의 경제적 효과가 매우 미흡하다는 불만이 일반 국민들에게 널리 확산된 것도 이번 투표부결에 크게 작용하였다. 그동안 유럽통합을 지지해온 EU 각국 지도자 및 브뤼셀의 EU 관료들은 1993년 단일시장 완성과 1999년 유로화 출범에 대한 경제적 효과를 강조해 왔다.18) EU집행위의 연구 의뢰를 받아 EU시장통합의 경제적 기대 효과를 분석한 1988년 체키니P. Cecchini 보고서에서는 단일시장이 완성될 경우 EU는 전체 GDP대비 4.25-6.5%의 추가적인 경제성장이 이루어지고 또한 약 500만 명의 추가 고용창출이 가능할 것이라고 예상했다.19) 한편, EU집행위는 유로화 도입의 경제적 효과가 매우 크다는 것을 강조하면서 유로화 도입은 외환거래비용 절감, 환위험제거, 역내 교역·투자 촉진, 물가 안정 및 유로화의 국제결제통화로서의 역할 증대 등의 경제적 이득을 발생시키면서 유로권Euro currency zone 내지 EMU area 내 기업 및 경제의 경쟁력을 높일 것이라고 전망했다.20) 그러나 1993년에 단일유럽시장이 완성된 이후 무려 12년이 지나고 1999년 유로화가 공식적으로 출범한 이후 6년이 경과했으나 유로권의 경제는 미국이나 비유로권 국가들에 비해 경제성과가 저조한 실정이다. 특히 유로권 경제의 핵심국가라고 할 수 있는 독일과 프랑스는 최근 수년간 1%내외의 저성장에 그치고 있는 바, 이는 미국(3-4%)과 비유로권인

---

17) "France after the referendom, It's Chirac, stupid", 〈*Economist*〉, 2005. 6. 4.
18) 김득갑, 『EU통합의 현주소와 향후 전망』, 삼성경제연구소 CEO Information, 제 511호, 2005.7.27, pp.7-9.
19) P. Cecchini, The European Challenge 1992: *The Benefits of a Single Market*, Aldershot: Wildwood Home, 1988.
20) European Commission 인터넷자료(http://europa.eu.int/comm/economy-finance/euro/benefits/)

영국(3%내외)의 성장률에 비해 매우 부진한 편이다.(〈표 3〉 참고)

▶ 표 3 EU 주요국과 미국의 경제성장률 추이 (단위: %, 전년 비)

	1999	2000	2001	2002	2003	2004	2005.1/4
EU 15	2.9	3.6	1.7	1.0	0.8	2.3	1.5
〈유로권〉	2.8	3.5	1.6	0.9	0.5	2.0	1.4
-독일	2.0	2.9	0.8	0.1	-0.1	1.6	1.1
-프랑스	3.2	3.8	2.1	1.2	0.5	2.3	1.8
-이탈리아	1.7	3.0	1.8	0.4	0.3	1.2	-0.2
-네덜란드	4.0	3.5	1.4	0.6	-0.9	1.3	-0.5
〈영국〉	2.9	3.9	2.3	1.8	2.2	3.2	2.1
미국	4.4	3.7	0.8	1.9	3.0	4.4	3.7

자료 : 유럽통계청(Eurostat), 김득갑, 『EU통합의 현주소와 향후 전망』, 삼성경제연구소 CEO Information, 제 511호, 2005.7.27, p.7에서 전재.

한편 프랑스, 독일 등 EMU권에서는 유로화의 통화가치 안정에 역점을 두고 있는 유럽중앙은행ECB; European Central Bank의 단일금융통화정책이 유로권 각 국의 고용·성장 진작을 가로막는 걸림돌이 되고 있다는 비판 여론이 확산되고 있다. EMU체제하에서 각 가맹국으로부터 통화주권monetary sovereignty을 넘겨받은 ECB는 정책의 최우선 과제를 유로화의 통화가치 안정에 두고 있기 때문에 통화가치에 부정적인 영향을 가져다줄 수 있는 섣부른 단일금리 인하에 반대하고 각 가맹국의 재정건전화를 매우 중요시하고 있다. 따라서 EMU에 참가하고 있는 가맹국들은 고실업, 저성장 등 경기침체 국면에 금리인하나 재정확대를 통해 경기를 부양시키고 싶어도 상당한 제약을 받고 있다. 즉 EMU가맹국들은 금리 및 환율정책의 실시 권한을 ECB에 이양하였기 때문에 자국의 경기상황에 맞추어 독자적인 금융통화정책을 수행하는 것이 불가능하다. 그리고 재정정책의 경우, 각 가맹국들은 정책 실시의 재량권을 가지고 있으나, 마스트리히트 조약에서 명시하고 있는 재정건전화기준(재정적자는 GDP의 3% 이내,

정부부채누계는 GDP의 60% 이내)을 준수하여야 한다는 제약을 받고 있다. 따라서 만성적인 재정적자를 겪고 있는 독일, 프랑스, 이태리 등은 회원국들의 재정지출을 엄격히 통제하는 안정·성장협약Stability & Growth Pact 때문에 재정확대를 통한 경기부양이 사실상 어렵다. 실제로 프랑스의 경우, 최근 수년간 재정적자를 GDP의 3% 이내로 유지하기 위하여 경기부양에 필수적인 재정지출 증대는 실시할 수 없었고 오히려 정부지출을 축소시킬 수밖에 없었다. 그 결과 프랑스 국내에서는 재정지출 축소로 인해 기업생산이 위축되고 고용이 감소하고 있다는 여론이 확산되면서 상당수 일반시민들은 유로화 및 유럽 경제통합에 대한 부정적인 인식을 가지게 되었다. 한편 이 같은 저성장 및 고실업에 대한 불만은 후술할 "EU확대에 대한 경제적 우려"와 맞물려 더욱 증폭되어 국민투표 부결에 상당한 영향을 주었다.

결국 이상에서 논의한 바와 같이 상당수 프랑스 시민들은 "자국 경제 부진에 대한 불만"과 "EU통합의 경제적 효과에 대한 실망"을 이번 국민투표를 이용하여 유럽헌법 반대라는 형태로 의사를 표명한 것으로 보인다.

2. 신자유주의의 확산과 유럽 사회모델의 약화에 대한 불만

〈표 2〉에서 알 수 있듯이 경제적 문제에 대한 불만에 이어 두 번째로 중요한 반대 이유로는 '신자유주의의 확산과 유럽 사회모델의 약화에 대한 우려'라고 할 수 있다. 비준 반대 이유가 '경제적인 측면에서 헌법 초안은 너무 자유주의적이기 때문에(19%)', '유럽 사회복지모델의 약화(16%)', 'EU 역내 서비스시장의 개방에 반대하기 때문에'(2%)라고 응답한 유권자들은 EU 역내에서 시장자유화와 경쟁이 확대되고 이에 따라 유럽의 사회복지모델이 약화되는데 대한 불만을 투표권으로 표명한 것이

라고 평가할 수 있다. 특히 프랑스의 좌파 반대세력에서는 유럽통합으로 앵글로색슨식 자유시장 경제체제가 가속화되면서 경쟁이 심화되고 프랑스의 전통적인 사회복지 모델이 파괴될 것이라고 주장하였는데, 이들의 논리는 노동자 등 좌파성향 유권자 특히 사회당 중도 좌파성향 유권자들의 표를 끌어 모으는데 성공하였다.[21]

그리고 최근 프랑스 우파정부가 추진해온 주당 35시간 노동시간 연장, 연금 개혁, 공기업 민영화 등 각종 개혁정책에 대한 노동계의 불만이 유럽헌법 거부로 이어진 것으로 분석된다. 프랑스는 전통적으로 "복지"와 "사회적 형평"을 중시하는 유럽대륙식 복지 경제모델을 추구해왔다. 그러나 복지 경제모델은 그 속성상 고복지비용, 고임금, 노동시장의 경직성 등을 수반하기 때문에 프랑스의 기업경쟁력 약화와 재정적자 나아가 경제침체를 야기시키는 주범이라는 비판을 받아 왔다. 따라서 최근 수년간 프랑스의 우파정부는 전통적인 복지모델을 다소 약화시키고 "효율"과 경쟁"을 중시하는 경제개혁을 추진해왔다. 특히 라파랭 우파정부는 경제개혁의 일환으로 주당 35시간 노동제 폐지 등을 골자로 하는 '노동시장 유연화정책'을 실행함으로써 프랑스 근로자들의 불만이 최고조에 이르게 되었고, 이런 불만이 유럽헌법 비준 부결로 표출되었다고 할 수 있다.[22]

또한 유럽헌법조약에 "볼켄슈타인 지침"The Bolkestein directive이라고 명명된 EU 서비스시장 개방 관련문서가 포함되어 있다는 것도 '신자유주의의 확산과 프랑스 사회복지모델의 약화에 대한 우려'를 불러일으켰다. EU 서비스시장개방을 원칙으로 하는 "볼켄슈타인 지침"은 특히 EU역내 노

---

[21] "La Constitution européenne est-elle libérale", ⟨Le Monde⟩, 2005년 4월 19일; "Le "non" francais : les messages d'un vote", Esprit, no. 322 (février 2006), pp.92-93.
[22] "Les ambiguïtés du « modèle allemand", ⟨Le Monde⟩, 1995년 2월 23일.

동력의 자유이동을 포함하고 있다. 따라서 프랑스의 상당수 시민들은 서비스 시장 개방으로 인한 파급효과 즉 동구노동력의 대거 유입으로 프랑스의 실업률이 증대하고 사회보장혜택이 크게 줄어들 것이라는데 대해 크게 우려하였다.[23]

한편 신자유주의 노선의 강화와 사회복지모델의 약화로 직접 피해를 보는 계층은 주로 노동자 및 실업자와 같은 사회적 약자들이라는 사실에 주목할 필요가 있다. 이들은 신자유주의 노선의 강화와 사회복지모델의 약화에 대해 당연히 반감을 가지고 있었고, 그 반감이 유럽헌법 반대로 표출되었다는 것은 자명하다 하겠다.

▶ 표 4 연령, 직업, 지역 및 정당별로 유럽헌법 비준 투표에 참가한 자들 중에서 반대표를 던진 자의 비율

연령		직업		지역		정당	
18-24세	59%	자영업자	52%	대도시	47%	공산당	94%
25-39세	57%	사무직노동자	55%	농촌	61%	사회당	61%
40-54세	63%	육체노동자	76%	수도권	45%	우익집권당	25%
55세 이상	46%	실업자	50%	지방	57%	극우파	95%

출처: Flash Eurobarometer 171, "The European Constitution: Post-referendum survey in France", European Commission, June 2005, pp. 13-14.

위의 〈표 4〉에서 알 수 있듯이 연령별로는 18-24세 그룹과 40-54세 그룹이 가장 높은 비율의 반대표를 던졌다. 젊은 층들이 반대표를 많이 던진 이유는 청년실업률이 높았기 때문이다. 동구의 젊은 노동력이 몰려올 경우, 프랑스에서 이미 심각한 수준에 달해 있는 청년실업 문제는 더욱

---

[23] 특히 이 지침은 유럽내 신자유주의의 확산에 대항하는 프랑스 좌파세력에게 유럽헌법을 반대할 수 있는 중요한 빌미를 제공하였다. R. Frank, op. cit., p.1075; 〈Finacial Times〉, 2003년 5월 6일.

악화될 것으로 인식되었다.24) 한편 퇴직을 앞두고 있는 세대(40-54세)들은 조기퇴직에 대한 우려를 가졌기 때문에 반대표를 많이 던진 것으로 분석되고 있다. 육체노동자들이 자영업자나 사무직 노동자에 비해 훨씬 높은 비율의 반대표를 던졌는데, 그 주된 이유는 신자유주의의 경제개혁에 우려하고 있었고 또한 동구의 노동력이 대거 몰려올 경우 이들 육체노동자들이 실직을 당할 가능성이 가장 컸기 때문이다.25) 한편 대도시 거주자들보다는 농촌 거주자들이 그리고 수도권 거주자보다는 지방 거주자들이 훨씬 높은 비율의 반대표를 던졌다. 정당별로는 공산당과 극우파인 국민전선Front National을 지지하는 자들의 반대 비율(90% 이상)이 압도적으로 높았고 또한 좌파 사회당 지지자들의 반대 비율(64%)도 높게 나왔다. 이상의 분석에서 국민전선 지지자들을 제외한다면 40-45세 그룹, 육체노동자, 농촌 및 지방 거주자 그리고 공산당, 사회당 지지자들은 다른 사회계층 그룹에 비해 실업이나 경제위기 등에 상대적으로 더 타격을 받는 자들이다. 실제로 40-45세 그룹의 65%, 육체노동자의 60%, 농촌 거주자의 67%, 지방 거주자의 59% 그리고 공산당원의 63%가 실업이나 고용 등 경제 위기의 심화를 초래할 가능성 때문에 유럽헌법을 반대한 것으로 알려졌다.26) 이들 사회계층은 우파 집권정부의 신자유주의적 경제개혁

---

24) 프랑스 일간지 르 피가로는 유럽 젊은이 5명 중 1명이 실업 상태에 있는 등 청년실업 문제가 심각한 것으로 나타났다고 보도했다. 이 신문은 EU 25개 회원국 내 15~25세 젊은이들의 평균 실업률은 18.7%로 전체 평균 실업률의 배에 이른다고 전했다. 국가별로는 덴마크, 아일랜드, 오스트리아, 네덜란드 등이 8~10%로 비교적 양호한 반면 프랑스, 스페인, 벨기에, 폴란드는 평균 20%를 웃돌아 최악인 것으로 나타났다. 〈Le Figaro〉, 2005년 6월 28일.
25) "La crainte pour l'emploi est la raison principale du rejet de la Constitution par les Français : Réalisé pour « Le Monde », RTL et TF1, le sondage TNS-Sofres et Unilog montre que le chômage et la volonté de manifester un « ras-le-bol » dominent les motivations du non", 〈Le Monde〉, 2005년 5월 31일.
26) *Flash* Eurobarometer 171, *op. cit.*, p.18.

특히 주 35시간 법정노동시간제 연장 등 노동시장 유연화 공세, EU 집행위의 서비스 부문 역내 자유화 조치 등 유럽시장에서의 경쟁강화 추세는 고용불안 및 서비스 질의 악화 그리고 삶의 질 악화로 이어질 것이라 생각하고 유럽헌법 비준에 반대하였던 것이다.

3. EU확대에 대한 불안감

많은 프랑스 시민들이 EU확대에 대해 부정적인 인식과 불안감을 가지고 있었던 것도[27] 이번 유럽헌법 반대 여론 조성에 크게 기여하였다. 〈표 2〉에서 반대 이유로 "유럽헌법이 프랑스 고용에 부정적인 효과를 초래하고 프랑스 기업의 해외이전을 촉진시킬 것에 대한 우려", "유럽 사회복지 모델의 약화 우려", "EU 역내 서비스시장의 개방에 반대", "터키의 가입을 원치 않음" "회원국의 추가 확대 반대" 등에 대해 응답한 유권자 가운데 상당수는 "동구권국가의 EU가입과 터키의 추가 가입에 대한 불안감"을 직·간접적으로 표명한 것이라고 추정할 수 있다.

프랑스시민이 EU 확대와 관련하여 가장 우려하는 것은 확대에 따른 실업 증가문제라고 할 수 있다. 상당수 프랑스 시민들은 동유럽국가의 EU가입에 따라 동유럽의 값싼 노동력이 프랑스 등 서유럽지역으로 대거 밀려들고 아울러 프랑스 기업의 동유럽 이전이 가속화되면서 프랑스인의 일자리가 줄고 사회적 덤핑social dumping; 즉 노동단가의 하락, 많은 노동시간 등이 발생

---

[27] 2004년 5월 10개 신규회원국의 EU 가입을 앞두고 EU 집행위원회에서 기존 회원국시민을 대상으로 실시한 여론조사(Eurobarometer)에 의하면, 기존 회원국 가운데 프랑스는 EU확대에 대해 가장 부정적인 태도를 보 였다. 프랑스 시민 응답자의 과반수를 넘는 55%가 확대에 대한 반대의견을 표명하였는데, 프랑스는 EU기존 회원국 중 반대 의견이 과반수를 넘는 유일한 나라였다. Eurobarometer 60, European Commission February 2004, p.76과 김승민, "EU확대와 프랑스여론", 『한국프랑스학논집』 제 49집, 한국프랑스학회, 2005.2, pp.464-465.

할 것에 대해 우려하였다. 비록 최근 수년간 중동부유럽 국가들은 경제개혁과 기업 친화적 환경pro-corporate climate 조성 노력에 힘입어 경제가 비약적으로 성장했지만 이들 국가들의 임금, 삶의 질 수준 등은 아직도 기존 회원국에 비해 훨씬 낮은 실정이다. 또한 신규회원국들은 높은 실업난을 겪고 있다. 신규회원국들의 평균 실업률은 15%로서[28], 기존 15개 회원국 평균 실업률인 8.1%보다 훨씬 높은 실정이다. 특히 폴란드(실업률: 20%), 슬로바키아(16.5%), 라트비아(12.5%), 리투아니아(11.3%) 등은 두 자리 수 이상의 실업률을 보이고 있다.[29] 따라서 신규가입국가의 높은 실업률, 기존 회원국과 신규가입국간 임금격차 등을 고려해 볼 때, 동구권의 상당수 주민이 보다 나은 일자리를 찾아서 서유럽지역으로 이주할 가능성이 높다. 한편 동구권 국가들의 EU가입에 따라 최근 서유럽의 상당수 기업들은 인건비가 저렴한 중동부유럽으로 생산 공장을 이전하고 있기 때문에 서유럽의 일자리가 위협을 받고 있는 것이 현실로 나타나고 있다. 따라서 확대는 서유럽지역의 실업문제를 가중시키고, 노동단가하락 등 사회적 덤핑을 발생시킬 수 있다는 프랑스 시민의 우려는 어느 정도 일리가 있다고 할 수 있다.[30] 특히 앞에서 논의한 "볼켄슈타인 지침"The Bolkestein directive은 프랑스 시민의 중동구 노동자 유입 우려를 확산시키는데 중요한 촉진제 역할을 하였다는 사실에 주목할 필요가 있다.[31] 왜냐하면 "볼켄슈타인 지침"에 의하면 EU 역내 회원국은 역내 시민의 자유 이동을 보장해야 하며, 이는 곧 "Polish plumber"로 상징되는 중동부 저임노동력의 서유럽 유입을 제한할 수 없다는 것을 의미하기 때문이

---

[28] A. Laska, op. cit., p.61.
[29] European Economic Advisory Group(EEAG), Report on the European Economy, (Munich, March 2004), p.104.
[30] 김승민, op. cit., p.13.
[31] R. Frank, op. cit., p.1075.

다. "볼켄슈타인 지침"은 유럽헌법이 유럽시장을 경쟁에 더욱 더 노출시킬 것이라는 우려를 프랑스 유권자에게 확산시킴으로써 헌법 비준 반대 여론 확산에 크게 기여하였다.32)

또한 터키의 EU 가입 문제는 유럽헌법에 대한 반대 여론을 확대시키는 데 중요한 작용을 하였다. 상당수 프랑스 사람들은 종교와 문화가 상이한 이슬람국가인 터키의 EU가입에 대해 반대하는 입장을 보이고 있다. 특히 프랑스에는 유럽에서 가장 많은 500만 명의 이슬람계 이민자들이 있는데, 프랑스의 일반 시민들은 이들에 대해 좋지 않은 감정을 갖고 있다. 최근 프랑스에서 일어나고 있는 각종 치안사건의 상당수가 북아프리카 마그레브Maghreb 출신 이슬람계에 의해 저질러지고 있고, 이슬람계의 히잡 착용과 같은 문화충돌이 예민한 사회문제로 비화되고 있다. 이 때문에 터키의 EU 가입문제는 EU확대에 대한 프랑스 시민의 부정적인 태도를 강화시키는 결과를 초래했으며, 유럽헌법에 대한 부정적인 여론을 확산시켰다.

4. EU 관료주의에 대한 거부감

〈표 2〉에서 알 수 있듯이 EU의 관료주의에 대한 거부감도 헌법안 비준 부결의 주요한 이유였다. 여기에 해당하는 세부 사유로는 R.14(EU 민주성 결핍), R.15(너무 관료주의적이고 법적이고 규제적임)등이 직접적으로 해당한다.

EU의 관료주의 문제가 제기된 것은 어제 오늘의 일이 아니다. 이 점을 EU 집행위는 물론 헌법초안자들도 잘 알고 있었다. 유럽헌법안에 따르면 그 동안 EU의 행정업무를 맡아 왔던 집행위원회 위원은 현행 30명에

---

32) *Ibid.*

서 25명으로 축소된다. 유럽헌법은 EU시민이 직접 선거에 의해 선출하는 의원으로 구성되는 유럽의회의 입법권과 정책감시권을 대폭 강화하고, 의원수도 현행 732명에서 750명까지 늘린다는 내용을 담고 있다. 논란이 됐던 회원국들에 대한 의결권 배분은 이중 다수결 제도를 도입해 국가별 인구차이에 따른 의결권 불평등 문제를 해결했다. 이중 다수결 제도에 의하면 전체 25개 회원국 중 15개국 이상, 그리고 전체 회원국 인구로 환산했을 때 인구의 65% 이상이 동의해야만 의사결정이 이루어진다. 이 밖에 회원국 국민은 누구나 EU 시민임을 명시했고, 회원국 탈퇴는 회원국가의 자체 결정으로 가능하다.

문제는 이 같은 헌법안의 EU 관료주의 해소책이 일반 EU시민들에게 별다른 설득력을 가지지 못하고 있다는 것이다. 일반 국민들이 주장하는 관료주의란 EU가 일반인들이 생각하는 것보다 너무 멀리 있다는 점에서 비롯되고 있다. 많은 일반 시민들은 여전히 브뤼셀의 의사결정이 EU 시민의 여론을 반영하지 못하고 있다는 불만을 가지고 있다. 실제로 상당수 EU시민들은 EU의 주요 정책이 시중 여론과 관계없이 브뤼셀 EU의 엘리트 관료와 각 회원국 정치지도자 간의 밀실 합의에 의해 결정되고 있다는 데 대해 우려를 하고 있다. 특히 EU통합의 질적 심화와 양적 확대가 추진되면서 EU차원의 법과 정책이 사회보장제도 등 일반시민의 실생활에 직접적으로 영향을 주게 되자 일반 시민사이에 EU 의사결정에 민주주의가 결여되어 있다는 인식이 확산되고 있다.[33]

5. 정부의 실정에 대한 반감

---

33) 박홍규, "EU 헌법과 유럽통합의 장래", 외교안보연구원, 『주요국제문제분석』, 2005. 10. 6, p.6.

〈표 2〉에서 정부의 실정에 대한 반감 때문에 헌법비준을 거부한 경우는 R.2(프랑스의 어려운 경제상황과 높은 실업률), R.4(시라크 대통령과 집권여당에 대한 반대), R.5(유럽사회복지모델의 약화) 등이 해당한다. 이 3가지 사유의 전체 비율은 61%에 달하고 있다. 이것은 정부에 대한 불만이 프랑스 국민들이 헌법 비준에 반대한 가장 큰 이유 가운데 하나임을 말해주는 것이다.

2004년 봄에 우익의 라파랭 내각은 재정적자를 줄이기 위해 국민저항[34]을 무시하고 연금, 의료보험법을 노동자들에게 불리하게 개정하였다. 이 같은 국가 및 자본의 신자유주의 개혁 공세에 대해 프랑스 국민들은 선거를 통해 자신들의 불만을 표출하였다. 그리하여 2004년 3월의 지방선거와 6월의 유럽의회 선거에서 사회당을 필두로 한 좌파의 압승이 이루어졌다. 그러나 2005년에 들어와서도 노동시장의 유연화 및 탈규제화 그리고 고용불안이 확산되는 가운데, 공공서비스와 사회복지는 후퇴하고, 임금은 제자리 걸음이었다. 특히 라파랭 정부는 주 35시간 노동제 완화, 사회보장 축소 등을 포함한 각종 개혁을 추진하였다. 이같은 정부의 시도에 대항하여 2005년 1월 18~20일 3일에 걸쳐 전국적인 규모의 파업과 시위가 벌어졌다. 1월 18일, 우편노동자들이 우편서비스 민영화의 예비조치인 인원감축과 우체국 폐쇄계획에 맞서 파업에 들어갔다. 1월 19일 철도 및 전력 노동자들도 인원감축 및 민영화계획에 항의하여 파업에 가담하였다. 1월 20일에는 공공부문 전체의 노동자들이 투쟁에

---

[34] 2003년 5월 13일 구매력을 보장하는 연금수준의 확보, 60세에 연금 전액을 받을 권리, 고용확대를 기초로 하는 연금제도의 유지 등의 공동요구 하에 노동총동맹(CGT), 민주노동연맹(CFDT), 노동자의 힘(FO) 등 6개의 전국조직이 총파업에 나섰다. 전국 100개 이상의 도시에서 200만 명이 참가하는 대시위가 전개되었다. 25일의 집회와 데모는 100만 명이 모여, 빠리를 노동자들의 데모 대열로 메워졌다. 이같은 저항에도 불구하고 정부가 의회에 제출한 연금개혁법안은 7월 24일 가결되었다.

참여했고, 전국 70개 도시에서 30만 명 이상이 시위에 참여했다.[35] 특히 2003년 투쟁의 주역이었던 교사들이 2003년 패배 이후 최대 규모로 가두시위에 참가했다. 2005년 2월 5일, 공공 및 민간부문 노동자 50만 명이 프랑스 전역의 120개 도시에서 시위를 벌였다. 전국 동시다발 시위는 우익 정부의 각종 신자유주의 정책에 대해서는 물론 주 35시간 노동법을 '완화'하여 장시간 노동을 가능하게 하려는 우파 정부의 계획에 맞선 투쟁이었다.[36]

이 같은 노동대중의 저항에도 불구하고, 2005년 2월 9일 프랑스 하원에서 우익의 집권여당은 주 35시간 노동시간 연장안을 포함한 개혁 관련 법률안을 370대 180으로 통과시켰다. 이로 인해 사용자가 원한다면 노동자들은 더 높은 임금율로 220시간의 연간 잔업 한도를 넘어 주당 48시간까지 추가로 근무하는 것이 허용되었다. 법안 상정을 앞두고 노동자 수십만 명이 반대 시위에 가담하는 등 사회적으로 진통을 겪었지만, 날로 증가하는 실업률 앞에서 노동계의 저항은 역부족이었다.[37] 노동시간연장 법안이 의회를 통과하긴 했지만, 불만에 찬 여론은 쉽게 수그러들지 않았다. 3월 10일의 투쟁은 주요 노총이 공동으로 기획한 전국 동시 투쟁이었다. 2003년 투쟁을 방기했던 중도 좌파 계열의 프랑스노동자민주동맹 CFDT 외에도, 중도 좌파 노동총동맹CGT과 노동자의 힘FO, 진보적 교원노조FSU, 그리고 전투적 좌파계열인 연대노조 등 거의 모든 노조가 결집한 최근의 공동투쟁은 프랑스 노동운동의 부활 가능성을 보여주는 주요한 특징이다. 또한 이런 전국적 차원의 투쟁만이 아니라 지역적 또는 사업장 수준에서도 노동자투쟁이 빈번해지고 있다.[38] 대표적인 예로는 파리 북

---

[35] 〈*L'Humanité*〉, 2005년 1월 21일.
[36] *Ibid.*, 2005년 2월 7일.
[37] *Ibid.*, 2005년 2월 10일.
[38] 〈*Le Monde*〉, 2005년 3월 11일.

부의 올네에 위치한 시트로앵 자동차공장 파업을 들 수 있다. 이러한 노동자 투쟁에 대한 국민들의 지지도는 2/3를 넘어섰다.[39] 강력한 반대 입장을 표명했던 국민들은 정부의 노동시장 유연화 정책이 결국 미국식의 신자유주의 노동정책으로 전환하기 위한 신호탄이 아닌가에 대한 의구심을 떨치지 못하였다. 이러한 분위기가 곧 바로 유럽헌법 비준에 대한 반대 여론을 심화시킨 주요 요인인 것이다. 더욱이 주당 35시간 노동시간[40] 연장법의 통과는 정년퇴직 연령 연장, 각종 사회보장 혜택 축소, 민간 연금 확대 등 최근 우파 정부가 잇따라 추진하고 있는 신자유주의적 정책 도입과 맞물려 여론을 더욱 악화시켜 5월 치러질 유럽헌법 비준 투표를 부결시키는데 커다란 영향을 미쳤다.

그리고 프랑스의 어려운 경제상황과 높은 실업률은 유권자들의 불만을 가중시켰다. 앞의 〈표 3〉에서 살펴본 바와 같이 최근 프랑스의 경제성장률은 1%대의 저성장을 보이고 있고, 실업률도 10%에 달하고 있다.

결국 시라크 정부의 무리한 경제개혁정책과 경제부진에 대해 노동자를 비롯한 일반 국민의 불만이 확산되는 가운데 유럽헌법 비준 국민투표가 이루어졌다고 할 수 있다.

---

[39] 〈L'Humanité〉, 2005년 2월 7일.
[40] 애초 1998년 사회당 정부는 1인당 노동시간을 줄여 더 많은 일자리를 창출하자며 주 35시간제 법안을 도입했고, 이 법안은 2000년부터 단계적으로 각 사업장에 적용되었던 것이다. 그렇지만 주 35시간 노동이 경제성장이나 경기부양에 궁극적으로 기여했는지에 대해서는 평가가 엇갈리고 있다. 좌익은 대체로 고용증대 → 소비촉진 → 경제성장 → 고용증대로 이어지는 선순환 구조를 정착시킬 수 있는 법안이었다고 평가하면서 90년대 말부터 2000년대 초까지 이어진 호황에 상당히 기여한 것으로 보고 있다 : "Les 35 heures toujours populaires", 〈Libération〉, 2005년 1월 31일. 반면 우익 쪽에서는 주 35시간 노동이 그 이후 지속되는 불황의 주범이라고 몰아붙이고 있다. 주 35시간제를 정착시키는 데 소요된 사회적 비용이 너무 컸고 이것이 오늘날 과도한 재정적자를 낳고 잠재적인 성장동력을 잠식함으로써 90년대 말과 2000년 초의 호황을 반짝 경기에 그치게 했다는 것이다. 여기서 분명한 사실은 주 35시간 노동제의 채택에도 불구하고 프랑스의 실업률이 10% (2005년 8월 현재 9.9%)에 가까이 머물러 있으면서 떨어질 줄 모른다는데 있다 : 〈Le Figaro〉, 2005년 9월 1일.

제4절 결론

프랑스의 시민들이 유럽헌법안을 반대한 가장 큰 이유는 자국의 경제부진과 집권정부에 대한 불만이었다. 헌법안 부결 직후인 2005년 5월 31일 영국 BBC의 지적은 시사하는 바가 크다고 하겠다. BBC는 유럽헌법이 프랑스에서 부결된 요인을 다음과 같이 정리했다. "시라크 정권에 대한 국민적 불만이 반대표로 표출됐다. 시라크 정부가 다수 유권자의 지지를 잃은 것은 국내 경기가 심한 침체에 빠졌고, 실업률이 무려 10%대에 달했기 때문이다. 유럽헌법에 대한 반대표는 시라크 정권에 대한 저항의 표현인 셈이다." 르몽드지도 국민투표 부결에 대해 "비관적인 사회경제상황과 시라크 정권에 대해 항의하는 민심의 표출"[41]이라고 평가했다. 무엇보다 정부가 유럽통합이라는 원대한 목표를 떠들면서 경제를 비롯한 일상 정치에서는 실패했다는 반감이 주된 요인이라는 지적이다. 따라서 이번 프랑스 국민투표 결과는 유럽헌법안 그 자체에 대한 거부라기보다는 프랑스의 경제부진과 정부의 失政에 대한 국민들의 심판 성격을 많이 띠고 있다고 할 수 있다.

프랑스의 시민들이 유럽헌법안을 반대한 또 다른 중요한 이유는 유럽 내 신자유주의의 확산과 서유럽식 복지모델의 약화에 대한 우려이었다. 많은 프랑스 시민들은 유럽통합으로 앵글로색슨식 자유시장 경제체제가 가속화되면서 경쟁이 심화되고 이에 따라 프랑스의 전통적인 사회복지모델이 약화되는데 우려하고 있었다. 특히 프랑스의 좌파 세력과 노동자계층들은 최근 프랑스 우파정부가 추진해온 주당 35시간 노동시간 연장, 연금 개혁, 공기업 민영화 등 각종 신자유주의적 경제 개혁정책에 대한

---

[41] 〈*Le Monde*〉, 2005년 5월 30일.

반감을 가지고 있었는데, 이러한 반감이 유럽헌법 비준 부결로 표출되었다고 할 수 있다.

그리고 EU의 중동부유럽 확대에 대한 프랑스 시민들의 불안감도 유럽헌법 부결의 중요한 이유가 되었다. 많은 프랑스 시민들은 확대이후 동구권으로부터의 대규모 노동자 유입과 이에 따른 실업증가, 사회적 덤핑에 대해 우려하고 있었다. 임금, 생활수준에서 큰 차이를 보이는 동구 노동자들이 보다 나은 일자리를 위해, 보다 나은 삶을 위해 서유럽으로 대규모 이주할 가능성이 있다. 또한 EU확대 이후 상당수 서유럽기업이 동구권의 낮은 임금과 양호한 親기업환경을 활용하기 위해 생산기지를 동구권으로 이전하는 추세를 보이고 있다. 이러한 현상은 프랑스의 고실업문제를 더욱 악화시키고 노동단가의 하락, 복지혜택의 축소 등 사회적 덤핑을 발생시킬 수 있기 때문에 확대에 대한 프랑스 시민들의 우려도 상당 부분 납득이 간다고 할 수 있다. 또한 터키의 EU 추가가입 문제도 프랑스에서 확산되고 있는 반이슬람정서와 맞물려 유럽헌법 반대 여론 형성에 기여했다는 사실도 주목할 필요가 있다.

한편 EU의 관료주의에 대한 프랑스시민들의 반발도 유럽헌법 부결에 영향을 미쳤다. 상당수 프랑스 시민들은 브뤼셀 EU의 의사결정이 일반 시민들의 여론을 잘 반영하지 못하고 있다는데 대해 반감을 가지고 있다. 실제로 "EU의 중동구 확대"와 "유럽헌법"과 같은 유럽통합의 중요한 이슈에 대한 의사결정과정을 살펴보면 회원국 일반 시민의 의견을 충분하게 수렴하지 않고 단지 브뤼셀 EU고위 관료와 각 회원국 정치지도자 간의 정치적 합의에 의해 진행되었다고 평가할 수 있다. 이러한 EU 의사결정과정의 "민주성 결핍"Democratic deficit에 대한 불만이 확산된 것도 유럽헌법 부결에 영향을 미쳤다고 볼 수 있다.

이상에서 살펴본 바와 같이 유럽통합의 주도국이라고 할 수 있는 프랑스의 유권자들은 다양한 대내외 주제들에 대해 불만과 우려를 표명하면서 큰 표 차이로 유럽헌법조약 비준을 부결시켰다. 프랑스의 유럽헌법 비준 부결은 향후 유럽통합의 추진 방향과 속도에 중요한 파장을 미칠 것으로 예상된다. 분명한 것은 향후 유럽헌법의 발효는 불가피하게 지연될 수밖에 없다는 것이다. 이에 따라 유럽통합의 속도는 늦추어질 것이며, 완전한 정치적 통합을 통한 '강한 유럽', 즉 유럽합중국United States of Europe을 이루고자 하는 유럽인의 꿈은 조만간에 실현되기는 어려울 것이다. 당분간 브뤼셀 EU본부와 각 회원국 정치권에서는 프랑스의 비준부결 원인을 되새기기 위한 숙고의 시간period of reflection을 가지면서 유럽헌법조약안의 처리방향을 신중하게 논의할 것으로 전망된다. 그리고 이번 프랑스 헌법비준과정에서 반대 쟁점이 되었던 "터키의 EU 추가가입 문제", "유럽시장 내 자유경쟁 확산 문제" 역시 일반 시민의 여론 동향을 감안하면서 보다 신중하게 처리할 것으로 예상된다.

참고문헌

1. 언론 기사

⟨Le Monde⟩ (최근 날짜순)

- "Les mesures du plan de « croissance sociale » version Villepin", ⟨Le Monde⟩, 2005년 9월 2일.
- "M. de Villepin entend etre l'artisan de la croissance sociale", ⟨Le Monde⟩, 2005년 9월 1일.
- "Mesure Villepin : l'UMP satisfaite, la gauche critique", ⟨Le Monde⟩, 2005년 9월 1일.
- "Philippe de Villiers, président du Mouvement pour la France « A un immense cri de détresse, Jacques Chirac a répondu par un bricolage institutionnel »", ⟨Le Monde⟩, 2005년 6월 8일.
- "Divisés sur la Constitution, les Verts le sont aussi sur les suites à donner au scrutin", ⟨Le Monde⟩, 2005년 6월 4일.
- "La crainte pour l'emploi est la raison principale du rejet de la Constitution par les Français : Réalisé pour « Le Monde », RTL et TF1, le sondage TNS-Sofres et Unilog montre que le chômage et la volonté de manifester un « ras-le-bol » dominent les motivations du non", ⟨Le Monde⟩, 2005년 5월 31일.
- "Jacques Chirac, risque-tout de la politique", ⟨Le Monde⟩, 2005년 5월 18일.
- "Dans les villes et les campagnes, les militants d'Attac et des collectifs s'activent pour le non", ⟨Le Monde⟩, 2005년 5월 1일.
- "La Constitution européenne est-elle libérale", ⟨Le Monde⟩, 2005년 4월 19일.
- "Conséquences d'un non français : Il n'y a pas de plan B", ⟨Le Monde⟩, 2005년 4월 10일.
- "La nouvelle directive sur le temps de travail, un échec pour l'harmonisation sociale", ⟨Le Monde⟩, 2004년 4월 5일.
- "Chirac désavoué, l'Europe déstabilisée", ⟨Le Monde⟩, 2005년 3월 31일.

- "Gauche et syndicats craignent la même politique", 〈Le Monde〉, 2005년 3월 31일.
- "François Hollande, premier secrétaire du Parti socialiste « L'échec du référendum ne serait pas un échec du pouvoir mais de la France »", 〈Le Monde〉, 2005년 2월 25일.
- "UE : les Verts pour la Constitution à 88,5 %", 〈Le Monde〉, 2005년 2월 26일.
- "Constitution européenne", 〈Le Monde〉, 2005년 1월 22일.
- "Référendum du 29 Mai- Économie: Le débat sur le libéralisme", 〈Le Monde〉, 2004년 10월 6일.
- "L'Europe se penche à Laeken sur son avenir constitutionnel", 〈Le Monde〉, 2001년 12월 14일.
- "Les ambiguïtés du « modèle allemand", 〈Le Monde〉, 1995년 2월 23일.

〈기타 언론〉(최근 날짜순)
- 〈Le Figaro〉, 2005년 9월 1일.
- 〈Le Figaro〉, 2005년 6월 28일.
- "France after the referendom, It's Chirac, stupid", 〈Economist〉, 2005년 6월 4일
- 〈Libération〉, 2005년 6월 3일.
- 〈한겨레〉, 2005년 6월 1일.
- "Chirac lance l'ultime appel pour le oui", 〈Le Figaro〉, 2005년 5월 26일.
- 〈Financial Times〉, 2003년 5월 6일.
- "Elus de gauche pour le 'non'", 〈L'Humanité〉, 2005년 5월 6일.
- "Nous appelons à voter 'non'", 〈L'Humanité〉, 2005년 5월 2일.
- 〈Financial Times〉, 2005년 5월 2일.
- 〈Financial Times〉, 2005년 2월 26일.
- "French politics; Après mai, le déluge?", 〈Economist〉, 2005년 4월 30일.
- 〈L'Humanité〉, 2005년 2월 7일.
- "Les 35 heures toujours populaires", 〈Libération〉, 2005년 1월 31일.

- 〈L'Humanité〉, 2005년 1월 21일.
- 〈Le Figaro〉, 2004년 12월 12일.

2. 국내외 문헌

- 김득갑, 『EU통합의 현주소와 향후 전망』, 삼성경제연구소 CEO Information, 제 511호, 2005. 7.
- 김승민, "EU확대와 프랑스여론", 『한국프랑스학논집』 제 49집, 한국프랑스학회, 2005. 2.
- 김흥종, 이철원, 박영곤, 박경석, 『2004년 EU확대와 유럽경제의 변화』, 대외경제정책연구원, 서울, 2003.
- 박홍규, "EU 헌법과 유럽통합의 장래", 『주요국제문제분석』, 외교안보연구원, 2005. 10. 6.
- ATTAC (France), Constitution européenne, ils se sont dit oui : ATTAC leur répond, Paris : Ed. Mille et une nuits, 2005.
- Bertoncini, Y., Constitution européenne : deux fois oui, Paris, Fondation R. Schumann, 2005.
- Cecchini, P., The European Challenge 1992: The Benefits of a Single Market, Aldershot: Wildwood Home, 1988.
- Dacheux, E., Comprendre le débat sur la Constitution de l'Union européenne, Paris: Publibook, 2005.
- Eurobarometer 60, European Commission, February 2004.
- European Commission 인터넷자료(http://europa.eu.int/comm/economy-finance/euro/benefits/)
- European Economic Advisory Group (EEAG), Report on the European Economy, Munich, March 2004.
- Flash Eurobarometer 171, "The European Constitution: Post-referendum survey in France", European Commission, June 2005.
- Franck, R., "Why did a majority of French voters reject the European Constitution?," European Journal of Political Economy, vol. 21, 2005.
- Gohin, O., La nouvelle Union européenne : approches critiques de la constitution européenne, Paris : F.-X. de Guibert, 2005.

- Laska, A., "L'élargissement de 2004 : répercussions politiques, économiques et insitutionnelles", Questions Internationales n° 7, Paris: La Documentation Française, mai-juin 2004.
- Mathieu, Bertrand, Constitution et construction européenne, Paris : Dalloz, 2006.
- The European Convention, Draft Treaty establishing a Constitution for Europe, Brussels, July 2003.
- SOFRES 인터넷자료(http://www.tns-sofres.com/etudes/pol/)
- Wasserman G., Référendums : les conséquences du non, Paris: Edtions d'organisation, 2005.

제11장

프랑스의 EU확대 회의론 연구

제1절 서론

2차 세계대전이후 지난 약 60 년간 유럽통합 운동은 크게 두 개의 양축 즉 '질적 심화'deepening와 '회원국수의 확대'widening를 중심으로 발전되어 왔다. 유럽통합운동의 양 축 중 하나인 유럽연합EU의 확대는 2000년대 이후 유럽통합의 중요한 쟁점이 되고 있으며, 유럽인뿐만 아니라 전 세계인의 주목을 끌고 있다. '중동부 유럽국들의 EU회원국 가입'이 실현되었기 때문이다. EU는 2004년 5월에 중동부 유럽 8개국[1]을 신규 가입시키고 2007년 1월에는 루마니아, 불가리아를 회원국으로 받아들였다. 한편 최근 EU는 터키, 크로아티아, 마케도니아 등 인접 유럽국들과 추가 가입 협상을 진행하면서 EU의 외연 확대를 계속적으로 추진하고 있다. "범유럽권의 형성", "동유럽과 서유럽의 진정한 만남" 등의 용어로 상징되는 중동부 유럽국가의 EU가입은 냉전구도아래 동유럽과 서유럽으로 분열된 유럽이 평화적으로 재통합하는 역사적 사건으로서, 갈등과 분쟁으로 점철된 유럽의 역사에 확실한 평화의 기틀을 마련해주고 있다. 그리고 2004년, 2007년 확대로 EU는 회원국 27개국, 인구 약 5억 명을 포괄하

---

[1] 2004년 5월 1일에 10개 신회원국(중동부 유럽 8개국과 지중해연안 2개국)이 EU에 가입하였다. 중동부 유럽 8개국은 폴란드, 체코, 헝가리, 슬로바키아, 리투아니아, 라트비아, 에스토니아, 슬로베니아이며, 지중해 2개국은 몰타, 키프로스이다.

는 세계최대의 정치, 경제 통합체가 되었다.

그러나 기존 EU-15 회원국의 서유럽 시민들은 유럽연합의 확대에 대해 부정적인 입장을 보이고 있으며, 특히 프랑스 시민들은 가장 회의적인 태도를 보이고 있다. EU집행위원회가 회원국시민을 대상으로 실시한 "유로바로메타"Eurobarometer 여론조사 결과에 의하면, 2004년 확대이전에는 프랑스 시민의 약 50%가 신회원국 가입에 대해 반대의견을 표명하였으며 또한 확대 이후인 2005-2009년 기간에는 반대비율이 약 60%로 더욱 높아졌다. 이 사실에서 프랑스 시민사이에 확대 회의론은 매우 확산되어 있으며, 많은 프랑스 시민들이 확대에 따른 정치, 경제, 사회적 결과에 대해 우려하고 있다는 것을 알 수 있다.

이 논문의 목적은 2004년, 2007년 EU 확대가 초래한 정치, 경제, 사회적 결과에 대한 프랑스 시민들의 여론에 대해 살펴보고, 프랑스의 확대 회의론에 영향을 미친 주요 요인을 밝히는데 있다. 프랑스시민들이 왜, 어떤 이유로 EU확대에 대해 회의적인 반응을 보였는지를 연구하는 것은 유럽연합 시민의 여론 분석에 중요한 시사점을 제공할 수 있을 뿐만 아니라 향후 EU 확대의 향방을 예측하는데도 유용한 정보를 줄 것으로 기대된다.

본 연구는 먼저 제2절에서 2000년대 초반부터 최근까지 EU확대에 대한 프랑스 시민들의 찬반 여론 추이에 대해 살펴보고 제3절에서는 2004-2007년 EU확대가 초래한 정치, 경제, 사회적 결과에 대해 프랑스 시민들은 어떤 여론 반응을 보이고 있는지에 대해 살펴본다. 제4절에서는 이상의 논의를 토대로, 프랑스 시민들의 확대 회의론에 영향을 미친 주요 요인에 대해 분석한다.

제2절 EU확대에 대한 프랑스의 찬반 여론 추이

프랑스 시민들은 2004년 확대, 2007년 확대 및 향후 추가 확대(터키 등)에 대해 EU 시민가운데 가장 회의적인 태도를 보이는 편이었다. 2003년-2009년까지 EU집행위원회에서 회원국시민을 대상으로 실시한 Euro-barometer 여론조사에 의하면, 조사대상 기간 내내 프랑스 시민 응답자의 절반이 넘는 약 55-60%가 신규회원국의 추가 가입에 대해 반대하였고, 응답자의 약 30-35%만이 EU확대를 지지하였다(〈표 1〉 참고).

▶ 표 1 EU의 확대에 관한 프랑스의 찬반 여론 결과 추이

	2003. 8	2005. 11	2007. 10	2008.10	2009. 6
찬성	34% (EU-15국; 47%)	31% (EU-25국; 49%)	32% (EU-27국; 46%)	31% (EU-27국; 44%)	34% (EU-27국; 46%)
반대	55% (EU-15국; 36%)	60% (EU-25국; 39%)	59% (EU-27국; 40%)	62% (EU-27국; 43%)	63% (EU-27국; 43%)

주: EU회원국 수의 변화는 다음과 같음. EU 4차 확대(1995. 1. 1) 이후 15개국→ 5차 확대(2004. 5. 1)이후 25개국→ 6차 확대(2007. 1. 1) 이후 27개국.
출처: European Commission, Eurobarometer 각 호. 각 조사 기간의 관련 자료를 편집하였음.(http://ec.europa.eu/public_opinion/index_en.htm)

실제로 2004년 5월 1일 10개 신규회원국(중동부 유럽 8개국과 지중해 연안 2개국)의 EU 가입을 앞두고 2000-2003년 기간 동안 실시한 여론조사에서 프랑스 시민들은 당시 서유럽국가로 구성된 기존 EU-15개국 가운데 가장 부정적인 입장을 표명하였다. 특히 10개국 신규가입을 목전에 두고 실시한 2003년 10월 여론조사에서 프랑스는 EU-15개국 중 확대에 대해 가장 낮은 찬성의견(34%)을 보였으며, 또한 반대의견(55%)이 응답자의 과반수를 넘는 유일한 회원국이었다.[2] 이 조사에서 EU 15개국

총응답자의 평균여론은 찬성의견(47%)이 반대의견(36%)보다 많았다는 것을 감안하면 당시 프랑스는 서유럽국가가운데서도 확대 회의론이 가장 많이 팽배했다는 것을 알 수 있다.

한편 2004년 5월 1일에 10개 신규회원국이 가입된 이후에도 여전히 프랑스시민들은 유럽연합의 추가 확대에 대해 기존, 신규 회원국 가운데 반대의견이 가장 많은 편이었으며, 아울러 프랑스의 확대 회의론은 신규회원국 가입이전보다 오히려 더 많이 확산되었다. 실제로 2005년-2009년 여론조사 결과를 살펴보면 조사기간 내내 프랑스 응답자의 약 60%가 반대하고 응답자의 약 30%만이 EU의 확대를 지지하는 것으로 나타났다. 일례로 2009년 6-7월에 실시한 Eurobarometer 여론조사에 의하면, 향후 "터키 등 신규후보국의 추가 가입"에 대해 프랑스의 반대의견(63%)은 EU 27개국가운데 오스트리아(67%), 룩셈부르크(67%), 독일(66%) 다음으로 네 번째로 많았으며, 27개국 평균 반대여론(43%)보다 훨씬 높았다[3](〈표 2〉참고). 2004년 5월 EU의 중동구 확대이후부터 최근까지 회원국별 여론 조사결과와 관련하여 주목할 점은 중동부유럽 신규회원국과 기존 서유럽 EU-15개국사이에 확대에 대한 지지성향이 확연하게 양극화되고 있다는 점이다.

중동부유럽의 대부분 신규회원국가에서는 유럽연합의 향후 추가 확대에 대해 대체로 긍정적인 반응을 보이고 있는 반면에, 기존 EU-15의 대부분 회원국에서는 부정적인 반응을 보이고 있다. 특히 EU의 추가 확대에 가장 높은 찬성율을 보인 폴란드(찬성의견 69%, 반대 17%, 무응답

---

[2] European Commission, "Standard Eurobarometer 60: Public Opinion in the European Union,"(February 2004), p.76.; 김승민, "EU확대와 프랑스여론", 한국프랑스학회, 『한국프랑스학논집』 제 49집(2005년 2월), pp.463-464.

[3] European Commission, "Standard Eurobarometer 71: Public Opinion in the European Union,"(September 2009), pp.159-160.

14%)와 이와 대조적으로 가장 높은 반대율을 보인 오스트리아(반대의견 67%, 찬성 25%, 무응답 8%)의 경우를 보면 동·서유럽 시민 간에 확대에 대한 인식이 극명하게 다르다는 것을 알 수 있다. 이 사실을 통해 "확대된 EU"의 가장 큰 수혜자라고 할 수 있는 중동부 유럽의 신규 가입국 시민들은 확대가 가져다 줄 수 있는 결과에 대해 낙관적으로 생각하는 경향이 강한 반면에, 기존 EU-15 시민들은 확대의 결과에 대해 오히려 비관적으로 생각하는 경향이 많다는 것을 알 수 있다. 특히 기존 EU-15 회원국 가운데 프랑스, 독일, 오스트리아, 룩셈부르크 등에서 비관적인 여론이 가장 많으며, 이들 나라의 경우 응답자 10명 중 6명 이상이 EU의 추가 확대에 대해 부정적인 태도를 보이고 있다.

▶ 표 2 EU의 향후 추가 확대에 대한 회원국별 지지도(2009년 6월 조사)

(찬성의견 다수) 중동부유럽의 신규회원국	폴란드(찬성의견 69%), 루마니아(67%), 슬로바키아(63%), 헝가리(61%), 라트비아(57%), 에스토니아(56%), 불가리아(55%), 체코(54%) 등
(반대의견 다수) 기존 EU-15 회원국	오스트리아(반대의견 67%), 룩셈부르크(67%), 독일(66%), 프랑스(63%), 영국(56%), 덴마크(56%), 핀란드(54%), 그리스(57%), 벨기에(53%), 네덜란드(50%) 등

출처: European Commission, "Standard Eurobarometer 71: Public Opinion in the European Union," (September 2009), p.160.

한편 프랑스시민의 확대에 대한 회의적 태도는 2004년, 2007년 확대가 이루어진 이후에, 확대가 유럽연합에 미친 결과에 대한 27개국 회원국 시민의 인식을 조사한 Eurobarometer (2008년 10-11월 실시)의 여론 결과[4])에 의해서도 명백하게 드러나고 있다. "2004년 이후 회원국 확

---

[4]) Commission Européenne, "Eurobaromètre Standard 70: L'Union Européenne d'Aujourd'hui et Demain,"(Juillet 2009), pp.41-42.

대(15개국에서 27개국으로)는 유럽연합을 강화 혹은 약화 시켰느냐?"는 문항에 대해 EU 27개국 중 절대다수를 차지하는 22개국에서 "확대는 EU를 강화시켰다"는 긍정적인 여론이 부정적인 여론보다 많았으며, 대체적으로 중동부 유럽 신규가입국 시민들은 서유럽시민에 비해 보다 긍정적으로 생각하고 있었다. 그러나 프랑스를 포함한 룩셈부르크, 벨기에, 오스트리아, 독일 등 유독 서유럽국가 5개 나라에서는 오히려 부정적인 의견이 긍정적인 의견보다 많았다. 특히 프랑스는 룩셈부르크와 더불어 가장 부정적인 여론이 많았는데, 프랑스 시민 응답자 중 절반이 넘는 54%(EU 27개국 평균 여론 36%)는 "약화시켰다"는 부정적인 평가를 하였고, 반면에 "강화시켰다"는 긍정적인 평가를 한 응답자는 36%(EU 27개국 48%)에 그쳤다. 따라서 상당수 프랑스시민들은 "2004년, 2007년 확대는 유럽연합에 득보다는 실을 더 많이 초래했다"고 생각하고 있으며, 또한 EU 회원국가운데 가장 회의적이라는 것을 알 수 있다.

제3절 2004-2007년 확대 결과에 관한 프랑스 여론

2009년 2월에 실시한 Eurobarometer 여론조사5)에서는 베를린 장벽 붕괴 20주년과 2004년 확대 5주년을 맞이하여 2004년, 2007년 EU의 중동구 확대가 유럽대륙에 미친 정치, 경제, 사회적 결과에 대한 EU 27개국 시민의 여론을 파악하였다.6) 본 장에서는 이 여론조사의 설문 내용

---

5) European Commission, "Flash Eurobarometer No. 257: Views on European Union Enlargement Analytical Report," (February 2009), pp.1-110.
6) 2004년 확대이전에 기존 EU 15개국 시민들이 확대의 파급효과에 대해 어떠한 여론을 보였는지를 파악하기 위해서는 필자의 이전 논문(2005년 2월 게재)을 참조하기 바람. 김승민, 앞의 논문, pp.470-481.

과 응답결과를 활용하여 EU 확대가 초래한 정치, 경제, 사회적 결과에 대해 프랑스 시민들이 어떻게 인식하고 있는가를 살펴보고자 한다. EU 확대 결과의 긍정적, 부정적 측면을 상호 비교하기 위해, 확대의 결과를 편익benefit과 비용cost 두 가지 측면으로 나누어 분석한다. 한편 연구의 초점이 "프랑스인 여론"분석에 있기 때문에 프랑스를 비롯한 서유럽 입장에서 확대가 가져다 줄 수 있는 편익과 비용에 대해 집중적으로 논의하고자 한다.

1. 확대의 편익

EU의 중동구 확대는 유럽대륙 전반에 걸쳐 다양한 정치, 사회적 편익과 경제적 편익을 가져다 줄 수 있다. 먼저 중동부 유럽국들의 EU가입이 가져다 줄 수 있는 대표적인 정치, 사회적 편익을 살펴보면 유럽의 평화와 안전 보장 제고, 유럽 내 민주주의 가치 및 인권 신장, 중동부유럽국가의 현대화, EU의 국제적 위상 제고 등을 들 수 있다. EU 5차, 6차 확대에 따른 중동부 유럽국들의 EU가입은 2차 대전이후 냉전구도의 잔재를 완전히 제거함으로써, 유럽의 평화와 안전보장에 크게 기여하고 있다. 한편 중동부 유럽국들의 EU가입은 정치, 경제, 사회제반 측면에서 이들 국가들의 현대화를 촉진시키는 기폭제가 되고 있다. 중동부유럽 국가들은 EU 정회원국이 됨에 따라 기존 EU-15개국의 각종 정치, 경제, 사회 제도를 채택해야만 한다. 특히 중동부유럽 국가들은 EU가입의 전제조건인 코펜하겐 기준the Copenhagen criteria[7]을 지속적으로 충족시키기 위해 정치

---

[7] 1993년 6월 코펜하겐(Copenhagen) 유럽이사회에서는 중동부유럽국가의 EU 가입을 위한 기준이 제시되었다. 가입 기준은 크게 세 가지 기준 즉 i) 정치적 기준(민주제도의 정착, 법치주의 확립, 인권존중 및 소수민족 보호) ii) 경제적 기준(시장경제체제의 확립과 EU시장에서 경쟁할 수 있는 능력 축적) iii) 제도적 기준(정치통합, 경제통화동맹 등 EU의 목표에 동의하고 EU회원국의 의무조항을 지킬 수 있어야 함)이 제시되었다. Pascal Fontaine, L'Union européenne, Editions du Seuil, Paris, 1994., p.188. ; European Commission,

적 민주화와 인권 존중 및 시장개혁 노력에 더욱 더 박차를 가하여야 할 것이다. 그 결과 중동부 유럽 사회에서는 정치, 경제시스템이 선진화됨으로써 체제전환에 따른 사회적 혼란과 각종 분쟁(국경, 인종 및 소수민족 분쟁 등)의 위험에서도 벗어날 수 있을 것이다. 또한 27개국으로 구성된 EU는 내부 결속력, 시장규모 측면에서 세계 제일의 정치, 경제통합체로 부상함에 따라, 정치, 경제, 문화 제반 분야에서 국제적인 영향력을 높일 수 있게 되었다.

한편 EU의 중동부유럽 확대는 단일시장single market의 확대, 역내 무역 및 FDI 증대 등을 통해 "신규 회원국의 경제성장 및 현대화" 뿐만 아니라 "기존 회원국의 대 중동부 시장 선점" 등과 같은 경제적 편익을 가져다 줄 수 있다. 특히 인구 약 5억 명, GDP 약 8.5조 달러, 교역규모 약 4조 달러를 가진 세계 최대의 단일시장이 출범함에 따라 EU-27역내에서는 상품, 자본, 서비스의 자유이동이 이루어질 뿐만 아니라 사람의 자유로운 이동도 보장되는 편익을 누릴 수 있게 되었다. 경제적 측면에서 "확대된 EU"의 가장 큰 수혜자는 중동부유럽의 신규가입국이라고 할 수 있다. 중동부 유럽국들은 회원국 가입에 따라 EU의 재정지원을 받을 수 있을 뿐만 아니라 기존 회원국에 대한 시장접근이 용이하게 되어 대 서유럽 수출을 크게 증대시킬 수 있었다.[8] 한편 신규가입국들은 저렴한 인건비를 토대로 외국인 직접투자FDI를 많이 유치할 수 있었고, 이것은 이들 국가들이 서유럽 국가들보다 훨씬 빠른 경제성장을 할 수 있게 만든 중요

"Accession criteria," http://ec.europa.eu/enlargement/enlargement_process/accession_process/criteria/index_en.htm.(2010년 2월 1일 검색)

[8] 중동부 유럽국들은 시장 단일화로 인한 관세, 비관세 장벽제거에 따라 대 서유럽 수출을 크게 증대시킬 수 있었고, 이에 힘입어 중동부 유럽 신규가입국의 총무역액은 1999년-2007년 기간 동안 150억 유로에서 770억 유로로 무려 약 5배의 큰 신장세를 보였다. European Commission(Directorate General for Enlargement), *Good to know about EU Enlargement*, 2009. p.2.

한 원동력이 되었다.9)

또한 확대된 EU는 기존 회원국경제에도 중동부 유럽의 수출시장 선점, 새로운 생산거점 확보 등과 같은 경제적 이익을 제공하고 있다. 실제로 기존 회원국들은 중동부유럽의 빠른 경제성장에 따른 수출증대 혜택을 많이 누린 것으로 밝혀졌다. 일례로 2007년도 EU 총수출에서 중동부 유럽이 차지하는 비중은 7.5%에 달하는데, 이는 확대이전인 1999년 4.4%보다 훨씬 높은 수치이다.10) 한편 중동부 유럽국들은 인건비가 저렴하고, 회원국 가입에 따라 EU의 높은 무역장벽을 피할 수 있기 때문에 상당수 서유럽기업의 글로벌 경쟁력 강화를 위한 생산거점으로 활용되고 있다. 이와 같이 중동부 유럽의 EU가입은 신규, 기존 회원국의 경제성장에 기여하고 궁극적으로 유럽 전체 경제의 번영 및 경쟁력을 높이는 등 상당한 경제적 이익을 가져다 줄 수 있다.

이상에서 살펴본 바와 같이 중동부유럽의 EU가입은 유럽대륙전반에 걸쳐 다양한 정치, 사회적 편익과 경제적 편익을 가져다 줄 수 있다. 프랑스시민을 비롯한 기존 회원국시민과 신규 회원국 시민들은 이러한 확대의 편익들에 대해 대체적으로 비슷한 응답 의견을 나타내면서 모두 공감을 하고 있었다. 2004년 및 2007년 확대의 결과에 대한 EU 27개국 시민의 태도를 조사한 Eurobarometer의 여론조사(2009년 2월 실시)에 의하면, 프랑스시민(92%)을 포함한 기존 EU-15 회원국 시민(평균 92%) 및

---

9) EU집행위회 자료에 의하면 2004-08년 기간 동안 기존 EU 15개국 회원국 경제는 2.2%의 성장에 그친 반면에 신규가입국 경제는 5.6%의 높은 성장세를 보였고, 특히 슬로바키아, 발틱 3국(에스토니아, 라트비아, 리투아니아)과 같은 나라들은 호황기에는 최고 7-10%의 고도성장을 이루었다. 한편 2000-2008년 기간 동안 중동부 유럽경제는 EU가입에 따라 연 평균 약 1.75%의 추가적인 경제 성장혜택을 받은 것으로 추정되고 있다. European Commission(Directorate General for Enlargement), *Five years of an enlarged EU: Facts and Figures about EU enlargement*, 2009. http://ec.europa.eu/enlargement/5years/facts_and_figures/index_en.htm(2010년 2월 1일 검색)

10) *Ibid.*

신규 중동부유럽CEE: Central and Eastern European 회원국 시민(93%)의 절대 다수가 "확대는 역내 사람의 자유로운 이동을 촉진시키는데 기여했다"고 동의하였다(〈표 3〉참고). 한편 기존 회원국시민 및 신규 회원국시민의 70% 이상이 EU의 중동부 확대는 "유럽 내 민주주의 가치 및 인권 신장", "중동부유럽국가의 경제성장 및 현대화", "서유럽기업의 대 중동부유럽 비즈니스 제고", "EU의 세계정치 위상 제고"에 기여했다고 생각하고 있었다.

▶ 표 3 2004년, 2007년 확대의 편익에 대한 EU시민 여론 (여론조사: 2009년 2월 실시)

확대의 편익	동의함(%)			동의하지 않음(%)		
	프랑스	기존 EU15	신규 CEE	프랑스	기존 EU15	신규 CEE
유럽전체의 안보 및 안전보장에 기여	56	56	67	35	34	21
유럽내 민주주의 가치 및 인권 신장에 기여	74	73	72	18	18	15
EU의 세계정치 위상 제고	73	73	72	18	17	14
유럽전체 경제의 번영 및 경쟁력 제고	58	62	62	31	28	23
중동부유럽국가의 경제성장 및 현대화에 기여	77	78	72	13	13	16
서유럽기업의 대 중동부유럽 비즈니스에 기여	80	80	80	10	10	7
EU역내 사람의 자유로운 이동, 여행을 촉진	92	92	93	5	5	3
조직범죄, 불법이민과의 대처진전을 통해 유럽안전 제고	58	56	65	32	35	23

주1) 기존 EU15: 2004년 확대 이전에 회원국인 서유럽국가 15개국임.
주2) 신규 CEE(Central and Eastern European): 2004년, 2007년에 EU에 신규가입한 중동부 유럽 10개국임(이 조사에서 몰타, 키프로스는 제외됨)
출처: European Commission, "Flash Eurobarometer No. 257: Views on European Union Enlargement Analytical Report,"(February 2009)에 수록된 자료내용(특히 p.21)에 근거하여 본 연구자가 수정, 편집하였음.

한편 EU확대의 또 다른 이익이라고 할 수 있는 "유럽전체 경제의 번영 및 경쟁력 제고", "유럽 안보, 안전 보장 제고", "조직범죄, 불법이민 대처 성과" 등에 대해서는 기존 EU-15 회원국 시민 및 신규 CEE 회원국 시민들의 동의(약 60%)는 전체적으로 볼 때 앞의 문항들(70% 이상)에 비해 낮고, 또한 EU-15 시민들이 신규 CEE 시민보다 조금 더 낮은 편이었다. 프랑스 응답자들도 대체적으로 비슷한 응답률을 나타내었지만 "확대는 유럽전체 경제의 번영 및 경쟁력 제고를 가져다주었다"는 문항에 대해서 프랑스 응답자의 동의의견(58%)은 다른 EU-15 시민(평균 62%)과 CEE 시민(평균 62%)보다 다소 낮았고 또한 동의하지 않는다는 의견(프랑스 31%)도 다른 EU-15 시민(평균 28%)과 CEE 시민(평균 23%)보다 많았다. 이와 같이 상대적으로 더 많은 프랑스 시민들이 확대의 경제성장 자극 효과에 대해 부정적인 반응을 보이는 것은 장기간 지속되어 온 프랑스 경제의 고실업, 경기침체에 실망했고 또한 확대의 경제적 혜택에 대해 직접적으로 체감하지 못했기 때문이라고 판단된다. 한편 확대의 유럽경제 성장 자극 효과에 대해 확대의 가장 큰 수혜자라고 생각되는 CEE 시민의 동의의견(62%)이 의외로 낮고, 기존 EU 15개국시민의 동의의견(62%)과 같은 수준이라는 것은 주목할 만하다. 이것은 해당 여론조사가 2008년 글로벌 경제위기와 이에 따른 중동부 유럽의 극심한 경제, 금융위기 직후인 2009년 2월에 실시되었기 때문에 중동부유럽 시민들의 경제비관론이 많이 반영된 것으로 보인다.

2. 확대의 비용

EU의 확대는 다음과 같은 정치, 사회적 비용과 경제적 비용을 초래할 수 있다. 먼저 EU의 확대가 초래할 수 있는 대표적인 정치적 비용으로는 회원국 수 증가에 따른 "유럽연합 제도 운영의 복잡성과 민주성 문제", "불법 이민·체류, 국제범죄 증가와 같은 사회 안전 문제" 및 "회원국간 문화적 이질성과 유럽 정체성 문제" 등을 들 수 있다. 중동부 유럽국가의 EU가입으로 회원국 수가 대폭 증가하고 또한 회원국들의 구성이 종전보다 훨씬 이질적으로 바뀌었기 때문에, EU의 기구조직, 의사결정과정, 예산 운영 방식 등은 더욱 복잡하게 되었다. 특히 확대이전에도 브뤼셀의 의사결정이 EU 시민의 여론을 충분히 반영시키지 못하고 있다는 비판을 받아 왔는데, 확대이후 유럽연합의 '민주성 결핍'에 대한 비판은 더욱 더 가열 될 소지가 많다.[11] 한편 확대에 따라 역내 인적이동이 자유롭게 되면 역내 이주 노동자의 증가뿐만 아니라 불법이민 유입 급증, 국제 범죄 증가 등을 초래할 가능성이 있고, 이는 유럽사회의 안전에 위협이 될 수 있다. 또한 문화, 종교, 언어 배경이 다소 상이한 신규회원국이 대거 가입하게 되면 회원국간 문화적 이질성이 증대되게 되고, 유럽 정체성의 혼란 문제를 초래할 수 있다.

한편 중동부 유럽국가의 EU가입은 "기존 EU-15 회원국의 재정지원금 부담 문제", "특정 회원국의 실업 증가 및 대규모 노동력 유입 문제" 등과 같은 경제적 비용을 초래할 수 있다. 프랑스시민을 비롯한 기존 EU-15개국 서유럽 시민들이 EU확대와 관련하여 가장 우려하는 것은 확대이후 동구권으로부터의 대규모 저임금 노동력 유입과 이에 따른 실업증가, 사회적 덤핑의 발생 가능성 문제이다. 임금, 생활수준에서 큰 차이를 보이는 동구 노동자들이 보다 나은 일자리를 위해, 보다 나은 삶을 위해 서유럽으로 대규모 이주할 가능성이 있다. 또한 EU확대 이후 상당수 서유럽기업이 동구권의 낮은 임금과 양호한 親기업환경을 찾아서 생산기지를 동구권으로 이전하는 추세를 보이고 있다. 이러한 현상은 서유럽지역의 고실업문제를 더욱 악화시키고 노동단가의 하락, 복지혜택 축소 등 생활수준 하락을 발생시킬 수 있다. 그리고 기존 EU 15개국 시민들이 확대의 경제적 비용과 관련하여 심각하게 우려하는 또 다른 문제점은 신규가입국에 대한 재정지원 부담이다. 특히 재정지원비용과 관련하여 문

---
[11] 김승민, 앞의 논문, p.481.

제가 되고 있는 것은 역내 저개발지역 지원을 위한 결속기금Cohesion Fund과 공동농업정책CAP: Common Agricultural Policy 운영기금이다. EU 전체예산(2010년도 기준)중 약 66%가 결속기금 지출(35%)과 농업지출(31%)에 사용된다는 것을 고려해볼 때12), 경제적으로 낙후되고 농업인구13)가 많은 중동부 유럽국들의 EU가입에 따라 기존 EU회원국들은 상당한 재정지원을 부담해야 한다.

Eurobarometer 여론조사(2009년 2월 실시)에 의하면, 이상에서 논의한 확대의 비용 모든 사항에 대해 프랑스시민을 포함한 기존 EU-15 시민 및 신규 CEE 시민의 과반수 이상이 동의하고 있었다. 기존 EU-15 시민과 신규 CEE 시민 간에 의견의 차이를 보이는 것은 다음 세 가지 문항 즉 "확대는 EU운영을 더 어렵게 만들었다"(동의비율: 기존 EU-15 평균 69%, CEE 평균 51%), "확대는 유럽전체의 안전 불안에 대한 우려를 증가시켰다"(EU-15 평균 52%, CEE 평균 44%) 및 "확대는 EU 회원국간 상이한 문화, 가치관에 따른 문제점을 초래시켰다"(EU-15 평균 57%, CEE 평균 42%)이었고, 이들 문제에 대해 기존 EU-15 시민이 신규 CEE 시민보다 더 많이 우려하고 있었다(〈표 4〉참고). 따라서 서유럽 시민들이 신규 중동부 유럽시민들에 비해 "유럽연합 제도 운영의 복잡성과 민주성 문제", "불법이민, 국제범죄 증가와 같은 사회 안전 문제" 및 "회원국간 문화적 이질성과 유럽 정체성 문제"에 대해 더 많이 우려하고 있다는 것을 알 수 있다.

---

12) European Commission, EU Budget 2010 in figures. http://ec.europa.eu/budget/library/publications/budget_in_fig/dep_eu_budg_2010_en.pdf (2010년 2월 15일 검색)
13) David Dunkerley et al., *Changing Europe :Identities, Nations and Citizens*, London: Routledge, 2002, p.148.

▶ 표 4 2004년, 2007년 확대의 비용에 대한 EU시민 여론
(여론조사: 2009년 2월 실시)

확대의 편익	동의함(%)			동의하지 않음(%)		
	프랑스	기존 EU15	신규 CEE	프랑스	기존 EU15	신규 CEE
EU운영을 더 어렵게 만들었다	79	69	51	14	22	29
우리나라의 일자리 감소를 초래	59	55	58	35	39	34
유럽전체의 사회적 수준하락 초래	43	39	38	42	48	44
신규가입국에 대한 서유럽국가들의 대규모 재정 지원 증대 초래	69	71	67	15	14	19
유럽전체의 안전 불안에 대한 우려 증가	44	52	44	51	42	44
EU내 회원국간 상이한 문화, 가치관의 존재에 따른 문제점 초래	50	57	42	42	36	45

출처: European Commission, "Flash Eurobarometer No. 257: Views on European Union Enlargement Analytical Report,"(February 2009)에 수록된 자료내용(특히 p.31)에 근거하여 본 연구자가 수정, 편집하였음.

한편 프랑스 시민들은 확대 이후 유럽연합 의사결정의 복잡성과 민주성에 대해 가장 많은 우려를 하고 있었는데, 응답자의 절대다수(79%)가 확대이후 EU의 운영이 더 어렵게 되었다고 생각하고 있었다. 그리고 프랑스 시민들은 "확대에 따른 일자리감소와 생활수준 하락문제"에 대해 기존 EU-15 및 신규 CEE 시민 평균 여론보다 다소 높은 부정적인 응답률을 보였다. 프랑스 응답자의 59%(기존 EU-15 55%, 및 신규 CEE 58%)가 확대이후 자국의 일자리가 감소되었다고 생각하고 있었다. 또한 프랑스 응답자의 43%(기존 EU-15 39%, 및 신규 CEE 38%)가 확대이후 유럽전체의 사회적 수준the social standards이 하락했다고 생각하고 있었다. 한편 프랑스시민(69%)을 포함한 기존 EU-15 시민(평균 73%) 및 신규 중동부 유럽 회원국 시민(73%)의 절대 다수가 "확대는 신규가입국에 대한 서유럽국가들의 재정지원을 증대시켰다"고 생각하고 있었다.

제4절 EU확대 회의론에 관한 영향요인 분석

본 장에서는 III장에서 논의한 2004-2007년 확대 결과에 대한 프랑스 여론 분석을 토대로 하여, 프랑스 시민의 확대회의론에 영향을 미칠 수 있는 주요 요인에 대해 검토하고자 한다.

프랑스인의 확대 회의론은 확대가 초래하는 정치, 경제, 사회적 비용에 대한 우려뿐만 아니라 국내의 정치, 경제적 상황에 대한 비관적인 인식, 각 시민 개인이 속한 사회계층(연령, 학력, 직업, 거주지 및 정당 등)의 성향, 언론매체를 통한 홍보 노력 등 다양한 요인들에 의해 영향을 받고 있다. 이 글에서는 여론조사 결과에 의해 확인된 요인들 가운데 프랑스인의 확대회의론에 큰 영향을 미쳤다고 판단되는 세 가지 요인 즉 1) 경제적 요인(확대의 결과 발생될 수 있는 일자리 감소, 실업 증가 가능성, 재정부담 증가에 대한 우려 및 국내의 경제 상황에 대한 비관적인 인식) 2) 반이민정서 요인(확대에 따른 동구권 노동력의 유입, 불법이민의 증가 가능성, 터키의 EU 추가가입에 대한 우려) 3) 사회계층적 요인(각 시민 개인의 연령, 학력, 직업, 거주지, 정치적 성향 및 선호 정당)에 대해 집중적으로 분석하고자 한다.

1. 경제적 요인

EU확대가 초래할 수 있는 정치, 경제, 사회적 결과가운데 프랑스 시민의 확대 회의론에 가장 큰 영향을 미치는 요인은 각 개인의 경제생활과 복지에 직접적으로 관련 있는 "경제적 결과"라고 할 수 있다. 실제로 프랑스 시민을 비롯한 EU 27개국 시민들은 확대의 결과로 발생할 수 있는 경제적 비용과 이익에 대해 가장 우선적으로 기대하고 확대에 대한 지지

여부를 결정한다. 그런데 일반 시민의 여론은 거시적 차원에서 EU전체 및 출신 국가에 미치는 경제적 성과에 대한 기대에 의해서도 영향을 받지만 개인적, 실용주의적 차원에서 개인 자신의 삶과 복지에 미치는 경제적 비용/이익에 대한 기대에 의해 더 큰 영향을 받는다.14) 그런데 현실적으로 EU차원, 국가 차원에서 공적으로 도출된 경제적 순이익 결과와 각 시민 개인차원에서 사적으로 계산된 경제적 순이익은 일치하지 않고, 차이가 존재하는 경우가 많다. 실제로 III장에서 논의한 바와 같이 EU확대는 범유럽 단일시장 형성을 통해 신규 가입국 경제 및 기존 EU-15개국 경제에 긍정적인 영향을 주고 있고, 장기적으로 EU전체의 경제성장을 자극할 수 있다. 하지만 이러한 거시적인 기대 효과는 시민 각 개인의 지지성향에 중요한 영향을 미칠 수 있지만 결정적인 영향은 미치지 못한다. 왜냐하면 각 시민은 "개인 자신의 주관적인 비용-순익 계산"own individual cost-benefit calculus에 의해 지지여부를 결정하기 때문이다. 즉 확대가 개인에게 직접적으로 미칠 수 있는 제반 변수 즉 재정부담, EU 보조금(특히 농업종사자의 경우), 사회복지, 실업과 노동 시장 이슈, 물가에 대한 영향, 이민 및 사회 안전 이슈 등을 종합적으로 고려하여 자신의 순이익을 최대화시킬 수 있다고 인식하면 확대에 찬성할 것이고 그렇지 않다면 반대할 것이다.15)

본 연구의 주 논의 대상인 프랑스 시민 개개인들이 "확대의 비용/이익"에 대해 주관적으로 느끼는 인식은 매우 회의적이다. 왜냐하면 2000-2009년

---

14) European Commission(Directorate-General for Economic and Financial Affairs), "Five years of an enlarged EU: Economic achievements and challenges", European Economy 1|2009, p.21.

15) Natalia Timus, "The role of public opinion in European Union policy making: The case of European Union enlargement", *Perspectives on European Politics and Society*, Vol. 7, NO.3, (September 2006), p.338.

기간 동안 확대 찬반 여론조사에서 볼 수 있듯이, 프랑스 시민들은 유럽연합의 확대에 대해 EU회원국 시민가운데 반대의견이 가장 많은 편이었으며 아울러 프랑스의 확대 반대 비율은 2004년 10개 신규회원국 가입이 전보다 가입이후에 오히려 더 많이 확산되었기 때문이다.

프랑스 시민을 비롯한 서유럽 시민들의 확대 회의론은 III장에서 살펴본 바와 같이 확대가 시민 개개인에게 직접적인 영향을 미칠 수 있는 자국의 고용과 노동시장에 미치는 부정적인 영향과 신규회원국가입에 따른 재정비용 부담, 전반적인 생활수준의 하락 가능성 등 경제적인 측면에서 두드러지게 나타나고 있다.16) 특히 최근 프랑스 사회의 가장 큰 골칫거리는 고실업문제이기 때문에 프랑스시민들은 확대에 따른 일자리 감소와 실업가능성에 대해 매우 부정적으로 보는 경향이 강하다. 확대에 따라 신규 회원국의 값싼 노동력이 자국으로 많이 유입되고, 또한 프랑스기업이 동구권의 낮은 임금을 활용하기 위해 생산기지를 이전할 경우 프랑스 국내의 고실업문제는 더욱 악화될 수 있다는 것이다. 실제로 2004년 중동부 유럽국가의 EU가입 2년 후의 Eurobarometer 여론조사(2006년 3-5월 실시)17)에 의하면 프랑스 응답자 중 10명 중 약 7명은(69%)는 확대에 따라 신규회원국 노동력이 자국으로 많이 이주할 것이라는데 대해 우려하고 있었고, 마찬가지로 응답자 10명 중 약 8명(78%)은 확대에 따라 임금이 저렴한 신규회원국으로 일자리이전이 촉진될 것이라고 응답했다. 따라서 확대에 따라 가중될 수 있는 실업난에 대한 우려는 프랑스의 확대회의론에 매우 큰 영향을 미쳤다.

---

16) 김신규, "중·동부유럽의 유로-회의론(Euro-scepticism) 연구: 회의론의 원인과 패턴을 중심으로", 한국유럽학회, 『유럽연구』 제26권 2호(2008년 여름), p.121.

17) European Commission, "Special Eurobarometer 255: Attitudes towards European Union Enlargement," (July 2006), pp.44-45와 pp.58-59 및 Table QD10a.2와 QD10a.4.

그리고 EU확대의 결과와는 크게 직접적인 관련이 없는 국내의 경제상황에 대한 프랑스 시민의 비관적인 인식도 EU 확대 회의론을 확산시키는 데 중요한 영향을 미쳤다는 것을 언급할 필요가 있다. 지난 10여 년간 프랑스 경제는 0-2%대의 저성장에서 벗어나지 못했고 약 10%에 이르는 높은 실업률을 보이고 있다. 2009년 봄에 실시한 Eurobarometer 여론조사[18])에 의하면 프랑스 응답자의 절대 다수인 87%(EU 27개국 평균 78%)가 자국의 최근 경제상황에 대해 부정적인 반응을 보였고, 특히 프랑스 응답자 대부분인 94%(EU 27개국 평균 85%)은 자국의 고용 상황에 대해 부정적인 입장을 가지고 있었는데, EU 27개국 가운데 가장 회의적이었다. 따라서 계속되는 고실업과 정부의 실업대책에 대한 불만이 EU확대 반대여론으로 표출된 것으로 판단된다. 특히 정부가 유럽통합이라는 원대한 목표를 떠들면서 정작 국민의 일상 경제생활 대책은 마련하지 못하고 있다는 정권의 실정에 대한 불만이 EU확대에 대한 반감으로 표출된 측면도 많은 것으로 평가된다. 이와 같이 국내의 경제 상황에 대한 일반 시민의 부정적인 태도가 유럽통합과정에서 매우 중요한 변수로 작용한다는 것을 증명해주는 좋은 사례로는 2005년 5월 29일에 프랑스에서 실시된 유럽헌법 국민투표의 부결(찬성 45.1%, 반대 54.9%)을 들 수 있다. 당시 반대표를 던진 프랑스 유권자들이 반대이유를 순위별로 살펴보면 제1순위가 "유럽헌법이 프랑스 고용에 미칠 수 있는 부정적인 영향"(36%)이었고 바로 제2순위가 "프랑스의 어려운 경제상황과 높은 실업률"(26%)이었다.[19]) 따라서 "저성장, 고실업의 프랑스 경제"에 대한 프랑스 시민의

---

[18]) Commission Européenne, "Eurobaromètre Standard 71(Rapport National FRANCE): L'Opinion Publique dans l'Union Européenne,"(Automne 2009), pp.6-8.
[19]) European Commission, "Flash Eurobarometer 171: The European Constitution: Post-referendum survey in France, (June 2005), p.15와 김승민, 은은기, "유럽헌법 부결과 프랑스 여론", 한국프랑스학회, 『한국프랑스학논집』, 제54집(2006년 5월), pp.303-304.

불만은 2005년 유럽헌법 국민투표 부결에 중요한 영향을 미쳤을 뿐만 아니라 확대 회의론을 확산시키는데도 큰 영향을 미쳤다고 할 수 있다.

2. 반이민정서 요인

한편 프랑스 주류사회에 널리 퍼져 있는 반이민정서anti-immigration sentiment도 프랑스의 EU 확대회의론 조성에 큰 영향을 미쳤다. EU확대와 관련된 프랑스의 반이민정서는 두 가지 측면에서 발생되고 있다. 확대에 따라 역내 인적이동이 자유롭게 되면 중동부 유럽의 노동력이 대거 유입되어 프랑스 국내에 정착할 수 있다는 것과 불법이민illegal immigration과 국제범죄의 증가에 따라 프랑스의 사회 안정을 해칠 수 있다는 것이다. 실제로 여론조사[20])에 따르면 프랑스 시민 10명 중 약 7명(69%)이 확대에 따라 신규회원국 노동력의 프랑스 정착이 증가된다고 생각하고 있었고, 또한 프랑스 시민 10명 중 약 6명(69%)이 불법이민이 증가될 것이라는데 대해 동의하고 있었다.

그런데 2004년, 2007년 중동부 유럽국들의 EU가입이후 실제로 신규회원국에서 기존 EU 15개국으로 노동력 이동이 활발하게 일어나지 않았고, 기존 서유럽 회원국들의 노동시장에도 별로 영향을 주지 않은 것으로 평가되고 있다.[21] 특히 프랑스 정부는 노동력의 이동과 관련하여 기존 EU-15개국 가운데 매우 폐쇄적인 정책을 실시하였다. 즉 프랑스 정부는 노동력의 이동이 국내 노동시장과 경제에 미치는 부작용을 최소화하기위해 2004년부터 과도기간을 두어 신규회원국 노동자의 국내 취업을 제한

---

[20]) Special Eurobarometer No.255, *op.cit.*, pp.56-59과 Table QD10a.4. & QD11b.4.
[21]) European Commission(Directorate-General for Economic and Financial Affairs), "Five years of an enlarged EU: Economic achievements and challenges", *European Economy*, 1|2009, pp.128-139.

하는 정책을 실시하였다. 프랑스정부는 2008년 7월부터 신규회원국 노동자의 취업을 허가하고 있으나, 동구권 노동자의 국내 유입실적은 EU-15개국가운데 부진한 편이다. 이에 따라 최근 신규회원국 노동자의 유입이 프랑스 노동시장에 미치는 충격은 미미한 수준이다.

따라서 최근까지 프랑스의 EU 확대 반대 여론에 큰 힘을 실어 주었던 노동력 유입과 불법이민 증가에 대한 우려는 사실과는 맞지 않고 과대포장된 것으로 드러났다. 그럼에도 불구하고 왜, 어떤 이유로 최근까지 노동력 이동 및 불법 이민 이슈가 프랑스의 EU확대 회의론을 촉발시키는 중요한 요인이 되었을까? 이민문제는 실업문제와 더불어 오랫동안 프랑스사회의 가장 큰 골칫거리가 되고 있다는데서 그 해답을 찾을 수 있다. 2005년 가을에 프랑스 파리 및 대도시 교외지역에서 발생한 이민 2세, 3세들의 소요사태에서 알 수 있듯이, 프랑스 사회에서는 북아프리카 마그레브Maghreb 국가, 블랙아프리카 등으로부터 유입되는 노동자 이민문제는 항상 프랑스사회의 예민한 사회적 논쟁거리가 되고 있기 때문이다.

한편 터키의 EU 추가 가입문제도 프랑스를 비롯한 서유럽 주류사회의 반이민정서, 반이슬람 정서를 촉발시키면서 EU확대에 대한 프랑스 시민의 부정적인 여론을 확산시켰다는 사실에 주목할 필요가 있다. 2005년 10월에 EU는 터키를 공식적인 신회원국 추가 가입대상으로 인정하고 터키와의 가입협상을 진행하고 있다.[22] Eurobarometer 여론조사(2008

---

[22] 최근 유럽통합의 주도국이라고 할 수 있는 프랑스와 독일 정부는 터키의 EU가입 협상에 대해 매우 부정적인 태도를 보이고 있다. 2009년 5월 프랑스 사르코지(Sarkozy) 대통령과 독일 메르켈(Merkel) 수상은 양국 정상회담에서 터키의 신회원국 가입조건을 변경, 강화시켜야 하며, 터키를 EU정회원국으로 가입시키는 것보다는 특별파트너 협정을 채택하는 것이 보다 바람직하다고 제안하였다. 이에 대해 터키정부는 신회원국 가입조건을 변경해서는 안 된다고 강력하게 항의하였다. AFP, 14 Mai 2009("Erdogan à Merkel et Sarkozy: ne changez pas les règles en plein match")와 European Commission(Directorate General for Enlargement), Understanding Enlargement: The European Union's enlargement policy, 2007, pp.6-7참고.

년3-5월 실시)23)에 의하면 프랑스 응답자의 절대 다수(71%)가 종교와 문화가 상이한 이슬람국가인 터키의 EU가입에 대해 반대하는 입장을 보이고 있다(찬성 비율 19%). 프랑스에는 유럽에서 가장 많은 약 600만 명의 이슬람계 이민자들이 있는데, 프랑스 일반 시민 상당수가 이들에 대해 부정적인 태도를 보이고 있다. 2005년 가을 프랑스 이민자 소요사태에서 드러났듯이 프랑스 주류사회와 무슬림(Muslim)출신 이민자 간의 갈등과 대립의 골은 매우 깊다. 그리고 프랑스시민을 비롯한 서유럽시민들은 인구 약 7천 5백만 명을 가진 터키가 EU에 가입할 경우 터키의 노동력이 서유럽지역으로 대규모 이주할 가능성이 높다는데 대해 우려하고 있다. 즉 터키의 인구수는 EU 27국 가운데 제1위 인구대국인 독일(약 8천만 명) 다음으로 많고, 또한 이 나라의 소득은 EU 1인당 평균 소득의 약 30%에 불과하기 때문에, 터키의 상당수 주민들이 보다 나은 일자리를 찾아서 서유럽지역으로 몰려 올 수 있다는 것이다.

3. 사회계층적 요인

프랑스 각 시민 개인의 연령, 학력, 직업, 거주지, 정치적 성향 및 선호 정당 등 제반 사회계층적 요인들도 EU확대에 대한 여론 형성에 중요한 영향을 주었다. 2004년 EU 확대 이후 약 2년이 지난 2006년 1월에 프랑스 시민을 대상으로 실시한 Eurobarometer 여론조사에서 "2004년 5월 EU확대(10개 신규회원국 가입)는 잘 된 일이라고 생각합니까?"24)라는

---

23) Commission Européenne, "Eurobaromètre Standard 69(Rapport National FRANCE): L'Opinion Publique dans l'Union Européenne," (Printemps 2008), p.44.
24) Eurobaromètre Flash 178(Janvier 2006), Quelle Europe? :La construction européenne vue par les Français, la Commission européenne, Mars 2006, pp.32-33와 동 여론조사 Annexes Q4-8번 참고.

질문에 부정적 의견(49%)과 긍정적 의견(47%)이 거의 비슷하게 나타났다. 그러나 응답자가 속한 사회계층적 요인에 따른 인식격차는 뚜렷하게 나타났다. 먼저 각 개인의 연령, 학력, 직업, 거주지 등 사회인구적 변수를 분석해보면, 연령별, 직업별, 거주지별에 따라 EU확대에 대한 인식격차가 현저하게 나타났으며, 학력별에 따라서도 비교적 차이가 나타났다. 전체적으로 볼 때, EU확대에 회의적인 사회계층은 40세 이상의 노장년층, 고졸 이하의 저학력자, 육체노동자, 농촌 거주자들이었다. 반대로 젊은 세대, 대재이상의 고학력자, 대도시 거주자, 전문직 종사자 들은 확대에 대한 지지도가 높았다. 한편 각 개인의 정치적 성향도 EU확대에 대한 여론에 큰 영향을 미쳤다. 전반적으로 좌파성향의 시민들은 EU 확대에 대한 지지도가 높은 반면에 우파 지지자들은 회의적인 태도를 많이 보였다(〈표 5〉 참고).

▶ 표 5 2004년 5월 EU확대에 대해 부정적으로 생각하는 프랑스 시민 응답자 비율(%)

(여론조사: 2006년 1월 16-23일 실시)

연령		학력		직업		거주지		정당	
15-24세	33%	중졸	50%	자영업자	57%	대도시	43%	좌파	43%
25-39세	47%	고졸	53%	사무직노동자	49%	중소도시	50%	중도	58%
40-54세	56%	대재이상	42%	육체노동자	61%	농촌	56%	우파	58%
55세이상	53%			실업자	46%			극우파	69%

출처: Commission Européenne, "Eurobaromètre Flash 178: Quelle Europe? La Construction Européenne vue par les Français," (Mars 2006), pp.32-33와 동 여론 조사 Annexes Q4-8번 참고.

이를 세부적으로 살펴보면 연령별 인식격차는 뚜렷하게 드러났는데, 40세 이상의 장년, 노년층이 10세-39세까지의 젊은 층들에 비해 EU의 중동구 확대에 대해 보다 더 회의적이었다. 40-54세의 56%, 55세 이상의 53%가 확대에 대해 회의적인 반면에 가장 젊은 층인 15-24세 그룹의 경우 33%만이 확대에 대한 회의적인 태도를 보였다. 40세 이상의 장년, 노년층에서 확대에 대한 회의적인 의견이 많은 것은 젊은 층보다 유럽통합에 대한 전반적인 지지도가 낮고, 또한 일자리 감소에 따른 조기 퇴직 우려(특히 40-54세)와 연금 등 사회복지혜택의 감소 우려(특히 55세 이상)를 많이 가졌기 때문인 것으로 분석된다. 한편 교육수준에 따라서도 인식 차이가 드러났는데, 고졸이하의 학력자가 대학교육을 받은 고학력자에 비해 확대에 보다 더 회의적이었다.

한편 직업별로는 육체노동자들이 자영업자나 사무직 근로자에 비해 확대에 대해 보다 더 회의적이었다. 육체노동자의 경우 10명중 약 6명(61%)이 확대에 회의적인 입장을 가지고 있었고, 자영업자의 57%, 사무직 노동자의 48%가 확대에 부정적인 태도를 보였다. 육체노동자들이 직업 계층가운데 가장 회의적인 반응을 보이는 이유는 확대에 따라 프랑스기업이 동구권의 낮은 임금을 활용하기 위해 생산설비를 이전시키고 또한 신규 회원국의 값싼 노동력이 프랑스로 많이 유입될 경우, 이들 육체노동자들이 실직을 당할 가능성이 가장 많기 때문인 것으로 판단된다.

그리고 거주지에 따라서도 현격한 인식 차이를 보였다. 농촌거주자(부정적 의견 56%)들이 도시거주자보다도 확대에 대해 보다 회의적이었고, 또한 중소도시 거주자(50%)가 대도시 거주자(43%)보다 비판적인 입장을 보였다. 농촌 거주자들이 가장 회의적인 반응을 보이는 이유는 확대에 따라 프랑스의 농업부문이 큰 타격을 받을 것이라는데 대해 크게 우려하고 있기 때문이다.[25] 실제로 확대 이후 EU 농업예산의 상당부분은 농업

---

[25] Gérard Grunberg and Christan Lequesne, "France : Une société méfiante, des élites sceptique", in Jacque Rupnik(ed.), Les Européens face à l'élargissement : perceptions, acteurs, enjeux, Paris: Presses de Sciences Po, 2004, p.53 & p.59.

비중과 농가수가 많은 중동부 유럽 신규가입국으로 배정되고 있고, 그 결과 EU내 제일의 농업대국인 프랑스는 EU 농업 보조금지원액이 삭감되는 것을 감수해야만 한다. 또한 확대이후 농산물의 EU역내 자유유통이 보장됨에 따라, 중동부유럽으로부터 값싼 농산물이 프랑스 국내시장으로 대량 유입될 수 있다는 문제점도 있다.26)

한편 프랑스 시민들의 정치적 성향 및 정당 선호도에 따른 인식 차이도 현저하게 나타났다. 우파 성향을 가진 유권자들이 좌파 지지자들보다 확대에 대해 훨씬 더 회의적이었고, 특히 극우파인 국민전선Front National 지지자들은 확대에 대해 가장 부정적인 태도를 나타내었다. 즉 극우파 지지자의 부정적 의견(69%)이 압도적으로 높았고, 그 다음에 우파 지지자의 부정적 의견(58%)도 높은 편이었다. 반면에 좌파 지지자의 경우 43%만이 확대에 회의적이었다. 특히 극우파 국민전선의 지지자들이 가장 회의적인 반응을 보이는 이유는 근본적으로 국민전선은 프랑스의 주권을 훼손하고 국가정체성을 상실할 수 있는 "유럽통합의 심화와 확대"에 대해 강력하게 반대하고 있기 때문이다. 또한 국민전선은 '프랑스를 프랑스인에게'La France aux Français, '300만의 실업자, 300만 잉여 이민노동자'3 Million de chômeurs, ce sont 3 Millions d'immigrés라는 반이민 구호를 내세우고 정치적 입지를 강화시키고 있기 때문에27), "불법이민 및 동구권 노동력 유입" 등에 대해 매우 강경

---

26) Marjorie Jouen, *L'élargissement de l'Europe : Quelque conséquences pour la France*. Notre Europe(Groupement d'études et de recherches), November 2002, p.2.

27) 실제로 2002년 대선에서 극우파 후보 장 마리 르펜(Jean-Marie Le Pen)이 사회당 리오넬 조스팽(Lionel Jospin)후보를 누르고 대선결선까지 올라갔다는 사실은 프랑스 사회의 반이민자 정서, 인종차별 분위기가 결코 만만치 않다는 것을 잘 입증해주고 있다. 2002년 4월 21일에 행해진 프랑스 대통령 1차 선거 투표 결과를 보면 1위 우파 RPR 후보 Jacques Chirac(득표율 19.88%), 2위 극우파 Front national 후보 Jean-Marie Le Pen(17.79%), 3위 좌파 사회당 후보 Lionel Jospin (16.18%)로 나타났다.
Ministère de l'Intérieur(France), *Les résultat de l'élection presidentielle 2002*. http://www.interieur.gouv.fr/sections/a_votre_service/elections/resultats/pre

한 입장을 가지고 있다는 것도 확대 반대의 중요한 이유라고 할 수 있다.

한편 확대의 결과로 발생될 수 있는 불법이민 증가 가능성에 대해서는 극우파뿐만 아니라 많은 중도 우파 지지자들도 회의적인 시각을 가지고 있었다. 실제로 우파지지자들의 66%가 불법이민 증가에 대해 우려하고 있는 반면에 좌파지지자들은 54%가 우려를 나타내었다. 이와 같은 우파 지지자들의 불법이민유입에 대한 우려는 프랑스의 EU확대 회의론에 중요한 영향을 미쳤다. 왜냐하면 EU확대에 반대의견을 표명한 프랑스 시민들은 확대 지지자에 비해 훨씬 더 많이 불법이민 증가에 대해 우려하고 있었기 때문이다.[28]

제5절 결론

이 글은 2004년 중동부 유럽 8개국의 EU가입 이후 약 6년이 지난 현 시점에서 2004년, 2007년 EU 확대가 초래한 정치, 경제, 사회적 결과에 대한 프랑스 시민들의 여론에 대해 살펴보고, 프랑스의 확대 회의론에 영향을 미친 주요 요인을 밝히기 위해 작성되었다. 확대에 대한 프랑스시민의 여론은 유럽연합 집행위원회에서 발간한 '유로바로메터'Eurobarometer의 여론조사 자료들을 활용하여 파악하였다. 여론조사 결과에 의하면, 프랑스 시민들은 EU 시민가운데서도 확대에 대해 매우 회의적인 입장을 보이고 있으며, 프랑스 시민사이의 확대회의론은 2004년 중동부 8개국의 EU가입 이전보다 오히려 가입 이후에 더욱 더 확산되고 있다.

---

sidentielle/presidentielle-2002 (2010년 1월 3일 검색)

[28] 확대 반대자의 절대다수인 74%가 불법이민 증가에 대해 우려하고 있었고, 반면에 확대 찬성 시민의 54%만이 불법이민 증가에 우려를 나타내었다. Special Eurobarometer No.255, *op. cit.*, p.57.

이 연구를 통해 프랑스 시민의 확대 회의론은 다음과 같은 요인에 의해 크게 영향을 받고 있다는 것을 밝힐 수 있었다.

먼저 프랑스 시민의 확대 회의론에 가장 큰 영향을 미치는 요인은 시민 개개인의 삶과 복지에 직접적인 영향을 미칠 수 있는 "확대의 경제적 비용(일자리 감소 및 실업 증가, 사회적 덤핑 가능성 등)에 대한 우려" 및 "국내의 경제 상황에 대한 비관적인 인식" 등과 같은 경제적 요인이었다. 특히 프랑스시민은 EU확대가 자국의 고용과 노동시장에 미칠 수 있는 부정적인 영향에 대해 가장 많이 우려하고 있었다. 많은 프랑스 시민들은 동유럽국가의 EU가입에 따라 "폴란드 배관공"polish plumber으로 상징되는 동유럽의 값싼 노동력이 프랑스 등 서유럽지역으로 대거 밀려들고 아울러 프랑스 기업의 동유럽 이전이 가속화되면서 프랑스인의 일자리가 줄고 사회적 덤핑(노동단가의 하락 등)이 발생할 것에 대해 우려하고 있다.

한편 이와 같은 프랑스 시민들의 확대에 따른 실업증가 우려는 2005년 5월 29일에 프랑스에서 실시된 유럽헌법 국민투표의 부결에 매우 중요한 영향을 미쳤다는 것을 주목할 필요가 있다. 당시 반대표를 던진 프랑스 유권자들이 반대 이유로 가장 많이 응답한 사항은 "유럽헌법이 프랑스 고용에 부정적인 효과를 초래하고 프랑스 기업의 해외이전을 촉진시킬 것으로 우려되기 때문에"이었다.29) 따라서 "EU 통합의 심화 및 확대"에 따라 가중될 수 있는 실업난에 대한 우려는 프랑스 시민의 확대회의론 확산에 큰 영향을 미쳤다. 한편 국내의 비관적인 경제상황에 대한 프랑스 시민의 인식도 EU 확대 회의론을 확산시키는데 중요한 영향을 미쳤다. 최근 여론 조사에서 프랑스 응답자의 대부분(10명 중 약 9명)은 자국의 최근 경제상황과 고용상황에 대해 비관적인 입장을 보였는데, EU 27개국 시민 중에서 가장 부정적이었다. 따라서 지속적인 경기침체와 고실업

---

29) Flash Eurobarometer 171, op. cit., p.15와 김승민, 은은기, 앞의 논문, pp.303-304.

상황은 근본적으로 EU확대의 결과로 발생된 것은 아니지만, 비관적인 경제상황과 정부의 경제 실정(失政)에 대해 항의하는 민심이 EU확대 반대 의견으로 표출된 것으로 판단된다.

그리고 프랑스 주류사회에 널리 퍼져 있는 反이민정서도 프랑스의 EU 확대회의론 형성에 중요한 영향 요인으로 작용하였다. EU확대와 관련된 프랑스의 反이민정서는 역내 노동력이동과 불법이민 이슈뿐만 아니라 터키의 EU가입 이슈를 둘러싸고 확산되고 있다. 그런데 2004년, 2007년 중동부 유럽국들의 EU가입이후 신규 회원국에서 프랑스로의 노동력 이동이 두드러지게 일어나지 않았고, 불법이민자 유입도 미미한 것으로 밝혀졌다. 그럼에도 불구하고 역내 노동력이동과 불법이민 이슈가 프랑스인의 확대 회의론에 강한 영향을 준 것은 "2005년 가을 파리교외 이민자 소요사태"에서 볼 수 있는 바와 같이 프랑스 사회에서 이민자문제는 항상 예민한 사회적 논쟁거리가 되고 있기 때문이다. 최근 프랑스뿐만 아니라 영국, 독일 등 서유럽 주요국가에서 反이민정서, 反이슬람정서가 광범위하게 확산되어 있지만, 특히 프랑스에서는 주류 시민과 이슬람계 이민자 간에 상당한 갈등과 반목을 보이고 있다. 따라서 이슬람국가이며 인구 대국인 터키의 EU 가입문제는 프랑스 사회의 反이슬람 정서와 대규모 터키 노동력 유입 우려를 확산시키면서 확대 반대 여론 조성에 기여했다.

한편 프랑스 각 시민 개인의 연령, 학력, 직업, 거주지 및 정치적 성향과 선호 정당 등 제반 사회계층적 요인들도 EU확대에 대한 여론 형성에 중요한 영향을 주었다. 전체적으로 볼 때, EU 확대에 회의적인 사회계층은 노장년층, 저학력자, 육체노동자, 농촌 거주자, 우파 성향의 유권자들이었다. 이들 계층가운데, 우파 성향의 유권자를 제외한 나머지 노장년층, 저학력자, 육체노동자, 농촌 거주자들은 다른 사회계층에 비해 확대가 초래하는 고용불안 및 경제 위기에 상대적으로 더 타격을 받는 계층이기 때문에 확대에 대한 회의적인 입장을 보이고 있다. 육체노동자, 저학력자, 장년층들은 확대가 초래할 수 있는 신규회원국의 노동력 유입, 프랑스기업의 동구권 이전이 이루어질 경우 실직을 당할 가능성이 가장 많다는데 대해 우려하고 있고, 농촌 거주자들은 농업보조금 감축 등으로 인해 농업부문이 타격을 받을 것이라는데 대해 불만을 가지고 있었다. 한편 시민 개인의 정치적 성향 및 지지정당도 EU확대 회의론에 중요한 영향을 미쳤다. 우파 성향을 가진 유권자들이 좌파 지지자들보다 확대에 대해 훨씬 더 회의적이었고, 특히 反유럽통합, 反이민 정치구호를 내세우는 극우파 국민전선Front National 지지자들은 확대에 대해 가장 부정적인 태도를 나타내었다.

이상에서 살펴본바와 같이 프랑스의 시민들은 EU확대에 따른 부정적인 파급효과와 국내의 어려운 경제상황에 대해 우려를 표명하면서 확대에 대해 강한 회의론을 표명하고 있다. 한편 확대회의론은 프랑스 시민뿐만 아니라 기존 EU-15 회원국의 서유럽시민들 사이에서 두드러지게 나타나고 있다. 이와 같은 일반시민들의 확대회의론은 향후 유럽통합의 외연 확대과정 뿐만 아니라 내부 질적 심화과정에도 중요한 영향을 미칠 것으로 보인다. 실제로 지난 2005년 5월 프랑스에서 실시된 유럽헌법 국민투표에서 비준 반대의 주요 원인 중 하나가 "EU확대에 대한 우려"였다는 것을 고려해볼 때, 일반 시민의 확대회의론은 향후 EU의 정치통합 심화에도 매우 중요한 변수로 작용할 것으로 보인다. 향후 브뤼셀 EU본부와 각 회원국 정치권에서는 확대회의론의 원인과 동향을 면밀하게 검토하면서 EU의 추가확대에 대해 신중하게 처리할 것으로 전망된다. 특히 "터키의 EU 가입 문제"는 최근 기존 EU-15개국 시민의 확대회의론을 확산시킨 중요한 요인이기 때문에 가입 협상과정에서 상당한 진통이 있을 것으로 예상된다.

참고문헌

- 김승민. "EU확대와 프랑스여론."『한국프랑스학논집』. 제49집 (2005년 2월).
- 김승민, 은은기. "유럽헌법 부결과 프랑스 여론."『한국프랑스학논집』. 제54집 (2006년 5월).
- 김신규. "중·동부유럽의 유로-회의론(Euro-scepticism) 연구: 회의론의 원인과 패턴을 중심으로."『유럽연구』. 제26권 2호(2008년 여름).
- AFP, 14 Mai, 2009. "Erdogan à Merkel et Sarkozy: ne changez pas les règles en plein match."
- Commission Européenne. "Eurobaromètre(Standard) 71(Rapport National FRANCE): L'Opinion Publique dans l'Union Européenne," (Automne 2009).
- Commission Européenne. "Eurobaromètre(Standard) 70: L'Union Européenne d'Aujourd'hui et Demain," (Juillet 2009).
- Commission Européenne. "Eurobaromètre(Standard) 69(Rapport National FRANCE): L'Opinion Publique dans l'Union Européenne," (Printemps 2008).
- Commission Européenne. "Eurobaromètre(Flash) 178: Quelle Europe? La Construction Européenne vue par les Français," (Mars 2006).
- Dunkerley, David et al. Changing Europe : Identities, Nations and Citizens, London: Routledge, 2002.
- European Commission. "Eurobarometer(Standard) 71: Public Opinion in the European Union," (September 2009).
- European Commission. "Eurobarometer(Flash) 257: Views on European Union Enlargement(Analytical Report)," (February 2009).
- European Commission. "Eurobarometer(Special) 255: Attitudes towards European Union Enlargement," (July 2006).
- European Commission. "Eurobarometer(Flash) 171: The European Constitution: Post-referendum survey in France," (June 2005).
- European Commission. "Eurobarometer(Standard) 60: Public opinion in the European Union," (February 2004).
- European Commission(Directorate General for Enlargement), Five

years of an enlarged EU: Facts and Figures about EU Enlargement, http://ec.europa.eu/enlargement/5years/facts_and_figures/index_en.htm. (2010년 2월 1일 검색)
- European Commission. EU Budget 2010 in figures, http://ec.europa.eu/budget/library/publications/budget_in_fig/dep_eu_budg_2010_en.pdf. (2010년 2월 15일 검색)
- European Commission(Directorate-General for Economic and Financial Affairs). "Five years of an enlarged EU: Economic achievements and challenges," European Economy, 1|2009.
- European Commission(Directorate General for Enlargement). Good to know about EU Enlargement, 2009.
- European Commission(Directorate General for Enlargement). Understanding Enlargement: The European Union's enlargement policy, 2007.
- European Commission. "Accession criteria", http://ec.europa.eu/enlargement/enlargement_ process/accession_process/criteria/index_en.htm. (2010년 2월 1일 검색)
- Fontaine, Pascal. L'Union europèenne, Paris: Editions du Seuil, 1994.
- Grunberg, Gérard and Lequesne, Christan. "France : Une société méfiante, des élites sceptique", in Rupnik, Jacque (ed.), Les Européens face à l'élargissement : perceptions, acteurs, enjeux, Paris: Presses de Sciences Po, 2004.
- Marjorie, Jouen. L'élargissiment de l'Europe : Quelque conséquences pour la France, Notre Europe(Groupement d'études et de recherches), November 2002.
- Ministère de l'Intérieur(France). "Les résultat de l'élection presidentielle 2002 en France" http://www.interieur.gouv.fr/sections/a_votre_service/elections/resultats/presidentielle/ (2010년 1월 3일 검색)
- Timus, Natalia. "The role of public opinion in European Union policy making: The case of European Union enlargement." Perspectives on European Politics and Society, Vol. 7, N0.3(September 2006).

| 찾아보기 |

(ㄱ)

게토(ghetto) 149
결속기금(Cohesion Fund) 338
경상수지 불균형 17, 30
경영감시 문제 91
경제력집중 문제 89
경제위기 3
경제통화동맹(EMU:Economic and Monetary Union) 14, 296
고용률 207
고용불평등 144, 209
고용차별 195
공동농업정책 338
공동체주의(communitarianism) 167
공화주의 통합모델 165, 169, 183
관세동맹 294
교육격차 222
구제금융 21, 26
국가부채 18
국가정체성 논쟁 186
국립행정학교(ENA: Ecole Nationale d'Administration) 68, 94
국민전선(Front National) 153, 251, 260, 275, 349
국민주방식 81, 83, 84
국민투표 297
국영기업 40
국유화정책 41

국제투자자 98
국채매입 26
그랑제꼴(Grandes Ecoles) 68
극우파 240, 349
글로벌 금융위기 17
금리정책 17
기업통제시스템 91
긴축정책 3

(ㄴ)

낙인찍기(stigmatization) 262
노동시장 195, 213
노동시장에서의 불평등 145

(ㄷ)

다문화주의(multiculturalism) 163
다문화주의 실패 163
단일공동시장 294
단일시장(single market) 333
단일통화 294
대중운동연합(UMP: Union pour un Mouvement Populaire) 299, 240
대중주주(actionnariat populaire) 71, 83
대처(Thatcher) 106
도시민감지역(ZUS: Zones Urbaines Sensibles) 171, 219
동거체제(cohabitation) 47, 72

드라크마(Drachma)화　32
디폴트(default, 채무상환 불이행)　15
똘레랑스　138
똘레랑스 제로(Tolerance Zéro)　140, 255

(ㄹ)
러니미드 트러스트(Runnymede Trust)　234
루시디(Salman Rushdie)　238

(ㅁ)
마그레브(Maghreb)　142, 195, 314
마린 르펜(Marine Le pen)　252, 260
마스트리히트조약　14, 294
마티유 카소비츠(Mathieu Kassovitz)　271
모로코　143, 201
무슬림(muslim)　232
무슬림(Muslim)이민자　142, 154, 163, 180
무슬림 이민자 2-3세대　164
문명충돌　233
문화적 인종주의　237
미테랑(Mitterrand)　40
민영화법　76
민영화위원회(la commission de la privatisation)　93
민영화정책　47, 71, 81
민주성 결핍(Democratic deficit)　320

(ㅂ)
반이민정서　153, 344
반이슬람정서　153, 253
발라뒤르(Balladur)　41, 76
방리유(Banlieue)　139, 272, 279
볼켄슈타인 지침(The Bolkestein directive)　309
부르카(la burqua)　168, 232
부르카금지법　186
불법이민(illegal immigration)　344

(ㅅ)
사르코지(Nicolas Sarkozy)　140, 153, 172, 204, 249
사회적 덤핑(social dumping)　312
사회통합모델　289
사후관리제도　104, 119
서민임대 아파트(HLM; Habitation à Loyer Modéré)　149, 221
선택적 이민정책　186
솔리다리티(solidarity)　138
수용통합계약(contrat d'accueil et d'intégration)　167
쉬락(Chirac)　40, 72
신용등급　30
신자유주의　308
실업률　184, 195, 207

(ㅇ)
아일랜드　103
아젠더 2010　18

악마의 시(The Satanic Verses) 238
안정성장협약(SGP: Stability and Growth Pact) 23
안정주주제 82, 86
알제리 142, 201
역내 금융부채 연결망 24
영광의 30년(les Trente Glorieuses) 142
영화 《증오》(la Haine) 271, 272
예금인출사태(bank run) 32
외국인 직접투자(FDI; Foreign Direct Investment) 102
외국인 투자유치 총괄기구 109
외국인 투자유치정책 102
외국인투자촉진법 131
외국인혐오증(xenophobia) 236
외로운 늑대("lone wolf" terrorist) 261, 262
위험한 집단(dangerous class) 259
유라비아(Eurabia) 5, 232, 245
유럽 사회모델 308
유럽공동체 50
유럽미래회의(Convention on Future of Europe) 296
유럽연합(European Union) 3, 294, 326
유럽재정안정기금(EFSF: European Financial Stability Mechanism) 26
유럽재정위기 16, 24
유럽중앙은행(ECB) 14, 26, 33, 307
유럽통합 295

유럽합중국(United States of Europe) 297, 321
유럽회의론(Euroscepticism) 3
유로 본드(Euro bond) 26, 34
유로바로메터(Eurobarometer) 303, 327
유로존(Eurozone) 3, 14
유로존 단일통화체제 17, 22
유로존 붕괴 30
유로존 위기 3
유로존 체제 16, 28
유로존 탈퇴 31
유로화 환율 18
이민자 불평등 문제 195
이민자 소요사태 140, 273
이민자 통합 실패 179, 183, 249
이민자 통합정책 249
이슬람 극단주의자 259
이슬람사원(mosque) 233
이슬람주의자(Islamist) 237
이슬람포비아(Islamophobia) 3, 156, 232, 234
이슬람혐오증 234, 240
익스포저(exposure) 24
인종주의(racism) 153, 236
인종차별 144, 148, 214

(ㅈ)

자본도피(capital flight) 32
장 마리 르펜(Jean-Marie Le Pen) 153, 204, 252, 300

재정긴축　26
재정동맹(Fiscal union)　26, 33, 36
재정연방주의(Fiscal federalism)　33
정교분리(la laïcité) 원칙　167
제노포비아(Xenophobia)　156
조스팽(Lionel Jospin)　153
종업원지주제　84
중동부 유럽국가의 EU가입　326
쥐뻬(Juppé)　76
증오(la haine) 세대　144, 282

(ㅊ)

청년실업률　184
체키니(P. Cecchini)　306

(ㅋ)

코펜하겐 기준(the Copenhagen criteria)　332
콜베르(Colbert)　67

(ㅌ)

터키의 EU가입　314
투자유치 전담기구　129
투자유치청　130
투자인센티브　104, 123
튀니지　143, 201

(ㅍ)

평가절하조치　32
폴란드 배관공(polish plumber)　351
프랑스 국립통계청(INSEE)　146, 274

프랑스 사회당정부　42
프랑스 이민자 소요사태　138
프로젝트 매니저　118

(ㅎ)

핵심대주주그룹(noyaux durs)　52
현금보조금(cash grant)　123
혼합경제체제(l'économie mixte)　67
환율정책　17
환율조정 메커니즘　18
히잡(Hijab)　168, 232
히잡금지법　186